edition suhrkamp 2668

W0194797

Die repräsentative Demokratie steckt in einer schweren Krise, angesichts von Ökonomisierung und privatistischen Tendenzen geht der Glaube an die politische Gestaltbarkeit der Gesellschaft verloren. Diverse Vorschläge stehen im Raum: deliberativ, transparent, »flüssig« und überhaupt weniger staatszentriert soll sie sein, die künftige Politik. Doch wie vielversprechend sind diese Therapien? Die Autoren wagen einen Rundumblick und zeigen, dass nicht nur Technokratie und neoliberaler Konsens, sondern auch viele der aufgebotenen Gegenrezepturen das Politische der Politik unterminieren.

Danny Michelsen ist Mitarbeiter am Göttinger Institut für Demokratieforschung.
Franz Walter lehrt Politikwissenschaft an der Universität Göttingen und ist Direktor des Göttinger Instituts für Demokratieforschung.

Danny Michelsen/Franz Walter

Unpolitische Demokratie

Zur Krise der Repräsentation

Suhrkamp

Erste Auflage 2013
edition suhrkamp 2668
Originalausgabe
© Suhrkamp Verlag Berlin 2013
Satz: TypoForum GmbH, Seelbach
Druck: Druckhaus Nomos, Sinzheim
Umschlag gestaltet nach einem Konzept
von Willy Fleckhaus: Rolf Staudt
Printed in Germany
ISBN 978-3-518-12668-4

Inhalt

1. »Verschwinden« oder »Neuerfindung« der Politik?

Wir leben wirklich in paradoxen Zeiten. Einerseits ist die neuzeitliche Geschichte im Wesentlichen eine der Re-Emanzipation der Politik von der Religion und sakral legitimierten Autoritäten, von der »Heiligkeit altüberkommener (>von jeher bestehender‹) Ordnungen und Herrengewalten«,[1] in deren Verlauf öffentliche Handlungsräume sich nach und nach zu öffnen beginnen. Vorpolitische Begründungsressourcen gehen rasant zur Neige, es gibt schlichtweg keine öffentlichen Angelegenheiten mehr, die ohne breiten Diskurs allein auf der Grundlage transzendenter Prämissen entscheidbar wären. Der im Juli 2012 jäh verstorbene Politologe Michael Th. Greven hat den kontingenten Charakter dieser unserer »fundamentalpolitisierten« Gesellschaft ausführlich beschrieben. Demzufolge erleben wir augenblicklich den »Schlussstein« eines langen Politisierungsprozesses, der in der frühen europäischen Neuzeit zunächst von »oben« einsetzte, als allmählich sich herausbildende Zentralstaaten damit begannen, in die Wirtschaft einzugreifen, bis dann im 19. Jahrhundert expandierende Verwaltungsapparate die Nebenfolgen einer nunmehr kapitalistischen Produktionsweise durch wohlfahrtsstaatliche Inklusionsmaßnahmen zu entschärfen suchten und so immer tiefer in das gesellschaftliche Leben eindrangen.[2] Damit waren zugleich die Samen gelegt für eine erst später einsetzende »Politisierung von unten«, in deren Verlauf Teile der unterprivilegierten Schichten begannen, sich als mündige Subjekte wahrzunehmen und soziale und politische Rechte einzufordern. In den Wohlstandsgesellschaften des ausgehenden 20. und des 21. Jahrhunderts schließlich richten zunehmend selbstbewusste Bürger gesteigerte Partizipationserwartungen an immer kritischer beäugte Regie-

---

1 Weber, Max 1980, *Wirtschaft und Gesellschaft. Grundriß der verstehenden Soziologie*, 5., rev. Aufl., Tübingen: Mohr Siebeck, S. 130.
2 Greven, Michael Th. 2009a, *Die politische Gesellschaft. Kontingenz und Dezision als Probleme des Regierens und der Demokratie*, 2. Aufl., Wiesbaden: VS Verlag für Sozialwissenschaften.

rungsinstitutionen. Der Niedergang traditioneller Hierarchien korrespondiert mit einem sukzessiven Zugewinn an individueller Entscheidungsfreiheit. Vielfältige Formen sozialen Protests, auch ziviler Ungehorsam, werden als Supplement zu tradierten Wegen der Einflussnahme qua Abstimmung von allen Seiten geschätzt. Essentialistisch definierte Gemeinwohlbegriffe und Argumente, die das Bestehende damit begründen wollen, dass es schon immer existierte, können nicht mehr überzeugen. Externe Kriterien stehen für die Bewertung von Geltungsgründen nicht zur Verfügung, die Gesellschaft muss sich aus sich selbst hervorbringen. Politik ist, kurz gesagt, die »einzige Quelle von Normierungen«, und alles ist politisch entscheidbar geworden.[3]

Zeitlebens hatte Greven diesen Punkt immer etwas überspannt, was vor allem seinem extensiven dezisionistischen Politikbegriff geschuldet war. Am Machtrealismus Max Webers geschult und in Abgrenzung zu einem strikt intersubjektiven handlungstheoretischen Ansatz, wie wir ihn zum Beispiel bei Hannah Arendt finden, sieht er das Politische im absolutistischen Fürstenstaat ebenso wie in der liberalen Demokratie verwirklicht und erst recht, in einem nie mehr erreichten Ausmaß, in der totalen Herrschaft (laut Arendt der Tod des Politischen) – überall dort, wo Kontingenz verfügbar ist, wo also etwas politisch wirksam, das heißt für größere Verbände autoritativ verbindlich, aber nicht notwendig entscheidbar ist. Nicht zu Unrecht wurde ihm deshalb vorgeworfen, einer »herrschaftskategorialen und gewaltnahen Konzeption des Politischen« das Wort zu reden, die, ganz weberianisch, die »zweckrationale Verwirklichung subjektiver Präferenzen« normativ nicht höher bewerte als ein antiinstrumentelles Verständnis politischen Handelns, als ein »acting in concert«, wie Arendt es mit Bezug auf Edmund Burke favorisierte, und somit nicht dem Anspruch eines explizit *demokratischen* Dezisionismus gerecht werde, da ein solcher, um auf eine moderne, pluralistische Gesellschaft anwendbar zu sein, obligatorisch mit einem egalitären Deliberationsideal verknüpft werden

3 Greven, Michael Th. 1992, »Über demokratischen Dezisionismus«, in: Emig, Dieter/Christop Huttig/Lutz Raphael (Hg.), *Sprache und politische Kultur*, Frankfurt am Main: Peter Lang, S. 193-206, hier S. 195.

müsste.[4] Wie immer man zu diesem Vorwurf stehen mag:[5] Das im Kontingenzbegriff enthaltene Kriterium der Gestaltungsfreiheit, welches in beiden Deutungen des Politischen eine zentrale Rolle spielt, ist zweifellos eine konstitutive Bedingung, und ihr Verlust heute eine der größten Bedrohungen für demokratisches Regieren. Auf dieses Problem hat auch Greven stets hingewiesen, wenn er auf eine »immer tiefere Kluft zwischen der sich tendenziell radikalisierenden gesellschaftlichen Problemwahrnehmung und der Wahrnehmung der politischen Entscheidungsroutinen« aufmerksam machte, »die in der Paradoxie mündet, dass niemand mehr der Politik zutraut, was doch allein politisch gelöst werden könnte«.[6]

Damit kommen wir zur paradoxen Wendung der These von der politisierten Demokratie der Spätmoderne.[7] Der einerseits durchaus plausible Befund einer von Politik durchdrungenen Gesellschaft wird nicht nur durch eine seit vielen Jahrzehnten mit großer Sorge beschriebene Ohnmacht der einst aus langen politischen Konflikten hervorgegangenen, politisch instituierten Verfassungsorgane kontrastiert. Da der (National-)Staat in der Berichterstattung noch immer als das eigentlich relevante politische Entscheidungszentrum und der Wettbewerb der um die Macht in dessen »Schaltzentralen« konkurrierenden Gruppen von den meisten Bürgern – ungeachtet der akademischen Trennungen zwischen Staat und Politik, Politik und dem Politischen – noch immer als der Kern dessen, was Politik ausmacht, betrachtet werden und weil auch die meisten »subpolitischen« Akteure außerhalb der tradierten staatlichen und korporatistischen Arrangements mit ihren Aktivitäten versuchen, ihre politischen Forderungen an die zumeist durch Wahl autorisierten national-

---

4 Thaa, Winfried 2011, *Politisches Handeln. Demokratietheoretische Überlegungen im Anschluss an Hannah Arendt*, Baden-Baden: Nomos, S. 71.
5 Auch wenn Grevens Dehnung des Politikbegriffs problematisch ist, spricht doch eigentlich nur wenig dagegen, für die deskriptive Analyse politischer Prozesse einen instrumentellen und gleichzeitig für die normative Betrachtung einen kommunikativen Machtbegriff zugrunde zu legen.
6 Greven, »Über demokratischen Dezisionismus«, S. 202.
7 Auer, Dirk 2004, *Politisierte Demokratie. Richard Rortys politischer Antiessentialismus*, Wiesbaden: VS Verlag für Sozialwissenschaften, S. 74 ff.

oder suprastaatlichen Repräsentanten zu richten, stehen die politisierten Bürger, mit der plausiblen Diagnose vom »Ende der Handlungsfähigkeit des Staates« konfrontiert,[8] dem zunehmend machtlosen Adressaten ihrer zahlreichen Anliegen rat- und politisch perspektivlos gegenüber.

Denn während die neuen Formen des politischen Engagements vor allem durch zwei Trends gekennzeichnet sind – Individualisierung und Distanzierung der Bürger von der »offiziellen Politik« –, nehmen die Erwartungen an die Regelungskapazitäten der staatlichen Institutionen keineswegs ab. Im Gegenteil: An der Einsicht, dass angesichts schmelzender Polkappen, globaler Armutsmigration und einer ernsthaft gestörten Beziehung zwischen Finanz- und Realökonomie »etwas getan werden muss«, fehlt es offensichtlich nicht. Die Ansprüche der Bürger an eine heute primär als Dienstleistungsunternehmen perzipierte Politik wachsen weiter an. Das »Könnens-Bewusstsein«, mit dem der Althistoriker Christian Meier den diesseitsorientierten Fortschrittsoptimismus der Griechen charakterisierte, politischen Wandel in gefestigten institutionellen Bahnen und ohne Bezugnahme auf transzendente Prämissen erreichen zu können,[9] nimmt dagegen ab, weil der vermeintliche Kontingenzüberschuss nicht in die tradierten und konstitutionell vorgegebenen Verfahren übersetzt werden kann und insofern gar kein realer ist: In der Epoche der Kontingenz schafft die Befreiung von organisch legitimierten Herrschaftsnormen zwar ein Gefühl dafür, dass nicht nur in der Technik, sondern auch im politischen Raum prinzipiell nichts unmöglich ist (was nicht allein in den großen Revolutionen, sondern ebenso in den totalitären Katastrophen des 20. Jahrhunderts eine extreme Bestätigung fand). Jüngst aber schwebt über Europa eine Aura der Alternativlosigkeit: Angesichts »multipler Krisen«[10] sind wir

8 Streeck, Wolfgang 2009a, »Eine Last für Generationen«, in: *Handelsblatt* (20. März 2009).
9 Vgl. Meier, Christian 1980, *Die Entstehung des Politischen bei den Griechen*, Frankfurt am Main: Suhrkamp, S. 435 ff., und ders. 1993, *Athen. Ein Neubeginn der Weltgeschichte*, Berlin: Siedler, S. 470 ff.
10 Auf postmarxistischer Seite machte nach dem großen Crash von 2007/08 das Wort von der »multiplen Krise« oder auch: von der »Vielfachkrise« die Runde,

im öffentlichen Raum mit der Notwendigkeit einer wesentlich von den »Sachzwängen« des ökonomischen Sektors bestimmten Politik konfrontiert, die sich bei der Rechtfertigung ihrer Entscheidungen gern der sogenannten Tina-Rhetorik (»There is no alternative«) bedient. Dazu passt, dass das Wort »alternativlos« 2010 von der Gesellschaft für deutsche Sprache zum Unwort des Jahres gewählt wurde. Der Streit um fundamentale Ordnungsfragen ist längst einer Art Placebo-Politik gewichen, die diffuse, weil nur noch selten bipolar verlaufende Konflikte durch simulative Verfahren wie die Reaktivierung überkommener, auf nationalstaatliche Politikmuster rekurrierender Erzählungen aufzulösen versucht. Solche Erzählungen vermitteln zwar ein Gefühl von Wärme und Geborgenheit, zeichnen aber das fiktive Bild einer staatszentrierten Politik, die sich in Wirklichkeit längst in Auflösung befindet und in der globalen Welt schwerlich funktionieren kann. Staatlich-politische Institutionen, die ehemals nicht nur als ausführende Organe, sondern auch als Impulsgeber fungierten, verwandeln sich in »Zombie-Institutionen, die historisch längst tot sind, aber doch nicht sterben können«,[11] die dem Modernisierungsprozess wankend hinterherschlurfen und gegenüber der ökonomischen Globalisierung immer mehr in Verzug geraten. Um die eigene Machtlosigkeit gegenüber den Dynamiken der Weltökonomie, aber auch um die hässlichen, machtzentrierten Seiten politischen Handelns in einem relativ herrschaftskritischen »Zeitalter des Misstrauens«[12] zu überblenden, bedient sich die Politik harmonistischer Wohlfühlrhetorik und überschwänglicher Mo-

---

das auf die gleichzeitige Vervielfachung der krisenhaften Entwicklungen in der Wirtschaft, im Sozialwesen, im Umweltschutz und bei der globalen Ressourcenverteilung, auf die Krise der parlamentarischen Demokratie etc. und auf deren Interdependenz aufmerksam machen soll. Vgl. dazu Brand, Ulrich 2011, *Post-Neoliberalismus? Aktuelle Konflikte, gegen-hegemoniale Strategien*, Hamburg: VSA. Vgl. auch Demirovic, Alex et al. (Hg.) 2011, *Vielfachkrise im finanzmarktdominierten Kapitalismus*, Hamburg: VSA.

11 Beck, Ulrich 1993, *Die Erfindung des Politischen. Zu einer Theorie reflexiver Modernisierung*, Frankfurt am Main: Suhrkamp, S. 217.

12 Vgl. Rosanvallon, Pierre 2008, *Counter-Democracy. Politics in an Age of Distrust*, Cambridge: Cambridge University Press.

ralisierung.[13] Sie überdeckt das graue Porträt der konsoziativen, durch die Dispersion politischer Verantwortlichkeiten geprägten Gegenwartsdemokratie mit den bunten Farben inhaltsleerer Ästhetisierung und einer dialogischen Drapierung des Alternativlosen, wodurch es ihr bislang tatsächlich gelingt, nach wie vor bestehende gesellschaftliche Konfliktpotenziale vorsorglich zu entschärfen.

Zugleich fällt auf, wie schlaff und uninspiriert die meisten politischen Debatten heute verlaufen. Sicher, Sozialdemokraten können sich an Wahlabenden hämisch freuen, wenn CDU-Anhänger aufgrund gravierender Verluste ihrer Partei tieftraurig in die Kamera schauen. Grüne gönnen den Freidemokraten die heftigsten Einbrüche; Liberale jauchzen bei Verlusten der Öko-Partei. In der Schadenfreude sind die alten politischen Lager noch ordentlich sortiert. Aber sonst? Kann man noch irgendeinen Sozialdemokraten erhitzt mit einem Christdemokraten disputieren sehen? Worüber sollten sie sich auch streiten? Über den Atomausstieg? Über Steuer- oder Sparpolitik? Über vorschulische Kinderbetreuungseinrichtungen? Über den Mindestlohn? Über den Erhalt des Sozialstaats? Gar über Europa? Eine grundsätzliche Differenz gibt es in all diesen Fragen nicht mehr. Zugespitzt: Auf der öffentlichen Bühne finden wir heute überwiegend Darsteller des Politischen, die von Fall zu Fall und bevorzugt vor Fernsehpublikum mit theatralischer Stimme irgendeinen Vertreter einer anderen Partei andonnern, ohne im Inneren auch nur im Geringsten erregt, aufgewühlt oder wirklich empört zu sein.

Haben wir noch die Wahl?

So wird ein zentrales Versprechen der repräsentativen Demokratie ins Wanken gebracht: dass sich den gesellschaftlichen Akteuren mehr als eine politische Option bieten sollte, die in der gesellschaftlichen Sphäre waltenden Prozesse wenigstens mitzugestal-

---

13 Vgl. dazu Fach, Wolfgang 2008, *Das Verschwinden der Politik*, Frankfurt am Main: Suhrkamp.

ten oder – negativ formuliert – den Notwendigkeiten des ökonomischen Lebens zu trotzen, und dass die verschiedenen im gesellschaftlichen Diskurs vorgebrachten Möglichkeiten, die soziale Welt zu gestalten, im politischen Raum, im Parlament eine Stimme finden und auch real verfügbar sein müssen. Andernfalls wird der dauerhafte Akt der Repräsentation, also das Sichtbar-Machen von divergierenden Standpunkten, marginalisiert, denn »eine repräsentative Körperschaft, die *nicht* geteilt ist, ist ein Widerspruch in sich«.[14] Zumindest würde das Moment der Wahl, dem politische Repräsentanten in demokratischen Systemen immer noch ihre Legitimation verdanken, ins Leere laufen. Dann schwindet der Glaube der Menschen daran, an den gesellschaftlichen Verhältnissen gemeinsam noch etwas ändern zu können. Es fehlt, wie in jüngerer Zeit zu Recht betont wird, der gemeinsame narrative Zusammenhang, der einen solchen Glauben plausibel revitalisieren könnte. Gleichzeitig wird die demokratische Programmierung des Staatshandelns durch die weit größere Wirkmacht weltwirtschaftlicher Akteure immens relativiert. Wenn sich die parlamentarischen Mehrheitsfraktionen, wie in jüngerer Zeit in Italien und Griechenland, für die Einsetzung von Technokratenkabinetten entscheiden, um der Verantwortlichkeit für das wirtschaftspolitisch Unvermeidliche zu entgehen, fällt die institutionalisierte Politik als Adressat politischer Unmutsbekundungen aus. Die unmissverständliche Botschaft an das Volk ist dann eine längst bekannte, nun aber mehr oder weniger offen bekundete Einsicht: dass man innerhalb nationaler Demokratien eben »nicht gegen die internationalen Finanzmärkte regieren kann« (Joschka Fischer).

Nach dem Ausbruch der Finanzkrise 2007 hatten viele Beobachter zunächst auf einen irgendwie gearteten Paradigmenwechsel gehofft. In der Tat kann man, schaut man in die Kommentarspalten auch der eher konservativ-liberalen Tageszeitungen,[15] einen Trend hin zu einer Grundstimmung erkennen, die auf die

14 Ankersmit, Frank 1996, *Aesthetic Politics. Political Philosophy Beyond Fact and Value*, Stanford: Stanford University Press, S. 23 ff.
15 Viel beachtete publizistische Offerten in letzter Zeit waren z. B. Moore, Charles 2011, »I'm starting to think that the left might actually be right«, in:

fortgesetzte Unterordnung der Demokratie unter die Logik des Marktes, auf ihre Transformation in eine »marktkonforme Fassadendemokratie«[16] mit erfrischender Polemik reagiert. Nicht nur die Linke, sondern eine weit in die rechte Mitte hineinreichende gesellschaftliche Teilgruppe sieht die größte Gefahr für eine vitale Demokratie momentan nicht, wie noch vor einigen Jahrzehnten, primär von einem »krakenhaften Staat«, von legislatorischer Regelungswut und der Erstickung sozialer Autonomie durch Bürokratie ausgehen, sondern von der Determinierung des politischen Lebens durch sich selbst überlassene Kapitalmärkte, oder von privaten Ratingagenturen, deren Verdikte ganze Volkswirtschaften lähmen und immer häufiger über das Schicksal von Regierungen entscheiden. Auch gegen abstrakte Dinge wie »soziale Kälte« und »neoliberale Dogmen« zu sein, gehört nachgerade wieder zum guten Ton; schwieriger wird es aber, wenn man konkrete Fragen stellt: nach der Legitimität der Bankenrettungen 2008/09 zum Beispiel oder nach Alternativen zu den im Zuge der südeuropäischen Staatsschuldenkrisen von Brüssel oktroyierten Austeritätsprogrammen, unter denen – mal wieder – vor allem die Ärmsten zu leiden haben, obwohl ein guter Teil der angehäuften Haushaltsdefizite allem Anschein nach nicht zuletzt auf die vorangegangene, durch einen seit den achtziger Jahren forcierten Deregulierungswettlauf hervorgerufene Weltfinanzkrise zurückzuführen ist.[17]

Man gewinnt jedoch den Eindruck, dass es bei den zentralen politischen Fragen, die uns derzeit umtreiben, für die Bildung einer reflektierten Meinung längst nicht mehr ausreicht, die Zeitung zu lesen und mit anderen Bürgern ins Gespräch zu kommen – ein Ökonomiestudium wäre in vielen Fällen eine Grundvoraussetzung: »Überall regiert das Nichtwissen. Niemand weiß, was ist und was die im Nullenrausch verordnete Therapie tat-

The Daily Telegraph (22. Juli 2011), oder Schirrmacher, Frank 2011, »Demokratie ist Ramsch«, in: *Frankfurter Allgemeine Zeitung* (1. November 2011).

16 Vgl. Bofinger, Peter/Jürgen Habermas/Julian Nida-Rümelin, »Einspruch gegen die Fassadendemokratie«, in: *Frankfurter Allgemeine Zeitung* (3. August 2012).

17 Vgl. dazu Schulmeister, Stephan 2010, *Mitten in der großen Krise. Ein »New Deal« für Europa*, Wien: Picus Verlag.

sächlich bewirkt«, ob der inzwischen in Mode gekommene »Staatssozialismus für Reiche«[18] am Ende überhaupt Früchte trägt. Letztlich sind es doch wieder die Experten, auf deren Antworten wir zwangsläufig vertrauen müssen, wenn es um Handlungs- und sogar Wahlempfehlungen geht, denn immerhin: Die Experten konfrontieren uns, trotz aller Differenzen untereinander im Detail, sehr dezidiert mit den möglichen katastrophalen Folgen unseres Handelns. Eines sollten wir nicht unterschätzen: »Echte« Demokratie (was auch immer das sein mag), wie sie das spanische Movimiento 15-M im Sommer 2011 einforderte, ist, wie alle unbestimmbaren Größen, in einer hochgradig interdependenten Währungs- und Wirtschaftsordnung zu einer gefährlichen Angelegenheit geworden. Grundsätzliche Alternativen scheinen unter den gegebenen Bedingungen oft nur noch zusammen mit einem drohenden Kollaps des Systems denkbar, der befürchtete Schmetterlingseffekt ist ein permanentes Risiko: Ein Nein bei einem vom damaligen griechischen Ministerpräsidenten Giorgos Papandreou zunächst für den Herbst 2011 angekündigten Euro-Referendum seines Landes, das am Ende – zur Erleichterung der übrigen Staaten der Europäischen Währungsunion (EWU) – doch nicht stattfand, oder die Wahl einer falschen Partei bei den griechischen und italienischen Parlamentswahlen vom Juni 2012 und Februar 2013 hätte, so sagte man uns zu jener Zeit, einen Tsunami im Innersten der Euro-Zone auslösen können. Die Politik der Angst delegitimiert das Nein-Sagen, die Alternative, als eine verantwortungslose Inkaufnahme untragbarer Risiken, die von den Experten selbst nur vage kalkuliert und von den Medien je nach Bedarf genüsslich zugespitzt werden. Auf diese Weise werden die Bedingungen politischen Handelns geschwächt, denn Politik ist ja, um mit Hannah Arendt zu sprechen, nur unter der Voraussetzung einer dem »Medium der Pluralität« geschuldeten »Unabsehbarkeit der Taten«, eben radikaler Kontingenz, denkbar. Um mit diesem chaotischen Zustand fertigzuwerden, braucht es die bindende »Kraft gegenseitiger Versprechen«, Ver-

18 Beck, Ulrich 2011, »Ohnmächtig, aber legitim«, in: *die tageszeitung* (28. Oktober 2011).

trauen in die anderen, die Mit-Handelnden.[19] Da der »flexible Mensch« (Richard Sennett) im »Zeitalter des Narzißmus« (Christopher Lasch) aber gerade die Zurückweisung aller Bindungen und eine grundsätzliche Skepsis gegenüber Versprechungen als Überlebens- und Emanzipationsstrategie zu verinnerlichen hat, wirkt die Kontingenz des Politischen in der Tat nur noch bedrohlich. Immerhin: Der »Experte« reduziert – wie in unseren übrigen Lebensbereichen auch – die unerträgliche Freiheit der Wahl, sagt uns, wie wir handeln sollen, wodurch allerdings das politische Handeln seine spezifische Qualität verliert, da es auf der perspektivischen Relativität von Meinungen beruht, während in einem Expertendiskurs technische Lösungen und Tatsachenwahrheiten dominieren, die, wie es bei Arendt unmissverständlich heißt, »vom Standpunkt der Politik aus gesehen [...] despotisch« sind.[20]

Folgt man hingegen dem italienischen Politologen Norberto Bobbio, dann ist die unvermeidliche Tendenz der Demokratie zur Technokratie, zur Expertenherrschaft eines jener unüberwindlichen »Hindernisse der Demokratie«, die dazu führen, dass eine Reihe nicht eingelöster Versprechen demokratischen Regierens (»echte« Volkssouveränität, Auflösung oligarchischer Strukturen usw.) zu uneinlösbaren Versprechen werden, die den Weg zu einer mehr als minimalistischen Demokratie versperren. Die Gründe dafür sind bekannt: Technokratie und Demokratie stehen zwar im Gegensatz zueinander, weil Letztere gerade auf der Hypothese basiert, dass alle über alles entscheiden können. Doch die Ausweitung des Wahlrechts ging stets mit einem Ausbau des Dienstleistungsstaates einher, denn: Je mehr Wählerinteressen öffentlich artikuliert werden, desto komplexer gestalten sich die politischen Steuerungsprozesse.[21] Dieser Trend zur Expertokratie

19 Arendt, Hannah 1981, *Vita activa oder Vom tätigen Leben*, 6. Aufl., München: Piper, S. 240.
20 Arendt, Hannah 1994b, »Wahrheit und Politik«, in: dies., *Zwischen Vergangenheit und Zukunft. Übungen im politischen Denken I*, München: Piper, S. 327-370, hier S. 341. Arendts Polemik gegen die platonische Abwertung der *doxa* gegenüber der *episteme* und deren antipolitische Folgen in der abendländischen Ideengeschichte ist heute aktueller und lesenswerter denn je.
21 Bobbio, Norberto 1988, *Die Zukunft der Demokratie*, Berlin: Rotbuch, S. 26.

qua Demokratisierung nimmt indes weit weniger apokalyptische Züge an, sofern man, wie Ulrich Beck, für die »reflexive Moderne« gleichzeitig eine »Subpolitisierung der Experten« diagnostiziert und diese als Symptom einer »Entkernung« und »Entgrenzung« des Politischen deutet, mithin auf die Chancen fokussiert, die eine Ausweitung alternativer Handlungsmöglichkeiten und deren potenziell politische Bedeutung im beruflichen Leben mit sich bringt.[22]

Umgekehrt ist doch aber die Gefahr, dass Bürger, die sich nicht für Experten halten, sich selbst die »Kompetenzen« und die Fähigkeit absprechen, noch an der *res publica* teilzuhaben, ungleich höher zu veranschlagen. Und dass das Vertrauen der Bürger in ihre Experten, vor allem in die Ökonomen und in die EU-Komitologie, infolge der Finanz- und Währungskrisen der letzten Jahre nachhaltig erschüttert wurde, lässt wiederum das Vertrauen der Regierenden in die Bürger schwinden. In der Folge versucht die Politik umso entschiedener, die *arcana imperii* von der unberechenbaren Bürgerschaft fernzuhalten. So stehen beide Seiten einander zunehmend misstrauisch, fast schon feindselig, aber dennoch erwartungsvoll gegenüber – keine gute Basis für ein auf Dauer angelegtes Zusammenwirken.

In Deutschland wurde ein von der Mehrheit der befragten Bürger gefordertes Referendum über den künftigen Kurs in der europäischen Währungspolitik nie wirklich in Betracht gezogen; auch ein Konvent zur Ausarbeitung eines neuen EU-Vertrages, bei dem die nationalen Parlamente mitreden dürften, wurde von der Bundesregierung von vornherein abgelehnt. Das Herz des europäischen Zukunftsdiskurses liegt augenblicklich und wohl auch weiterhin in den abgeschiedenen Sphären nationaler Exekutivorgane und der intergouvernementalen Institutionen der EU (dazu mehr im achten Kapitel). In so einer Lage von einem »Primat des Politischen« zu sprechen, das es – wie es in *keynote speeches* von Politikern auf Symposien von Stiftungen und Akademien immer so schön heißt – zu verteidigen gelte, erscheint illusionär. Eher gewinnen Diagnosen an Plausibilität, die seit

22 Beck, *Die Erfindung des Politischen*, S. 242.

Jahrzehnten ein »Absterben des öffentlichen politischen Bereiches«,[23] eine »wachsende Ohnmacht der verbliebenen Organe des kollektiven politischen Handelns«,[24] gar ein »Verschwinden der Politik«[25] in der modernen Demokratie konstatieren.

Das Unbehagen an der pluralistischen Demokratie

Tragisch ist nun, dass gerade in Momenten, in denen sich das Politische in einer spontanen Demonstration gesteigerter Partizipation Bahn bricht, in denen sich der Widerspruch der Bürger gegen die Beschlüsse einer mal als entscheidungsarm, mal als wenig responsiv und autoritär rezipierten Politik erhebt, dieser *qua intentione* eine zusätzliche Hemmung der Entscheidungsprozesse bewirkt – in einer Zeit zumal, in der die Macht des Privatsektors scheinbar so groß geworden ist, dass Parlamente und Regierungen bei richtungsweisenden Entscheidungen von Konjunkturdaten sowie den Stimmungen an der Börse regelmäßig vorangepeitscht werden.[26] In einer Epoche der dynamischen Beschleunigung von Informationsvermittlung, Datenübertragung, Finanztransfers etc. bleibt kaum noch Zeit für ausführliche Diskussionen, für pluralismusorientierte Abwägungen, für Transparenz.

> »Die Politik wird somit in die Defensive gedrängt. Entscheidungen stehen unter einem immer höheren Zeitdruck, der mit den zeitintensiven Willensbildungsprozessen in den Parlamenten nicht vereinbar ist. [...] So wusste im August 2008 vermutlich nur ein Bruchteil der Parlamentarier (und Bürger), was ein Leerverkauf überhaupt ist. Es ist daher nicht überraschend, dass sich zur politischen Bearbeitung der Finanzkrise in Deutschland nur ein äußerst kleiner Zirkel in Berlin zusammengefunden hat.«[27]

23 Arendt, *Vita activa*, S. 55.
24 Bauman, Zygmunt 2003, »The great separation mark two or politics in the globalising and individualising society«, in: Nassehi, Armin/Markus Schroer (Hg.), *Der Begriff des Politischen*, Baden-Baden: Nomos, S. 17-43, hier S. 35.
25 Rancière, Jacques 2002, *Das Unvernehmen. Politik und Philosophie*, Frankfurt am Main: Suhrkamp, S. 112, und Fach, *Das Verschwinden der Politik*.
26 Vgl. Münkler, Herfried 2012a, »Die rasenden Politiker«, in: *Der Spiegel* (16. Juli 2012).
27 Laux, Henning/Hartmut Rosa 2009, »Die beschleunigte Demokratie – Über-

In diesem Szenario verliert das Parlament das, was Herfried Münkler als die »Moratoriumsfähigkeit« der parlamentarischen Demokratie bezeichnet, die Kompetenz also, selbst bei drängenden Problemen den systemischen Entscheidungszwängen, denen die Exekutive täglich ausgesetzt ist, so lange zu trotzen, bis eine möglichst umfassende – das heißt: alle, auch vermeintlich »radikale«, Alternativen berücksichtigende – Debatte stattgefunden hat. Nur so kann verhindert werden, dass »sich die deliberative Demokratie unter der Hand in eine dezisive Demokratie« verwandelt, in der das Parlament Kabinettsbeschlüsse allenfalls noch akklamieren darf.[28]

Der Handlungsdruck auf gewählte Repräsentanten wächst von zwei Seiten her und wirkt in unterschiedliche Richtungen: Während die Probleme, die eine von der Politik selbst deregulierte Finanzwirtschaft produziert, schnelle und koordinierte Reaktionen auf nationaler und intergouvernementaler Ebene erfordern, verlangen die zahlreichen, zwischen den Wahlgängen vonseiten der kritischen Bürgerschaft artikulierten Forderungen nach zeitintensiven Verfahren der Willensbildung und Entscheidungsfindung. Erschwert wird dies allerdings noch dadurch, dass die unversammelten Bürger allenfalls diffuse Signale aussenden, die von der Politik nicht mehr angemessen verarbeitet und repräsentiert werden können, auch weil es immer schwieriger wird, die politischen Lager klar voneinander abzugrenzen. Je pluralistischer, misstrauischer, weniger milieugebunden eine Gesellschaft ist, desto schwerer fällt den politischen Akteuren die Zusammenführung und Repräsentation bestimmter Wählerschichten bei der Formulierung von Kompromissen und desto langsamer arbeiten auch die Räder des politischen Tagesgeschäfts. Da Demokratie von allen Regierungsformen die mit Abstand zeitaufwendigste ist und im Gegensatz zu anderen Regimetypen Rücksicht auf die (in modernen liberalen Gesellschaften sich ständig vervielfachenden) Interessen der Bürger nehmen muss, gewinnen die Probleme des

legungen zur Weltwirtschaftskrise«, in: *WSI-Mitteilungen*, H. 10, S. 547-553, hier S. 548 und S. 550.

28 Münkler, Herfried 2010b, »Regierungsversagen, Staatsversagen und die Krise der Demokratie«, in: *Berliner Republik*, H. 5, S. 49-55, hier S. 51.

politischen Systems bei der Bearbeitung des demokratischen Inputs im »Zeitalter der Beschleunigung«[29] unweigerlich Überhand. Denn unüberschaubare Interdependenzen, die die kooperativen Verhandlungsformen jenseits des Nationalstaates bestimmen, verlangen heute nach informellen und »weichen« Formen der Rechtsetzung, der Abtretung von Kompetenzen an Expertengremien, die zwar angesichts des riesigen Rückstands, den die politisch-rechtliche gegenüber der ökonomischen Globalisierung bislang einnimmt, wichtige Instrumente zur Lösung grenzüberschreitender Probleme darstellen, aber zugleich die Bedeutung von Wahlen und damit die Äquidistanz der Bürger zu den Machtzentren der Republik, die Zurechenbarkeit politischer Entscheidungen unterminieren. Geht nämlich die Funktion der Parlamente als Motor der gesellschaftlichen Regulierung und politischen Integration verloren, dann wird diese Aufgabe mehr und mehr den Regierungen und Administrationen übertragen, die gerade auf internationale Krisen schneller und effizienter reagieren können, die sich jedoch, sofern die Parlamente dabei meist außen vor bleiben, auf weniger demokratische Legitimität stützen können.

Das Fazit ist grausam: Je ernster wir das formale demokratische Versprechen einer möglichst umfassenden Inklusion aller sozialen Gruppen nehmen und daher die Tore der parlamentarischen Komplexe für quantitativ auch noch so geringfügig vertretene Meinungen und Interessen öffnen, je stärker wir auf Partizipation und Responsivität setzen, desto mehr gerät auch die Reaktionsfähigkeit der Politik gegenüber der Ökonomie in Rückstand und desto mehr offene Flanken bieten sich folglich denjenigen, die für eine Aufweichung der Rechenschaftspflicht der politischen Repräsentanten gegenüber dem Volk, für eine Befreiung von der »Wohlstandsfessel« Demokratie plädieren.

In einer Wettbewerbsdemokratie, die ihr integratives Potenzial aus dem Ideal der aggregativen Responsivität bezieht, führt maximale Inklusivität unter Bedingungen hochgradiger sozialer Pluralität zur Paralyse demokratischer Prozesse und damit zur

---

29 Vgl. dazu umfassend Rosa, Hartmut 2012, *Weltbeziehungen im Zeitalter der Beschleunigung*, Berlin: Suhrkamp, vor allem S. 357-373.

Entmachtung der Politik. Diese wird, um wenigstens Output-Legitimität herzustellen, in der Folge immer abhängiger von solchen Akteuren, die zwar nach politischem Einfluss streben, deren Interessen aber eigentlich unpolitischer Art sind: ökonomische Akteure, die an Rahmenbedingungen interessiert sind, die hohe Gewinnmargen ermöglichen und somit auch die Wachstumsschübe der heimischen Wirtschaft begünstigen.[30] Da gewählte Regierungen (und das Volk im Allgemeinen) selbst Nutznießer der erwirtschafteten Renditen sind, werden sie gezwungen, zu einem gewissen Grad jene Präferenzen zu berücksichtigen, die die Märkte vorgeben, wodurch aber die Autonomie des Politischen schwindet, wenn nicht gar ganz aufgehoben wird. Eminent politische Fragen – wie etwa: welche Instrumente zur Verteilung des erwirtschafteten Wohlstandes angewendet werden sollten – geraten dabei in den Hintergrund. Eine dialogisch vermittelnde Politik, die eher als Mediator zwischen Einzel- und Gruppeninteressen denn selbst als demokratisch legitimierter Initiator von Projekten auftritt, verstetigt die »kleine Politik«, die rar an Konflikten und Ereignissen ist und autoritative Entscheidungsfindungsprozesse in demokratisch nicht autorisierte und konstitutionell nicht vorgesehene Gremien verlagert. Das Resultat ist dann nicht nur, wie es das Unregierbarkeitstheorem seit Jahrzehnten impliziert, Nichtpolitik, sondern eine nichtpolitische Politik. Der Trend zur »kleinen Politik« meint ja zunächst einmal (auf der Output-Ebene des politischen Systems) nur, dass wir den großen Herausforderungen unserer Zeit aufgrund der geschilderten, ei-

30 Demokratie und kapitalistische Wirtschaftsordnung bilden bekanntlich seit je eine »prekäre Symbiose«, weil erstens der demokratische Staat auf die Leistungsfähigkeit seiner Volkswirtschaft angewiesen ist, zugleich aber die Schattenseiten der Akkumulationslogik des Marktes (Massenarmut, ungleiche Einkommensverteilung), die Investitionen gefährden könnten, mit regulierenden Maßnahmen abdecken muss, und weil zweitens Demokratie am ehesten in kleinräumigen Arrangements zu verwirklichen ist, »während die kapitalistische Wirtschaft zu globaler Interaktion tendiert«, weshalb die Politik, um ihre Regulierungsfunktion weiterhin erfüllen zu können, in Arenen ausweichen muss, die nicht mehr demokratisch programmierbar sind. Vgl. z. B. Scharpf, Fritz W. 1999, *Regieren in Europa. Effektiv und demokratisch?*, Frankfurt am Main/New York: Campus, S. 36.

nerseits aus dem Interessenpluralismus und der Internationalisierung von Politik, andererseits aus der Machtdispersion im föderalen Bundesstaat mit seinen multidimensionalen Politikräumen erwachsenden Handlungsblockaden mit kleinteiligen Reparaturmaßnahmen begegnen müssen, die der Komplexität der anvisierten Problemlagen nicht mehr angemessen sind.[31] Man denke nur, um ein konkretes Beispiel zu nennen, an die Bemühungen der amtierenden Bundesregierung, der Misere im öffentlichen Gesundheitswesen mit seinem maroden Budgetierungssystem und seinen Unterversorgungen zu trotzen, die als Ergebnis, wie im Herbst 2012, auch nach monatelangen Verhandlungen und nächtlichen Beratungen im Koalitionsausschuss kaum mehr zeitigten als eine Abschaffung der Praxisgebühr. Überall werden großflächige Wunden nur noch notdürftig verarztet. In der Folge ist die kleine Politik gezwungen, das große Wort, die zuspitzende Geste den Hasardeuren an den populistischen Rändern zu überlassen, die diese unter antipolitischen Vorzeichen reaktivieren, als gegen »die« institutionelle Politik insgesamt gerichtet und als den Willen eines homogenen (ethnisch, klassistisch oder ähnlich definierten) Volkes präsentieren.

Der Trend zur kleinen Politik meint aber auch ein Abgleiten der Politik in einen administrativen Modus der Problemlösung, in eine »Verwaltung der Sachen«, wie Friedrich Engels sich eine ideale (im besten Sinne des Wortes) postpolitische Ära vorgestellt hat, in ein Management wissenschaftlich kalkulierter sozialer Notwendigkeiten anstelle diskursiver Praxis. Besinnen wir uns für einen Moment auf das klassisch-republikanische Verständnis von Politik als einer spezifischen Form des Handelns, als einer Lebens- bzw. Seinsweise, ja als einer »Verschränkung von Leben und Politik«,[32] die Politik als (Selbst-)Zweck und nicht als Mittel denkt (also überhaupt nur auf die »Input-Ebene« zielt), dann wird deutlich, warum der Verlust öffentlicher Gestaltungsmacht

31 Vgl. dazu Altvater, Elmar 2010, *Der große Krach – oder die Jahrhundertkrise von Wirtschaft und Finanzen, von Politik und Natur*, Münster: Westfälisches Dampfboot, S. 210 ff.
32 Meyer, Thomas 1994, *Die Transformation des Politischen*, Frankfurt am Main: Suhrkamp, S. 33.

das Wesen der Politik/des Politischen selbst zum Verschwinden bringt. Das politische Handeln beruht nämlich, wie es bei Arendt heißt, auf der »weltbildenden Fähigkeit des Menschen« und seinem Wunsch, »in einem positiven Sinne frei« zu sein, nach mehr zu verlangen als nur nach den »bürgerlichen«, privaten Grundfreiheiten, auf denen zwar die positive Freiheit des kollektiven Handelns erst aufbauen kann, die aber genauso gut auch als »Freiheit von Politik« ausgelegt und -gelebt werden können.[33] Positive bzw. öffentliche Freiheit ist dagegen Ausdruck eines *pursuit of public happiness*, das die Beteiligung an den öffentlichen Angelegenheiten voraussetzt und nur in der Gegenwart anderer möglich ist, was aber bedeutet, »daß niemand frei oder glücklich ist, der keine Macht hat, nämlich keinen Anteil an öffentlicher Macht«.[34] Diese von liberalen Autoren wie Isaiah Berlin vollkommen unterschätzte Grundkategorie des Politischen – kollektive Handlungsmacht – kann sich aber nur dort herausbilden, wo öffentliche Räume bestehen, in denen sich die Autonomie des Politischen entfalten kann. Diese Autonomie ist allerdings gefährdet, wenn die politische Sphäre immer stärker von ökonomischen Determinanten und Verwaltungslogiken durchdrungen wird.

Wenn man politisches Handeln in der Tradition der republikanisch inspirierten Demokratietheorie als kommunikative Interaktion von freien und gleichen Subjekten in einem gemeinsam bewohnten öffentlichen Raum definiert, erhält der Begriff einen sehr emphatischen Beiklang, da er sich normativ von den eher »anwendungsbasierten« Verfahrensmodi nichtpolitischer Politikprozesse abhebt, wie sie etwa von unabhängigen Expertengremien oder normsetzenden rechtsprechenden Instanzen bestimmt werden, die ihre Legitimation und funktionale Existenzberechtigung gerade von ihrer Unparteilichkeit und ihrer Orientierung an objektiven Rechts- oder Nützlichkeitskriterien her ableiten können und deren Relevanz innerhalb der komplexen Mehrebenensysteme, die sich im Rahmen der funktionalen Differenzierung und Transnationalisierung öffentlicher Entscheidungsverfahren

---

33 Arendt, Hannah 1963, *Über die Revolution*, München: Piper, S. 227 und S. 302; vgl. auch dies., *Vita activa*, S. 174.
34 Arendt, *Über die Revolution*, S. 326.

herausbilden, in den letzten Jahren und Jahrzehnten gegenüber den politischen Politikprozessen merklich zugenommen hat. In einer »juridischen Demokratie«, in der das formale Recht – ganz nach dem Diktum der Verfassungslehre Hans Kelsens – im Anschluss an das Gründungsereignis über der Idee der Volkssouveränität, die einmal konstituierte über der konstituierenden Macht des Demos gelagert ist, drängen die nichtpolitischen, von unabhängigen Akteuren bestimmten Entscheidungsprozesse in den Vordergrund. In dieser Situation neigt die kommentierende Öffentlichkeit für gewöhnlich dazu, sozialen Bewegungen ihren politischen Charakter abzusprechen, wenn sie ihre Postulate nicht (oder nicht ausdrücklich) im Einvernehmen mit der konkreten repräsentativen Ordnung artikulieren und an die durch Wahl legitimierten Repräsentanten dieser Ordnung richten.[35] Man erinnere sich an die lapidaren Kommentare des Bundespräsidenten Joachim Gauck zur Occupy-Bewegung, die von ihm nicht als eine »ernst zu nehmende politische Aktion« betrachtet, sondern als eine der »Darstellung einer empörten Seele« gewidmete »Kunstform« abgetan, gar indirekt als eine von »politische[n] Reaktionäre[n] in Rot« vorgetragene Systemkritik in antidemokratischer Absicht dargestellt wurde.[36] Einerseits geschieht diese Abgrenzung von Forderungen nach fundamentalen Systemkorrekturen mit gutem Grund, denn der liberaldemokratische Verfassungsstaat ist zweifellos ein einzigartiger historischer Kompromiss, ein glänzendes Beispiel für eine funktionierende Mischverfassung, die demokratische und »aristokratische« Verfassungselemente in

35 Vgl. hierzu und zu den depolitisierenden Wirkungen der »juridischen Demokratie« Lorey, Isabell 2012a, »Demokratie statt Repräsentation. Zur konstituierenden Macht der Besetzungsbewegungen«, in: dies. et al. (Hg.), *Occupy! Die aktuellen Kämpfe um die Besetzung des Politischen*, Wien/Berlin: Turia + Kant, S. 7-49. Leider setzt Lorey Repräsentation und Demokratie/das Politische in einen allzu unversöhnlichen Kontrast zueinander, aus dem sie allerdings keinen überzeugenden Gegenentwurf zu entwickeln vermag. Kritisch dazu vgl. Kap. 5 und 6 in diesem Buch.

36 Zit. nach Lorey, Isabell 2012b, »Occupy – Exodus der Beliebigen aus der juridischen Demokratie«, in: *igbildendekunst.at*, online verfügbar unter: {http://www.igbildendekunst.at/bildpunkt/bildpunkt-2012/dass-etwas-geschieht/lorey.htm} (Stand: April 2013) und aus einem Interview in der Sendung »Kulturzeit« auf 3Sat vom 7 November 2011.

abgewogener Form synthetisiert und so ein relatives Gleichgewicht zwischen Stabilität und Erneuerung schafft. Schon Machiavelli, der sich, bei allen Lobliedern auf die republikanische *virtù*, der Grenzen der menschlichen Geschicke angesichts der blindwütigen Geschichtskräfte der *fortuna* und der *necessità* sehr bewusst war, hat in Polybios' Modell einer republikanischen Mischverfassung ein wirksames Instrument erkannt, das geeignet sein könnte, die öffentlichen Konflikte zwischen dem Volk und »den Großen«, Plebejern und Patriziern, als Ausdruck politischer Freiheit zu befördern und gleichzeitig zu begrenzen, um den quasinaturgesetzlichen Verlauf des (von ihm so gedeuteten, ebenfalls von Polybios übernommenen) Verfassungskreislaufs zu durchbrechen, das übliche Umschlagen der Republiken in Anarchie und hernach in neue Formen der Despotie zu unterbinden.[37] Die Idee, dass die rechtsstaatliche Regulierung der Volkssouveränität in der repräsentativen Demokratie die großen gesellschaftlichen Konflikte präventiv entschärft und neuerlichen Systemtransformationen vorbeugt, liegt letztlich auch den seit den neunziger Jahren wirkmächtigen vulgärhegelianischen Deutungen vom »Ende der Geschichte« zugrunde. Aus dieser Perspektive scheint die Devise »Keine Experimente« durchaus angebracht, um den Rückschritt in ungewisse vordemokratische Zustände zu vermeiden.

Aber natürlich müsste gerade Gauck, dem eine Schlüsselrolle in der DDR-Reformbewegung zukam und der mit Vorliebe Arendt zitiert, wissen, dass viele der genuin politischen Momente in den vergangenen Jahrhunderten – man denke nur an die Revolutionen in Nordamerika und Frankreich, an die Volksaufstände in den Staaten des Warschauer Paktes usw. – sich dort ereignet haben, wo staatliche Institutionen als »Manifestationen und Materialisationen von Macht […] erstarren und verfallen, sobald die lebendige Macht des Volkes nicht mehr hinter ihnen steht und sie stützt«,[38] wo ein großer Teil des Volkes seine Folgebereitschaft aufkündigt und nach grundlegenden, »systemischen« Reformen

---

37 Vgl. dazu Münkler, Herfried 2007, *Machiavelli. Die Begründung des politischen Denkens der Neuzeit aus der Krise der Republik Florenz*, 2. Aufl., Frankfurt am Main: Fischer, S. 377 ff.

38 Arendt, Hannah 2008a, *Macht und Gewalt*, 18. Aufl., München: Piper, S. 42.

verlangt. Dies gilt für autoritäre Regime, die sich von der Macht des Volkes systematisch abschotten und keinen Raum für (wirksames) politisches Handeln lassen, die deshalb auch über keine Kanäle verfügen, um politische Unzufriedenheit demokratisch zu »verarbeiten«. Aber auch Republiken, die den Bestand solcher Diskursräume erst garantieren, mithilfe von Wahlen und der Garantie von Freiheitsrechten den Willen des Volkes in geordnete Bahnen lenken, sind nicht gefeit gegen einen Niedergang der Responsivität ihrer Institutionen, gegen die wachsende Dominanz nichtpolitischer Politikmodi in den Entscheidungsprozessen und können mit der Zeit anfällig werden für politische Apathie. Darum Thomas Jeffersons unter Republikanern vielzitiertes Wort, Gott möge das amerikanische Volk davor bewahren, dass nur 20 Jahre ohne eine demokratische Rebellion gegen die auch in Republiken im Laufe der Zeit naturwüchsig einsetzenden oligarchischen Tendenzen vergehen. Hannah Arendt, die solche Gewalt verherrlichenden Entgleisungen Jeffersons zwar aufs Schärfste rügte und seine Ideen von einer regelmäßigen, generationenübergreifenden Neugründung von Republiken für radikalen Irrsinn hielt, gleichzeitig aber mit Vorliebe Jeffersons auf kommunalen *wards* basierendes, mehrstufiges Repräsentationsmodell als rätedemokratisches Pendant zum westlichen Parlamentarismus in Stellung brachte, hat sich hinsichtlich der depolitisierenden Effekte der repräsentativen Parteiendemokratien nie Illusionen hingegeben. Zwar hat sie sich nicht der Erkenntnis verweigert, dass Meinungen »in der Tat auf das dringendste einer Reinigung und einer Vertretung« bedürfen: Die Aggregation und Filterungen der »Verschiedenheiten und Konflikte«, die der Meinungsaustausch mit sich bringt, könne realistischerweise nur eine repräsentative Körperschaft leisten.[39] Arendt, die nach Mechanismen zur Abbildung von Meinungs*vielfalt* sucht, plädiert eindeutig für ein Prinzip politischer Vertretung als Differenzrepräsentation und gegen die totalitäre Ausdeutung rousseauscher Identitätsrepräsentation in der Tradition von Carl Schmitt, die notfalls eine

---

39 Arendt, *Über die Revolution*, S. 292 f.

»Vernichtung des Heterogenen« propagiert.[40] Repräsentation wird zum Korrektiv gegen die tyrannische Tendenz der »einmütige[n] öffentliche[n] Meinung«, dient aber zugleich als »technischer Notbehelf«, um »große[n] Bevölkerungsmassen« die Artikulation ihrer Meinungen erst zu erlauben.[41] Meinungsrepräsentation ist jedoch nur in föderalistisch organisierten repräsentativen Systemen, in kleinräumigen Strukturen möglich, die diese »Massen« in kommunale Gliederungen aufteilen und ihnen Diskussionsforen zur Verfügung stellen, in denen sie sich eine Meinung bilden können: Denn »um sich eine Meinung zu bilden, muß man dabei sein; und wer nicht dabei ist, hat entweder [...] gar keine Meinung oder er macht sich in den Massengesellschaften des neunzehnten und zwanzigsten Jahrhunderts [...] einen Meinungsersatz zurecht«.[42] Die Repräsentation des politischen Handelns, das heißt die Vertretung von Meinungen, ist natürlich nur dort möglich, wo es Räume gibt, in denen die Bürger zusammenkommen und qua Deliberation über politische Probleme diskutieren können. An ebendiesen Räumen – das ist Arendts zentraler Vorwurf – fehlt es in den westlichen Demokratien der Gegenwart.[43]

In jüngster Zeit gewinnt Arendts Diagnose unzweifelhaft an Relevanz. Arendts Werk hat ja gerade deshalb so inspirierend auf die Diskussion um die Verortung des Politischen gewirkt, weil die großen Widersprüche moderner Politik – die Notwendigkeit, den republikanischen Gründungsmoment konservieren und stabilisieren, gleichzeitig aber ständig erneuern und fortschreiben zu müssen; die Unerlässlichkeit einer rechtsstaatlichen Fundierung demokratischer Politik und der daraus eventuell erwachsenden Gefahr der Unterdrückung politischer Handlungsmacht usw. – überall in ihren Schriften Spannungen und Aporien erzeugen, die

40 Vgl. dazu Vollrath, Ernst 1992, »Identitätsrepräsentation und Differenzrepräsentation«, in: *Rechtsphilosophische Hefte*, H. 1, S. 65-78, hier S. 76.
41 Arendt, *Über die Revolution*, S. 290 f.
42 Ebd., S. 303.
43 Für eine differenzierte Betrachtung der Arendt'schen Repräsentationskritik vgl. Thaa, Winfried 2008a, »Repräsentation oder politisches Handeln? Ein möglicherweise falscher Gegensatz im Denken Hannah Arendts«, in: Lothar Fritze (Hg.), *Hannah Arendt weitergedacht. Ein Symposium*, Göttingen: Vandenhoeck & Ruprecht, S. 71-87.

oft ungelöst bleiben, damit aber einen erfrischenden Kontrast zu den zahlreichen outputorientierten Demokratietheorien bilden, die die politische Beteiligung auf Kosten von Effizienzkriterien vernachlässigen und den politikwissenschaftlichen Diskurs und die Praxis empirischer Sozialforschung heute weitgehend dominieren.[44] Dass im politischen Denken der Gegenwart »die Sorge um Stabilität und Dauerhaftigkeit und der Geist des Neuen in Gegensätzliches auseinanderfallen«,[45] galt Arendt deshalb als eines der sichtbarsten Symptome für den geringen Stellenwert, der dem politischen Handeln in den gesellschaftlichen Debatten und der modernen Sozialwissenschaft zugemessen wird. Während liberale Konservative wie Gauck einseitig das Systemziel der Stabilität betonen, dabei aber Gefahr laufen, überall dort, wo sich die »lebendige Macht des Volkes« räkelt, voreilig Extremisten zu vermuten und das Ziel der kollektiven Selbstbestimmung unter dem Druck ihrer juridischen Einhegung abzuwerten, verschwenden radikale Demokraten, wie sie in der Occupy-Bewegung anzutreffen waren, nur selten einen ernsthaften Gedanken an die Frage, wie die Macht des Volkes so in institutionelle Bahnen gelenkt werden könnte, dass sie sich am Ende nicht doch wieder gegen sich selbst richtet und einen homogenisierenden Meinungsdruck erzeugt, der zugleich den »Tod aller Meinungen« bedeuten würde (vgl. zu Letzterem ausführlicher Kapitel 5).[46] Zwischen beiden Lagern klafft offenbar ein tiefer Graben, der nicht nur einen fruchtbaren Dialog über die Zukunft der Demokratie verhindert, sondern das Politische selbst verschwinden zu lassen droht.

Jedenfalls: Erst die konstitutive Pluralität und das assoziative Momentum des Politischen – das »acting in concert«, die relative Gestaltungsfreiheit, die sich aus der Wahl aus mehreren möglichen Alternativen ergibt, und die Möglichkeit der Uneinigkeit – können die Demokratie im Sinne einer »beständigen Erneuerung der Erfahrung« erlebbar machen, wie John Dewey dies postuliert

---

44 Vgl. Buchstein, Hubertus/Dirk Jörke 2003, »Das Unbehagen an der Demokratietheorie«, in: *Leviathan* 31/H. 4, S. 470-495.
45 Arendt, *Über die Revolution*, S. 287.
46 Ebd., S. 294.

hat.[47] Dazu braucht es in der Tat die von Arendt geforderten autonomen Handlungssphären, da sowohl die Triebkräfte der Ökonomie als auch die Verwaltungslogik das schon erwähnte Drängen der Demokratie zur Expertokratie sowie eine Konformität des Verhaltens und der Verfahrensabläufe erzwingen, die der konfliktären Pluralität des Politischen vollkommen abträglich ist. Wenn wir sagen, wir handeln politisch, bedeutet das ja nicht nur, dass wir unsere Urteile ohne Bezugnahme auf metaphysische Deduktionen, sondern auch ohne eine zwanghafte Fügung in ein »Notwendiges« fällen. Die Renaissance des Politischen in der Frühen Neuzeit wird daher auch richtig auf das Erscheinen von Machiavellis *Il Principe* und der *Discorsi* datiert, weil hier zum ersten Mal ein eminent diesseitiges politisches Ideal mit der eskapistischen *vita contemplativa* der christlichen Eschatologie, aber auch mit einer deterministischen Auslegung der Geschichte, einer Resignation gegenüber den schicksalhaften Kräften der *fortuna* kontrastiert wurde.[48] Denn »politisch« zu sein, das heißt, um mit Benjamin Barber zu sprechen, »entscheiden zu müssen, dann nämlich, wenn wir über keine apriorischen Entscheidungsgründe, göttliche Machtsprüche oder reines Wissen (*episteme*) verfügen. Politisch sein, bedeutet daher, auf schwindelerregende Weise frei zu sein«[49] – eine so verstandene radikale Pluralität in einer offenen demokratischen Gesellschaft sollte dabei keineswegs als Plädoyer für ein postmodernes »anything goes«, das neben jeglichen Letztbegründungen auch alle möglichen Gründungsmomente und universalistischen Werte negiert, und erst recht nicht als eine von rechtsstaatlichen Rahmungen entfesselte Demokratie verstanden werden, für die, wie wir noch sehen werden, einige radikaldemokratische Autoren in letzter Zeit wieder sehr offen argumentieren. Es soll lediglich heißen, dass eine Demokratie nur dann ihren politischen Charakter bewahren kann, wenn ihre institutionelle Verfasstheit ein gewisses Maß an Offenheit und Optionenvielfalt garantiert.

47 Dewey, John 2000, *Demokratie und Erziehung. Eine Einleitung in die philosophische Pädagogik*, 3. Aufl., Weinheim: Beltz, S. 112.
48 Vgl. Münkler, *Machiavelli*, S. 314.
49 Barber, Benjamin 1994, *Starke Demokratie. Über die Teilhabe am Politischen*, Hamburg: Rotbuch, S. 105.

Die offensichtlichsten, fast täglich spürbaren Facetten unpolitischer Politik – die dem Komplexitätszuwachs geschuldete Verlagerung der Regierungsgeschäfte in *policy*-Netzwerke, die Verrechtlichung der sozialen Beziehungen usw. – lassen die Offenheit der Gegenwartsdemokratien für politisches Handeln momentan jedoch denkbar prekär erscheinen: Mit der Abtretung der *téchne politiké* an wenige, wie sie sich mit der Transformation eines responsiven zu einem *responsible government* in einer *leader democracy* vollzieht,[50] und ihrer juridischen Einfärbung korrespondieren neue Techniken massenmedialer Inszenierung, die den Niedergang formalistischer und substanzieller Repräsentationsmechanismen durch immer ausgefeiltere Techniken der darstellenden, primär symbolisch funktionierenden Repräsentation zu komprimieren versuchen. Dadurch entsteht ein neuer Zwischenbereich der semiöffentlichen Vermittlung, der in einem Spannungsfeld »zwischen Realität und Fiktion, zwischen Politik und Unterhaltung, zwischen Privatheit und Öffentlichkeit« zu lokalisieren ist,[51] allerdings in den letzten Jahren immer mehr Fälle »hyperrealer« (a)politischer Inszenierung, immer neue Spielarten von »Politainment« hervorgebracht hat, die Unterhaltung und Selbstdarstellung auf Kosten von politischer Meinungsbildung in den Vordergrund drängen. (Man denke nur an die jüngeren Fälle Sarkozy, zu Guttenberg oder Schwarzenegger.)

Politiker wissen natürlich, welche Skepsis und unberechenbaren Frustrationen eine unpolitische (Nicht-)Politik aufseiten der Bürgerschaft hervorrufen kann. Die Entstehung und erfolgreiche Wahlteilnahme neuer Parteien (wie hierzulande der Piraten) zum Beispiel, die explizit mit dem Versprechen antreten, den öffentlichen Raum neu zu organisieren und somit eine reelle Gefahr für die dort bereits anwesenden politischen Repräsentanten darstellen. Deshalb versuchen Letztere, sowohl über den Verlust an Gestaltungsmacht (auf den sie, zumindest implizit, an anderer Stelle

---

50 Körösényi, András 2005, »Political representation in leader democracy«, in: *Government and Opposition*, Jg. 40, H. 3, S. 358-378.
51 Diehl, Paula 2010, »Zwischen dem Privaten und dem Politischen – Die neue Körperinszenierung der Politiker«, in: Seubert, Sandra/Peter Niesen (Hg.), *Die Grenzen des Privaten*, Baden-Baden: Nomos, S. 251-265, hier S. 256.

zur Rechtfertigung vermeintlich alternativloser Entscheidungen so gern verweisen) als auch über den unpolitischen Charakter ihrer Kommunikationsstrategien hinwegzutäuschen und den Handlungsdruck vonseiten der zunehmend besser ausgebildeten, selbstbewussten Bürgerschaft zu verringern, indem sie ihr Handeln einerseits (scheinbar) transparenter gestalten und andererseits als pragmatische Kümmerer in Erscheinung treten – eine geschickte Kombination zweier Methoden der politischen Inszenierung und Image-Werbung, die in den letzten Jahren exemplarisch an Angela Merkel studiert werden konnte. Wie sie haben auch andere Politiker, inspiriert von Barack Obamas in vielerlei Hinsicht stilbildendem Wahlkampf von 2008 und schockiert vom mittlerweile gebremsten Siegeszug der Piratenpartei, längst das Internet für sich entdeckt, nutzen dialogische Politikformen (»Tele-Townhall«, »Zukunftsdialog der Kanzlerin«) und überbieten sich mit Forderungen nach »mehr Partizipation«. Gleichzeitig gewinnt das Kümmerer-Modell gerade in Zeiten ökonomischer Unsicherheit und mit der fortschreitenden Europäisierung nationaler Politik wieder an Sympathie. Die Darstellung einer Führungsfigur als fürsorglicher, kompetenter und überparteilicher Problemlöserin, die Vermittlung von harmonistischer Wohlfühl-Stimmung sind Merkmale dieser Strategie. 2011/12 konnten die Sozialdemokraten mitten in der großen Krise eine Reihe von Wahlkämpfen (etwa in Berlin und Nordrhein-Westfalen) mit reinen Wohlfühl- statt Themenwahlkämpfen (»Berlin verstehen«, »Currywurst ist SPD«) erfolgreich führen, die ganz auf die jeweiligen Landesmütter und -väter zugeschnitten waren. Die depolitisierende Wirkung dieses Modells ist offensichtlich und nicht gerade neu.

Das dialogische Modell dagegen wendet sich an eine in allen Milieus wachsende Wählerklientel der kritischeren Geister, denen der managerhafte Gestus des Kümmerers zu paternalistisch ist, und versucht, den Beteiligungswünschen der Bürger entgegenzukommen, dient aber eigentlich nur dazu, die Bindungen an diejenige Instanz zu intensivieren, die zum Dialog eingeladen hat. Das Kümmerer-Modell präsentiert sich wiederum ganz offen als personenzentrierte Darstellungspolitik. Während das dialogische Modell das falsche Gefühl echter Beteiligung vermittelt, weckt die Kümmerer-Strategie meist eine Erwartung, die regionale Politik heute unmöglich erfüllen kann, weil sie der in einer pluralistischen Gesellschaft unvermeidlichen Tendenz zur Verhandlungsdemokratie entgegensteht: die Bündelung von Kompetenzen in einem starken Entscheidungszentrum, verkörpert in der Person des *leader*, der, so die Botschaft, die Dinge schon richten wird. Das Resultat einer sich selbst als omnipotent und/oder partizipativ gerierenden, am Ende aber doch wieder nur das kleine Karo produzierenden Politik ist deshalb zwangsläufig noch mehr Enttäuschung und Apathie.

Diese Enttäuschung artikuliert sich in letzter Zeit immer häufiger in wütenden Reaktionen auf die Handlungsblockaden, die eine pluralistische Gesellschaft produziert. Einerseits schicken sich immer mal wieder Journalisten an, über »zu viel Demokratie, zu viel Mitbestimmung, zu viel Transparenz« zu klagen und die Politik vor dem »maßlosen Bürger« in Schutz zu nehmen.[52] Andererseits wird die Gefahr betont, dass über den kleinen Reibereien des politischen Alltags am Ende das »große Ganze« verloren gehen könnte: »Eine Demokratie, die sich darauf beschränkt, Rauchverbote in Gaststätten zu erlassen oder die Helmpflicht von Radfahrern zu diskutieren, also dem gegenseitigen Gängelungsverhalten der Bürger nachzugeben, aber die eine große Macht, die alle gängelt, nicht beherrschen kann, ist das Papier nicht wert, auf dem ihre Verfassung gedruckt wird«, schreibt Jens Jessen in der *Zeit*.[53] Hier richtet sich der Unmut primär gegen eine Politik, die nicht fähig ist, sich über die im Angesicht der gewaltigen Bedrohung des politischen Raums durch die Dominanz der Finanzmärkte naiv wirkenden, diese Hegemonie indirekt stabilisierenden Mikrokonflikte der gesellschaftlichen Sphäre hinwegzusetzen. Muss also die (nicht eben neue) Einsicht, »daß gerade von der Aufsplitterung der politischen Landschaft in einer Vielzahl von NGOs, Bürgerinitiativen und Lobbys die Reichen und Mächtigen systematisch [...] profitieren«,[54] automatisch zu einer »progressiven« Um-

52 Trankovits, Laszlo 2012, »Die Verteidigung der Demokratie gegen den maßlosen Bürger«, in: *Aus Politik und Zeitgeschichte*, H. 38-39, S. 3-6, hier S. 3.
53 Jessen, Jens 2011, »Unterwegs zur Plutokratie«, in: *Die Zeit* (1. September 2011).
54 Crouch, Colin 2008, *Postdemokratie*, Frankfurt am Main: Suhrkamp, S. 141.

deutung des Unregierbarkeitstheorems führen? Einer solchen Interpretation zufolge müsste wohl die Autonomie des Politischen von der Politik gegen den Neoliberalismus *und* gegen die lähmende Pluralität, die biederen Antagonismen einer Gesellschaft von *petits bourgeoises* verteidigt werden. Das mag auch für einige linke Politiker derzeit insgeheim die einzige Perspektive sein, ist aber aus naheliegenden Gründen hochproblematisch. Die Überzeugung, dass den Leuten mithin das revolutionäre Bewusstsein fehle, um sich der »großen Macht« zu stellen, und dass eine geschriebene Verfassung ohnehin nichts wert sei, solange nicht bestimmte substanzielle Ziele erreicht sind, hat linke Intellektuelle schon oft fehlgeleitet, im Zeitalter der »großen Erzählungen« nicht selten zu kruden Ideologien greifen lassen. Die These, wir seien »von einer drohenden Delegitimierung des Pluralitätsprinzips zugunsten des Identitätspostulats [...] in Zeiten vermehrt gelebter Pluralität weiter entfernt als zuvor«,[55] ist angesichts des gegenwärtigen, suggestiv sich äußernden Unbehagens an der pluralistischen Demokratie, das gerade aus der Enttäuschung über die (zumindest so perzipierten) politischen Blockadewirkungen einer solchen »gelebten Pluralität« resultiert, nicht sehr überzeugend.

Interessant ist, dass Autoren wie Jessen zumindest implizit die Konsequenzen einer Institutionalisierung des zivilgesellschaftlichen Widerspruchs beklagen, die doch als das große, direkte Erbe der emanzipatorischen Linken angesehen werden kann. Verstärkt noch durch die demokratischen Impulse, welche die friedliche Revolution 1989/90 auch in der Bundesrepublik auslöste, wurde in den vergangenen Jahrzehnten in der Diskussion um die Zukunft der Demokratie versucht, den realen Niedergang formaler demokratischer Strukturen durch Instrumente auszugleichen, die die informelle Beteiligung der Zivilgesellschaft als Ganzes fördern sollten. Das aber führte oft genug zur Rechtfertigung von Strukturprozessen, die die legitimierende Funktion von freien und gleichen Parlamentswahlen unterminieren. Der australische

55 Linden, Markus 2010a, »Kein Ende der Demokratie. Eine Einordnung und Kritik der Erosionsthese Michael Th. Grevens«, in: *Berliner Debatte Initial* 21/H. 2, S. 105-115, hier S. 112.

Politologe John Keane beschreibt in seiner monumentalen Demokratiegeschichte die Herausbildung einer *monitory democracy* als einer »neuen historischen Form der Demokratie«, die die klassischen (und leicht verständlichen) Mechanismen demokratischer Repräsentation mit ihrem parlamentarischen Zentrum ablöst und in der neben den vom Volk legitimierten gesetzgebenden Organen – vorgeblich »im Namen des Volkes« – eine kontinuierlich steigende Zahl extraparlamentarischer Institutionen hervorgebracht wird. Dies geschieht zu dem Zweck, die öffentlichen Vorgänge zu kontrollieren und »ungewählten Repräsentanten« organisierter Interessen – seien es nun NGOs oder Wirtschaftsverbände – eine Stimme zu geben. Mit der Absicht, den allgegenwärtigen Transparenz- und Partizipationsforderungen gerecht werden zu wollen, reagieren staatliche Institutionen mit der Einsetzung von Sachverständigen- und anderen Beiräten, der Einrichtung von Petitionsstellen, der Befragung von Fokusgruppen, der Ausgabe von Evaluationsbögen usw. Die traditionellen Wege politischer Artikulation, vor allem das dezisiv-majoritäre Moment der Parlamentswahl, werden durch diese *monitoring*-Instrumente in ihrer richtungsweisenden Relevanz jedoch immer stärker unterminiert: »Ob nun intendiert oder nicht, die anwachsende Kultur des Wählens, gerahmt von den neuen Mechanismen der *monitoring power*, bewirkt, dass die Monologe der Parteien, Politiker und Parlamente unterbrochen werden und oft auch verstummen.«[56] Genau dies, die Entmachtung und Kontrolle der regierenden Eliten, ist ja das erklärte Ziel der Gegner von »Parteienstaat« und »Zentralisierung«. In der Tat liegt die Hoffnung nahe, dass die *monitory bodies* mit ihrem Neutralitätsanspruch einem Hauptproblem westlicher Demokratien, dem mangelnden Vertrauen in Politiker und Parlamente, begegnen könnten. Sie tragen dazu bei, private Machtakkumulationen aufzudecken und, wenn schon nicht zu verhindern, zu überwachen und so das Verborgene öffentlich und transparent zu machen. Die Frage ist aber, ob die institutionelle Formalisierung zivilgesellschaftlicher Über-

---

56 Vgl. Keane, John 2009, *The Life and Death of Democracy*, London: W. W. Norton & Company, S. 686 ff.

wachung politische Agonie in vielen Fällen nicht eher forciert, weil sie das responsive Entscheidungshandeln der gewählten Repräsentanten beschränkt.

Das Janusgesicht der Gegendemokratie

Dieser Frage hat sich der französische Historiker Pierre Rosanvallon in seinem Buch *Counter-Democracy* sehr ausführlich gewidmet. Darin beschreibt er drei verschiedene Manifestationen der »gegendemokratischen« Seite moderner Gesellschaften – im Kontrast zu ihrem »positiven« Äquivalent, das sich aus der durch allgemeine Wahlen vermittelten Autorisierung und Legitimierung staatlicher Institutionen ergibt. Darunter fallen alle informellen Aktivitäten, mit denen die Bürger die Politik von Regierungen erstens beobachten und überwachen, zweitens präventiv anprangern und mithilfe der seit den siebziger Jahren einstudierten Praktiken zivilen Ungehorsams blockieren und drittens durch gerichtlichen Widerspruch anfechten. So gesellt sich zur traditionellen »Angebotsdemokratie« eine »Demokratie der Zurückweisung«, in der Bürger als unparteiische Richter »Misstrauen organisieren«, statt sich für politische Projekte starkzumachen. Die Macht des Volkes wird zu einer Vetomacht des ständigen Einspruchs. Rosanvallon selbst merkt an, dass ein Mehr an »Gegendemokratie«, das heißt eine Expansion der indirekten Einflusskanäle der Bürger zu ihren Repräsentanten, zum einen automatisch »demokratiebeschränkend« wirkt: »Der Bürger als ›Wächter‹ gewinnt, während der Wahlbürger verliert. Der negative Souverän behauptet sich *tout court* auf Kosten des Souveräns. Die Organisation des Misstrauens unterminiert die Annahme des Vertrauens, das durch die Wahl übertragen wurde.«[57] Enttäuschung, so Rosanvallon, sei daher eine fast unvermeidliche Konsequenz, die sich aus einer misstrauischen Gesellschaft ergebe, in der kritische Bürger, die den Einspruch gegen die staatliche Gesetzesmaschinerie ritualisieren, das außerstaatliche, »gegendemo-

---

57 Rosanvallon, *Counter-Democracy*, S. 253.

kratische« Standbein der Demokratie darstellen. Politiker haben weniger Spielraum, um das Vertrauen, das man ihnen mit der (wenn auch nur numerisch verstandenen, aus deliberativer Sicht qualitativ ungenügenden) Zustimmung zu ihren Wahlprogrammen gewährt, politisch umzusetzen. Da Wahlen als Legitimationsbasis vielfach nicht mehr ausreichen, um Projekte in kooperativen Mehrebenensystemen durchzusetzen, versuchen politische Akteure, jeden kontroversen Schritt zu vermeiden, der Kritik vonseiten der »Wächter-Institutionen« hervorrufen würde. Ein vernichtendes Urteil der »Wirtschaftsweisen«, von Foodwatch oder Greenpeace wird von den Medien gierig aufgegriffen und von den Bürgern – deren Parteibindungen zwar abreißen, die sich aber im Bewusstsein der medial ständig präsenten riskanten Nebenfolgen der »reflexiven Moderne« gleichzeitig umso stärker über ihre Rolle als Verbraucher, Teilnehmer am Wirtschaftsleben und Bewohner eines existenzgefährdeten Planeten im Klaren sind – bei der Formulierung politischer Standpunkte und der Wahlentscheidung mit berücksichtigt. Die Wächter-Institutionen steigern den pluralen Gehalt der Demokratie; sie sorgen für mehr Offenheit, indem sie die Diffusion der Macht noch forcieren, aber sie begünstigen damit auch den Trend zur kleinen Politik, in der nichts mehr geht, außer eben die Verwaltung der Pluralität. Der französische Philosoph und Historiker Marcel Gauchet bringt diese Entwicklung auf den Begriff der *dépolitisation*, die sich gegenwärtig rasant beschleunige. Im Vergleich zu vergangenen Zeiten seien heute zwar größere Teile der Gesellschaft befriedet, aber eine tiefgreifende politische Reflexion findet nicht statt. Stattdessen werden lautstark sofortige Ergebnisse verlangt.[58]

Somit fördern gegendemokratische Erscheinungsformen nicht nur partizipative, sondern auch unpolitische Effekte. Einerseits behauptet sich die Zivilgesellschaft als der eigentliche Ort des Politischen in einer Demokratie, in der die offizielle Politik sich kaum noch durch Leidenschaft, sondern eher durch bürokratische Effizienz auszeichnet, in der substanzielle Auseinanderset-

---

58 Vgl. Courtois, Gérard/Françoise Fressoz 2012b, »Marcel Gauchet: ›Sarkozy avait la direction mais pas la méthode, Hollande sait faire mais n'a pas de cap‹«, in: *Le Monde* (9. September 2012) (Interview mit Marcel Gauchet).

zungen der Inszenierung artifizieller Streitigkeiten weichen – deshalb auch die viel deklarierte »Rückkehr« oder gar »Erfindung des Politischen« in den neunziger Jahren, als die vormals eruptiven Einbrüche gesellschaftlichen Widerstands routinisiert wurden und ein neues Nachdenken über das Politische außerhalb der Politik anregten. Das Politische sollte als »radikal-demokratische Praxis der Selbstinstituierung von Gesellschaft« gegenüber der etablierten, institutionalisierten Politik mit ihren Vermachtungen und Pfadabhängigkeiten, ihrer Tendenz zur Oligarchie verstanden werden.[59] Aber andererseits zerstört die Auffächerung der sozialen Milieus und Interessengruppen die Grundlagen geteilter Zwischenräume, deren Konstitution Arendt zufolge ja unbedingt nötig wäre, damit wir von Politik sprechen können. In krassem Gegensatz zu diesem Postulat haben die Individualisierungsprozesse innerhalb der Zivilgesellschaft dazu beigetragen, dass kollektive Handlungsmacht zunehmend in vereinzelte Abwehrreflexe zerfällt, sodass öffentliche Initiativen nur noch rein reaktive Züge annehmen, die nicht nur bestimmte, sondern politische Projekte in toto eher behindern, als dass sie sie stützen. Gegendemokratie führt zur »Fragmentierung und Verteilung, wo Kohärenz und Umfassendheit benötigt wird«.[60] Politik wird dadurch kleinteilig, opak und unüberschaubar. Allerdings sind Sichtbarkeit und die Zurechenbarkeit von Verantwortlichkeit, wie sich noch zeigen wird, nun einmal zentrale Kriterien, die Politik in einer demokratischen Ordnung erfüllen muss. Diese Kriterien werden aber gerade durch die Manifestationen der negativen Souveränität erschüttert – nicht zuletzt deshalb, weil der negative Souverän seinen Unmut gegenüber einem repräsentativen System artikuliert, das, um nach landläufigem Verständnis repräsentativ zu wirken, seine inhaltliche Programmierung nach wie vor aus der Aggregation kumulierbarer Einzelforderungen bezieht, die in der klassischen Moderne entlang klar definierter, zahlenmäßig sehr überschaubarer, binär codierter Konfliktlinien, sogenannter

59 Vgl. Flügel, Oliver/Reinhard Heil/Andreas Hetzel 2004, »Die Rückkehr des Politischen«, in: dies. (Hg.), *Die Rückkehr des Politischen. Demokratietheorien heute*, Darmstadt: Wissenschaftliche Buchgesellschaft, S. 7-16, hier S. 7.
60 Rosanvallon, *Counter-Democracy*, S. 23.

cleavages, hervortraten. Aber die großen weltanschaulichen Konflikte scheinen der Vergangenheit anzugehören, und die unterschiedlichen Wertpräferenzen lassen sich nur noch schwerlich mittels aggregativer Repräsentationsmechanismen und nur noch überaus undeutlich auf einem Koordinatensystem abbilden, das zwischen links-libertären und rechts-autoritären Polen differenziert. Deshalb setzt auch die Parteienforschung in zunehmendem Maße auf Milieuanalysen neuerer Art und Lebensstil-Konzepte, um bei der Analyse des Aufstiegs und Niedergangs von Parteien der wachsenden Heterogenität politischer Mentalitäten in einem Zeitalter erodierender Lagerbindungen gerecht zu werden.[61] Um Wahlen zu gewinnen, versuchen die Parteien, möglichst viele solcher diffusen Stimmungen und Lebensstile zu integrieren, weshalb sie gezwungen sind, ihre programmatischen Grundsätze noch flexibler, noch pragmatischer an den wechselnden Meinungstendenzen zu orientieren, sodass sie am Ende überhaupt keine festen Strömungen mehr repräsentieren. Die Bürger tendieren dazu, dieses instrumentelle Verhalten als Zeichen eines prinzipienlosen, irresponsiven Opportunismus zu deuten. Ebendieser Eindruck stimuliert wiederum den gegendemokratischen Protest.

Politisierte Demokratie ohne Politik

Im Extremfall tendiert die reaktive Gegenmacht der Bürger dazu, den Ort der »offiziellen Politik« völlig zu entwerten. Effektvoll inszenierte oder, im Fall der neueren kapitalismuskritischen Bewegungen nach der Art von Occupy Wall Street, bewusst inhaltsleer bleibende Widerstandsformen delegitimieren und destabilisieren die republikanischen Institutionen, die sich durch gesellschaftliche Öffnung einerseits und intensivierte Liberalisierung heimischer Finanzmärkte andererseits selbst in ihrer Handlungsmacht beschnitten haben, mithin *politique sans pouvoir* betrei-

---

61 Vgl. z.B. Walter, Franz 2008, *Baustelle Deutschland. Politik ohne Lagerbindung*, Frankfurt am Main: Suhrkamp, oder Zolleis, Udo/Simon Prokopf/ Fabian Strauch 2010, *Die Piratenpartei. Hype oder Herausforderung für die deutsche Parteienlandschaft?*, München: Hanns-Seidel-Stiftung, S. 26.

ben.[62] Selbst wenn sie ihre Repräsentationsfunktion uneingeschränkt erfüllen könnten, ist ihr Entscheidungsspielraum stark eingeschränkt, weil sie ihre Autorität nur noch auf einer »destruktiven Legitimation« aufbauen können: »Regierungen opfern ein Stück Souveränität in der Hoffnung, das Vertrauen der Bürger zurückzugewinnen«.[63] Dadurch indes verlieren die Institutionen an Gestaltungsmacht, die – so lautete jedenfalls das bisherige Demokratie-Narrativ – durch elektorale Willensbildung den politischen Präferenzen der Bürger gemäß durch deren Repräsentanten ausgeübt werden soll. Die Gegenmacht des negativen Souveräns kann diese »konstruktive« Macht aber nicht ersetzen. Sie kann den öffentlichen Raum immer nur punktuell politisieren, ihre wachsende »Empörung« über die Politik zum Ausdruck bringen, ohne aber selbst über legitime Gestaltungsmacht zu verfügen, vielfach jedoch auch, ohne überhaupt den Wunsch zu verspüren, mit politischer Verantwortung in Berührung zu kommen. So bietet sich uns schließlich das Bild einer zwar teilpolitisierten Gesellschaft, in der sich aber »die Idee der sozialen Intervention von der Vorstellung gelöst hat, dass es die Politik ist, die die Gesellschaft strukturiert und ihr Bedeutung verleiht«.[64] Die Suche nach überzeugenden Leitnarrativen und Zukunftsentwürfen gestaltet sich für alle politischen Akteure immer schwieriger: Zumindest lautet so die Diagnose der Philosophin Myriam Revault d'Allonnes, die beklagt, dass die Hoffnung auf eine qualitativ neue Zeit verebbt sei. Früher hätten die Menschen geschlossen für emanzipatorische Ziele gekämpft, gegenwärtig stoße man hingegen nur noch auf gestresste Individuen, die »Kletterern« ähnelten, welche auf einen Abhang wollten, der gerade einstürze: »Sie müssen immer schneller gehen, um dort zu bleiben, wo sie gerade sind.«[65] Der Ökonom und Schriftsteller Jacques Attali spricht in diesem Zusammenhang von der »Tyrannei des Augenblicks«.[66]

---

62 Laine, Mathieu 2009, *Post-politique*, Paris: Éditions Jean-Claude Lattès, S. 27.

63 Rosanvallon, *Counter-Democracy*, S. 264.

64 Ebd., S. 256.

65 Zit. nach Clarini, Julie 2012, »Un avenir opaque«, in: *Le Monde* (25. November 2012).

66 Vgl. R.-D., P. 2012, »Jacques Attali: ›Penser à l'avenir plutôt qu'à l'instant‹«, in:

Solche Diagnosen unterstützen den Eindruck, dass die einer vitalen politischen Demokratie zugrunde liegende Idee, der zufolge die von sozialen Kräften konstituierte politische Macht wiederum die Kraft und die Legitimation besitzen muss, das Soziale zu instituieren, derzeit fortwährend praktisch unterminiert wird. Der Niedergang der Autonomie des Politischen spiegelt sich nicht zuletzt darin wider, dass in der jüngeren Vergangenheit immer häufiger dem Gerichtssaal statt der Agora zugetraut wurde, die Demokratie vor ihrem Ausverkauf zu bewahren. Das so sympathisch wirkende Wort vom »Bürgergericht«, das den übergroßen Vertrauensvorsprung des Bundesverfassungsgerichts (BVerfG) vor den Parlamenten und anderen politischen Institutionen kennzeichnet, steht eigentlich bezeichnend für einen Trend, der die Übertragung der *res publica* aus dem öffentlichen Raum, wo Legitimitätsgründe politische Entscheidungen leiten sollten, in expertokratische Teilöffentlichkeiten oder, in diesem Fall, in das Reich der puren Legalität anzeigt.

Von der übergroßen Zahl der Bürger wird die Tätigkeit des BVerfG sehr geschätzt: empirische Untersuchungen bestätigen jedenfalls regelmäßig, dass es sich auf fast genauso hohe Vertrauenswerte stützen kann wie die bestplatzierte Institution, die Polizei, während der Bundestag und die Parteien weit abgeschlagen noch hinter Lobbygruppen und der staatlichen Verwaltung am Ende der einschlägigen Vertrauensrankings stehen.[67] Die Karlsruher Verfassungsrichter handeln in den Augen der Bundesbürger strikt sachlich, als unabhängige Experten des Rechts, über all den hässlichen Konflikten und Streitereien stehend, die man sonst mit Parteien und Politik verbindet und als abstoßend emp-

Le Monde (29. November 2012), Supplément »Vivre ensemble« (Interview mit Jacques Attali).
67 Vgl. Vorländer, Hans/André Brodocz 2006, »Das Vertrauen in das Bundesverfassungsgericht. Ergebnisse einer repräsentativen Bevölkerungsumfrage«, in: Vorländer, Hans (Hg.), *Die Deutungsmacht der Verfassungsgerichtsbarkeit*, Wiesbaden: VS Verlag für Sozialwissenschaften, S. 259-295, hier S. 262. Vgl. auch die Auswertung des European Social Survey von 2002/03 bei Zmerli, Sonja 2004, »Politisches Vertrauen und Unterstützung«, in: Deth, Jan W. van (Hg.), *Deutschland in Europa. Ergebnisse des European Social Survey 2002-2003*, Wiesbaden: VS Verlag für Sozialwissenschaften, S. 229-255, hier S. 234 ff.

findet. Der Richterspruch in strittigen Angelegenheiten erfolgt in einem überschaubaren Zeitraum, zieht sich also nicht so quälend lange hin wie die parlamentarische Auseinandersetzung. Und das Urteil verschafft, so wirkt es, Klarheit, beendet mit der Raison wissenschaftlich-neutraler Rechtsauslegung die Querelen des Alltags. Anker sind gesetzt, man weiß, was richtig und was falsch ist. Und daher erscheint das hohe Gericht in Zeiten hyperkomplexer Ereignisse und Verästelungen wie ein in sich ruhender, weiser, strenger, aber gerechter Pfadführer.

Begonnen hatte das schon zu Adenauers Zeiten, als das Vertrauen in die »Parteiungen« aus den bekannten historischen Gründen ebenfalls nicht sonderlich tief wurzelte. Die damalige Bonner Regierung gab gerne, bevor sie die Gesetzesmaschinerie anwarf, Rechtsgutachten in Karlsruhe in Auftrag. Die Expertise bot ihr hernach die probate Legitimation, den von den Verfassungsrichtern bewerteten Weg zu gehen. Man konnte sich gegenüber Opposition und Öffentlichkeit, auch gegen obstinate Parlamentarier in den eigenen Reihen auf die Autorität des Rechts berufen. In den Jahrzehnten danach versuchten die jeweiligen parlamentarischen Oppositionen den Gang nach Karlsruhe zu nutzen, um auf diese Weise der Zentralregierung ein Bein zu stellen, was ihnen zuvor im Wahlakt nicht gelungen war. Die Bundesbürger hatten daran wenig auszusetzen; eine Mehrheit attestierte dem Gericht regelmäßig, Ansichten, Wünsche und Interessen des Demos stärker zu berücksichtigen als der Bundestag – der doch immerhin mit der durch Wahlen hergestellten Legitimation des Volkes selbst ausgestattet war.

Doch nicht mehr nur die Opposition versucht regelmäßig, außerhalb des Parlaments in Karlsruhe zusätzlichen Druck auf die Regierung aufzubauen. Jüngst haben zudem viele Bürgerinitiativen in der Verfassungsbeschwerde das scheinbar einzige Instrument gefunden, um sich mit der Stimme des Verfassungssouveräns gegenüber ihren Repräsentanten noch effektiv bemerkbar zu machen. Davon legten in jüngerer Zeit insbesondere die Massenklagen unter anderem gegen die Vorratsdatenspeicherung und den Europäischen Stabilitätsmechanismus (ESM) Zeugnis ab. Der Slogan »Volksentscheid! Sonst klagen wir!«, den der Verein

Mehr Demokratie e.V. bei der Einreichung seiner Verfassungsbeschwerde gegen die deutsche Ratifizierung des ESM und des Fiskalvertrages im Juni 2012 verwendete, steht paradigmatisch für eine solche Drohung mit dem Recht gegenüber der Recht setzenden Politik: »Am Parlament vorbei ist eine Art direkter Demokratie entstanden. Bürger, die mit den Entscheidungen der von ihnen gewählten Abgeordneten nicht einverstanden sind, können versuchen, ihr Wahlrecht in Karlsruhe noch mal auszuüben. Dort brauchen sie nur eine Mehrheit der Acht.«[68] Dass das BVerfG, welches in der Tat zum einzigen Hüter der Verfassung avanciert ist,[69] mit seinen Urteilen im Rahmen von inhaltlichen Normenkontrollen und Verfassungsbeschwerden die Deutungsoffenheit, die den öffentlichen Diskurs anregt, tendenziell verschließt, ist einer so verstandenen Integrationswirkung insofern abträglich, als es in seiner Rechtsprechung allzu häufig aus dem Grundgesetz, das aus dieser Perspektive über die eigentliche Funktion einer Verfassung als »prozedurale Entscheidungsprämisse für die inhaltlichen Entscheidungen des demokratischen Gesetzgebers« hinaus zu einem Kanon richtiger, eindeutig verifizierbarer Inhalte gerät, ein »undeutlich formuliertes Zivilgesetzbuch« macht, von dem aus Ansprüche an einfache Gesetze deduziert werden, die besser politisch, im demokratischen Streit, verhandelt werden sollten.[70] Das große Vertrauen in die Justiz und deren starke Nutzung in richtungsweisenden politischen Fragen scheint zu bestätigen, dass nicht nur die Regierenden, sondern auch die Bürger selbst, bei aller Politisierung, immer häufiger gezwungen sind, zu nichtpolitischen Mitteln zu greifen, um ihre politischen Ziele zu erreichen.

Begriffe wie »Postpolitik« (Chantal Mouffe) oder Formeln

---

68 Darnstädt, Thomas 2012, »Das überforderte Gericht«, auf: *Spiegel Online* (12. September 2012), online verfügbar unter: {http://www.spiegel.de/politik/deutschland/kommentar-zum-esm-urteil-das-ueberforderte-gericht-a-85537 7.html} (Stand: April 2013).

69 Vgl. Hennis, Wilhelm 1999b, *Regieren im modernen Staat*, Tübingen: Mohr Siebeck, S. 362.

70 Maus, Ingeborg 1994, *Zur Aufklärung der Demokratietheorie*, Frankfurt am Main: Suhrkamp, S. 35 f., und dies. 2011, *Volkssouveränität. Elemente einer Demokratietheorie*, Berlin: Suhrkamp, S. 47.

wie *politics without politics* (Jodi Dean), die das bloß noch Symbolische der postelektoralen Inklusion hervorheben – dabei aber, wie hier schon kritisch anzumerken wäre, fast ausschließlich auf die manipulativen Entpolitisierungsstrategien vonseiten der institutionalisierten Politik, kaum aber auf die Resonanzen darauf in der Gesellschaft eingehen –, scheinen die fatalen Folgen dieser Entwicklung für den Bestand des Politischen eingängiger und zutreffender zu schildern als traditionelle Beschreibungen wie »Depolitisierung« oder »Entdemokratisierung«. Diese mögen zwar ebenfalls zutreffen, kennzeichnen aber nur ungenügend, dass die Bürger keineswegs in politische Apathie verfallen, sondern dass sie im Gegenteil omnipräsent sind und dass virtuelle Politik, die einladende dialogische Geste des »Reden wir miteinander«, derzeit allgegenwärtig ist.

Die oben beschriebene Tendenz zum expertokratischen Regieren wird nämlich kontrastiert durch eine Politik des unechten Dialogs, der seinerseits zur politischen Passivität anhält, weil er eigentlich nur in eine Richtung wirkt. An die Stelle der situativen Polarisierung, die die Mobilisierung programmatisch und sozialstrukturell klar unterscheidbarer Lager mit sich brachte, ist eine dialogische Politik der ständigen Konsultation getreten. Diese absorbiert sofort jeden etwaigen Widerspruch, der über die Reklamation von Formfehlern hinausgeht, mit ihrer präventiven Einbindung zivilgesellschaftlicher Expertise (etwa im Rahmen von Anhörungen in Parlamentsausschüssen), ihrem empathischen Credo des »Jeder wird gehört«, ihrer sozialtechnologischen Auffassung von guter Politik als der rechtzeitigen, möglichst inklusiven »Bearbeitung« von Problemen. Wenn einmal unvorhersehbare Ereignisse die vermisste Spontaneität des Politischen in den öffentlichen Raum zurückholen, kommen neben den bewährten Instrumenten der Demoskopie[71] diese dialogischen Maßnahmen zum Einsatz, um Konfliktlinien aufzulösen, bevor sie die Gesellschaft soweit durchdringen und polarisieren, dass sie breite Mobilisie-

71 Dieser haftet stets die Ideologie einer platonisch gefärbten »Archi-Politik« an, da sie das Volk als »identisch mit der Summe seiner Teile«, als »niemals mehr ungerade, unberechenbar oder undarstellbar«, sondern immer als auf eine »restlose Einheit« reduzierbar annimmt (Rancière, *Das Unvernehmen*, S. 114).

rungen gegen hegemoniale Konsense hervorrufen und auf diese Weise bestehende Machtverhältnisse zu erschüttern drohen. Diese Art der konsultierenden Partizipation läuft auf eine »kanalisierte oder kontrollierte Politisierung« hinaus, die aber insofern eigentlich entpolitisierend wirkt, als dabei »Politisierung (Konflikthaftigkeit politischer Entscheidungen, die nie verschwindet) und Öffentlichkeit (im Sinne eines Aggregationsphänomens individuell-bürgerlich erfahrener Politisierung) getrennt werden und dadurch in einem gewissen, nämlich einheitsstiftenden Sinne entschärft werden« können.[72]

Solch eine kontrollierte Politisierung bedient sich des unechten Dialogs, der die Selektivität politischer Entscheidungen ausblendet, indem er den wenigen Konsultierten und den durch sie allenfalls symbolisch Repräsentierten das Gefühl gibt, eine Stimme in der Welt zu besitzen, mehr noch: mit den Regierenden auf Augenhöhe zu verhandeln. Politik erhält somit das Antlitz einer herrschaftsfreien sozialen Praxis, die sie natürlich nicht ist, niemals war und auch niemals sein wird. Die belgische, in England lehrende Politologin Chantal Mouffe hat in einigen ihrer jüngeren Beiträge beschrieben, wie gerade eine so verstandene »dialogische Demokratie«, die in der Sprache von Anthony Giddens, des Apologeten des Dritten Weges, das Bild einer harmonischen, prinzipiell konfliktfreien Politik konstruiert, die hegemoniale Dimension politischer Auseinandersetzungen und dadurch natürliche Machtungleichgewichte verdeckt.[73] Die diskursive Ummäntelung irresponsiver, expertenzentrierter Legislationsprozesse lässt diese legitim und offen erscheinen. Unter dem Diktum der sachorientierten Kooperation wird jedoch versucht, politische Konflikte zu neutralisieren und so die Agonalität und die Kontingenz des Politischen aus dem öffentlichen Raum zu verdrängen.

Als ein jüngeres, allzu offensichtliches Beispiel der dialogischen Strategie könnte man die Entscheidung des Bundeskabi-

---

72 Teßmer, Harald G. 2012, *Governancistische Demokratie. Zur Balance von Vollmacht und Misstrauen im heutigen Europa*, Berlin u. a.: LIT Verlag, S. 173.
73 Vgl. Mouffe, Chantal 2007, *Über das Politische. Wider die kosmopolitische Illusion*, Frankfurt am Main: Suhrkamp.

netts vom 14. März 2011 anführen, als Reaktion auf die infolge der Fukushima-Katastrophe neuerlich aufflammende, tief in die Mehrheitsgesellschaft reichende Anti-Atomkraft-Stimmung ein Moratorium zu beschließen und eine Ethikkommission einzurichten. Dieses Vorgehen hat seinerzeit viel Empörung hervorgerufen, weil damit ein für die schwarz-gelbe Energiepolitik gewissermaßen identitätsstiftendes Sujet kurz vor zwei richtungsweisenden Landtagswahlen relativiert wurde, sodass die machtstrategischen Kalküle, die zu dieser Entscheidung führten, deutlich zum Vorschein kamen. Es war Ulrich Becks These, dass derartige Enttäuschungen, die aus als opportunistisch perzipierten Entscheidungsprozessen resultieren, den perfekten Humus für jene »institutionenlose Renaissance des Politischen« bieten, die Akteure als Individuen außerhalb staatlicher und korporatistischer Arrangements stärkt und die Beck mit dem Begriff »Subpolitik« beschrieb. Dazu gehört auch die Individualisierung von vormals politischen Themen und umgekehrt die Politisierung von ehemals politisch nicht thematisierten Nebenfolgen der industriellen Moderne. Im Grunde, so Beck, können wir erst jetzt von einer genuin »*politischen* Moderne« sprechen, da bürgerliche Partizipation im Gewand der Subpolitik immer unkonventionellere Formen annimmt und sich der Zwangsjacke staatlicher Institutionen entledigt.[74] Der Weg, so scheint es, führt geradeaus zu einem Mehr an zivilgesellschaftlicher Selbstgesetzgebung, zu einer »neuen Handlungsgesellschaft, Selbstgestaltungsgesellschaft«, zu einer subpolitischen »Gesellschaftsgestaltung von unten«.[75]

Allerdings stellt sich die Frage, ob der Trend zur Subpolitik automatisch mit einer Aufwertung und Intensivierung *politischen* Handelns gleichgesetzt werden darf, wenn Engagement rein egozentrisch motiviert ist, wenn also zum Beispiel die Partizipationsbereitschaft der Bürger nur dann ansteigt, wenn die nächtliche Ruhe im eigenen Stadtteil durch den Bau eines Großflughafens oder die gymnasiale Ausbildung des eigenen Nachwuchses durch eine von der Landesregierung angestrebte flächendeckende

---

74 Vgl. Beck, *Die Erfindung des Politischen*, S. 196 ff.
75 Ebd., S. 162.

Einrichtung von Ganztagsschulen bedroht ist. Natürlich ist diese Form der »gegendemokratischen« Wehrhaftigkeit so legitim wie jede andere auch. Wird sie jedoch dominant, dann erhält das »Könnens-Bewusstsein« einen negativen, tendenziell privatistischen Charakter. Politisch reagiert wird dann nur noch, sobald kollektiv bindende Entscheidungen in den eigenen Lebensbereich einbrechen und dort einen als untragbar wahrgenommenen Schaden anrichten. Denn der »politische Bourgeois«, den Ulrich Beck in hoffnungsvollen Tönen als den treibenden politischen Akteur der Zweiten Moderne beschreibt, bleibt eben doch ein Bourgeois, der den öffentlichen Raum als Privatmann, Unternehmer und Kunde betritt und sich dort auch so verhält: eigenwillig, unnachgiebig, ganz auf die Wahrung seiner eigenen Privilegien bedacht. Ein solches Handeln kann nicht unbedingt apolitisch genannt werden – schließlich ereignet es sich im öffentlichen Raum, und die kollektive Abwehr einer als ungerecht empfundenen Staatsmacht war immer ein zentraler Aspekt des demokratischen Projekts. Allerdings äußert sich die negative Souveränität der Privatbürgerschaft nicht selten in Gestalt einer aggressiven Antipolitik, einer tiefverwurzelten Staats- und Parteienverachtung. Wenn man zum Beispiel die Stimmungsbilder innerhalb der Protestbewegung gegen die Erneuerung des Stuttgarter Hauptbahnhofes untersucht, findet man einige Indizien, die die von den Medien gestreute und von einigen Sozialwissenschaftlern kritisierte These vom »wutbürgerlichen« Populismus unterstützen:[76] »Lügenpack«, »Verlogenheit« der Politik, »Verarschung der Bevölkerung« – solche Töne kursierten in den Reihen der Demonstranten gegen das Projekt Stuttgart 21.[77] Doch wurde gerade diese

76 Vgl. z. B. Leggewie, Claus 2011, *Mut statt Wut. Aufbruch in eine neue Demokratie*, Hamburg: Körber-Stiftung.
77 Vgl. Ramid, Nina/Wolfgang Stuppert/Simon Teune 2012, *Protest und Demokratie. Kritik am repräsentativen Regieren und die Entdeckung der Straße durch die GegnerInnen von Stuttgart 21*, Paper vorgestellt auf dem DVPW-Kongress 2012 in Tübingen. Das Paper ist online verfügbar unter: {https://www.dvpw.de/fileadmin/docs/Kongress2012/Paperroom/2012SozBew-Ramid_Stuppert_Teune.pdf} (Stand: April 2013). Vgl. dazu auch Butzlaff, Felix et al. 2013, »Wir lassen nicht mehr alles mit uns machen!‹ Bürgerproteste an und

antipolitische Seite der Zivilgesellschaft in den letzten Jahren als Indiz für eine vitale politische Gesellschaft gewertet, da insbesondere »enttäuschte Demokraten« meist ein sehr ausgeprägtes politisches Interesse und ein Bewusstsein für die Bedeutung demokratischer Werte aufweisen.[78] Neben der Anti-System-Polemik kommt es aber innerhalb des situierten Bürgertums auch zu immer stärkeren innergesellschaftlichen Abwehrreaktionen gegen »die Anderen« und das soziale Unten, die vom kollektiven Krisenbewusstsein noch begünstigt werden. Jüngere empirische Analysen legen jedenfalls nahe, dass die ökonomische Krise seit 2007/08 in weiten Teilen der oberen Mittelschicht zusätzliche Impulse der Entsolidarisierung und des subtilen Sozialdarwinismus hervorgerufen hat.[79] Die Zivilgesellschaft scheint im Augenblick noch weit davon entfernt, gemeinschaftliches, solidarisches Handeln einzuüben. Eher bietet sich uns der Anblick einer hochgradig politisierten Gesellschaft, in der die Einforderung positiv verstandener Gestaltungsmacht allmählich gegenüber einem Handeln verblasst, das die Verteidigung von Privilegien und den Kampf gegen die Ruhestörung habitualisiert.

So kommt es, dass in der Sozialwissenschaft gleichzeitig eine »Wieder(er)findung und Selbstzerstörung des politischen Raumes«[80] konstatiert wird – für beide Diagnosen scheint es, betrachtet man allein die Entwicklungen der letzten fünf Jahre, genügend Belege zu geben. So könnte man das Vordringen einer unübersehbaren Vielzahl neuer, nicht elektoral legitimierter *representative claims* in den öffentlichen Raum als ein Indiz für einen Formwandel hin zu einer inklusiveren, offeneren, »reiferen« Demokratie

um den öffentlichen Raum, Infrastruktur und Machtentwicklung«, in: Walter, Franz et al. (Hg.), *Die neue Macht der Bürger. Was motiviert die Protestbewegungen?*, Reinbek bei Hamburg: Rowohlt, S. 48-93, hier S. 71 ff.

78 Klingemann, Hans-Dieter 1999, »Mapping political support in the 1990's«, in: Norris, Pippa (Hg.), *Critical Citizens*, Oxford: Oxford University Press, S. 31-56.

79 Heitmeyer, Wilhelm 2010, »Disparate Entwicklungen in Krisenzeiten, Entsolidarisierung und *Gruppenbezogene Menschenfeindlichkeit*«, in: ders. (Hg.), *Deutsche Zustände*, Folge 9, Berlin: Suhrkamp, S. 13-38.

80 Holzinger, Markus 2006, *Der Raum des Politischen. Politische Theorie im Zeichen der Kontingenz*, München: Fink, S. 11.

werten.[81] Andererseits bestätigt aber gerade die wachsende Bedeutung zivilgesellschaftlichen Engagements, das massenhafte Auftauchen neuer »Bürgerrepräsentanten« den längst zu einem Gemeinplatz avancierten Befund von der »Krise politischer Repräsentation«, da hierin die Unfähigkeit der Parlamente zum Ausdruck kommt, diese neuen *claims* in ihrem Handeln zu berücksichtigen und geeignete Formen der Beteiligung innerhalb der eigenen Strukturen zu ermöglichen.[82] Für diese Repräsentationskrise liefert die empirische Sozialforschung seit Jahrzehnten Belege. Aber handelt es sich überhaupt noch um eine Krise? Immerhin: Eine Krise geht für gewöhnlich, gleich einem rasch einsetzenden Fieberschub, nach ausgestandener Krankheit ebenso plötzlich und unvermutet vorüber, wie sie begonnen hat. Zumindest sagen uns das die einschlägigen Wörterbücher, in denen das Wort »Krise«, gemäß seines griechischen Wortstamms, als entscheidender »Höhe- oder Wendepunkt einer gefährlichen Entwicklung« definiert wird.[83] Für die tradierten Mechanismen demokratischer Repräsentation ist eine solche Wende, ist eine baldige Heilung jedoch nicht in Sicht (vgl. dazu noch ausführlich Kapitel 6). Ulrich Sarcinelli spricht deshalb von der »Krise der Repräsentation als demokratische Normalität«,[84] und Thomas Meyer diagnostizierte schon Mitte der neunziger Jahre eine »Dauerkrise der Repräsentation«, deren strukturelle Hauptursache er in einem »Gesetz der Distanz« angelegt sah: in der »Selbstgenügsamkeit der politischen Klasse« und der Entfremdung der Bürger mit ihren immer zahlreicheren Interessen von ihren Repräsentanten, die immer weniger dazu in der Lage sind, diese Interessen, aber auch die sozialen Merkmale der Repräsentierten in den öffentlichen Raum zu projizieren.[85]

81 Saward, Michael 2010, *The Representative Claim*, Oxford: Oxford University Press, S. 39.
82 Siehe hierzu auch Miquet-Marty, François 2011, *Les oubliés de la démocratie*, Paris: Éditions Michalon, S. 71.
83 Schmidt, Manfred G. 2004, *Wörterbuch zur Politik*, Stuttgart: Kröner, S. 395.
84 Sarcinelli, Ulrich 2011, »Repräsentation und Präsentation. Zur Legitimation von Macht in der Vormoderne und im zivildemokratischen Republikanismus«, in: Linden, Markus/Winfried Thaa (Hg.), *Krise und Reform politischer Repräsentation*, Baden-Baden: Nomos, S. 75-94, hier S. 90.
85 Meyer, *Die Transformation des Politischen*, S. 75.

Seit dem Ausbruch der Finanzkrise 2007/08 hat sich uns diese Dauerkrise wiederholt nicht nur in Zahlen, sondern in Fernsehbildern mit ganzer Wucht offenbart. Unübersehbar im Sommer 2011, als die spanischen *indignados* und die Aktivisten von Occupy Wall Street – unter ihnen auffallend viele junge, in ihrem Aufstiegsdrang blockierte und arbeitslose Akademiker – ihre Stimme gegen die unheimliche Macht des Kapitals und die Zentralisierung und Privatisierung politischer Entscheidungsmacht erhoben. Wenn sie, wie das spanische Movimiento 15-M (M15M), »¡Democracia real YA!«, also mehr »wahre Demokratie«, einforderten, dann deshalb, weil die Protagonisten dieser Bewegungen sich von ihren nationalen Repräsentanten nicht mehr nur überhört und ausgeschlossen fühlen, sondern überdies von der Sorge umgetrieben werden, dass die demokratischen Institutionen selbst gar nicht mehr die Macht besitzen, den systemischen Zwängen grenzenloser Märkte zu trotzen. Kurz vor dem Beginn der Occupy-Proteste in New York beschrieb die britische Zeitung *The Guardian* 2011 etwas apokalyptisch als »das Jahr, in dem wir bemerkten, dass unsere demokratisch gewählten Regierungen uns nicht länger beschützen können«.[86] In Wirklichkeit dürfte diese Erkenntnis schon wesentlich älter sein, aber ausgehend von ihr war es nur folgerichtig, dass die Occupier, wie in New York, London und Frankfurt und ganz anders wiederum als die *indignados* des M15M in Madrid, gleich vor die Banken zogen statt vor die Parlamente. Auch um sich dem Würgegriff der dialogischen Empathie zu entziehen, hielt man es dort für eine vernünftige Strategie, die politischen Vertretungskörperschaften vollständig zu umgehen, sich so wenig wie möglich mit ihnen zu arrangieren.

Diese Strategie schien durchaus plausibel, denn schließlich: Wenn man Demokratie als Elixier für aktive Resistenz gegenüber subtilen Diskriminierungen und offenkundigen Exklusionen deutet, stellen gerade die wohlmeinenden, wenn auch nur virtuell konstruierten Inklusionsgebärden der Mächtigen innerhalb der staatlichen Ordnungskomplexe ein großes Problem dar. Waren

---

86 Freedland, Jonathan 2011, »The year we realised our democratically elected leaders can no longer protect us«, in: *The Guardian* (10. August 2011).

nicht stets gerade Ausschließungen, Wasserwerfer und Polizei-
knüppel, zumindest aber Reste offen demonstrierter autoritärer
Gesinnung auf der Seite der Staatsmacht, die die Linke genüsslich
anprangern und dekonstruieren konnte, ein Quell progressiver
Politik? Darin lag ja gewiss ein Grund, warum die Anti-Stutt-
gart-21-Bewegung nach dem Polizeieinsatz am 30. September 2010
noch einmal zusätzlichen Auftrieb und unter der Ägide eines mit
aller Härte durchgreifen lassenden CDU-Ministerpräsidenten ein
so widerständiges, genuin politisches Gesicht erhielt, denn der
Einsatz von Gewalt und deren mediale Übertragung wecken Leidenschaft, ohne die politisches Engagement diesseits materieller
Prämien schwer denkbar ist. Der Politikertypus Stefan Mappus
ist allerdings sehr selten geworden und sein steiler Niedergang
nach nur einjähriger Amtszeit als Regierungschef von Baden-
Württemberg ist symptomatisch für eine Epoche, in der die allsei-
tige Politisierung der Gesellschaft und die Politikverflechtung im
Verhandlungsstaat die Regierenden dazu zwingt, die dialogische
Inszenierung einzuüben, um das kritische Potenzial einer zunehmend selbstbewussten Bürgerschaft nicht herauszufordern, mithin so zu tun, als gebe es keine grundlegenden Konflikte mehr.
Momentan scheinen inhaltsleeres Schweigen und identitäre Slogans das einzige zu sein, was die Linke der Empathie-Strategie
der Regierenden entgegenzusetzen hat, um deren paralysierender
Wirkung zu entgehen. Am Ende bleibt dann nicht mehr als die
symbolische Geste, situative Politisierung ohne politisches Handeln: eine politisierte Demokratie ohne Politik.[87]

Man könnte meinen – was neben Beck und anderen Moderni-
sierungstheoretikern auch die französischen Poststrukturalisten

---

87 Diese Form der negativen Mobilisierung hat auch Slavoj Žižek an der gegenwärtigen Protestlandschaft kritisiert: »sie [die Proteste; Anmerkung der Ver-
fasser] drücken eine authentische Wut aus, die nicht in der Lage ist, sich in ein
positives Programm soziopolitischer Veränderung zu transformieren« – auch
deshalb nicht, weil, so Žižek, die Protestierenden vor dem positiven Gebrauch
von Macht bzw. vor der Erkenntnis zurückschrecken, »dass sie selbst der
Wandel sein müssen, den sie anstreben«. Vgl. Žižek, Slavoj 2011a, »Shoplifters
of the world unite«, in: *London Review of Books Online*, online verfügbar unter: {http://www.lrb.co.uk/2011/08/19/slavoj-zizek/shoplifters-of-the-world-
unite} (Stand: April 2013).

seit Anfang der neunziger Jahre sehr stark betonen –, dass gerade in der sich abzeichnenden Emanzipation der Gesellschaft von der Politik, von den staatlichen Institutionen, die Emphase des gesellschaftlichen Widerstands als eine Art Wiedergeburt des Politischen zum Ausdruck kommt. Wenn man aber nicht nur von einer Trennung zwischen, sondern sogar von einer Unvereinbarkeit von institutioneller Politik und gesellschaftlicher »Selbstinstituierung« des Politischen ausgeht,[88] besteht die Gefahr, dass Letztere auf einer bloß symbolischen Ebene stecken bleibt und die derzeit größte (und abwendbare) Bedrohung der Demokratie – die Privatisierung der Öffentlichkeit durch die Unterordnung des Politischen unter das neoliberale Dogma der Wertschöpfung, das anstelle der staats- oder weltbürgerlichen »Sorge um die gemeinsame Welt« (Hannah Arendt) eine Konsumentenmentalität etabliert und für deren katastrophale sozialpolitische Effekte es nun einmal auch einer (demokratisch programmierten) (supra-) staatlichen Regulierung bedürfte – womöglich aus dem Blickfeld gerät.

Das Verschwinden der politischen Öffentlichkeit

Der Eindruck, dass die Politik aus der Öffentlichkeit »verschwindet« und in der Folge eine gewisse privatistische Leere hinterlässt, ist natürlich alles andere als neu. Der Niedergang des Politischen und der Politik in der modernen Demokratie ist eine Diagnose, die im 20. Jahrhundert in sehr vielfältigen Lesarten vorgebracht wurde. Eine in demokratisch-pluralistischer Absicht formulierte Variante stammt bekanntlich von John Dewey. Dewey malte in den Zwanziger Jahren das Bild einer vom Industriekapitalismus und der primären Identifizierung der Demokratie mit deren formalen Aspekten (Wahlen, Delegation) entkernten Öffentlichkeit und hob demgegenüber den Wert der Bürgersolidarität innerhalb der Kommune als Basis einer Konzeption erlebter deliberativer

---

88 Wie jüngst Abensour, Miguel 2012, *Demokratie gegen den Staat*, Berlin: Suhrkamp, S. 234.

Praxis hervor.[89] Diese assoziationistische Perspektive wurde auch in der zweiten Jahrhunderthälfte, zunächst vor allem im anglo-amerikanischen Raum, von Denkern wie Hannah Arendt und Sheldon S. Wolin – ebenfalls zwei Vertreter einer eher zivilre-publikanisch-radikaldemokratischen Tradition – in sehr zuge-spitzten und reichlich kulturpessimistischen Tönen vorgetragen. Beide konstatierten in ihren Arbeiten einen Verlust des Gemein-samen und kollektiver Bürgeridentitäten. Ein Topos, der hier im-mer wieder auftaucht, ist der Verfall gemeinsamer Welträume. Politische Räume, das sind, wie der Modernisierungskritiker Zyg-munt Bauman schreibt, jene Orte, »in denen Ideen wie Gemein-wohl, gerechte Gesellschaft oder gemeinsame Werte geboren werden und Gestalt annehmen können. Unser Dilemma besteht darin, daß von den privaten/öffentlichen Räumen alten Stils heute kaum mehr etwas übrig ist und neue als Ersatz für die alten nirgends in Sicht sind.«[90] Bauman, der darin eine zentrale Ursache für einen von ihm konstatierten Bedeutungsverlust der Politik sah, schrieb dies um die Jahrtausendwende, als gerade der Begriff der »Postdemokratie« in Umlauf kam. Einer der ersten, die die-sen Begriff im englischsprachigen Raum verwendeten, nachdem er bereits von dem französischen Philosophen Jacques Rancière geprägt worden war und noch bevor er durch Colin Crouch einem größeren Publikum bekannt werden sollte, war übrigens der oben erwähnte Berkeley-Politologe Wolin. Er hatte schon in seiner klassischen, 1960 zum ersten Mal erschienenen Studie *Poli-tics and Vision* die These vertreten, dass die eigenartige Minimie-rung der Autonomie des Politischen in Zeiten gesellschaftlicher Politisierung bereits im 18. und 19. Jahrhundert an Fahrt gewon-nen habe: Mit dem Eintritt ins »Zeitalter der Organisation« wurde Politik mehr und mehr in Tätigkeiten abgedrängt bzw. von Bereichen okkupiert, die vormals, insbesondere bei den Alten, als unpolitisch gegolten hätten, weil sie sich nach ökonomischen Effizienzkriterien richten und nicht auf ein Allgemeines, eine

---

89 Vgl. Dewey, John 1996, *Die Öffentlichkeit und ihre Probleme*, Bodenheim: Philo.
90 Bauman, Zygmunt 2000, *Die Krise der Politik. Fluch und Chance einer neuen Öffentlichkeit*, Hamburg: Hamburger Edition, S. 10.

zentrale Öffentlichkeit und darin geltende, geteilte Werte. Wolin zufolge ist die »Diffusion des Politischen« das eigentlich bedeutsame Merkmal unserer Zeit: Das zentrale Problem bestehe demnach nicht »in der Apathie oder in einem Niedergang des Politischen, sondern in der Absorption des Politischen durch nichtpolitische Institutionen und Aktivitäten«.[91] Wolin verfolgt diese Entwicklung mit Sorge, da es ihm zufolge in der politischen Auseinandersetzung einer gemeinsamen räumlichen und relationalen, intersubjektiven Basis bedarf: Dort, wo der Bezug auf ein Allgemeines fehlt und die kommunikativen Zentren an Bedeutung verlieren, geht, so seine wohlbegründete Furcht, auch die Sorge um die gemeinsame Welt verloren. Es entsteht eine Vielzahl sich voneinander abschottender Teilöffentlichkeiten, die nichts mehr bewegen können, keine verbindenden Interessen und Werte, keinen subversiven Aktionsdrang mehr entwickeln und den Bezug zur gemeinsamen Welt verlieren, denn: Kollektive »›politische‹ Verantwortung erhält ihre Bedeutung erst im Rahmen einer allgemeinen Ordnung, und keine Vervielfachung fragmentierter Ordnungen wird hierfür einen Ersatz schaffen«.[92]

Heute dürfte Wolins Diagnose vielen unzeitgemäß und problematisch anmuten, da man gerade die Fragmentierung der politischen Öffentlichkeit schätzen gelernt hat und sich darum bemüht, ihre vorteilhaften Seiten mit den immer gleichen Schlagworten (»Mobilität«, »Fluidität« usw.) hervorzuheben. Dass wir es »nicht so sehr mit einer Auflösung, sondern einer weiteren Diversifizierung und Individualisierung von Öffentlichkeiten zu tun haben« – »flüchtigen« Öffentlichkeiten, deren Grenzen zu vormals privaten Lebensräumen zunehmend erodieren[93] – scheint evident: Die Frage ist nur, ob nicht gerade durch eine solche »Privatisierung des Öffentlichen [...] wesentliche Merkmale [einer an bestimmten normativen Kriterien gemessenen; Anm. d. Verf.] Öf-

---

91 Wolin, Sheldon S. 1960, *Politics and Vision. Continuity and Innovation in Western Political Thought*, Boston u. a.: Little, Brown and Company, S. 353.

92 Ebd., S. 433.

93 Adolf, Marian/Nico Stehr 2010, »Die Macht der neuen Öffentlichkeit. Die Konstitution neuer Öffentlichkeiten zwischen Internet und Straße«, in: *vor-*

fentlichkeit zerstört werden«.[94] Im gegenwärtigen Diskurs über das Verhältnis von Privatem und Öffentlichem, Politik und Gesellschaft ist diese Sorge kaum noch spürbar (eher noch steht die andere, nicht minder bedrohliche Seite dieses Prozesses, das Öffentlich-Werden des Privaten, im Zentrum der Kritik). Im Allgemeinen ist es heute eher *en mode*, den Netzwerk-Charakter der »neuen Öffentlichkeit« in Abgrenzung von der unmündigen »betreuten Öffentlichkeit« früherer Jahrzehnte zu feiern und als einen Fortschritt in ein neues, vielversprechendes Emanzipationsprojekt zu verstehen.[95] Man muss sich allerdings keineswegs neoaristotelischen Beschwörungen von moralisch vordefinierten Staatsbürgerpflichten und positiven Rekursen auf längst vergangene Tugenddiktaturen hingeben, geschweige denn sich auf die in der seit nunmehr über drei Jahrzehnten schwelenden Kommunitarismus/Liberalismus-Kontroverse behandelte Frage einlassen, inwieweit kollektive Selbstbestimmung in einer pluralistischen Gesellschaft auf sittliche Ressourcen und geteilte Identitäten angewiesen ist, um auf die zentrale Bedeutung des Gemeinsamen für das Feld des Politischen aufmerksam zu machen. Das Politische ist bei Wolin gerade Ausdruck der Idee, »dass eine freie Gesellschaft, die sich durch Vielfalt auszeichnet, sich dennoch Momente der Gemeinschaftlichkeit erfreuen kann, sobald durch öffentliche Deliberationen kollektive Macht generiert wird, um das Wohlergehen der Kollektivität zu fördern«.[96] Und das, was wir Politik nennen, ist demgegenüber der Wettbewerb, in dem kollektiv organisierte Akteure um diese Macht und damit um den Zugang zu den Ressourcen konkurrieren, die einer Gemeinschaft zur Verfügung stehen. Dieser Wettbewerb sollte sich aber in einer gemeinsamen Ordnung und mit Bezug auf das Gemeinwohl abspielen, dessen konkrete Interpretation von den streitenden Par-

gänge. *Zeitschrift für Bürgerrechte und Gesellschaftspolitik*, H. 4, S. 15-26, hier S. 23 f.

94 Breuer, Stefan 1992, *Die Gesellschaft des Verschwindens. Von der Selbstzerstörung der technischen Zivilisation*, Hamburg: Junius, S. 24.

95 Adolf/Stehr, »Die Macht der neuen Öffentlichkeit«, S. 20 f.

96 Wolin, Sheldon S. 1994, »Fugitive democracy«, in: *Constellations* 1/H. 1, S. 11-25, hier S. 11.

teien stets von Neuem angefochten wird. Dass sowohl dieser fundamentale Meinungsstreit über geltende Normen als auch die Pflege geteilter Werte und kollektiver Organisationsformen, also der Wert von Politik insgesamt heute zunehmend verschwindet oder zumindest durch schwache Ersatzformen gemindert wird, ist laut Wolin nicht nur die Folge der rationalistischen Perspektiven auf die Politik in den modernen behavioristischen Sozialwissenschaften, sondern auch Ausdruck des allenfalls geringen Stellenwerts, den die Politik in der modernen Demokratie überhaupt einnimmt: »Indem sie den Bürgerstatus zu einer billigen Kommodität herabstufte, hat die Demokratie offenbar zur Verwässerung der Politik beigetragen.«[97]

Antipolitik und unpolitische Demokratie

Aus diesen Worten spricht eine grundsätzliche Skepsis hinsichtlich der Institutionalisierbarkeit des Politischen in großflächigen, anonymen Räumen. Der beunruhigende Gedanke, dass gerade die modernen Massendemokratien, denen doch immerhin zum ersten Mal in der Geschichte die weitgehende Inklusion aller Bürger in die Zentren politischer Meinungsbildungs- und Entscheidungsprozesse gelang, das Politische selbst ins Abseits drängen, war auch von Hannah Arendt immer wieder problematisiert worden, die ihrerseits versuchte, dem konformistischen Grau der Wahldemokratien mit einem etwas verklärten Blick auf das Öffentlichkeitsverständnis der athenischen Polis neues Leben einzuhauchen. Dabei stellt der Begriff einer »unpolitischen Demokratie« auf den ersten Blick geradezu ein Oxymoron dar. Immerhin scheint die Demokratie dem Wesen des Politischen von allen Regierungsformen – zumindest der Idee nach – am ehesten zu entsprechen, geradezu den Inbegriff des Politischen/der Politik zu verkörpern. Das ist jedenfalls eine Einsicht, die zum ersten Mal von Aristoteles formuliert wurde, der die Demokratie als einmütige Herrschaft zum »Vorteil der Armen« zwar ablehnte, aber

97 Wolin, *Politics and Vision*, S. 353.

die selbstbestimmte Regierung freier Bürger in Gestalt einer *politie* – also das, was wir heute als Demokratie definieren würden, eine Art Mischverfassung aus Demokratie und Oligarchie – als die dem Menschen angemessene Regierungsform beschrieb. Nur eine solche Herrschaft der Vielen, »in der man über Gleichartige und Freie regiert« und von ihnen regiert wird, könne, so Aristoteles, als eigentlich »politische Herrschaft« angesehen werden.[98]

Auch wenn in der Neuzeit der Freiheitsbegriff viel weniger als in der griechischen Antike im Sinne der politischen Selbstbestimmung, in der Befähigung des Menschen, sich als politisches Lebewesen zu betätigen, sondern – gerade auch als Abgrenzung zur freiheitsgefährdenden Totalpolitisierung in der Polis – über die Einforderung privater Autonomie definiert wurde, hat man doch seit der Aufklärung immer wieder darauf beharrt, dass ein natürliches Recht des Volkes, sich seine Gesetze selbst zu geben, sich in den politischen Organisationsformen widerspiegeln müsse. Für Kant etwa, der freilich noch von einer republikanischen Verfassung sprach und damit primär die Herrschaft des Rechts, aber ebenfalls eine Form der Selbstgesetzgebung des (bürgerlichen und männlichen Teils des) Volkes meinte, war eine solche Verfassung die einzige, »welche dem Recht der Menschen vollkommen angemessen, aber auch die schwerste zu stiften, vielmehr noch zu erhalten ist«.[99] Demokratie im Sinne der Forderung, dass die Rechtsunterworfenen zugleich die Autoren des Rechts sein sollten, und das normative Verständnis von Politik als der geteilten Sorge um das Gemeinwohl einer Gesellschaft sind ohne Zweifel auf das Engste miteinander verbunden: Ist es ein Zufall, könnte man daher fragen, dass im antiken Griechenland, wo man zum ersten Mal Demokratie praktizierte, auch die Politik erfunden wurde?[100] Kann es also so etwas überhaupt geben: eine »unpolitische Demokratie«?

98 Aristoteles 1994, *Politik*, hrsg. von Ursula Wolf, Reinbek bei Hamburg: Rowohlt, 1277 b 7-10.
99 Kant, Immanuel 1977, »Zum ewigen Frieden. Ein philosophischer Entwurf«, in: ders., *Werkausgabe*, hrsg. von Wilhelm Weischedel, Bd. XI: *Schriften zur Anthropologie, Geschichtsphilosophie, Politik und Pädagogik 1*, Frankfurt am Main: Suhrkamp, S. 223.
100 Vgl. Finley, Moses 1987, *Antike und moderne Demokratie*, Stuttgart: Reclam, S. 17.

Man kann diese Frage auch umdrehen: Lässt sich die Herrschaft der Vielen, lassen sich Freiheit und Gleichheit überhaupt institutionell verstetigen oder immer nur episodisch, unvollständig und gegen den Widerstand von Eliten und Systemzwängen realisieren? »Radikaldemokratische« Theoretiker wie Wolin behaupten genau das. Sie sind der Auffassung, dass die Realisierung und »Demokratisierung der Demokratie« (Claus Offe) immer defizitär und unvollständig ausfallen wird, denn ihre

> »Institutionalisierung markiert die Schwächung der Demokratie: Anführer erscheinen auf der Bühne, Hierarchien bilden sich, Expertengruppen der einen oder anderen Art formieren sich um die Entscheidungszentren; Ordnung, Verfahren und juristische Präzedenzfälle verdrängen die spontane Politik. Im Rückblick erscheint Letztere unorganisiert, ineffizient. Insofern kann man die Demokratie eher ein als Moment denn als eine Form begreifen.«[101]

Demokratie als (Regierungs-)Form beschränkt die Kontingenz des Politischen, wie sie im Augenblick der Demokratie, verstanden als eine bestimmte Form des kollektiven Handelns, kurzzeitig aufblitzte, erzeugt Apathie, wird automatisch zur unpolitischen Demokratie. »Wahre« Demokratie zeigt sich uns immer nur als ein singulärer Augenblick, als »ein politischer Moment, vielleicht als *der* politische Moment, in dem das Politische erinnert und neu erschaffen wird«.[102]

Vielleicht ist es an dieser Stelle hilfreich, kurz darauf hinzuweisen, dass sich in den letzten Jahrzehnten innerhalb der Politischen Theorie eine nur noch schwer überschaubare Konfusion bei der Verwendung der Begriffe »Politik«, »das Politische« und »Demokratie« eingestellt hat. Seit dem Erscheinen von Carl Schmitts *Begriff des Politischen* wurde viel darüber nachgedacht, was das Politische im Unterschied nicht nur zum Staat, sondern auch im Gegensatz zur Politik und der sie definierenden Begriffstrias *politics*, *polity* und *policy* bedeuten könnte. Vor allem unter französischen Philosophen wie Jacques Rancière und Alain Badiou geht das Diktum um, das Politische (*le politique*) als selten, als ereig-

---

101 Wolin, »Fugitive democracy«, S. 19.
102 Ebd., S. 23.

nishafte Ausnahme und als Unterbrechung der staatlich-institutionellen Ordnung, der Politik des Regierungshandelns und der Gesetzgebung (*la politique*), oder, wie Claude Lefort, als Inszenierung gesellschaftlicher Konflikte zu betrachten. Diese Autoren teilen die Auffassung, dass »realisierte Macht [...] die Reduzierung des Politischen auf Politik« bedeutet.[103] Während »Politik« aus dieser Sicht die vermachtete Sphäre der realpolitischen Steuerung meint, verweist »das Politische« auf »eine Dimension, die dem Zugriff sozialer und politischer (systemischer) Domestizierung entkommt«.[104] Das Politische kann als »unvermeidliche Dimension des gesellschaftlichen Lebens«, die in einem immer nur »flüchtigen Aggregatzustand« erscheint, im Gegensatz zur »robusten Beständigkeit bloßer Politik« verstanden werden.[105] In diesem Kontext hat sich auch das Verständnis von Demokratie verschoben. Demokratie nicht (vorrangig) als Regierungsform, sondern als Ereignis zu denken ist, wie gesagt, heute weitverbreitet. Als ein Ideal, das von den Bürgern als Handelnde (und nicht als passive Konsumenten, die, wie Jean-Jacques Rousseau vermutlich heute noch sagen würde, außerhalb der Wahlkabine Sklaven sind und sonst nichts weiter) und von dem Politischen als etwas Episodischem ausgeht, ist Demokratie mit der Organisation des modernen Staates inkompatibel. Schließlich erstickt die zentrale Verwaltung, aber auch die Ausdehnung des Verwaltungsmodus in den Bereich der gestaltenden Politik alles spontane Handeln im Keim. Demokratie ist in dieser Perspektive nicht mehr als die Möglichkeit einer »Seinsweise«, die so lange besteht, wie eine blasse Ahnung des Politischen vorhanden ist.

Oft schwingt hier eine sehr deutliche Abwertung prozeduraler Demokratie mit, die allerdings einen negativen Beigeschmack hat: bekanntlich haben schon die rechtsradikalen Protagonisten der Konservativen Revolution das Schlagwort »Formaldemokratie«

---

103 Bedorf, Thomas 2010, »Das Politische und die Politik: Konturen einer Differenz«, in: ders./Kurt Röttgers (Hg.), *Das Politische und die Politik*, Berlin: Suhrkamp, S. 13-37, hier S. 29.
104 Marchart, Oliver, *Die politische Differenz. Zum Denken des Politischen bei Nancy, Lefort, Bordieu, Laclau und Agamben*, Berlin: Suhrkamp, S. 27.
105 Meyer, *Die Transformation des Politischen*, S. 33.

allzu gern bemüht, um ihrem Hass gegen den »mechanistischen« Geist des angelsächsischen Parlamentarismus Ausdruck zu verleihen. Aber auch radikal-egalitäre Künder eines neuen »Aristokratismus für alle« wie Badiou polemisieren mit Vorliebe gegen den »leeren Formalismus der Demokratien«, um sie als getarnte Geldherrschaft, als einen »Parlamentarismus des Kapitals« zu entlarven.[106] Die Einsicht, dass eine die individuelle Freiheit garantierende Politik nicht in einem dauerrevolutionären Zustand völliger Grundlosigkeit bestehen kann, ist den meisten Radikaldemokraten, die ihre Version einer »echten Demokratie« als eine absolute Wahrheit verkaufen, eher fremd. Viele von ihnen scheinen immer auch auf das zu hoffen, was Margaret Canovan – allerdings im Rahmen ihrer populismustheoretischen Studien – das »erlösende« Gesicht der Demokratie genannt hat. Hier steht die uneingeschränkte Macht des Volkes als die einzig wahre Quelle legitimer Entscheidungen im Vordergrund, und die Hoffnung auf einen »grundlegenden« Wandel, die sich mit einem antiinstitutionellen Impuls verbindet. Dem steht eine pragmatische Version der Demokratie gegenüber, die freie Wahlen in erster Linie ganz nüchtern als gewaltloses Mittel zur Umverteilung von Macht begreift, wobei die Einhegung der Volksmacht durch Verfahren und Institutionen zur Sicherstellung von Konsens, Effizienz und sozialem Frieden an erster Stelle steht.[107]

Allerdings, so Canovan, verhalten sich die zwei Gesichter der Demokratie zueinander wie siamesische Zwillinge. Beide Seiten sind stets präsent, wirken in unterschiedliche Richtungen, kommen aber ohne einander nicht aus. Wird die pragmatische Seite so dominant, dass Politik nur noch mit schmutzigem Kuhhandel verbunden wird, büßt Politik ihre Legitimität und die demokratische Wahl ihren quasisakralen Charakter ein. In der Tat ist gerade die Institution des allgemeinen Wahlrechts in den letzten Jahr-

106 Badiou, Alain 2012, »Das demokratische Wahrzeichen«, in: Agamben, Giorgio et al., *Demokratie? Eine Debatte*, Berlin: Suhrkamp, S. 13-22, hier S. 22.
107 Vgl. Canovan, Margaret 1999, »Trust the people! Populism and the two faces of democracy«, in: *Political Studies* 47/H. 1, S. 2-16, hier vor allem S. 9 ff.

zehnten arg in Verruf geraten.[108] Blickt man zurück ins 19. Jahrhundert, als Liberale und Konservative, einer wachsenden Minderheit von Republikanern und Sozialisten gegenüberstehend, sich bis zuletzt gegen dieses gefährliche Instrument des demokratischen Emanzipationsprojekts sträubten, dann ist man erstaunt darüber, dass der Zauber dieser großen Idee heute fast vollständig verloren gegangen ist.[109] Im Wählengehen *muss* jedoch so etwas wie ein erlösendes Moment der Hoffnung auf Veränderung zum Ausdruck kommen, ansonsten verliert das Handeln derjenigen, die im Amt sind, an Legitimität und in der Folge auch an Autorität, sodass die Stabilität des demokratisch deklarierten Gemeinwesens und damit das vorrangige Systemziel der Pragmatiker gefährdet ist. Hat man dieses prekäre Wechselverhältnis zwischen pragmatischer und erlösender Dimension einmal internalisiert, wird auch verständlich, warum populistische Bewegungen, obgleich als offene Feinde der konstitutionell und repräsentativ gemäßigten Demokratie in Erscheinung tretend, zugleich gewissermaßen als Widerhaken des rationalisierten politischen Wettbewerbs angesehen werden können. Der Populismus folgt der Demokratie wie ihr Schatten; ja er kommt sogar als Proklamation echter Demokratie daher,[110] insofern als die laute Bezugnahme der Populisten auf Volkssouveränität und Mehrheitsprinzip tatsächlich den Glauben an die erlösende Komponente der Demokratie speist.

Aber populistische Bewegungen transportieren auch »antipolitische« Stimmungen, polemisieren nicht nur gegen etablierte Strukturen, Verfahren, Techniken, die den »Volkswillen« ihrer Meinung nach verzerren; überhaupt spielen sie den Wert bzw. die »Heilkraft menschlicher Institutionen« herunter,[111] leugnen die Bedeutung verfassungsmäßig definierter Verfahrensregeln, stellen bisweilen sogar die Notwendigkeit solcher Vorkehrungen

---

108 Vgl. dazu Rosanvallon, Pierre 2010, *Demokratische Legitimität. Unparteilichkeit, Reflexivität, Nähe*, Hamburg: Hamburger Edition.

109 Vgl. dazu Losurdo, Domenico 2008, *Demokratie oder Bonapartismus. Triumph und Niedergang des allgemeinen Wahlrechts*, Köln: Papyrossa.

110 Vgl. Canovan, Margaret 2002, »Taking politics to the people: Populism as the ideology of democracy«, in: Mény, Yves/Ives Surel (Hg.), *Democracies and the Populist Challenge*, Basingstoke u. a.: Palgrave, S. 25-44.

111 Arendt, *Über die Revolution*, S. 226.

infrage. Dennoch kann ja auch das Politische im Gewand einer vermeintlich antipolitischen Rhetorik daherkommen, wenn man unter Politik zunächst einmal nur die »normalen« Abläufe der Regierungs- und der legislativen Politik versteht. Dies ist der Punkt, an dem es etwas komplizierter wird: »Antipolitik« lässt sich mit der Ideenhistorikerin Hella Mandt als grundsätzliche Verachtung »politischer Politik«, als *bewusste* und bedachte Ablehnung der Politik als einer bestimmten Form menschlicher Aktivität«,[112] des *bios politikos*, mehr noch: als die Leugnung des Politischen als einer autonomen, durch die Anerkennung der Vielfalt der in ihr repräsentierten Meinungen erst ermöglichten Handlungssphäre definieren. Versuche, »ein Tun im Modus des Herstellens an die Stelle des Handelns zu setzen«,[113] mithin auf eine Schließung des öffentlichen Verhandlungsraums hinzuwirken, können als Antipolitik bezeichnet werden. Hier bezieht sich das »anti« nicht nur auf die »etablierte« Politik, sondern auf das Politische insgesamt. Andreas Schedler hat, ausgehend von Habermas' Diskursethik, Antipolitik als die Strategie einer »Kolonialisierung« der kommunikativen Rationalität von Politik durch »einseitige Formen der Rationalität« beschrieben und vier Idealtypen unterschieden: *instrumentelle Antipolitik*, die von »technokratischen Experten« dominiert wird und Politik auf die »Kalkulation adäquater Mittel« reduziert; *amoralische Antipolitik*, die von einer »Rational-Choice-Konzeption der Politik« als einem Marktplatz ausgeht, auf dem die Teilnehmer nur ihren Nutzen maximieren; *moralische Antipolitik*, die den offenen Diskurs durch einen moralisierenden, fundamentalistischen Ton ersetzt und jeglichen Verhandlungen und Kompromissen ablehnend begegnet; und schließlich *ästhetische Antipolitik*, die die »Macht der Worte durch die Macht der Bilder ersetzt« und »theatralische Formen des Handelns« hoffähig macht.[114]

---

112 Mandt, Hella 1998, »Antipolitik«, in: dies., *Politik in der Demokratie. Aufsätze zu ihrer Theorie und Ideengeschichte*, Baden-Baden: Nomos, S. 103-117, hier S. 107.

113 Arendt, *Vita activa*, S. 214.

114 Vgl. Schedler, Andreas 1997, »Introduction: Antipolitics – closing and colonizing the public sphere«, in: ders. (Hg.), *The End of Politics? Explorations*

Während das politische Tagesgeschehen immer deutlicher Züge dessen annimmt, was Schedler instrumentelle und amoralische Antipolitik nennt, bedienen sich Populisten gerne der beiden letztgenannten antipolitischen Kommunikationsstrategien. Viele von ihnen zeichnen zudem das Ideal einer Gesellschaft, in der soziale Differenzen und Meinungsunterschiede eingeebnet sind und stattdessen ein geeinter, von einem unpolitischen Anführer symbolisch repräsentierter Volkskörper sich über selbstsüchtige Faktioneninteressen hinwegsetzt.[115] Als Paradebeispiel für einen solchen antipolitischen Populismus wurde oft die Präsidentschaftswahlkampagne des US-amerikanischen Multimillionärs Ross Perot aus dem Jahr 1992 angeführt, der sich gerne Sportmetaphern bediente (»Gespaltene Mannschaften verlieren, geeinte Mannschaften gewinnen«) und als »einer aus dem Volk« inszenierte, der mit dem Politikbetrieb in Washington nichts zu schaffen habe.[116] Es wundert daher nicht, dass die Begriffe »Populismus« und »Antipolitik« in der Forschung häufig zusammen auftauchen, gerade dort, wo das Phänomen Berlusconi – als das bekannteste europäische Beispiel für einen Regierungschef, der mit seinem Selbstverständnis als »Nichtpolitiker« und seiner populistischen Verachtung der politischen Klasse in der Vergangenheit erfolgreiche Wahlkämpfe bestritt – und die Verschmelzung von Politik und Unterhaltung zu »Politainment« im selben Atemzug behandelt werden.[117]

Eine Gleichsetzung von Populismus und Antipolitik wäre allerdings irreführend. Eine vielzitierte Minimaldefinition spricht vom Populismus als einer »Ideologie, die die Gesellschaft als in

into Modern Antipolitics, Houndmills/London: Macmillan, S. 1-20, hier S. 12 ff.

115 Vgl. Canovan, Margaret 1981, *Populism*, New York/London: Harcourt Brace Jovanovich, S. 263 ff.

116 Vgl. Brown, Gwen 1997, »Deliberation and its discontents: H. Ross Perot's antipolitical populism«, in: Schedler, Andreas (Hg.), *The End of Politics? Explorations into Modern Antipolitics*, Houndmills/London: Macmillan, S. 115-148.

117 Vgl. Diehl, Paula 2011, »Populismus, Antipolitik, Politainment. Eine Auseinandersetzung mit neuen Tendenzen der politischen Kommunikation«, in: *Berliner Debatte Initial* 22/H. 1, S. 27-39.

zwei homogene und antagonistische Gruppen aufgespalten betrachtet, ›das gemeine Volk‹ gegen ›die korrupte Elite‹, und die argumentiert, dass Politik ein Ausdruck der *volonté générale* (des allgemeinen Willens) des Volkes sein sollte«.[118] Hier wird der unifizierende Charakter des Populismus klar herausgestellt, für den das »wahre« Volk prinzipiell eine im Grunde geeinte Substanz ist – was schon in strategischer Hinsicht unerlässlich ist, damit eine die Massen mobilisierende Abgrenzung von den verhassten Eliten in der Außenkommunikation gelingen kann. In jeder Revolution bedienten sich die Menschen irgendeiner Variation des Slogans »Wir sind das Volk«. Indessen sagt die antielitäre, antiinstitutionalistische, oft auch gegen einzelne Fundamente des bestehenden politischen Systems insgesamt gerichtete Argumentationsweise, die alle populistischen Bewegungen eint – ob nun den agrarischen Populismus der sozialrevolutionären Narodniki im Russland des 19. Jahrhundert, den fremdenfeindlichen Rechtspopulismus der österreichischen FPÖ oder aber den antikapitalistischen Linkspopulismus der Occupy-Bewegung –, zunächst einmal recht wenig darüber aus, ob diese neben der stets anwesenden antipolitischen Komponente (dem identitären Demokratieideal) nicht auch noch genuin politische Elemente transportieren. Die Agenden vieler rechtspopulistischer oder extremistischer Parteien, die Exklusionskriterien auf der Basis vorpolitischer Kategorien (Ethnie, Nation oder Ähnliches) entwickeln, hierarchisch strukturiert sind und zumindest unterschwellig autoritäre Demokratieideale propagieren, liefern sehr explizite Beispiele für antipolitischen Populismus. Das soll aber nicht heißen, dass alle populistischen Parteien und Bewegungen »antipolitisch« sind, wie auch der Populismusforscher Florian Hartleb betont: So verstanden »wäre die etablierte (Parlaments-)Politik pauschal ›politisch‹ und die gegen sie opponierende Politik ›unpolitisch‹«.[119] Die Kategorisierung zwischen einem prinzipiell politischen Protestpopulismus und

118 Mudde, Cas 2004, »The populist *Zeitgeist*«, in: *Government and Opposition* 39/H. 3, S. 541-563, hier S. 543.
119 Hartleb, Florian 2004, *Rechts- und Linkspopulismus. Eine Fallstudie anhand von Schill-Partei und PDS*, Wiesbaden: VS Verlag für Sozialwissenschaften, S. 22.

einem rein antipolitischen Identitätspopulismus verläuft in Wirklichkeit fließend.[120] So war zum Beispiel die Occupy-Bewegung einerseits ein Beispiel für einen »politischen Populismus«, weil ihre Anhänger das Ziel verfolgten, neue (vom Mainstream-Diskurs »unbefleckte«) Diskursräume zu erschließen, diese Räume so inklusiv wie möglich zu organisieren und somit dem kritisierten Demokratiemodell eine (wenn auch noch wenig reflektierte und überzeugende) »authentische« Alternative entgegenzusetzen. Gerade in ihren Bemühungen um die Anwendung partizipativer Organisationsformen haben die Okkupisten dem assoziativen und deliberativen, also letztlich dem pluralistischen Gehalt des Politischen »Rechnung getragen«. Doch hat das Festhalten an einem identitären Demokratiebegriff hier ebenfalls einen antipolitischen Beigeschmack entfaltet (Näheres dazu in Kapitel 5).

Allerdings hat der Begriff »Antipolitik« in den letzten 30 bis 40 Jahren noch eine etwas andere, von der bislang zugrunde gelegten Definition abweichende Deutung erfahren. In den siebziger und achtziger Jahren fand er vor allem im Umfeld der Neuen Sozialen Bewegungen in einem sehr positiven Sinne Verwendung, als Gegensatz zu einer zusehends statisch und symbolisch agierenden Mainstream-Politik, und auch in Ost- und Mitteleuropa, wo Mitte der achtziger Jahre die Bürgerrechtsbewegungen an Auftrieb gewannen, verwendeten Essayisten wie Václav Havel und György Konrád den Begriff der Antipolitik positiv als Kampfbegriff gegen die repressive Autorität der realsozialistischen Staatsmaschinerie, als »Ethos der zivilen Gesellschaft« und »praktische Moralität«, deren Ziel es war, »die« (staatliche) Politik – von Havel verstanden als »Technologie der Macht und Manipulation«, die es durch eine humanistisch geprägte »Kunst des Nützlichen« zu ersetzen gelte – »auf ihren Platz zu verweisen«.[121] Havel setzte

120 Die Unterscheidung zwischen Protest- und Identitätspopulismus stammt von Priester, Karin 2012, *Linker und rechter Populismus. Annäherungen an ein Chamäleon*, Frankfurt am Main/New York: Campus, S. 23.

121 Havel, Václav 1988, »Anti-political politics«, in: Keane, John (Hg.), *Civil Society and the State. New European Perspectives*, London: Verso, S. 381-398, hier S. 396 f., und Konrád, György 1985, *Antipolitik. Mitteleuropäische Meditationen*, Frankfurt am Main: Suhrkamp, vor allem S. 89 ff.

die »unpolitische Politik« des Dissidenten mit einem »Leben in der Wahrheit« nach höchsten ethischen Prinzipien gleich: moralische (Un-)Politik als völlige Verweigerung gegenüber dem Unrechtsstaat der Kommunistischen Partei, als Emanzipation vom Staatlichen und der in ihm materialisierten Macht überhaupt. Konrád wird noch deutlicher: Bei ihm ist Antipolitik das »Politisieren von Menschen, die keine Politiker werden und keinen Anteil an der Macht übernehmen wollen. Antipolitik betreibt das Zustandekommen von unabhängigen Instanzen gegenüber der politischen Macht, Antipolitik ist eine Gegenmacht, die nicht an die Macht kommen kann und das auch nicht will.« Hier kommt also bereits das (sich sogar offen als unpolitisch bekennende) Gesicht der Gegendemokratie zum Vorschein. Die rigide Trennung zwischen staatlicher Politik und gesellschaftlicher Antipolitik manifestiert sich in der Forderung, eine »antipolitische Opposition« solle auf die »Entstaatlichung der Gesellschaft« hinwirken.[122] »Die« Politik ist in dieser Perspektive stets korrupt, antiindividualistisch und technokratisch – sie steht in einem fundamentalen Gegensatz zur politisierten Lebenswelt der zivilen Gesellschaft, dem unvermachteten Ort der Humanität, der Wahrheit und des Friedens. (Hier wird der Einfluss des Totalitarismustheoretikers Lefort deutlich, der den symbolischen Pol gesellschaftlicher Selbstrepräsentation als »leeren Ort der Macht« definierte, dem die zivile Gesellschaft konträr und autonom gegenübersteht.[123])

Auch wenn man diese Stimmungen aufseiten der damaligen Bürgerbewegungen angesichts der totalen Pervertierung politischer Macht durch die kommunistischen Parteikader nur allzu gut verstehen kann: die Distanz zur Macht (und damit zu einem konstitutiven Kernelement aller Politik, dessen Relevanz für die gesellschaftliche Selbstregulierung hier mehr oder weniger offen geleugnet wird), die für neuere zivilrepublikanische Weltbilder durchaus typische hohe Gewichtung von Ethik, »Wahrheit« (im Gegensatz zur inhaltsleeren Sprache der etablierten Politiker)

122 Konrád, György, Antipolitik, S. 211 f.
123 Lefort, Claude 1990, »Die Frage der Demokratie«, in: Rödel, Ulrich (Hg.), Autonome Gesellschaft und libertäre Demokratie, Frankfurt am Main: Suhrkamp, S. 281-297, hier S. 293 f.

und unabhängigen Institutionen anstelle von Konflikt, Macht und Partei-Ergreifen im öffentlichen Leben – das alles ist wirklich zutiefst unpolitisch. Es zeugt von einer gewissen Weltlosigkeit und schwächt eben auch innerhalb demokratischer Systeme die Integrität eingeübter Machtprozesse, weil es den vorgefundenen Missverhältnissen selbst nichts entgegensetzt außer eben einer »Gegenmacht, die nicht an die Macht kommen«, ja die überhaupt nichts mit politischer Verantwortung und der damit unvermeidlich einhergehenden Parteinahme für bestimmte öffentliche Anliegen zu tun haben will. Auch eine Antipolitik, die als zivilgesellschaftliche Revitalisierung des Politischen daherkommt, kann somit unpolitische Züge aufweisen. Sie kann aber durchaus in einer »politischen« Spielart auftreten. Der Herbst 1989 war so ein Moment »politischer Antipolitik«, oder zuvor die Aufstände in Budapest 1956 und Prag 1968, die kurzzeitig ein System begruben, welches das Vertrauen der Bürger (oder eher: seiner Untertanen) längst verspielt hatte, und die mit dem Sturz der sowjetischen Satellitenregierungen und der darauf folgenden Errichtung eines Systems rätedemokratischer Selbstverwaltungen zwei große Paradebeispiele für genuin politische Momente im 20. Jahrhundert geliefert haben, die – natürlich – ein tragisches Ende nahmen, aber nichtsdestotrotz Hoffnung für das Kommende spendeten.

Ein jüngeres Beispiel waren die bereits angesprochenen (und im siebten Kapitel noch näher zu behandelnden) Aktivitäten der Occupy-Bewegung, die sich der offiziellen Politik vollkommen verweigerten, die demokratische Legitimität der etablierten Institutionen ganz und gar leugneten und gerade dadurch sowie durch den von ihr angeregten Diskurs über die Zukunft der westlichen Demokratien und über die damit unmittelbar zusammenhängende Frage der Reformierung des Finanzkapitalismus einen genuin politischen Charakter erhielten. Wenn nämlich innerhalb der institutionalisierten politischen Prozesse der Wert des Politischen – die Macht des kollektiven Handelns, das Konflikthafte, aber auch die Bedeutung geteilter Grundwerte – mehr und mehr verschwindet, wenn also eine unpolitische Politik das Bild der Demokratie beherrscht, dann kann sich die gegendemokratische »Antipolitik« – hier ausschließlich verstanden im Sinne einer grundsätzlichen Infragestellung der »offiziellen« Politik, der im bestehenden Institutionensystem wirksamen Praktiken, einer Empörung über deren gefühlte Abweichung von den demokratischen Gründungsversprechen (»alle Macht geht vom Volke aus«) – großer Unterstützung in der Bürgerschaft sicher sein. Das gilt sowohl für politisch motivierte als auch für vorwiegend von un- oder vorpolitischen Ressentiments getragene »antipolitische« Bewegungen. Derzeit haben wir so eine Situation.

Aus funktionalen Gründen ist Demokratie als Regierungsform, ist die pragmatische Dimension mit ihren »Zumutungen«[124] immer schon ein Stück weit unpolitisch: Da der Politik die Aufgabe obliegt, für die Verteilung materieller und die Geltung immaterieller Werte allgemeinverbindliche Regelungen zu produzieren, muss sie zur Umsetzung der vereinbarten Zielbestimmungen auf bestehende Verwaltungsdispositive zurückgreifen und mit dem Erlassen neuer Verordnungen Verpflichtungen erzeugen, die die Entscheidungsspielräume für künftiges Akteurshandeln erheblich einengen.[125] Den verantwortlichen politischen Eliten kommt diese funktionale Sogwirkung der Entpolitisierung sehr entgegen: Je weniger »politische Politik«, verstanden als konflikthafte Pluralität, desto kalkulierbarer wird Politik, desto reibungsloser arbeitet der Regierungsapparat und desto größer wird das Übergewicht demokratischer Legitimität auf der Output-Seite, desto mehr »politische Konsumenten«,[126] die sich vom aktiven, auf das Gemeinwohl fixierten Bürgerleben verabschieden, produziert sie und desto mehr von ihnen verharren folglich in politischer Resignation.

> »Strategien der Entpolitisierung reduzieren die Anzahl von Vetospielern und Vetopunkten und versprechen daher im Hinblick auf beide Probleme Erleichterung. […] Von der Ebene der individualisierten und

124 Möllers, Christoph 2009, *Demokratie. Zumutungen und Versprechen*, Berlin: Wagenbach.
125 Vgl. Selk, Veith 2011, »Die Politik der Entpolitisierung als Problem der Politikwissenschaft und der Demokratie«, in: *Zeitschrift für Politische Theorie* 2/H. 2, S. 185-200, hier S. 195.
126 Zolo, Danilo 1998, *Die demokratische Fürstenherrschaft. Für eine realistische Theorie der Politik*, Göttingen: Vandenhoeck & Ruprecht, S. 208.

privaten *Politik des persönlichen Lebens* (Giddens) bis hin zur globalen Gipfelpolitik sind Strategien der Entpolitisierung daher das hoch gehandelte Wundermittel gegen das spätmoderne Leid der fundamentalen Unsicherheit und des Entscheidungsstaus.«[127]

Was ist eigentlich demokratische Politik/politische Demokratie?

So ernüchternd diese Diagnose zunächst klingen mag, sie bedeutet nicht, dass alle demokratische Politik gleichermaßen unpolitisch sein muss. Der Einfachheit halber kann man zumindest drei normative Ansprüche an eine institutionell eingehegte »politische Politik« festhalten: 1. *Gestaltungsfreiheit:* Hier kommt wieder der Begriff der Kontingenz zum Tragen und damit die Forderung, dass politische Deliberations- und Entscheidungsprozesse weitgehend offen und nicht, wie zum Beispiel Verwaltungsangelegenheiten, durch (politisch implementierte) rechtliche Regulierungen in toto vorbestimmt sein sollen. Zudem sollten Alternativen, die stets im Diskurs präsent sind, auch tatsächlich zur Entscheidung stehen können. Auf nationalstaatlicher Ebene wird diese Bedingung in zunehmendem Maße durch die »mangelnde Übereinstimmung der Gültigkeitsreichweite von demokratisch legitimierten politischen Regelungen und den Grenzen der relevanten sozialen Handlungszusammenhänge« restringiert: Michael Zürn spricht in diesem Fall von »*output*-Inkongruenz«.[128] Sie in den Griff zu bekommen ist sicher eine der größten Herausforderungen für die denationalisierte Politik im 21. Jahrhundert. 2. *Allgemeinverbindlichkeit:* Politik produziert, mit Luhmann gesprochen, kollektiv bindende Entscheidungen, die die sozioökonomischen Prozesse einer Gesellschaft regulieren. Es braucht nicht unbedingt einen Staat, aber einen gemeinsamen politischen Raum, in dem kollektiv gefasste Beschlüsse allgemein gültig sind.[129] Allerdings müssen diese kol-

---

127 Blühdorn, Ingolfur 2006, »billig will Ich. Post-demokratische Wende und simulative Demokratie«, in: *Forschungsjournal Neue Soziale Bewegungen* 19/H. 4, S. 72-83, hier S. 76.

128 Zürn, Michael 1998, *Regieren jenseits des Nationalstaates. Globalisierung und Denationalisierung als Chance*, Frankfurt am Main: Suhrkamp, S. 238.

129 Diese zwei Kriterien nennt auch Engi, Lorenz 2012, *Politik und das Nichtpo-*

lektiv bindenden Entscheidungen, zumal in einer demokratischen Rechtsordnung, unter den Bedingungen gesellschaftlicher Sichtbarkeit und Zurechenbarkeit zustande kommen.[130] Hier kommt dann 3. die *Öffentlichkeit* ins Spiel, und damit zugleich eine idealistische Kategorie, die in modernen Flächenstaaten nie vollständig und im eigentlichen Sinne des Wortes verwirklicht werden kann, umso weniger, als die Notwendigkeit von Kooperation und Konsens nur allzu oft die Flucht ins Arkanum bedingt – aber dazu später mehr.

Nur eine Ordnung, die allen Bürgern die Auswahl der politischen Führung, von deren Entscheidungen sie betroffen sind, ebenso garantiert wie das Recht, auf die Entscheidungsfindung nicht nur durch ihre Stimmabgabe am Wahltag einzuwirken, kann alle drei Kriterien erfüllen. In einer liberalen Demokratie, in der das Ideal der individuellen Selbstbestimmung dank einer Vielzahl konstitutionell begründeter subjektiver Abwehrrechte nicht zur Disposition steht, gibt es immer eine Vielzahl von divergenten Werthaltungen und Lebensstilen. Diese im gesellschaftlichen Diskurs vernehmbaren Alternativen müssen repräsentier- und wählbar sein und in Beschlüsse fließen können, die für jeden Bürger in derselben Weise gelten. Solche Prozesse verlaufen in einer Demokratie mit einer kritischen Zivilgesellschaft, mit freier Presse und Politikern, die, um für sich und ihre Parteien zu werben, neben ihren Standpunkten auch ihre Entscheidungen vermitteln müssen, mehr oder weniger öffentlich. Während also erst in einer derart »funktionierenden« Demokratie alle drei Kriterien einer »politischen Politik« erfüllt werden können, lassen sich hier zumindest zwei Kriterien benennen, die *demokratische Politik* von der Politik in allen anderen Staats- und Regierungsformen abgrenzen.

Demokratie ist erstens immer mit einem zentralen Versprechen verknüpft, an dem sich ihre konkreten Manifestationen in

litische. Die Demokratie im Globalisierungszeitalter, Zürich u. a.: Schulthess, S. 29 ff.

130 Vgl. Nassehi, Armin 2003, »Der Begriff des Politischen und die doppelte Normativität der ›soziologischen‹ Moderne«, in: ders. (Hg.), *Der Begriff des Politischen*, Baden-Baden: Nomos, S. 133-170, hier S. 149.

der sozialen Realität messen und von dem sich weitere Versprechen ableiten lassen: dem der formalen politischen Gleichheit
aller Bürger.[131] Wir sind als Staatsbürger politisch gleichberech-
tigt, weil sich uns derselbe Zugang zum öffentlichen Raum
darbietet und weil wir auf die Formulierung der Gesetze, denen
wir gehorchen, im gleichen Maße Einfluss nehmen können. Das
Prinzip der formalen Gleichheit lässt sich auf die Formel der
»gleichen Freiheit« bringen, die die rechtsstaatliche Gleichheit
vor dem Gesetz und die im engeren Sinne politische Gleichheit
(Gleichheit der Einflussnahme auf die Gesetzgebung) als zwei
Seiten derselben Medaille vorstellt.[132] Dieses Prinzip bildet das
Legitimationszentrum der liberalen Demokratie, das jedoch stets
instabil bleiben muss, weil bekanntermaßen Gleichheit und Freiheit, Demokratie und Rechtsstaatlichkeit nicht nur ergänzend
und unterstützend aufeinander wirken, sondern durchaus miteinander konfligieren können.

In liberalen Demokratien kommt dem Kernideal der gleichen
Freiheit eine freie und gleiche Parlamentswahl am nächsten, bei
der es allen Bürgern offensteht, ihr aktives und/oder passives
Wahlrecht wahrzunehmen. Natürlich haben mächtige Interessengruppen, die großzügige Wahlkampfspenden tätigen, de facto
sehr viel mehr Einfluss auf die Agenda als der einzelne Bürger,
auch wenn das deutsche Parteiengesetz eine Reihe von im internationalen Vergleich relativ rigiden Vorkehrungen enthält, dank
deren das *Laissez-faire*-Prinzip den Wahlkampf nicht allzu sehr
dominiert. Damit außerhalb der Wahlkampfzeiten ein Kommu-
nikationsaustausch zwischen Bürgern und Repräsentanten nicht
nur von der Demoskopie und den Medien »hergestellt« wird – in
der Regel projizieren Meinungsumfragen den Wählerwillen, die
Politik reagiert darauf mit Gesetzes- oder symbolischen Debatten und Personalveränderungen –, bedarf es des Engagements der
Bürger in formellen oder informellen Personen-Institutionen, die

131 Vgl. dazu umfassend Christiano, Thomas 1996, *The Rule of the Many. Fundamental Issues in Democratic Theory*, Boulder: Westview Press.
132 Vgl. Greven, Michael Th. 2009b, »Zukunft oder Erosion der Demokratie?«,
in: *Politik – Wissenschaft – Medien. Festschrift für Jürgen W. Falter*, Wiesbaden: VS Verlag für Sozialwissenschaften, S. 411-428, hier S. 414f.

inhaltliche Zustimmung oder Ablehnung an die Repräsentanten rückkoppeln.

Nimmt man das Prinzip der formalen Gleichheit respektive des gleichberechtigten Zugangs zum politischen Diskurs ernst, wird man darauf bestehen, dass sowohl (verfassungs-)rechtlich definierte Verfahren (Wahlen und Abstimmungen) wie auch spontane und informelle, durch das Recht auf Meinungs- und Versammlungsfreiheit garantierte Formen der Einflussnahme eine Stärkung erfahren; Letzteres zum Beispiel durch eine Öffnung der kommunalen Entscheidungsprozesse für direkte Formen der Partizipation. Leider wird man hier immer eine *trade-off*-Situation vorfinden: Während die von Filterinstitutionen oder »Transmissionsriemen« wie den Parteien vermittelten Volksmeinungen oft als defizitär, als »verfälscht« perzipiert werden, bestehen in der Zivilgesellschaft soziale Machtungleichgewichte der um den Einfluss auf die Entscheidungsapparate konkurrierenden Gruppen, die, wenn man ihnen direkten Zugang zum Ort der Macht gewährt, den politischen Wettbewerb zum Nachteil der ohnehin »benachteiligten« Schichten verzerren könnten.

Ein zweites Kriterium ist die zirkuläre Ereignishaftigkeit und Konflikthaftigkeit demokratischer Politik, die sich in autoritären Staatsformen nicht findet. Und im Unterschied zur Polis-Demokratie, in der Politik für alle interessierten freien Bürger ein dauerhaftes Ereignis war, ist in der modernen Demokratie die Mitwirkung für diejenigen, die Politik nicht als Beruf betreiben, nur noch auf singuläre Ereignisse beschränkt, die in regelmäßigen, aber sehr großen Abständen stattfinden. Normalerweise werden Bürger, die ihre Beteiligung auf das Wählen beschränken, innerhalb von zehn Jahren nicht öfter als sechs bis acht Mal an den öffentlichen Angelegenheiten aktiv teilhaben. Deliberation und Dezision über kollektiv bindende Regeln obliegt gewählten Repräsentanten. Deshalb ist die Wahl in der Ära der Massendemokratie das zentrale politische Ereignis, das dem repräsentativen System seine integrative Kraft verleiht. Dies nämlich ist der Augenblick, in dem konsensdurchtränkte Verfahren von einem elektrisierenden, politische Identitäten stiftenden Konflikt unterbrochen werden und praktisch jeder Bürger zur Parteinahme aufgefordert ist – für gewöhnlich nicht erst im Moment der Stimmabgabe, sondern schon im Vorfeld der Wahl, etwa beim Gespräch mit Freunden und Arbeitskollegen, beim Besuch von Podiumsdiskussionen mit Wahlkreisdirektkandidaten und Ähnlichem. Hier zeigt sich kurzzeitig das erlösende Antlitz der Demokratie, insofern Wahlkämpfe immer auch als »rituelle Inszenierungen des demokratischen Mythos« daherkommen: während des Wahlkampfes kann den Bürgern das Gefühl vermittelt werden, »dass sie wichtig sind, und sie empfinden sich so als unverzichtbaren Bestandteil der politischen Ordnung«. Nur wenn dieser Glaube bestehen bleibt, vermag ein politisches System seine Bürger dauerhaft an sich zu binden, denn schließlich trägt der »Mythos« vom Wähler als dem eigentlichen Souverän und von der Veränderbarkeit gesellschaftlicher Verhältnisse durch Stimmabgaben immer ein Fünkchen Wahrheit in sich, »indem er rituell vorführt, wie es funktionieren *kann*, wie es funktioniert *hat* und wie es auch in Zukunft durchaus häufig wieder funktionieren *wird*«.[133]

Die Wahl und die sie begleitenden Debatten sind jedoch auch der zentrale Moment im realen Repräsentationsprozess, dessen pragmatisches Gesicht kurzzeitig von politischer Spontaneität erleuchtet wird. Damit ein solcher Moment seine Wirkung entfalten kann, sind keineswegs die menschenfischenden Qualitäten charismatischer Einpeitscher nötig, sondern in erster Linie Narrative. Diese reduzieren die Komplexität des politischen Betriebes für einen Augenblick und polarisieren auf diese Weise die Gesellschaft einige Wochen lang, indem sie einen Diskussionsprozess anregen, der im Idealfall nicht nur die Wähler, sondern auch die Kandidaten dazu anregt, ihre Meinungen gegenüber den im Laufe des Diskussionsprozesses geäußerten Argumenten zu messen und gegebenenfalls zu modifizieren, sich also bereits in »reflektierender Urteilskraft« zu üben, die Hannah Arendt von einem guten Repräsentanten verlangt: jene Operation der Reflexion, die eine »größtmögliche Übersicht über die möglichen Standorte und Standpunkte«, ein »[a]n der Stelle jedes anderen

133 Dörner, Andreas/Ludger Vogt 2002, »Der Wahlkampf als Ritual. Zur Inszenierung der Demokratie in der Multioptionsgesellschaft«, in: *Aus Politik und Zeitgeschichte*, H. 15-16, S. 15-22.

denken« ermöglicht.[134] Erst das erlaubt, »ohne die eigene Identität aufzugeben, einen Standort in der Welt einzunehmen, der nicht der meinige ist, und mir nun von diesem Standort aus eine eigene Meinung zu bilden«.[135] Auf dieser Basis lässt sich ein offenes und zugleich zurechenbares Repräsentationsverhältnis errichten, innerhalb dessen sich die Vertretenen nicht überhört und die Vertreter nicht genötigt fühlen, ihre Identität aufgeben zu müssen.

Diese erweiterte, informelle Deliberationsphase im Vorfeld einer Wahl in Kombination mit der anschließenden Wahlentscheidung bietet einen der wichtigsten Ansatzpunkte, um den Kreislauf von Autorisierung und Zurechenbarkeit gemäß einer dynamischen Repräsentationsbeziehung zu denken. Sie begründet einen Kreislauf zwischen den staatlichen Institutionen und der Gesellschaft, parlamentarischen und extraparlamentarischen Organisationsformen. Aus dieser Perspektive zielt demokratische Repräsentation nicht nur auf Institutionen und Regierungsakteure. Sie konstituiert vielmehr einen politischen Prozess, der sich im Verhältnis der durch die »positive Macht« des Volkes (qua Wahl) eingesetzten Parlamentarier und der Gesellschaft ereignet, wo sich zwischen den Wahlen immer wieder die »negative Macht« der Bürger bemerkbar macht. In diesem Prozess kann sich das Misstrauen der Bürger gegenüber dem parlamentarischen Komplex bemerkbar machen. Wie gesagt: Die Aktionsformen, in denen sich dieses Misstrauen manifestiert, sind in der Tat eine Art Stützpfeiler der elektoralen Demokratie. Andererseits vervielfachen sie jedoch die Symptome der unpolitischen Politik. Mit ihrem Widerspruch erinnern sie ihre Repräsentanten daran, ihre Versprechen einzulösen, wodurch sie aber den Druck auf die Repräsentanten so sehr erhöhen, dass diese das Handeln lieber ganz auf- bzw. an Experten abgeben, um ja keinen Fehler zu begehen.

Das Wahlrecht bleibt ein zentraler Fixpunkt im Prozess demokratischer Repräsentation: Es garantiert die formale Legitimation

---

134 Arendt, Hannah 2012, *Das Urteilen. Texte zu Kants politischer Philosophie*, 3. Aufl., München: Piper, S. 95, und dies. 2010, *Was ist Politik? Fragmente aus dem Nachlaß*, 4. Aufl., München: Piper, S. 97.
135 Dies., »Wahrheit und Politik«, S. 342.

der Repräsentanten und schafft die Ausgangsbedingungen für einen fairen Wettbewerb der verschiedenen politischen Agenden[136] – doch dazu mehr im vierten Kapitel. Hier nur noch so viel: Damit das Wahlereignis inmitten der informellen Deliberationsräume nicht überflüssig wird, kommt es darauf an, dass die Kandidaten ihre Programme zu klar unterscheidbaren Handlungsoptionen verdichten. In diesem Sinne meint Demokratie in der Tat »nicht tiefe Übereinstimmung der Geister, sondern Zerrissenheit des Sinns und erbarmungslosen Antagonismus der Gedanken«.[137] Diese konflikthafte Dimension sollte von einer Gesellschaft als unvermeidbar anerkannt werden. Dennoch bedarf es natürlich eines »ethischen Minimums« (Marcel Gauchet), aus dem gemeinsam anerkannte Verfahren abgeleitet werden können, in deren Rahmen die streitenden Parteien ihre Differenzen entwickeln und aushandeln können.

Unpolitische Politik …

Was bedroht nun den politischen Charakter der Demokratie? Unpolitisch sein, das ist permanente oder situative »Geringschätzung, Verständnislosigkeit, Ressentiment gegenüber politischem Handeln«.[138] Eine besonders krasse Form einer Instituierung des Unpolitischen in diesem Sinne ist natürlich die »graduelle Transformation [der politischen Sphäre; Anm. d. Verf.] in eine Verwaltungsmaschinerie«, vor der Arendt in ihrem Werk so eindringlich gewarnt hat und die sie Anfang der siebziger Jahre, auf dem Höhepunkt des Fortschrittsoptimismus und der Technikbegeisterung, »nahezu überall« in den östlichen Sowjetregimen wie in den westlichen Demokratien wahrgenommen hatte.[139] Die Ma-

---

136 Vgl. Urbinati, Nadia 2006, *Representative Democracy. Principles and Genealogy*, Chicago: The University of Chicago Press, S. 25 ff.

137 Gauchet, Marcel 1990, »Tocqueville, Amerika und wir. Über die Entstehung der demokratischen Gesellschaften«, in: Rödel, Ulrich (Hg.), *Autonome Gesellschaft und libertäre Demokratie*, Frankfurt am Main: Suhrkamp, S. 123-206, hier S. 141.

138 Mandt, »Antipolitik«, S. 106.

139 Arendt, *Macht und Gewalt*, S. 40.

schinen-Metapher verweist in diesem Zusammenhang auf den Herstellungscharakter der Administration, die das politische Handeln verdrängt: Ziel ist die Produktion von Anordnungen und Gesetzen, die *oikos* und Gesellschaft organisieren. Die öffentliche Sphäre ist damit nicht länger ein Raum der Freiheit. Politik ist zu etwas »Notwendigem« geworden: Die verbliebenen privaten Grundfreiheiten werden nur noch als Freiheit *von* Politik, als negative Freiheiten, ausgelegt. Auch die Abgeordneten sind vollständig »zu Beamten geworden, deren Verwaltungsaufgaben zwar in den öffentlichen Bereich fallen, sonst aber nicht wesentlich verschieden sind von Verwaltungsfunktionen in der Privatwirtschaft«.[140] Bereits und gerade Max Weber hatte darauf hingewiesen, dass Politik und Verwaltung zwei gänzlich unterschiedliche Handlungsmodi begründen. Der Politiker habe für die eigene Zielvorgabe zu kämpfen und breite Mehrheiten davon zu überzeugen; der Beamte hingegen führe aus, was sich politisch auf diese Weise herauskristallisiere. Schlüpfe der Beamte allerdings in die Rolle des Politikers, gelange er gar an die Spitze der Regierung, dann würden – so Weber – die elementaren Probleme und Aufgaben der Nation nach Art der Verwaltungspraxis angegangen. Die deutsche Geschichte des späten 19. und 20. Jahrhunderts war Weber Illustration und Beleg, wie fatal sich die Beamten-Politik im Zentrum der Macht auswirkte.[141]

Einerseits scheint es so, als ob diese Bedrohung gerade heute, da traditionelle, zentralistische Formen des Regierungshandelns und der *top-down*-Steuerung, die man mit dem *government*-Begriff verbindet, dezentralisierten *governance*-Formen weichen, kaum noch Relevanz besitzt: Klassische Hierarchien verschwinden und vor allem auf internationaler Ebene bilden sich »heterarchische« Formen der Koordinierung. An die Stelle staatlicher Steuerung tritt das *corporate management* des »aktivierenden Staates«. Dieser ist nur einer unter mehreren Akteuren, die in einem komplexen, von multiplen Netzwerken konstituierten Regelmo-

140 Dies., *Über die Revolution*, S. 350.
141 Siehe Schluchter, Wolfgang 2009, »Was heißt politische Führung? Max Weber über Politik und Beruf«, in: *Zeitschrift für Politikberatung*, H. 2, S. 230-250, hier S. 238.

dell miteinander agieren, in dem flexible und informelle Kooperationsansätze gefragt sind. Könnte man nicht annehmen, dass eine von *new-public-management*-Ansätzen propagierte offene Gesetzgebung im Sinne von *network governance*, die ein weites Feld »gesellschaftlicher Expertise« in Gestalt von Public Private Partnerships mit einbezieht, der Sphäre des Politischen neuen Raum bietet? Könnte man nicht argumentieren, dass »kooperative Steuerung« im »Schatten der Hierarchie« neue Partizipationsoptionen innerhalb von *network partnerships* bereitstellt und schon allein deshalb ein politisches *empowerment* ermöglicht?

Vieles spricht gegen eine solche Betrachtungsweise. In der Forschung wurde oft darauf hingewiesen, dass *governance*-Verfahren, zumal in Mehrebenensystemen wie der EU, Formen der Legitimität erzeugen, die die traditionellen *accountability*-Kriterien demokratischen Regierens nur noch in prekärer Weise erfüllen.[142] Da die Netzwerke in kaum formalisierten Strukturen agieren, arbeiten sie in einer von den parlamentarischen Arenen abgekoppelten Umgebung, die keine formale Legitimation besitzt. Im »selbststeuernden Kapitalismus«, für den die Vorstellung von »*Governance ohne Government*« zu einem ordnungsbildenden Paradigma geworden ist, werden Entscheidungskompetenzen »aus den politischen und politisierbaren Entscheidungsarenen der Nationalstaaten in internationale Exekutivorgane oder Regulierungsagenturen« verlagert.[143] Die Fragmentierung von Politik, die Diffusion politischer Verantwortlichkeit wird sich dadurch noch weiter fortsetzen. Parlamentarische Beratungen – nicht aber die unpolitische Administration – verlieren ihre Relevanz für die soziale Praxis und umgekehrt, sodass Bürger (und Politiker) immer häufiger mit juridischen, technischen oder ökonomischen Begründungen »alternativloser« Problemlösungen konfrontiert werden und zum Beispiel bestimmte Probleme der Finanzmarkt-

142 Afzal, Kamran A./Mark Considine 2011, »Legitimacy«, in: Bevir, Mark (Hg.), *The SAGE Handbook of Governance*, Los Angeles/London: SAGE, S. 369-386.
143 Streeck, Wolfgang 2009b, »Von der gesteuerten Demokratie zum selbststeuernden Kapitalismus. Die Sozialwissenschaften in der Liberalisierung«, in: *WestEnd. Neue Zeitschrift für Sozialforschung* 6/H. 1, S. 13-33, hier S. 22.

regulierung vom Parlament zwar beraten, aber nicht direkt beeinflusst, weil durch nationale Gesetzgebung (allein) nicht mehr gelöst werden können, da zwingendes Recht zunehmend von einem reflexiven Recht abgelöst wird, das nur noch dazu dient, verschiedenen Interessengruppen einen Ordnungsrahmen zur Konsensfindung zur Verfügung zu stellen.

Good governance wird heute primär an der Fähigkeit der staatlichen Akteure zur Interdependenzbewältigung gemessen, also daran, inwieweit es ihnen gelingt, das »Management der teilsystemischen Interdependenz« möglichst ohne Rückgriff auf einen schwindenden Pool formaler Entscheidungskompetenzen in den Griff zu bekommen.[144] Eine solche Perspektive lässt die Frage, ob elektoral legitimierte »Institutionen (noch immer) von Bedeutung sind«, in einem schlechten Licht erscheinen. Wo aber Politik von außerpolitischen, nicht weiter diskurswürdigen Handlungsimperativen vorangetrieben und dem berühmten (im deutschsprachigen Raum gerne durch den CDU-Slogan »Sozial ist, was Arbeit schafft« variierten) Credo Tony Blairs: »What matters is what works« geleitet wird, reduziert sie sich selbst zur bloßen Verwaltung.

Wer aus der Akzeptanz des Kriteriums der Output-Legitimation demokratischen Regierens die Notwendigkeit ableitet, »aus Effizienzgründen« immer mehr unbehandelte Angelegenheiten des kontroversen Sektors in kooperative, maßgeblich von Exekutivgremien bestimmte Verhandlungsräume zu überweisen, akzeptiert umgekehrt eine Regression des eigentlich Politischen zugunsten unpolitischer Beratungs- und Entscheidungsmodi. In diesen befindet nicht mehr die Öffentlichkeit über die politische Relevanz sozioökonomischer Probleme, sondern die politischen Entscheidungsträger delegieren sie – meist mit der stillschweigenden Übereinkunft, dass es sich um Angelegenheiten handelt, die im »nationalen Interesse« liegen oder auf »gute Ergebnisse« zielen – direkt an die administrative Seite.

144 Mayntz, Renate 1996, »Politische Steuerung: Aufstieg, Niedergang und Transformation einer Theorie«, in: Beyme, Klaus von/Claus Offe (Hg.), *Politische Theorien in der Ära der Transformation*, Opladen: Westdeutscher Verlag, S. 148-168, hier S. 155.

Dass, wie Greven meinte, das eine notwendig aus dem anderen folgt, dass also ein *auch* auf Output-Legitimität gerichtetes System naturwüchsig eine politische Kultur erzeugt, »bei der alleine der Erfolg zählt« und das Gebot »Der Zweck heiligt die Mittel« obsiegt, darf jedoch bezweifelt werden.[145] Zwar gilt es sich stets zu vergegenwärtigen, dass die Output-Legitimation, im Unterschied zur Partizipationskomponente, gar »nichts Spezifisches mit der Demokratie zu tun« hat.[146] Während möglichst umfassende Beteiligung für sie konstitutiv ist, können autokratische Regime unter Umständen (zumindest in der Perzeption der Regierten) effizientere, weil nicht in der kompromissorientierten Aushandlung zwischen Vetospielern entstandene Outputs produzieren. Aber Output-Legitimität meint heute offenbar nicht mehr nur die Fähigkeit politischer Systeme, »gute«, effiziente Ergebnisse zu produzieren. Denn schließlich: Ein Parlament, in dem alle möglichen Meinungen und Interessen gemäß ihrer quantitativen Gewichtung erscheinen, dessen Beratungen und Abstimmungen die soziale Realität aber immer weniger zu beeinflussen vermögen, kann nicht mit der Akzeptanz der Bürger rechnen. Und dies nicht, weil, wie Carl Schmitt fürchtete, der Pluralismus die für die Gründung und Stabilisierung eines homogenen Machtmonopols erforderliche Kraft der Dezision mindert, sondern weil im Gegenteil die Verengung der Handlungsspielräume nationalstaatlicher Politik die Relevanz pluralistischer Beratungen untergräbt.

Aber auch dort, wo *network governance* durch die Ausweitung von Beteiligungsoptionen Legitimität auf der Input-Ebene erzeugt, sollte man nicht mit einem Mehr an Demokratie rechnen. Zwar bemühen sich sowohl die nationalen Regierungen als auch die EU-Kommission darum, die Bürger qua Anhörungen in die Gesetzgebungsverfahren zu integrieren. So hat zum Beispiel die EU-Kommission in ihrem 2001 erschienenen Weißbuch *Euro-*

145 Greven, Michael Th. 2000, *Kontingenz und Dezision. Beiträge zur Analyse der politischen Gesellschaft*, Opladen: Leske + Budrich, S. 195.
146 Brunkhorst, Hauke 2003, »Der lange Schatten des Staatswillenspositivismus. Parlamentarismus zwischen Untertanenrepräsentation und Volkssouveränität«, in: *Leviathan* 31/H. 3, S. 362-381, hier S. 377.

päisches Regieren erklärt, die Kooperation mit »Netzwerken« und »gesellschaftlichen Basisgruppen« künftig noch intensivieren zu wollen.[147] Hier dominieren jedoch der Kontakt zu expertenbasierten Funktionseliten und eine höchst selektive Wahrnehmung bei der Auswahl zivilgesellschaftlicher Verbände und ihrer politischen Anliegen.[148] Im Rahmen von *participatory governance* richten sich die Beteiligungsoptionen nicht mehr an die individuellen Bürger, sondern ausschließlich an die Beiträge von NGOs zur Lösung vorab definierter, spezieller Problemstellungen. Ihren Repräsentationsanspruch begründen diese NGOs – und die sie selektierenden Exekutiven – zumeist mit der Verpflichtung auf ein essentialistisch interpretiertes Gemeinwohl – das natürlich (weil es nicht im Rahmen formalisierter Handlungsstrukturen gesamtgesellschaftlich diskutiert wird) umstritten bleibt – oder mit dem Hinweis auf eine große Zahl von Spendern und Mitgliedern.[149] Für die um einen breiten Konsens, das heißt für die um Zustimmung für ihre Politik werbenden Regierenden ist gerade Letzteres ein ausschlaggebendes Kriterium für die Auswahl der kooptierten Organisationen. Uniformität, Flexibilität, Neutralität und Effizienz sind weitere Kriterien, nach denen die Anhörenden auswählen und das Vorgebrachte beurteilen.[150]

Eine Konsultationspraxis, die nicht nur einzelne Experten, sondern darüber hinaus »zivilgesellschaftliche Expertise« und damit, so scheint es, die (gute Seite der) Gesellschaft selbst inkludiert, vermag aus Sicht von Politikern der Aura der Alternativlosigkeit zusätzlichen Halt zu verleihen. Der Demos verschwindet

---

147 Kommission der Europäischen Gemeinschaften (Hg.) 2001, *Europäisches Regieren. Ein Weißbuch*, Brüssel.
148 Allgemein hierzu: Kohler-Koch, Beate/Christine Quittkat 2011, *Die Entzauberung partizipativer Demokratie. Zur Rolle der Zivilgesellschaft bei der Demokratisierung von EU-Governance*, Frankfurt am Main/New York: Campus.
149 Vgl. Greven, Michael Th. 2010, »Verschwindet das Politische in der politischen Gesellschaft? Über Strategien der Kontingenzverleugnung«, in: Bedorf, Thomas/Kurt Röttgers (Hg.), *Das Politische und die Politik*, Berlin: Suhrkamp, S. 68-88, hier S. 82 ff.
150 Vgl. Tsakatika, Myrto 2005, »Claims to legitimacy: the European Commission between continuity and change«, in: *Journal of Common Market Studies* 43/H. 1, S. 193-220.

in diesem Prozess. Wenn überhaupt, erscheint er in Gestalt eines Netzwerkes aus Experten und Verbänden, die ihres Erachtens und nach Meinung des einladenden Gremiums die Gesellschaft repräsentieren. »Partizipation« kann hier nur noch als »funktionaler Beitrag zu *good governance* und *policy-making*« verstanden werden, der den Spitzenfunktionären gut ausgestatteter Großorganisationen vorbehalten ist.[151] Zum einen dient Partizipation also der Optimierung des Outputs durch die Vermittlung von Expertise, auf die die Entscheidungsträger in einer komplexen Welt so dringend angewiesen sind, und zum anderen soll sie die Akzeptanz dieses Outputs steigern, um Probleme bei der Implementierung von Beschlüssen vorzugreifen. Denn schließlich: Indem zivilgesellschaftliche Expertise früh genug in die Räder der *corporate governance* eingespeist wird, lässt sich die Formierung politisierter Massenbewegungen erfolgreich unterbinden. Es ist zu vermuten, dass die konsultierten Akteure ihrerseits versuchen werden, sich gemäß der an sie gerichteten Erwartungen zu verhalten und konflikthafte Auseinandersetzungen zu vermeiden, um ihren Zugang zum System zu wahren und einen Insidervorteil gegenüber konkurrierenden Verbänden zu erhalten. Ziviles Engagement steht auch deshalb völlig im Einklang mit den Präferenzen der Regierenden, es trägt zum Erfolg der von den Exekutiven anvisierten Projekte bei. Man sieht also: Das »›Umlernen‹ der Bürger von *input*-Legitimität zu *output*-Legitimität« qua kontrollierter Politisierung ist ein zentrales Kennzeichen der gegenwärtigen Entpolitisierungsstrategien.[152]

Während also auf der *polity*-Ebene aufgrund der Übertragung politischer Gestaltungsmacht an eine Vielzahl privater Akteure ein eindeutiger Trend zur Entdemokratisierung zu konstatieren bleibt, sind auf der *politics*-Ebene Kontingenzverdrängung, »Entagonalisierung«, also die Ausblendung widerstreitender Meinungen und Interessen, Übertragung administrativer Operations-

---

151 Greven, Michael Th. 2007, »Some considerations on participation in participatory governance«, in: Kohler-Koch, Beate/Berthold Rittberger (Hg.), *Debating the Democratic Legitimacy of the European Union*, Plymouth: Rowman & Littlefield, S. 233-248, hier S. 236f.

152 Teßmer, *Governancistische Demokratie*, S. 172.

modi auf politisches Handeln und deren dialogische Einhegung sowie eine inhaltsleere Ritualisierung des Politischen durch »Zombie-Institutionen« unverkennbare Symptome einer zunehmend unpolitischen Politik.[153]

Aber das Unpolitische hat in der modernen Demokratie bekanntlich sehr viele Facetten: Nicht selten kommt es in Gestalt einer antiparteiischen und antipopulären Mentalität daher. Im akademischen Diskurs erlebt die (tugend-)republikanische Tradition der Demokratietheorie mit ihrer Fokussierung auf die Rationalität regierender Eliten und deren Abschottung von den irrationalen Stimmungen der Volksmassen seit einigen Jahren eine erstaunliche Wiederbelebung,[154] die den Ruf nach einer »depolitisierten Demokratie« nährt.[155] So versucht etwa Rosanvallon zu zeigen, wie der Niedergang der auf »kumulative Allgemeinheit« gerichteten wahlpolitischen Repräsentation durch die (mit der wachsenden Nachfrage der Bürger nach unabhängigen Beurteilungen von Nebenrisiken) steigende Bedeutung unabhängiger Behörden kompensiert werden könnte. Diesen unabhängigen Autoritäten, zu denen zum Beispiel Expertengremien mit öffentlichen Aufträgen zählen, spricht Rosanvallon explizit *politische* Legitimität zu; ja, er hebt sogar ihre »Unparteilichkeit und negative Allgemeinheit […] als Grundkategorien der demokratischen Ordnung« hervor.[156] Zutreffend beschreibt er, dass die freien, irresponsiven und dem aus der Masse der Wähler herausstechenden Einzelnen vorbehaltenen Mandate, auf die sich unabhängige Expertengremien stützen, letztlich jene Form der Repräsentation realisieren, die einst die amerikanischen Gründerväter aus Furcht vor Faktionen, vor Spaltung und fundamentalen Konflikten im Getriebe der repräsentativen Regierung entwarfen und die sich heute – wie Rosanvallon mit Bedauern festzustellen scheint –

153 Selk, »Die Politik der Entpolitisierung«, S. 192f.

154 Vgl. auch die entsprechende Diagnose von Bensaïd, Daniel 2012, »Der permanente Skandal«, in: Agamben et al., *Demokratie? Eine Debatte*, Berlin: Suhrkamp, S. 23-54.

155 Pettit, Philip 2004, »Depoliticising democracy«, in: *Ratio Juris* 17/H. 1, S. 52-65, hier S. 53.

156 Rosanvallon, *Demokratische Legitimität*, S. 125.

kaum mehr in den Parlamenten widerspiegele. Viele Vertreter des deliberativen Paradigmas der neueren Demokratietheorie mit ihrer einseitigen Betonung von Konsens und Inklusion teilen diese Passion für unabhängige Gremien der Entscheidungsfindung. Ihre Fokussierung auf Output-Rationalität und die vagen Verweise auf nichtelektoral bestimmte Kriterien der allgemeinen Zugänglichkeit verraten den versteckten »demokratischen Elitismus« dieser Ansätze (dazu mehr in Kapitel 2).[157]

Eine sehr pointierte Gesamtdeutung des Ideals der unpolitischen Demokratie im gegenwärtigen politiktheoretischen Diskurs hat vor Kurzem die in New York lehrende italienische Politologin Nadia Urbinati vorgelegt. Sie verortet das Unpolitische primär in der Weigerung, die demokratischer Politik inhärente Verbindung mit parteiischen, perspektivisch gebundenen Meinungen und Interessen bzw. deren Aufeinanderprallen in einer gemeinsamen Welt als politisch anzuerkennen. In einer unpolitischen Demokratie zielt die Sorge der Bürger nicht so sehr darauf, den politischen Raum für möglichst viele (im parlamentarischen Diskurs ungehörte) Stimmen zu öffnen, sondern die institutionalisierte Politik und administrativen Prozesse transparenter, nachvollziehbarer und unparteiischer zu gestalten:

> »Unpolitische Demokratie ist eine vereinzelte Form der Partizipation, eine der unabhängigen Betrachter und Gutachter. Sie ist, wie sie es immer war, eine Form der passiven Präsenz. Indes, das Ziel des *citizen-judge* ist es, Macht transparenter und unparteiischer, nicht allgemein zugänglicher zu machen oder weiter auszudehnen. Ihr Ziel ist es, Institutionen und Regeln zu entwickeln, die auf lange Sicht gesehen weniger auf politische Partizipation angewiesen sind. Apathie als die Austrocknung leidenschaftlicher Beteiligung scheint das finale Resultat einer effektiven negativen Macht zu sein.«[158]

---

157 Greven, Michael Th. 2005, »The informalization of transnational governance: a threat to democratic government«, in: Grande, Edgar/Louis W. Pauly (Hg.), *Complex Sovereignty. Reconstituting Political Authority in the Twenty-first Century,* Toronto: University of Toronto Press, S. 261-284, hier S. 272.
158 Urbinati, Nadia 2010, »Unpolitical democracy«, in: *Political Theory* 38/H. 1, S. 65-92, hier S. 70.

Wenn Urbinati von »passiver Präsenz« und von »vereinzelten Formen der Partizipation« spricht, macht sie damit auf Grundzüge einer Gesellschaft aufmerksam, in der nicht mehr primär das Einfordern von Macht zur Gestaltung sozialer Prozesse, sondern die Verhinderung von Macht*missbrauch*, nicht aktive Mitwirkung, sondern das Transparenzgebot das Kernanliegen einer Bürgerschaft bildet, die das unparteiische Misstrauen des negativen Souveräns kollektiver Gestaltungsmacht vorzieht. Stimmt dieser Befund, dann war es in der Tat ein kluger Schachzug der in der außervirtuellen Realität des deutschen Parteienwettbewerbs inzwischen etwas unglücklich agierenden Piratenpartei, Transparenz im Protestjahr 2011 zum Fixpunkt ihrer Agenda zu machen (siehe dazu noch Kapitel 4).

Die erstaunliche Karriere, die der Begriff in den letzten Jahren erlebt hat, zeigt, dass die an sich vorpolitische Nachfrage nach Tatsachenwahrheiten, nach Aufklärung und prüfbaren Fakten wieder in den Mittelpunkt des politischen Lebens rückt. Die Bürger scheinen das »Gesetz der Distanz« so weit internalisiert zu haben, dass sie sich mit ihrer Rolle als unabhängige Evaluierer abgefunden haben.

… und unpolitische Gesellschaft in der Gegenwartsdemokratie

Dennoch ist die These vom Verschwinden der Politik aus der Sicht vieler Sozialwissenschaftler schlichtweg ein Hirngespinst. Sie plädieren dafür, bei der Bewertung dessen, was heute noch politisch ist, ideengeschichtlichen Ballast abzuwerfen und nach einer zeitgemäßen Definition des Politischen Ausschau zu halten. Im deutschsprachigen Raum und darüber hinaus hat Ulrich Beck eines der flammendsten Plädoyers dafür gehalten, den Auftritt des »politischen Bourgeois« als Zeichen einer »Erfindung des Politischen« außerhalb der intakt bleibenden, aber »aktionsleer« gewordenen technokratischen Institutionen eines im Grunde toten Systems zu begreifen. Alle Analysen, die heute eine abnehmende Gestaltungskraft der Politik beklagen, kritisiert Beck pauschal wegen deren Gleichsetzung von Politik und Staat. Die »Status-quo-Politik« werde heute von »subpolitischen Akteuren« infrage gestellt und herausgefordert: Der Gegensatz zwischen dieser alten, untergehenden »einfachen«, offiziellen Politik, die bloß noch »regelanwendend« tätig ist, und der reflexiven, »regelverändernden« Subpolitik stellt sich nach Beck hart und unversöhnlich dar. Die »Entgrenzung von Politik« bedeutet zugleich deren Befreiung, bietet Raum für Veränderungen, die sich allerdings eher in intransparenten Netzwerken als in den öffentlichen Arenen der Verfassungsinstitutionen ereignen, denn: Die »›Erfindung des Politischen‹ vollzieht sich oft im Informellen«, sieht ihre Chance in der »*Ab*nahme zentralistischer Steuerungshebelpolitik«.[159]

Das ist auch die optimistische Stoßrichtung verschiedener *governance*-Ansätze. Und in der Tat mag ja einiges für die Diagnose sprechen, dass die Informalisierung politischer Prozesse und damit ebenfalls die Emanzipation der gesellschaftlichen Gruppen von den staatlichen Institutionen und Großverbänden zu einer Revitalisierung des Politischen führen – zu einer zivilen Sphäre der Spontaneität, die sich von den Zwängen traditionaler Hierarchien befreit. Der in den letzten Jahrzehnten inflationär gebrauchte Begriff der »Politikverdrossenheit« könnte jedenfalls sowohl analytisch als auch empirisch in eine ganz verkehrte Richtung weisen. Er benennt ein Problem, das es, zumindest dem kalifornischen Politologen Russell J. Dalton zufolge, in der bis hierhin gezeichneten Schärfe gar nicht gibt. Dem Rückgang der Wahlbeteiligung stehen eine historisch beispiellos hohe (und weiter steigende) Zustimmung zu demokratischen Werten in fast allen OECD-Ländern und eine Zunahme des sozialen und politischen Engagements gegenüber.[160] Denn die gegenwärtige Abwendung der Bürger von den klassischen Organisationsformen, so heißt es vielfach, geht einher mit einer Zuwendung zu neuen, individuelleren Formen des Engagements: Konträr zu den Erwartungen, die sich angesichts des Niedergangs sozialen Kapi-

159 Beck, *Die Erfindung des Politischen*, S. 168.
160 Vgl. Dalton, Russell J. 2004, *Democratic Challenges – Democratic Choices. The Erosion of Political Support in Advanced Industrial Democracies*, Oxford: Oxford University Press, S. 191 ff.

tals, der Mitgliederverluste von Volksparteien und der kontinuierlich zurückgehenden Wahlbeteiligung einstellen, konstatieren Sozialwissenschaftler seit Jahren nicht nur den Rückgang des formalen, sondern auch den Aufstieg experimenteller oder »projektorientierter« Formen des Aktivismus. In der »Multioptionsgesellschaft« (Peter Gross) mit ihrer ständigen Vervielfachung von Handlungs- und Lebensformen erscheinen klassische Großorganisationen vor allem den flexiblen und mobilen Kohorten der jüngeren Generation viel zu restriktiv, zu undynamisch, als dass sie den erlebnisorientierten Ansprüchen der »pragmatischen Generation« noch eine Heimat bieten könnten.[161]

Wenn in diesem Zusammenhang von »Individualisierung« und »Volatilität« die Rede ist, weckt dies in der Tat Hoffnungen auf eine »institutionenlose Renaissance des Politischen«, eine undogmatische, sich von allenfalls noch virtuell konstruierten, in der Praxis längst verflossenen Kollektividentitäten abwendende, von außen an die verschlossenen Türen »aktionsleerer« Institutionen hämmernde Subpolitik.[162] Wie sehr diese bereits das öffentliche Leben dominiert, zeigt schon die Beobachtung, dass im Kontrast zu dem, was Bernard Manin als das Hauptmerkmal der »Zuschauerdemokratie« nennt – das *top-down* verlaufende *agenda-setting* machtbewusster Politiker, die die verbliebenen *cleavages* einer Gesellschaft erkunden und davon ausgehend Themen »besetzen« und dadurch die Richtung von Diskursen vorgeben[163] –, viele der wirklich polarisierenden Debatten der vergangenen Jahre nicht von »der Politik« angestoßen, sondern ihr vielmehr teils von biederen, abseits stehenden Demagogen im Stile Thilo Sarrazins, vor allem aber von politischen Avantgarden, wie sie die neuen »Bürgerproteste« oder diverse, allenfalls lose organisierte Internetbewegungen darstellen, aufgezwungen wurden: Man denke nur an die jüngeren Diskurse über Zuwanderung, Sexismus und »Netzautonomie«.

161 Albert, Mathias 2010, *Jugend 2010. Eine pragmatische Generation behauptet sich*, Bonn: Bundeszentrale für politische Bildung.
162 Vgl. Beck, *Die Erfindung des Politischen*, S. 155.
163 Vgl. Manin, Bernard 1997, *The Principles of Representative Government*, Cambridge: Cambridge University Press, S. 222 ff.

Eröffnet sich hiermit nicht eine Chance? Das Ereignishafte der Demokratie wird eben weniger innerhalb jener schwerfälligen, in die Jahre gekommenen Tanker der Parteiendemokratie, sondern künftig eher außerhalb gefestigter Organisationsstrukturen und institutioneller Rahmungen verstetigt, ob nun durch »konventionelle unkonventionelle« Beteiligungsformen wie Bürgerversammlungen oder im Rahmen von relativ neuartigen »experimentellen Spektakeln« wie *policy slams* oder *deliberative mappings*.[164] Solche Formen des Engagements besitzen jedoch nicht nur auf den ersten Blick einen im negativen Sinne »eventhaften« Charakter mit großem Unterhaltungswert, aber wenig reformerischem Graswurzelpotenzial; meist, so der Eindruck, lassen sie eine gewisse Ernsthaftigkeit bei der Behandlung ihrer Anliegen vermissen. Die neuen Formen des Engagements, so der US-amerikanische Sozialforscher Robert D. Putnam, erwiesen sich häufig zwar als »befreiender«, aber gleichzeitig als »weniger solidarisch«, und repräsentierten daher eine Art Privatisierung des Sozialkapitals.[165] In der Tat: Die »neuen« Ehrenamtlichen sind im Unterschied zu den »alten« aus Organisationen wie Arbeiterwohlfahrt, Caritas, Arbeiter-Samariter-Bund oder Rotes Kreuz sehr viel diskontinuierlicher, erratischer und launischer bei der Sache. Gerade der Befund zunehmenden oder stabilen Engagements, auf den die Vordenker der »Bürgergesellschaft« ihre Hoffnungen setzen, ist trügerisch, denn die unter dem Begriff der »neuen Ehrenamtlichkeit« gefassten, von traditionellen Organisationsstrukturen sich unterscheidenden Formen der Partizipation werden meist von Bürgern der gehobenen Mittelklasse zum Zwecke der Selbstverwirklichung oder zur Artikulation handfester Eigeninteressen ausgefüllt, weniger aus Sorge um das Gemeinwohl.[166]

Man sollte es sich infolgedessen nicht zu einfach machen und

164 Vgl. Mahony, Nick 2010, »Making democracy spectacular«, in: *Representation* 46/H. 3, S. 339-352.

165 Putnam, Robert D. 2002, »Conclusion«, in: ders. (Hg.), *Democracies in Flux. The Evolution of Social Capital in Contemporary Society*, Oxford: Oxford University Press, S. 393-416, hier S. 412.

166 Vgl. hierzu ausführlicher Walter, Franz 2009, *Im Herbst der Volksparteien? Eine kleine Geschichte von Aufstieg und Rückgang politischer Massenintegration*, Bielefeld: transcript, S. 110 ff.

fröhlich »die Zivilgesellschaft« als probaten Ersatz für die verschlissenen Partei-, Gewerkschafts- und Kirchenmilieus von ehedem preisen. Die empirische Forschung konstatiert ja seit Längerem, dass vor allem neuere Formen des Engagements insgesamt individualistischer, lifestyle-orientierter, ja unpolitischer werden.[167] Der britische Politologe Gerry Stoker verweist auf die dunkle Seite einer Gesellschaft, die den Widerspruch nur noch als eigeninteressierten, kaum noch auf kollektive, gar gemeinwohlorientierte Ziele gerichteten Ausdruck »negativer Souveränität« ritualisiert, wenn er konstatiert:

> »Die wachsende Zahl von Boykotten, Beschwerden und anderen Formen des Aktivismus scheint heute von einem Konsumentengefühl getragen, und es besteht die Gefahr, dass Aktivismus eher die Gestalt eines Lifestyle-Statements statt eines ernsthaften Engagements annehmen könnte. [...] Aktivismus scheint oft wenig mehr zu sein als eine raffinierte Form von Konsumismus für die Wohlhabenden, der diesen einen besseren Zugang zu den öffentlichen Ressourcen und Entscheidungsprozessen und die Chance bietet, relativ kostengünstig ihrer Identität und favorisierten Werten Ausdruck zu verleihen.«[168]

Aber auch traditionellere Formen politischen Engagements folgen diesem Trend: Würden etwa die Jugendverbände der politischen Parteien, wie die Junge Union mit ihrem Slogan »Party and Politics«, diesem Event- und Lifestyle-Anspruch nicht explizit Rechnung tragen, wären deren Mitgliederzahlen vermutlich noch weitaus weniger stabil. *Wie ich die Welt verändern und dabei auch noch Spaß haben kann*, so ein Beispiel für die Buchtitel gern gelesener Ratgeber,[169] die solche Tendenzen in einer Gesellschaft widerspiegeln, in der junge Menschen, dem Geist der »Eventkultur« verpflichtet,[170] von ihrem Engagement zunehmend konkrete

---

167 Vgl. z.B. Norris, Pippa 2002, *Democratic Phoenix. Reinventing Political Activism*, Cambridge: Cambridge University Press, S. 188.
168 Stoker, Gerry 2006, *Why Politics Matters. Making Democracy Work*, Basingstoke: Palgrave Macmillan, S. 88.
169 Brodde, Kirsten 2010, *Protest! Wie ich die Welt verändern und dabei auch noch Spaß haben kann*, München: Ludwig Verlag.
170 Vgl. Schulze, Gerhard 1999, *Kulissen des Glücks. Streifzüge durch die Eventkultur*, Frankfurt am Main/New York: Campus.

Gegenleistungen erwarten. Natürlich passen sich die Verbände damit nur an den privatistischen Zeitgeist an, der die Schattenseite jenes Trends hin zur »Politik der Lebensführung« bildet, die etwa Anthony Giddens in seinen Büchern so sehr preist.[171] Doch die »obsessive Verfolgung persönlicher Missionen« als Antriebsmoment gegenwärtiger Protestgesellschaften,[172] in denen »die Betroffenen in allererster Linie ihre eigenen Interessen zur Grundlage der Entscheidung machen, also im öffentlichen Raum nicht als Citoyens, sondern als Bourgeois agieren«,[173] ist nur eines der Symptome, die auf eine zunehmende Depolitisierung der Zivilgesellschaft hinweisen. Auch die platonisch angehauchten Verquickungen von Politik und Wahrheit, und Versuche, Politik aus einer technischen Perspektive zu betrachten, lassen dieses Urteil zu. Auffällig sind in diesem Zusammenhang jedenfalls nicht nur das seltsam unbestimmte Reden von einem »Systemneustart« im Umfeld der Internetbewegungen, sondern vor allem die weitverbreiteten Wünsche vieler »bürgerlicher« Protestbewegungen, die als entscheidungsarm und nichtresponsiv perzipierte Arbeit parlamentarischer Gremien durch die Einrichtung unabhängiger Kommissionen zu ergänzen oder gar zu ersetzen und ihnen den »Job« zu überlassen. Viele der älteren und überdurchschnittlich gebildeten Protagonisten, die sich in Bürgerinitiativen gegen lokale Großbauprojekte engagieren, »glauben an die Möglichkeiten der Planbarkeit, an unideologische Sachlichkeit und reine Objektivität«, eben deshalb »vertiefen [sie] sich in Gutachten, finanzieren und beauftragen Gegengutachten, häufig in den Bereichen Umweltverträglichkeit, Machbarkeit und Notwendigkeit. Eben weil sie derart wissenschaftlich arbeiten, Argumente prüfen und gegeneinander abwägen, wähnen sie sich auf dem

---

171 Giddens, Anthony 1999, *Jenseits von Links und Rechts. Die Zukunft radikaler Demokratie*, 3. Aufl., Frankfurt am Main: Suhrkamp, S. 132 ff.
172 Blühdorn, Ingolfur 2007a, »Sustaining the unsustainable: symbolic politics and the politics of simulation«, in: *Environmental Politics* 16/H. 2, S. 251-275, hier S. 261 f.
173 Bussemer, Thymian 2012, »Stuttgart ist weder Tunis noch Kairo. Warum mehr Bürgereinfluss nicht zu mehr Demokratie führen muss«, in: *INDES. Zeitschrift für Politik und Gesellschaft*, 1/H. 1, S. 32-38, hier S. 36.

›richtigen‹ Weg«.[174] Sie sehen sich als aufgeklärte und (parteipolitisch) unabhängige Bürger, die den Nebelkerzen der politischen Klasse »wahre Argumente«, Tatsachen entgegensetzen, welche, dem »gesunden Menschenverstand« nach zu urteilen, ihres Erachtens gar keine anderen Lösungen zulassen. Der Eigenlogik der politischen Sphäre, den in ihr virulenten Irrationalitäten und der Dominanz von Macht- statt Wahrheitsfragen, bringen sie oft nur wenig Verständnis entgegen. Was hier ständig implizit mitschwingt, ist eine Gesellschaftsutopie, der zufolge eine Versammlung aus objektiven Experten die ideale politische Entscheidungselite bilden würde. Dass Expertokratie und Demokratie sich ausschließen, scheinen viele »Wutbürger« dabei nicht zu registrieren.

Die US-amerikanische Soziologin Theda Skocpol interpretiert die Entpolitisierung der Zivilgesellschaft als das wichtigste Symptom eines Prozesses, den sie als Transformation von der *membership-* zu einer *management-society* deutet.[175] Robuste staatliche Institutionen im Sinne von *active government* sind ihrer Meinung nach Voraussetzung für eine vitale Zivilgesellschaft, in der nicht nur misanthropischer Individualismus, sondern eine für die soziale Identitätsbildung konstitutive Öffentlichkeit gedeiht. Seit einigen Jahrzehnten jedoch würden mitgliederstarke, in den Kommunen fest verwurzelte Freiwilligenverbände, die ihre Anhängerschaft einst aus einem breiten sozialen Spektrum rekrutierten, abgelöst von professionell gemanagten NGOs, die zwar über hauptamtliche Angestellte, aber kaum über Ortsverbände und Mitglieder verfügen. Während sich die Aktivitäten zivilgesellschaftlicher Verbände in der ersten Hälfte des letzten Jahrhunderts noch im unmittelbaren Umfeld politischer Institutionen ereignet hätten, distanzierten sie sich heute zunehmend von den Orten der Macht.

174 Marg, Stine et al. 2013, »›Wenn man was für die Natur machen will, stellt man da keine Masten hin.‹ Bürgerproteste gegen Bauprojekte im Zuge der Energiewende«, in: Walter et al. (Hg.), *Die neue Macht der Bürger. Was motiviert die Protestbewegungen?*, Reinbek bei Hamburg: Rowohlt, S. 94-138, hier S. 128 und 100.

175 Vgl. Skocpol, Theda 2004, *Diminished Democracy. From Membership to Management in American Civic Life*, Norman: University of Oklahoma Press.

Ehrenamtliches Engagement und praktische Politik, einstmals eng miteinander verwoben, verlaufen immer weiter auseinander, beäugen sich gegenseitig zusehends skeptisch. Viele Kommentatoren sehen gerade hierin die Befreiung der Gesellschaft aus den Klauen des Staates. Skocpol aber macht auf eine problematische Seite dieser Entwicklung aufmerksam: Im Zeitalter der Massenorganisationen haben die Aktivisten in den regionalen Gliederungen ihrer Verbände nicht nur solidarisches Handeln, sondern auch *politisches Handwerk* erlernt – Reden halten, Versammlungen und Demonstrationen organisieren, im Vorfeld von Wahlen für eigene Positionen werben und diese so formulieren, dass sie mehrheitsfähig werden. Diese Erfahrungen sind ungemein wichtig, weil sie die Fallstricke politischer Entscheidungsprozesse unmittelbar greifbar machen. Nur so wird dem Einzelnen bewusst, dass die pragmatische Seite der Demokratie nicht das Resultat des düsteren Treibens verschworener Elitenzirkel ist, die sich den Staat und die Bürger insgeheim zur Geisel machen, sodass deren Partizipation »ja sowieso nichts mehr verändern« kann. Das politische Engagement im Verband lässt die Bürger eine gewisse Bescheidenheit erlernen: Die Erwartungen an die Politik werden gedämpft, was insbesondere angesichts der oben beschriebenen äußeren Handlungszwänge von Bedeutung ist.

Etwas überspitzt gesagt, lernen die Bürger in lokal verwurzelten Verbänden erst einmal, dass der politische Raum keinem Betriebssystem entspricht – auch wenn die Piratenpartei dies suggeriert –, sondern, um mit Arendt zu sprechen, eher einem »Bezugsgewebe«: Weil dieses Gewebe mit seinen »zahllosen, einander widerstrebenden Absichten, Zwecken, die in ihm zur Geltung kommen, immer schon da war, bevor das Handeln überhaupt zum Zug kommt, kann der Handelnde so gut wie niemals die Ziele, die ihm ursprünglich vorschwebten, in Reinheit verwirklichen«.[176] Diese Einsicht in die aufwendigen, nichtidentitären Wirkungsweisen politischen Handelns mag für den rational auf die Output-Maximierung bedachten »Slacktivisten«[177] unse-

---

176 Arendt, *Vita activa*, S. 174.
177 Eine in der Aktivismus-Forschung derzeit gebräuchliche Neuschöpfung aus den englischen Begriffen *slacker* (Faulenzer) und *activism*.

rer Tage eine Zumutung sein. Sie ist jedoch nötig, um zu begreifen, dass politisches Handeln »im Unterschied zum Herstellen, [...] in Isolierung niemals möglich ist« und dass dort, wo viele handeln, am Ende eines Prozesses meist »nicht die Impulse, die [den Einzelnen] in Bewegung setzten, sondern die Geschichten, die er verursachte«, übrig bleiben.[178]

Nicht nur die abgehängte, sich von allen öffentlichen Belangen zurückziehende Unterschicht, auch politisch interessierte Menschen, die viel Zeitung, vielleicht sogar sozialwissenschaftliche Monografien lesen, aber noch nie eine politische Versammlung besucht haben, können leicht dazu tendieren, »dem System« oder »dem Lügnerpack« die Schuld an politischen Miseren zuzuschieben, weil sie nie die Erfahrung gemacht haben, wie sich die eigens ausgelösten Impulse in einem Gewebe kollektiver Interessen verflüchtigen. Der Zauber und die »schmutzige Seite« der Politik liegen nahe beieinander, beide Dimensionen sind jedoch stets nur in der Praxis erfahrbar. Gerade das unmittelbare Erlebnis politischer Prozesse wirkt antipolitischen Ressentiments oft entgegen, auch wenn es zunächst Enttäuschungen mit sich bringen mag. In der *management society*, um auf Skocpols Thesen zurückzukommen, wird jedoch innerverbandliche Politik zunehmend durch zentralisierte Verwaltung ersetzt. Die Distanz zivilgesellschaftlicher Akteure zu den politischen Institutionen und ihre Ungeübtheit in innerverbandlicher Demokratie kennzeichnen aus ihrer Sicht den Weg in eine zusehends leblosere *diminished democracy*.

Die Marktdemokratien haben die Freiheit des Konsumenten entfesselt, wodurch allerdings auch das Politische bzw. die Gesellschaft aus der Sicht von Kunden betrachtet wird – launisch, ungeduldig, jederzeit fordernd, ohne selbst mitwirken zu wollen. In dieser Konstellation lähmen Individualisierung, Privatisierung und exzessiver Konsumismus die staatsbürgerlichen Aktivitäten, mit der Folge, dass das Ideal der Volkssouveränität immer mehr zu einer »Konsumersouveränität« entartet.[179] Dieser Befund ist

---

178 Dies., *Vita activa*, S. 174.
179 Wolin, Sheldon S. 2001, *Tocqueville Between Two Worlds. The Making of a Political and Theoretical Life*, Princeton: Princeton University Press, S. 569 ff.

natürlich alles andere als neu: Schon die Väter der Kritischen Theorie, allen voran Herbert Marcuse in *Der eindimensionale Mensch*, hatten in den sechziger Jahren die manipulativen, demokratieschädigenden Effekte des Konsums ins Visier genommen. Relativ neu ist dagegen die seit den neunziger Jahren dominierende positive Konnotation des Begriffs »politischer Konsum«, die auf der Einschätzung basiert, dass eine private Kaufentscheidung nicht nur Ausdruck bestimmter politischer Präferenzen, sondern ebenso eine Form politischen Handelns sein kann. Man kann den Begriff des Konsumbürgers, der inzwischen Gegenstand zahlreicher Untersuchungen ist, schließlich auch in einem engeren, wörtlichen Sinn verstehen. Eine traditionelle Betrachtungsweise der Politik in parlamentarischen Demokratien hat noch besagt, »dass die Bürger zwischen den Wahlen durch die Vermittlung der Medien, in sozialen Bewegungen und politischen Parteien den Ton der Repräsentation in einer demokratischen Gesellschaft bestimmen, indem sie *das Soziale politisch machen*«.[180] Inzwischen haben sich aber Formen des Engagements herausgebildet, die ihrem Selbstverständnis nach gar nicht in das, was ehemals als politische Arena anerkannt wurde, hineinwirken wollen, sondern die private bzw. die Marktsphäre selbst als Ort politischer Auseinandersetzungen betrachten: »Politischer Konsumismus«, eine »Politik der Produkte« – das sind laut der in Schweden lehrenden Politikwissenschaftlerin Michele Micheletti Formen »individualisierten kollektiven Handelns«, die sie mit dem konformistischen, »strukturierten Verhalten« innerhalb der bestehenden, in die verengten Kanäle des politischen Systems hineinwirkenden Institutionen kontrastiert und ihnen gegenüber normativ aufwertet. Einkaufshallen werden in dieser Perspektive zu »konkreten, alltäglichen Arenen« politischen Handelns uminterpretiert.[181] Offenbar sind die Zeiten, da nur das, »was über die unmittelbare private Lebensführung hinausgeht, als irgendwie politisch angesehen« werden konnte, ein für alle Mal vorbei.[182] Mithilfe der antiken Unterschei-

180 Urbinati, *Representative Democracy*, S. 24.
181 Micheletti, Michele 2003, *Political Virtue and Shopping. Individuals, Consumerism, and Collective Action*, New York u. a.: Palgrave Macmillan, S. 25 f.
182 Nassehi, »Der Begriff des Politischen«, S. 134.

dung zwischen »Polis« und »Oikos« lässt sich heute kaum noch, sofern man den politischen Charakter des »politischen Konsumismus« anerkennt, eine Epoche verstehen, in der, wie es heißt, »Konsumbürger auch in Deutschland nicht mehr aus der Demokratie wegzudenken sind«.[183]

In diesen neuen konsumorientierten Formen des Protests kommt die Politisierung des Privaten auf eine sehr radikale Weise zum Ausdruck. Weil die globale Marktwirtschaft den Steuerungsmöglichkeiten der Politik mehr und mehr entgleitet und somit der Eindruck entsteht, dass die »Macht« der Konsumenten derjenigen der Wähler inzwischen weit überlegen ist – schließlich sind die Unternehmen gezwungen, auf die Wünsche der Konsumenten einzugehen, um Profite zu erwirtschaften: insofern agieren sie bisweilen »responsiver« als die an freie Mandate gebundenen politischen Repräsentanten –, wenden sich die Bürger eben direkt an die Unternehmen, um deren »Politik« zu beeinflussen. Was aber bedeutet das für unser Verständnis der politischen Öffentlichkeit? Eine schwache Bestimmung des Politischen, wie man sie bei Beck vorfindet, mag in Anbetracht dieser Entwicklungen empirisch fruchtbar sein. Allerdings droht dann das Wort »politisch« zu einer reinen Floskel zu verkommen. Das Öffentlichkeits- und auch das Allgemeinheitskriterium politischen Handelns können unter diesen Bedingungen jedenfalls nicht mehr ohne Weiteres angelegt werden. Abgesehen davon liegt der Theorie des »politischen« Konsumismus im Kern eine harmonistische Sicht des Politischen zugrunde, die davon ausgeht, dass gesellschaftliche Konflikte allein durch »richtiges« (Kauf-)Verhalten, jenseits des öffentlich ausgetragenen Meinungsstreits, einvernehmlich aufgelöst werden könnten.[184] In diesem Kontext weist auch Slavoj Žižek in seinen Büchern und Vorträgen seit Jahren mit ätzender, aber pointierter Polemik auf die simulative Blendwirkung des politischen Konsumismus hin, der uns machtlosen Beobachtern auf der Seite der Gegendemokratie die Möglichkeit bietet, uns unsere Machtlosigkeit nicht direkt eingestehen zu

183 Nolte, Paul 2012, *Was ist Demokratie?*, München: C. H. Beck, S. 393.
184 Zum Sieg des unpolitischen Sich-Verhaltens über das politische Handeln in der modernen Gesellschaft vgl. Arendt, *Vita activa*, S. 41 ff.

müssen, indem wir »Papier recyceln, Biolebensmittel kaufen und so weiter – nur damit wir sicher sein können, dass wir etwas tun. Unseren Beitrag leisten, wie ein Fußball- oder Baseballfan, der seine Mannschaft zu Hause vor dem TV-Bildschirm anfeuert, in der abergläubigen Erwartung, dass es das Ergebnis des Spiels irgendwie beeinflussen wird.«[185]

Vielleicht sollte man auf der Position beharren, dass Einkaufen politisch motiviert sein kann; politisches Handeln ist (und ersetzt) es aber nicht. Und ebenso kann man sagen: In einer Gesellschaft, in der das Einkaufen derart politisiert wird, während zugleich im öffentlichen Raum die inszenatorische Darstellungs- die inhaltliche Handlungsdimension politischer Repräsentation Schritt für Schritt ersetzt und fundamentale Ordnungsfragen (etwa hinsichtlich der künftigen Gestaltung des öffentlichen Gesundheitswesens) nie wirklich auf der Tagesordnung stehen, ist eine Privatisierung der Öffentlichkeit erkennbar, die zumindest bedenklich stimmt.

Der Neoliberalismus als antipolitische Ideologie

Wenn heute gleichzeitig von »Depolitisierung« und »Entdemokratisierung« gesprochen wird, dann ist der Rekurs auf »den« Neoliberalismus fast schon obligatorisch. Wie jeder Ismus, der die gesellschaftliche Realität zu beschreiben versucht, ist auch dieser natürlich nur ein reduktionistisches Konstrukt, das die einen oder anderen Tendenzen des beobachteten Gesamtphänomens zuspitzt. Gerade das Schlagwort »Neoliberalismus« ist aufseiten der Linken zu einem gern verwendeten Kampfbegriff zur Kennzeichnung der ideologischen Durchdringung aller möglichen sozialen Schieflagen avanciert – was nicht zuletzt deshalb problematisch ist, weil »neuliberale« Vorstellungen am Anfang in enger Verbindung mit der Freiburger Schule des Ordoliberalismus standen, die noch wenig mit den marktradikalen Doktrinen

185 Žižek, Slavoj 2011b, »The delusion of green capitalism«, Vortrag vor dem Committee on Globalization and Social Change (CGSC). The Graduate Center, CUNY – Prohansky Auditorium, New York, am 4. April 2011.

der Chicago School gemein hatte, die in den achtziger Jahren hegemonial wurden.[186]

Trotz seiner Vieldeutigkeit eignet sich der Begriff zur Kennzeichnung eines auf verschiedenen Vorannahmen basierenden politisch-praktischen Projekts. Zu diesen Axiomen gehören unter anderem die Konzeption des politischen Wettbewerbs nach der Logik des Marktes, der Wertsteigerung, und die grundlegende Skepsis gegenüber demokratischen Institutionen und Prozeduren.[187] Denn dem eng mit der praktischen Installation der von monetaristischen Wirtschaftstheoretikern wie Milton Friedman vorgeschlagenen Maßnahmen unter der Ägide der Reaganomics in den achtziger Jahren verknüpften Washingtoner Konsens liegt bekanntlich die Überzeugung zugrunde, »dass die Politik insgesamt der wirtschaftlichen Logik untergeordnet werden könne, wobei alle irrationalen und glaubensbezogenen Motive durch rationale und universelle Erwägungen ersetzt würden«.[188] Konsequent angewendet hätte eine solche Doktrin natürlich den Tod der Politik zur Folge. Sie steht allerdings momentan ohne ernst zu nehmende Konkurrenz im Raum. Das zeigt sich nicht nur auf der Ebene der Politikformulierung, in dem Trend zur dialogischen Umhüllung der Alternativlosigkeit, sondern außerdem in der realen Abwesenheit einer Alternative zur freien Marktwirtschaft. Ein New Deal, ein Gegenprojekt vom Schlage der keynesianischen Makroökonomie, die in den europäischen Nachkriegsgesellschaften erst die ökonomische Basis für einen nunmehr in Auflösung begriffenen Kompromiss zwischen Kapitalismus und Demokratie schuf, ist nicht in Sicht. Die neoliberale Ökonomie führt zwar unablässig zu ökologischen und realökonomischen Krisen, bleibt aber im Großen und

---

186 Vgl. hierzu besonders Wehler, Hans-Ulrich 2011, »Die Deutschen und der Kapitalismus«, in: Budde, Gunilla (Hg.), *Kapitalismus. Historische Annäherungen*, Göttingen: Vandenhoeck & Ruprecht, S. 34-49.

187 Vgl. ausführlich Lösch, Bettina 2008, »Die neoliberale Hegemonie als Gefahr für die Demokratie«, in: dies./Christoph Butterwegge/Ralf Ptak (Hg.), *Kritik des Neoliberalismus*, Wiesbaden: VS Verlag für Sozialwissenschaften, S. 221-283.

188 Purdy, Jedediah 2002, »Was war der Neoliberalismus?«, in: *Berliner Republik*, H. 6, online verfügbar unter: {http://www.b-republik.de/archiv/was-war-neoliberalismus} (Stand: April 2013).

Ganzen intakt, solange die Politik im eigenen, kurzfristigen Interesse die von ihr verlangte Reparaturarbeit leistet. Die fortlaufende Privatisierung öffentlicher Güter, die Unterordnung politischer Wahlmöglichkeiten unter den Imperativ der Wettbewerbsfähigkeit in einer globalen Marktwirtschaft zeugen davon. Eine »Sphärentrennung« zwischen Politik und Ökonomie, wie sie Michael Walzers Gerechtigkeitsparadigma zugrunde liegt, ist unter diesen Bedingungen erst recht illusionär geworden. Stattdessen nimmt die »Kolonialisierung der Lebenswelt«, das »Eindringen von Formen ökonomischer und administrativer Rationalität in Handlungsbereiche«, die sich diesen Logiken traditionell widersetzten, immer bedrohlichere Züge an.[189]

Das für die neoliberale Ideologie zentrale »Paradigma der Wahlrationalität« wird – um einmal Foucault'sches Vokabular zu bemühen – durch die von den herrschenden Kräften ausgehenden, in die Gesellschaft hineinwirkenden »Disziplinierungsmächte« auf alle Lebensbereiche, auch auf die Politik, übertragen, sodass »bürgerliche Teilhabe mit Konsum, die Wahl der Zahnpasta mit jener der Partei gleichgesetzt und diese Wahl als Freiheit deklariert« wird.[190] Angesichts solcher Begriffsverwirrungen, der einseitigen Vereinnahmung des Demokratiebegriffs und der Idee universeller Menschenrechte erscheint es verständlich, wenn die Frage aufkommt, ob mehr Demokratie und Inklusion (in die herrschenden Strukturen) wirklich noch als Losungen für den politischen Kampf linker Bewegungen und Parteien im 21. Jahrhundert herhalten können, ohne dass diese sich der Gefahr aussetzen, von der Politik der Empathie hypnotisiert zu werden.[191]

Diese Frage stellt sich allerdings nicht, wenn man Demokratie in (post-)strukturalistisch-linguistischer Diktion als einen »leeren Signifikanten« begreift. Bei Ernesto Laclau sind dies bekannt-

189 Habermas, Jürgen 1981, *Theorie des kommunikativen Handelns*, Bd. II: *Zur Kritik der funktionalistischen Vernunft*, Frankfurt am Main: Suhrkamp, S. 488.
190 Comtesse, Dagmar/Katrin Meyer 2011, »Plurale Perspektiven auf die Postdemokratie«, in: *Zeitschrift für Politische Theorie* 2/H. 1, S. 63-75, hier S. 70.
191 Dean, Jodi 2011, »Politics without politics«, in: Bowman, Paul/Richard Stamp (Hg.), *Reading Rancière*, London: Continuum, S. 73-94, hier S. 78.

lich Partikularitäten, die aus einem System von Differenzen heraustreten und so die Universalität eines Diskurses, das System als Ganzes und dessen Grenzen, repräsentieren, um so als Bezugspunkt für die Bildung von »Äquivalenzketten« in Abgrenzung zu anderen Diskursmomenten zu dienen. Die innerhalb des Diskurses miteinander konkurrierenden Deutungen, die nur aufgrund ihrer Differenz existieren können, haben zumindest ein gemeinsames Äquivalent, nämlich, dass sie sich diesseits der heterogenen Grenze befinden, die den Diskurs von seinem Außen trennt, das natürlich nicht in einem weiteren differenten Diskurselement bestehen kann, sondern ein nichtdifferentes, nichtbezeichenbares Allgemeines darstellt, das im Grunde fiktiv ist und immer nur symbolisch, aber nie vollständig repräsentiert werden kann. Als solche symbolischen Repräsentanten des Allgemeinen können leere Signifikanten zum Ausdruck hegemonialer Formationen werden. Das Ringen darum, welcher Signifikant den Ort des Repräsentanten eines nichtbezeichenbaren Allgemeinen einnehmen soll, und um die Lesart dieses leeren Signifikanten, macht für Laclau das Wesen eines Deutungskonflikts in hegemonialer Praxis aus.[192]

Auch die Demokratie kann als ein solch deutungsoffenes Allgemeines betrachtet werden. Selbst wenn man realistischerweise zugesteht, dass sie heute und in Zukunft nur noch in ihrer repräsentativen Form und gezähmt durch die liberale Regulierung des Volkssouveränitätsprinzips denkbar ist – schon allein, weil der expansive Trend der freien Marktwirtschaft die eigentlich lokal geerdete Demokratie herausfordert und weil die Völker, haben sie einmal die Wonnen von Rechtsstaatlichkeit und kapitalistischen Wachstumsraten erfahren, Demokratie vermutlich nur noch in Verbindung mit diesen beiden akzeptieren. Dennoch kann man sie als ein unvollendetes Projekt verstehen, denn innerhalb dieser Prämissen können und sollten die angeführten strukturellen Beeinträchtigungen immer wieder von Neuem am egalitären Versprechen der Demokratie gemessen und gegen ihre Pervertierungen verteidigt werden.

192 Zum Theorem des leeren Signifikanten vgl. Laclau, Ernesto 2002, »Was haben leere Signifikanten mit Politik zu tun?«, in: ders., *Emanzipation und Differenz*, Wien: Turia + Kant, S. 65-78.

Immerhin artikuliert eine informelle Koalition aus neoliberalen und (neo-)konservativen Kräften seit den achtziger Jahren mit ihrem Widerstand gegen »Bürokratie« und Wohlfahrtsstaatlichkeit regelmäßig, nicht selten gar im Namen der »Demokratisierung«, gegen dieses egalitäre Projekt gerichtete Wünsche, die den leeren Signifikanten mit elitendemokratischer Semantik auffüllen. Obwohl es sich um zwei ganz verschiedene (un-)politische Visionen handelt – dem einen liegt ein »Business-«, dem anderen, so die US-amerikanische Politologin Wendy Brown, ein »theologisches Modell« des Staates zugrunde –, laufen doch sowohl die neoliberale als auch die neokonservative Politikkonzeption auf antiegalitäre Postulate hinaus. Während der Neokonservativismus die Demokratie mit seiner religiös motivierten Moralisierung von Politik essentialistisch überfrachtet und mit seinem organischen Gesellschaftsbild dem Kontingenz-Anspruch der politischen Demokratie skeptisch begegnet, entwertet der Neoliberalismus den Stellenwert der Autonomie des Politischen, indem er soziale Probleme, für die Marktlösungen zum Nonplusultra erhoben werden, depolitisiert und Bürger produziert, die ihre Konsumenten- mit politischer Freiheit verwechseln. Letztlich reduziert der Neoliberalismus den Staat auf die Rolle eines Unternehmers, dessen Funktionen nur noch an Effektivitäts- und Profitabilitätskriterien gemessen werden.[193]

Von der neoliberalen Seite geht also eine große, wenn auch subtile Bedrohung für die demokratische Dimension des liberaldemokratischen Modells aus. Noch vor der Finanzkrise hatte der ehemalige *Newsweek*-Chefredakteur Fareed Zakaria ein engagiertes Manifest verfasst, in dem er die deutliche Parole ausgab: »Wir brauchen nicht mehr, sondern weniger Demokratie.« Die Politiker, so Zakaria gleichlautend mit dem Tenor der Unregierbarkeitsthesen aus den siebziger Jahren, sollten vom »enormen Druck« der Zivilgesellschaft »abgeschirmt« werden, um kühlen Kopfes unbeliebte, aber notwendige Gesetze verabschieden zu können, die vermeintlich der Prosperität des Landes zugutekommen. Zugleich müssten mehr Kompetenzen an Experten dele-

<hr />

193 Vgl. Brown, Wendy 2006, »American nightmare. Neoliberalism, neoconservatism, and de-democratization«, in: *Political Theory* 34/H. 6, S. 690-714, hier S. 698 und S. 703 ff.

giert werden, was die öffentliche (nicht nur innerstaatlich, nach dem Prinzip der Gewaltenteilung, sondern auch gesellschaftlich verstandene) Kontrolle von Entscheidungsprozessen zusätzlich aushöhlt.[194]

Zakaria reiht sich in ein seit Friedrich von Hayeks Demokratiekritik wirkmächtiges neoliberales Paradigma ein, das demokratisches Regieren allenfalls als Mittel zum Zweck, meist jedoch als eine Gefahr für die (ausdrücklich rein negativ, weil als Abwesenheit von Zwang definierte) individuelle Freiheit betrachtet, die sich Hayek zufolge allein im freien Spiel der Marktteilnehmer, in der »spontanen Ordnung« des Wettbewerbs manifestiert. Hayeks These, dass eine »politische« Diktatur, die eine solche »Katallaxie« erlaubt, nicht notwendigerweise die Freiheit vernichten muss, ist die zynische Konsequenz einer Denktradition, die »die subversiven Effekte der Artikulation zwischen Liberalismus und Demokratie zu attackieren« versucht, indem sie die »totalitären« Potentiale der Demokratie hervorhebt und für eine rationale Expertenherrschaft plädiert.[195] Hier bleibt am Ende stets die Furcht vor den Stimmungswechseln aufgewühlter Wählermassen und dem Hang demokratischer Regierungen zur Umverteilung, Kontrolle und zu teuren Wahlversprechen, die in Sparunwilligkeit und steigenden Inflationsdruck münden.[196]

---

194 Zakaria, Fareed 2007, *Das Ende der Freiheit*, München: dtv, S. 233 und S. 239.
195 Vgl. Hayek, Friedrich August von 1981, *Die Verfassung einer Gesellschaft freier Menschen*, Bd. 3: *Recht, Gesetzgebung und Freiheit*, Landsberg/Lech: Verlag Moderne Industrie, S. 18 f.
196 Laclau, Ernesto/Chantal Mouffe 1991, *Hegemonie und radikale Demokratie. Zur Dekonstruktion des Marxismus*, Wien: Passagen-Verlag, S. 236. Auch in Deutschland wird die neoliberale Demokratiekritik immer vernehmbarer: Auf der vierten »Tendenzwende-Konferenz« der FAZ im Herbst 2012 warf der Kölner Staatsrechtsprofessor Otto Deppenheuer bezeichnenderweise die Frage in den Raum, ob man bestimmte Politikbereiche angesichts ineffizienter Entscheidungsprozesse nicht »demokratiefrei« gestalten müsse, also »weniger Demokratie wagen« sollte. Siehe den Bericht von Müller, Reinhard 2012, »Wer hat versagt?«, in: *Frankfurter Allgemeine Zeitung* (20. November 2012). Und auch der Journalist Laszlo Trankovits erklärt in einem gut verkauften Manifest, warum der Grad betrieblicher Mitbestimmung in Deutschland gefährlich und »warum ›weniger Demokratie‹ die bessere Demokratie ist«. Vgl. Trankovits, Laszlo 2011, *Weniger Demokratie wagen. Wie Wirt-*

Die exponiertesten Vertreter des neoliberal-neokonservativen Tandems haben sich in der Vergangenheit kaum Mühe gegeben, ihr unpolitisches Antlitz zu verbergen, haben mitunter die Autonomie der gesellschaftlichen Sphäre ganz offen geleugnet (man erinnere sich an Margaret Thatchers berühmten Satz »So etwas wie Gesellschaft gibt es nicht«). Inzwischen treten viele von ihnen als Anhänger assoziationistischer Demokratieideale in Erscheinung. Insbesondere in den angelsächsischen Ländern ist die Begeisterung neokonservativer Politiker für kommunitarische Ideologeme und Versuche, eine moralisch aufgefüllte und engmaschig definierte Zivilgesellschaft gegen eine staatliche Redistributionspolitik auszuspielen, ungebrochen.

Weithin sichtbar wurde dies, als George W. Bush sich zu Beginn des neuen Jahrtausends den Weg ins Weiße Haus mit einer Wahlkampagne bahnte, die mit Schlüsselwörtern wie *civility* und *community* glänzte und die Kernbotschaft vermittelte, ein zu starker Staat mit seinen immensen Sozialausgaben lähme die Kreativität und das Verantwortungsbewusstsein einer lebendigen Bürgergesellschaft. Der Staat sei unfähig, »unsere Herzen mit Hoffnung zu erfüllen und unserem Leben Sinn zu verleihen«, schrieb Bush damals. Kirchen und lokal verankerte Wohltätigkeitsvereine seien die hierfür sehr viel besser geeigneten Institutionen: Sie sollten im Wesentlichen die Hilfe für Bedürftige bereitstellen. Die Aufgabe des Staates bestehe bloß darin, diesen »Armeen des Mitgefühls« einen organisatorischen Rahmen zur Verfügung zu stellen und ihre Tätigkeiten zu fördern.[197] Dies sind die Eckpunkte eines Programms, das in Ansätzen schon Ende der siebziger Jahre unter dem Begriff des »mitfühlenden Konservatismus« bekannt geworden war und das neuerdings von den britischen Tories unter dem von Premierminister David Cameron geprägten Paradigma der *big society* bemüht wird, um dem *big government* angelasteten Folgen sozialer Isolation depravierter

schaft und Politik wieder handlungsfähig werden, Frankfurt am Main: Frankfurter Allgemeine Buch.

197 Vgl. George W. Bushs Vorwort zu Olasky, Marvin 2000, *Compassionate Conservatism. What It Is, What It Does, and How It Can Transform America*, New York: Free Press, S. XI-XIII.

Individuen zu begegnen, indem sozialstaatliche Aufgaben an gesellschaftliche Akteure delegiert werden. In Wirklichkeit handelt es sich hier natürlich nur um eine Instrumentalisierung der Zivilgesellschaft für karitative Zwecke, um sozialstaatliche Kahlschläge zu kompensieren, bei der die *have-nots* passive Konsumenten von Almosen bleiben, anstatt ihre Interessen aktiv politisch zu vertreten. Dies entspricht ganz der neoliberalen Lesart der Zivilgesellschaft, die nicht als ein Ort des politischen Handelns, sondern einfach als ein erweiterter Teil des »Dritten Sektors« umgedeutet wird, der Dienstleistungen erbringt, die von der staatlichen Bürokratie »outgesourct« werden und so eine Verschlankung des Staates ermöglichen. Die Gesellschaft insgesamt verliert ihren Status als Ort des Meinungsstreits, der kritischen Öffentlichkeit. Nichts hat diese zivilgesellschaftliche Konzeption mit den radikaldemokratischen Ideen zivilrepublikanischer Theoretiker wie etwa Benjamin Barber oder Carol Pateman gemein, denen es nicht darum geht, den Sozialtransfer zu kommunalisieren, sondern Möglichkeiten zu finden, um die lokalen Gemeinden als den eigentlichen Sitz der Demokratie einzurichten.[198]

Volle Fahrt in die Postdemokratie?

So weit ein erster Streifzug durch die unpolitischen Facetten der Gegenwartsdemokratie. Es bedarf sicher mehr als einer ideologiekritischen Perspektive, um die Dauerkrise demokratischer Politik unter den Bedingungen allgemeiner Politisierung deuten zu können. Eben darin erschöpfen sich jedoch die meisten Analysen der »Postdemokratie«,[199] so wie etwa die von Colin Crouch,

---

198 Vgl. Barber, *Starke Demokratie*, und Pateman, Carol 1970, *Participation and Democratic Theory*, Cambridge: Cambridge University Press.
199 Der Begriff »Postdemokratie« ist mittlerweile unter Politologen und Journalisten gleichermaßen in Mode gekommen. In neueren deutschsprachigen Einführungen in die Demokratietheorie werden ihrem bekanntesten Propheten jeweils eigene Kapitel eingeräumt: vgl. Meyer, Thomas 2009, *Was ist Demokratie? Eine diskursive Einführung*, Wiesbaden: VS Verlag für Sozial-

der eine »neoliberale Verschwörung« am Werke sieht und das »ausschließlich profitorientierte Verhalten« der Unternehmen, »das Gemeinschaften zerstört und auf der ganzen Welt die Verhältnisse instabil werden lässt«, als »wahre Ursache« für den Siegeszug postdemokratischen Regierens identifiziert.[200] Crouch hat die systematischste Deutung postdemokratischer *governance* vorgelegt, der zufolge formal intakte demokratische Institutionen aus den sie (theoretisch) legitimierenden Wahlen, die von *spin doctors* manipuliert und in folgenlose Akklamationsrituale entartet seien, keine legitimierende Kraft mehr beziehen. Anders als in den illiberalen »defekten Demokratien« Osteuropas und Lateinamerikas vollziehe sich die spürbare Divergenz zwischen dem im Verfassungstext abstrakt angelegten Demokratie-Versprechen und der politischen Wirklichkeit in der Postdemokratie unter völliger Übereinstimmung der *polity*-Dimension mit den in der Verfassung postulierten Spielregeln, sodass es zunehmend schwieriger werde, die Qualität von Demokratien quantitativ zu erfassen.

Diese Deutung ist alles andere als unplausibel. Gleichwohl bleibt Crouchs Diagnose, wie alle eindimensionalen Erklärungsmuster, gegenüber der sozialen Wirklichkeit relativ unterkomplex, was auch mit seiner analytisch und normativ fragwürdigen Beschreibung eines vermeintlichen »demokratischen Augenblicks« zusammenhängt. Crouchs These, die Demokratie habe in dem Vierteljahrhundert nach dem Ende des Zweiten Weltkrieges eine nie wieder erreichbare Konjunktur erlebt, wurde zu Recht als romantisierend zurückgewiesen, nicht nur, weil die vierziger und fünfziger Jahre eine Reihe von Diskriminierungen minoritärer Bevölkerungsteile kannten, die erst im Laufe der folgenden Jahrzehnte verschwanden, sondern auch, weil Crouch ganz dem Idealbild einer von korporatistischen Großgruppen organisierten Ordnung das Wort redet, die zwar in der Tat ein höheres Maß

wissenschaften, S. 195-199 und Jörke, Dirk 2012, »Colin Crouch«, in: Massing, Peter/Hubertus Buchstein (Hg.), *Demokratietheorien. Von der Antike bis zur Gegenwart*, 8. Aufl., Schwalbach am Taunus: Wochenschau-Verlag, S. 323-327.

200 Crouch, *Postdemokratie*, S. 151 f.

sozialer Inklusion verspricht, aber nicht unbedingt mit einem höheren Demokratisierungsgrad einhergehen muss.[201] Legt man zum Beispiel ein auf den Ausgleich von privater und politischer Autonomie bedachtes Selbstbestimmungstelos oder gar das aus der athenischen Polis stammende Isonomie-Ideal zugrunde und hängt man den Leitlinien deliberativer Diskursethik an – die argumentative Form des Meinungsaustauschs, der formal gleiche Zugang zur Beratung und die möglichst hierarchiefreie Strukturierung des Diskurses sowie das Fehlen externer und interner Zwänge während der Beratung –, kann das Zeitalter der Massenintegrationsparteien schwerlich als ein demokratisches Elysium gelten.

Allerdings – und das ist der Punkt, um den es Crouch ja hauptsächlich geht – war das Prinzip der formalen politischen Gleichheit aufgrund des Parteienmonopols, der noch vergleichsweise rudimentären Strukturen des internationalen Wettbewerbs und des gegendemokratischen Handelns in der Mitte des letzten Jahrhunderts tendenziell stärker verwirklicht. In diese Epoche aber führt kein Weg zurück. Das Wort von der »postdemokratischen Verschwörung«, der Fokus auf die »Macht der ökonomischen Eliten« (die »postdemokratischen Kräfte«) erzeugen jedoch bisweilen den Eindruck, als ob die Bürger nur ihre Einzelinteressen zurücknehmen und wie im goldenen Zeitalter der Massenintegrationsparteien »stabile kollektive Identitäten« ausbilden müssten, um diese elitären Verschwörer besiegen und eine Renaissance in Richtung »wahrhafter Demokratie« einleiten zu können.[202]

Den sozialen Realitäten der Konsumgesellschaft, aber auch Crouchs eigener These von der unvermeidlichen »Entropie« steht diese optimistische Deutung allerdings entgegen. Zudem geht er nur am Rande auf die depolitisierenden Wirkungen ein, die im Demokratisierungsprozess selbst und in einer zugleich virulenten perfektionistischen Interpretation des Begriffs »Volkssouveränität« angelegt sind. Das alles muss aber in eine Diskussion über die Zukunft der Demokratie mit einbezogen werden, will

201 Jörke, Dirk 2005, »Auf dem Weg zur Postdemokratie«, in: *Leviathan* 33/ H. 4, S. 482-491.
202 Crouch, *Postdemokratie*, S. 145.

man die dialektischen Spannungen innerhalb moderner Demokratien und die von ihnen hervorgerufenen (Dauer-)Krisensymptome verstehen.

2. Erleben wir das Ende
der liberalen Demokratie?

Der Trend hin zur unpolitischen Demokratie kann nur im Kontext der gegenwärtigen Debatte um die Krise, den Funktionswandel oder eben: um ein mögliches Ende der liberalen Parteiendemokratie nachvollzogen werden. Es liegt nahe, anzunehmen, dass die Wertschätzung des Politischen auch deshalb abnimmt, weil die Realisierungen des Demokratie-Versprechens gemessen an irgendeinem als Ideal präsentierten Kriterienkatalog als defizitär empfunden werden, zugleich aber keinerlei vielversprechende Rezepturen für eine grundlegende Revitalisierungskur in Sicht sind, sondern nur singuläre Protestereignisse: eingeübte Rituale, die sogleich wieder verpuffen.

Aus diesem Grund fehlt es derzeit auch nicht an Diagnosen, die einen unvermeidlichen Niedergang des herrschenden Demokratiemodells prophezeien. Und in der Tat: Die Zuspitzungen, die die Repräsentationskrise zeitigt, und das mit ihr aufs Engste verknüpfte »Verschwinden der Politik« nähren die Erwartungen einer bereits stattfindenden Transformation der Demokratie ins Ungewisse. Die These, dass wir uns auf ein »allmähliches Ende der parlamentarischen Demokratie« gefasst machen sollten, wie inzwischen selbst namhafte Vertreter der politischen Ideengeschichte in Deutschland prognostizieren,[1] oder dass wir uns gar schon mitten »im nachdemokratischen Zeitalter« befinden, wie der französische Politikwissenschaftler und Soziologe Guy Hermet in begrifflicher Anlehnung an Crouchs hierzulande äußerst wirkmächtigen Bestseller behauptet,[2] wird derzeit mit großem Eifer vorgetragen. Das Ende der liberalen Demokratie, wie wir sie kennen, ist nach der Auffassung dieser Autoren schon längst eingeläutet.

Dem Greifswalder Politologen Dirk Jörke zufolge stellt sich

---

1 Münkler, Herfried 2012a, »Die rasenden Politiker«, in: *Der Spiegel* (16. Juli 2012).
2 Hermet, Guy 2008, »Willkommen im nachdemokratischen Zeitalter«, in: *Internationale Politik* 63/H. 4, S. 108-113.

uns die Demokratie heute nur noch als reine Ideologie dar. Wahlen erfüllen mittlerweile eine ausschließlich symbolische Funktion, nämlich die der rituellen Inszenierung: Es gehe »nicht mehr um die inhaltliche Bestimmung der Politik, sondern um das Bekenntnis zur liberalen Grundordnung. Durch die Wahl findet mithin eine Selbstbestätigung als ›guter Demokrat‹ statt«, die von der Gesellschaft und den Medien auch in moralischer Hinsicht verlangt wird. Man denke nur an die suggestiven Verurteilungen des Nichtwählers an Wahlabenden und die Bekundungen von Politikern, dass es unbedingt gelingen müsse, »diese Menschen« in den demokratischen Prozess »zurückzuholen«. Doch gerade die Angehörigen der Unterschicht, so Jörke, haben »durchaus Gründe, dieses Bekenntnis zu verweigern. Denn sie machen die Erfahrung, von der ›demokratischen‹ Gesellschaft und ihren Eliten nicht mehr hinreichend anerkannt zu werden.« So dient Demokratie letztlich nur noch als »Spielweise der gut ausgebildeten Mittelschichten«,[3] die politisches Engagement in den vorgezeichneten Bahnen der Wahldemokratien wie den Besuch angesagter Vernissagen ritualisiert. Dies ist das Diktum der Postdemokratie: Das Ideal der politischen Gleichheit hat sich – auf der Seite des Inputs (gleiche Teilhabe am politischen Prozess) *und* des Outputs (regulative Wirkung dieses Prozesses in Richtung soziale Gleichheit) – erschöpft, ist nur noch als Ideologie des arrivierten Bürgertums präsent, deren Funktion ja laut Marx darin besteht, die eigentlichen Machtverhältnisse zu verschleiern und zu rechtfertigen, um hierdurch ihre möglichst bruchlose Fortsetzung zu garantieren.[4]

Die einen mögen derartige Diagnosen für vollkommen übertrieben halten; andere wiederum brechen angesichts der unübersehbaren Dämmerungszustände des westlichen Demokratiemodells in lauten Jubel aus. Der historische Wert des demokratischen

3 Jörke, Dirk 2011, »Demokratie als Ideologie«, in: Otten, Henrique Ricardo/ Manfred Sicking (Hg.), *Kritik und Leidenschaft. Vom Umgang mit politischen Ideen*, Bielefeld: transcript, S. 169-181, hier S. 178.
4 Marx, Karl/Friedrich Engels 1969, *Die deutsche Ideologie*, in: dies., *Werke* (= MEW), hg. vom Institut für Marxismus-Leninismus beim ZK der SED, Bd. 3, Berlin: Dietz, S. 46.

Verfassungsstaates selbst wird derzeit wieder von ganz unterschiedlichen Seiten her infrage gestellt: Rechte Libertarianer sehen mit der EWU-Krise ihre Zeit gekommen, um, wie es heißt, den »demokratischen Gott vom Sockel zu stoßen« und eine rein ökonomisch-privatistisch interpretierte negative Freiheit gegen den egalitären Gehalt der demokratischen Idee und ihrer regulatorischen Implikationen auszuspielen.[5] Am anderen Ende des politischen Spektrums finden sich linksradikale Anarchisten, die mit ihrer generellen Opposition gegen alles Staatliche und jegliche hierarchische Organisation von Macht jüngst auch das Bild der Occupy-Proteste stark geprägt haben.

Politologen, die der liberalen Demokratie wohlgesonnen und es aufgrund ihrer Profession gewohnt sind, Erwartungen an die Gestaltungskraft von Politik und an die Vielzahl und Qualität von Mitwirkungsoptionen zu dämpfen, sparen selbst nicht mit Kritik an der Leistungsbilanz dieses Modells. Dass sogar eine *grande dame* der modernen Repräsentationstheorie wie Hanna F. Pitkin sich inzwischen dem Verdikt Rousseaus annähert, jedes repräsentative System mindere die politische Freiheit der Bürger bis zur Unkenntlichkeit, lässt jedenfalls aufhorchen: Trotz vieler Erfolge bei der Demokratisierung der repräsentativen Demokratie, so Pitkin, könne man doch insgesamt kaum leugnen, »dass Repräsentation Demokratie verdrängt hat, statt ihr zu dienen«.[6] Das spüren auch die »Wutbürger« und »Empörten«, die dementsprechend immer lauter nach »wahrer« oder »direkter« Demokratie rufen, ohne selbst zu wissen, was sich hinter diesen Slogans eigentlich verbirgt – und meist auch ohne zu begreifen, dass gerade »mehr direkte Demokratie« das pragmatische, das technokratische Gesicht der Demokratie noch stärker hervortreten lässt (dazu mehr in Kapitel 6).[7]

5 Beckman, Karel/Frank Karsten 2012, *Wenn die Demokratie zusammenbricht. Warum uns das demokratische Prinzip in eine Sackgasse führt*, München: FinanzBuch Verlag.
6 Pitkin, Hanna F. 2004, »Representation and democracy: uneasy alliance«, in: *Scandinavian Political Studies* 27/H. 3, S. 335-343, hier S. 339.
7 Diese Ahnungslosigkeit bezüglich der empirischen Wirkungsweisen von Plebisziten lässt sich übrigens nicht weniger auch bei der Befragung von Abgeord-

Doch ist ihre ratlose Empörung über den Ausverkauf des Demokratischen in den repräsentativen Systemen nur allzu verständlich. Denn während in den Medien weiterhin rituell von demokratischem Regieren gesprochen wird, künden allein schon der offensichtliche Machtverlust der nationalen Parlamente gegenüber den Exekutiven[8] und die wachsende Bedeutung nichtautorisierter Repräsentanten für die Artikulation kollektiver Interessen von der Entstehung von etwas Neuem. Deren Vorzeichen wirken aus unserer beschränkten Gegenwartsperspektive bedrohlich, weil sie eine tief greifende Transformation jener »real existierenden Demokratie« ankündigen, die sich die westeuropäischen Völker vor nicht einmal einhundert Jahren erkämpft haben und die, wie vor noch nicht allzu langer Zeit prognostiziert, eigentlich den feierlichen Abschluss, ein Happy End des »Zeitalters der Extreme« (Eric Hobsbawm) und aller historischen Großkonflikte und Transformationsprozesse bilden sollte. Als spätestens nach der Jahrtausendwende, den krisenhaften Entwicklungen am Neuen Markt, den Terroranschlägen vom 11. September 2001 und mit dem unaufhaltsamen Aufstieg Chinas zur Weltmacht diese Deutung an Plausibilität verlor und das »Ende vom Ende der Geschichte« (Robert Kagan) ausgerufen wurde, gewannen auch Diagnosen, die eine dynamischere Entwicklung der Demokratie im 21. Jahrhundert für möglich hielten, wieder an Einfluss.

Allerdings zeichneten die meisten dieser Analysen nicht nur für die westlichen Demokratien, sondern vor allem für den globalen Kontext das düstere Bild eines *democratic rollback*.[9] »Die Zahl der autokratischen Regime dürfte in den nächsten Jahren

neten konstatieren. Vgl. Christmann, Anna 2009, *In welche Richtung wirkt die direkte Demokratie? Rechte Ängste und linke Hoffnungen in Deutschland im Vergleich zur direktdemokratischen Praxis in der Schweiz*, Baden-Baden: Nomos, S. 36 f.

8 Vgl. dazu insgesamt Beyme, Klaus von 1999, *Die parlamentarische Demokratie. Entstehung und Funktionsweise 1789-1999*, 3. Aufl., Opladen: Westdeutscher Verlag, S. 539-543.

9 Diamond, Larry 2008, »The democratic rollback. The resurgence of the predatory state«, in: *Foreign Affairs* 87/H. 2, S. 36-48.

kaum abnehmen«[10] – so lautete noch einige Monate vor dem Arabischen Frühling die Prognose aller namhaften Transformationsforscher. Angesichts der derzeitigen Verfassungskonflikte in Ägypten und der illiberalen Tendenzen in den übrigen von der »Arabellion« heimgesuchten Staaten sollte man sich davor hüten, diese Aussage vorschnell als Fehlurteil zu verwerfen. Auch wenn die Demonstranten auf dem Tahrir-Platz in Kairo die These vom »Ende der Euphorie« noch einmal kräftig erschütterten, ist doch die »autoritäre Herausforderung der Demokratie« überall spürbar.[11] Das »administrative Bedürfnis nach bonapartistischen Lösungen« ist gerade auch im Westen ungebrochen,[12] denn die Bedingungen für demokratisches »Durchregieren« werden hier immer schwieriger, je stärker sich der Sog zu konsoziativen Verfahrensregeln entwickelt.

Die daraus resultierenden Selbstblockaden rufen das unpolitische Verwaltungshandeln auf den Plan, das in der Gunst der outputorientierten Bürgerschaft angesichts der abnehmenden Problemlösungsfähigkeit der politischen Institutionen steigt. Insbesondere die jungen heranwachsenden Führungsgruppen im Wirtschaftssektor goutieren, im Unterschied zu früheren Jahrzehnten, kaum noch die politischen Anstrengungen der Integration, die Mühen und den für Kompromissbildung nötigen Zeitaufwand. Ihnen agiert die parlamentarisch vermittelte Politik zu langsam, zu umständlich, zu inkonzise, zu konsensdurchwirkt. Dieser Hang zum Antipolitischen, von dem die Flucht des Wirtschaftsbürgertums aus der öffentlichen Sphäre in die vertraute Transparenz exklusiver Netzwerke kündet, erklärt, warum der neoliberale Autoritarismus chinesischer Prägung so eine unheimliche Kraft auf die westliche Unternehmerschaft ausübt. Gerade die »Dauer der Entscheidungsverfahren in Deutschland« führt

10 Merkel, Wolfgang 2010a, »Das Ende der Euphorie. Die Zahl der Autokratien bleibt konstant«, in: *Internationale Politik* 65/H. 3, S. 18-25.

11 Freedom House 2011, *Freedom in the World 2011: The Authoritarian Challenge to Democracy*, online verfügbar unter: {http://www.freedomhouse.org/report/freedom-world/freedom-world-2011} (Stand: April 2013).

12 Münkler, Herfried 2010a, »Lahme Dame Demokratie: Wer siegt im Systemwettbewerb?«, in: *Internationale Politik* 65/H. 3, S. 10-17.

»zu einer dezidierten Politik- und Politikerverachtung bei der jüngeren Wirtschaftselite, von der die chinesische Dynamik als ein sehr viel attraktiveres Steuerungsmodell angesehen wird«.[13] Dessen stabile Erfolgsbilanz ist ja in der Tat erstaunlich. Hatte Ende der achtziger Jahre, nach dem Tian'anmen-Massaker und im Taumel der ost- und mitteleuropäischen Revolutionen, kaum jemand der Prognose zu widersprechen gewagt, dass »auch in China die sich heranbildende Zivilgesellschaft mit Panzern und Standrecht auf Dauer nicht unterdrückt werden« könne,[14] hat sich diese Hoffnung spätestens nach den Olympischen Spielen 2008 in Peking überlebt. Das chinesische Modell bestätigt auf beunruhigende Weise jene alte Vermutung, nach der es nicht primär der Wunsch nach politischer Freiheit, sondern das Streben nach materiellem Wohlstand und privaten, »negativen« Freiheiten (wie etwa Reisefreiheit) ist, das die Völker gegen ihre autoritären Regierungen aufbegehren lässt – eine Vermutung, die auch von der »Arabellion« nicht widerlegt wurde, die erst in Gang kam, als die Arbeitslosenquote unter jungen Akademikern in Ländern wie Tunesien und Ägypten Höchststände erreicht hatte. Letztlich kann man sich des ernüchternden Eindrucks nicht erwehren, dass derzeit und bis auf Weiteres »ein zunehmend demokratiearmer Liberalismus westlicher Prägung und ein undemokratischer Autoritarismus asiatischer Prägung sich als zentrale Legitimationsmuster politischer Herrschaft gegenüberstehen und das demokratische Prinzip dazwischen zerrieben wird«.[15]

13 Ders. 2010b, »Regierungsversagen, Staatsversagen und die Krise der Demokratie«, in: *Berliner Republik* 12/H. 5, S. 49-55, hier S. 52.
14 Rödel, Ulrich/Günter Frankenberg/Helmut Dubiel 1989, *Die demokratische Frage*, Frankfurt am Main: Suhrkamp, S. 11.
15 Zürn, Michael 2001, »Die Rückkehr der Demokratiefrage. Perspektiven demokratischen Regierens und die Rolle der Politikwissenschaft«, in: *Blätter für deutsche und internationale Politik* 56/H. 6, S. 63-74.

Dennoch, man will es gar nicht mehr schreiben, so oft wird die Beobachtung angesichts sich mehrenden Unbehagens an der Demokratie in Erinnerung gerufen: dass die grundlegenden Prämissen rechtsstaatlicher Demokratie (Wahlfreiheit, Autonomie) hierzulande nicht nur in den institutionellen Verfahren des politischen Systems, sondern auch in der Wirtschaft (betriebliche Mitbestimmung von Arbeitnehmern) und im Privatleben (Schutz von Frauenrechten usw.) fest verankert sind und auf eine nie dagewesene Akzeptanz schließen lassen. Trotzdem erleben wir zurzeit offensichtlich einen Umbruch, der mit den Begriffen der klassischen Staatsformenlehre nicht mehr oder nur noch in Form abstruser Konstruktionen (»repräsentativer Absolutismus«, Wolf-Dieter Narr) zu fassen ist. Dies lässt sich schon allein an der erstaunlichen Vielzahl an Neologismen ablesen, die in den letzten Jahren und Jahrzehnten im philosophisch-politiktheoretischen Diskurs aufgekommen und teilweise zu Modewörtern avanciert sind: von »Postdemokratie« (Rancière, Wolin, Crouch, Blühdorn) ist da die Rede, von »Zuschauerdemokratie« (Bernard Manin), »multipler Demokratie« (Paul Nolte), »Mediokratie« (Thomas Meyer), »magerer Demokratie« (Benjamin Barber), »liberaler Oligarchie« (Danilo Zolo und andere), und so weiter. Keiner dieser Begriffe will natürlich auch nur ansatzweise implizieren, dass wir gegenwärtig eine Regression in autoritäre, vordemokratische Zustände erleben, sondern vielmehr eine »Transformation«, eine langsame, aber unvermeidliche »Entropie«, einen Funktionswandel respektive -verlust der Parlamente, einhergehend mit einer Vervielfachung loser Netzwerke in supranationalen Räumen und, positiv gewendet, einer verstärkten Inklusion zivilgesellschaftlicher Expertise in semistaatliche Strukturen.[16]

Was wird am Ende dieses Transformationsprozesses stehen? Wir können es nicht wissen, aber es mangelt nicht an Prognosen

---

16 Hierzu auch Nachtwey, Oliver 2012, »Postsouveränität und Postdemokratie«, in: Braun, Stephan/Alexander Geisler (Hg.), *Die verstimmte Demokratie. Moderne Volksherrschaft zwischen Aufbruch und Frustration*, Wiesbaden: VS Verlag für Sozialwissenschaften, S. 43-49.

und Handlungsanweisungen. Einige Autoren hoffen auf die »zivilisierende Kraft der demokratischen Verrechtlichung«, die sich mit einer »Konstitutionalisierung des Völkerrechts« im Rahmen einer demokratischen Ausgestaltung der bestehenden UN-Gremien auf dem Weg hin zu einer »transnationalen Demokratie« im Rahmen einer kosmopolitischen Gemeinschaft ausgestalten ließe.[17] Für andere Autoren würde gerade eine solche »Weltrepublik« die vermeintlich strikt an die Nation gebundene Idee und Praxis der Demokratie unterminieren.[18]

Natürlich rufen große politische Verschiebungen, wie wir sie seit über 40 Jahren mit der rasanten Zunahme sozioökonomischer Interdependenzen in einer zunächst rechtlich kaum regulierten internationalen Arena, der damit verbundenen Erosion staatlicher Steuerungsoptionen und traditioneller demokratischer Legitimationsstrategien für die Programmierung politischen Handelns verfolgen, analytisch bisweilen zweifelhafte Zuspitzungen hervor, und so mancher nüchterne Politologe hat nur Verachtung übrig für die »Ideenlosigkeit«, fatalistische Vereinfachung und ideologische Durchdringung bisheriger Erosions- und »Abgesangsdiskurse«.[19] Als ein mögliches Argument dafür, die Krisenapologetik unserer Tage nicht allzu ernst zu nehmen, könnte man anführen, dass es sich bei ihr um ein alles andere als neues Phänomen handelt. In Deutschland erreichte sie bekanntlich schon mit der Geburt der Weimarer Republik ihren Höhepunkt. Die These von der »Krisis des Parlamentarismus« war nach dem Ersten Weltkrieg, als Europa mit der Ausweitung des Wahlrechts den Übergang vom klassischen Parlamentarismus zur Massendemokratie erlebte, in der nicht mehr allein ihrem Gewissen verpflichtete Honoratioren, sondern Parteien bzw. deren Programmen und Fraktionsführungen verpflichtete Abgeordnete den

---

17 So, in Übereinstimmung mit David Held, Daniele Archibugi u.a., Habermas, Jürgen 2011, *Zur Verfassung Europas. Ein Essay*, Berlin: Suhrkamp, S. 40.

18 Diese Position vertritt z.B. Guéhenno, Jean-Marie 1994, *Das Ende der Demokratie*, München u.a.: Artemis & Winkler.

19 Linden, Markus 2010a, »Kein Ende der Demokratie. Eine Einordnung und Kritik der Erosionsthese Michael Th. Grevens«, in: *Berliner Debatte Initial* 21/H. 2, S. 106 f.

Wählerwillen artikulieren sollten, besonders populär. Damals hatte Carl Schmitt mit seiner von Jean-Jacques Rousseau inspirierten These von der prinzipiellen graduellen Inkonsistenz zwischen egalitärem Demokratieideal und nach dem Prinzip der Gewaltenteilung organisierter Repräsentativverfassung, zwischen Volksherrschaft und Parlamentarismus in großen, sozialethnisch inhomogenen Gesellschaften eine bis heute nicht nur aufseiten der rechten Parlamentarismuskritik wirkmächtige Deutungstradition begründet, die den antipluralistischen Geist der Weimarer Staatsrechtslehre deutlich widerspiegelt. Da, so Schmitt, für die öffentliche Diskussion als Kennzeichen des liberalen Parlamentarismus die »Bereitwilligkeit, sich überzeugen zu lassen«, konstitutiv sei,[20] werde die von den Parteien errichtete Massendemokratie mit ihren »Kompromissen und Koalitionen«, die die »zielbewusste Berechnung der Interessen und Machtchancen« belohne, zum Tod der Argumente führen. Diskussion finde dann nicht mehr statt oder werde von strategischen Aushandlungen ersetzt, die in nichtöffentliche Arrangements münden. Gleichzeitig schwinde, zwischen Partikularinteressen zerrieben, die Entscheidungskraft der Verfassungsorgane.[21]

Schmitt sagte damals voraus, dass sich das zwitterhafte Gebilde der »Liberal-Demokratie«, um nicht unterzugehen oder jeden Legitimitätsgrund zu verlieren, unweigerlich für eines ihrer zwei Prinzipien, allerdings in ihrer Reinform, entscheiden müsse. Man muss Schmitts fraglos inakzeptable Schlussfolgerung, dass Demokratie nur unter der Bedingung einer »Ausscheidung oder Vernichtung des Heterogenen« im Inneren des Staates möglich wäre,[22] ebenso wenig teilen wie seine idealbildliche Gleichsetzung von Ethnos und Demos, um zu erkennen, dass seine Pro-

---

20 Dass Schmitts Polemik sich hier nicht wesentlich von der deliberativen Kritik am vermachteten, strategisch gelenkten Parlamentsdiskurs unterscheidet, wurde oft angesprochen. Auch die argumentative Nähe der populärwissenschaftlichen »Parteienstaat«-Kritiken etwa Hans-Herbert von Arnims ist unübersehbar.
21 Schmitt, Carl 1926, *Die geistesgeschichtliche Lage des heutigen Parlamentarismus*, München/Leipzig: Duncker & Humblot, S. 9 ff., S. 13 f. und S. 21.
22 Ebd., S. 14.

gnose von der dauerhaften Unverträglichkeit von Liberalismus und Demokratie auch heute nicht leichthin von der Hand zu weisen ist. Wie etwa Chantal Mouffe mit Bezug auf und in partieller Abgrenzung zu Schmitt immer wieder hervorhebt, ist kaum zu bestreiten, dass die Reibungspunkte zwischen liberalen und demokratischen Elementen im westlichen Repräsentativ-Modell (Grundrechtsschutz und Repräsentation vs. Bekenntnis zur ungeteilten Macht des Volkes und aggregatives Mehrheitsprinzip) die historisch enge Beziehung beider eher als eine Zweckehe denn als eine Liebesheirat erscheinen lassen. Mouffe hat in den letzten Jahren immer wieder ihre These reflektiert, dass die moderne Demokratie heute fast ausschließlich mit ihrer liberalen, rechtsstaatlichen Dimension identifiziert wird, sodass die demokratische Gleichheit, die Idee der Volkssouveränität kaum noch Beachtung finde. Wie Schmitt, dabei allerdings oft verblüffend epigonal und somit wenig originell, ist sie der Auffassung, dass die liberale Demokratie aus »der Artikulation zweier Logiken resultiert, die letztlich unvereinbar sind«: Die Spannung zwischen beiden Dimensionen könne immer nur temporär stabilisiert werden, wobei unvermeidlich eine von beiden hegemonial werde.[23]

Beide Traditionen, die liberale und die demokratisch-republikanische, haben im Verlauf der neuzeitlichen politischen Ideengeschichte einander gegenübergestanden und immer wieder zu Konflikten geführt. Die jüngere von beiden, die liberale Tradition, hatte sich allerdings erst in der Zeit der Aufklärung nach Hobbes in Opposition zum Republikanismus herausgebildet, dessen verschiedene Stränge bis zu Aristoteles' *Politik* zurückreichen. Es ist klar, dass sich die neorömische Tradition des Republikanismus mit ihrer Betonung der Tugendhaftigkeit der Herrschenden und der Garantie derselben durch institutionelle Filterungen der Stabilität der Regierung besser an den liberalen Diskurs anschließen ließ als der andere Strang, welcher ebenfalls aus der aristotelischen Tradition hervorging: der egalitäre Republikanismus Rousseaus. Zwar rückt auch dieser das Ge-

23 Mouffe, Chantal 2005, *The Democratic Paradox*, London: Verso, S. 5.

meinwohlethos in den Vordergrund, verbindet es aber mit dem Ideal der radikaldemokratischen Selbstregierung eines homogenen Volkskörpers in eng umgrenzten Räumen.[24] Auch Schmitt fühlte sich dieser Tradition verbunden, verzerrte sie allerdings zu einer Theorie der plebiszitären Diktatur im homogenen Nationalstaat.

Standen sich Liberale und demokratische Republikaner lange Zeit unversöhnlich gegenüber, kam es in der zweiten Hälfte des 19. Jahrhunderts zu einem historischen Kompromiss: die Ausweitung des Wahlrechts bewirkte eine Demokratisierung des Liberalismus, während mit dem gleichzeitigen Siegeszug des Konstitutionalismus eine Liberalisierung der Demokratie gelang.[25] Dass sich gegenwärtig die liberale gegen die demokratisch-republikanische Säule, die die moderne Demokratie gleichermaßen tragen, auf ganzer Linie durchsetzt, ist offensichtlich. Um dies zu erkennen, braucht man nur einen flüchtigen Blick auf die institutionelle Verfasstheit der Bundesrepublik zu werfen. Hier äußert sich die Dominanz konstitutionalistischer Elemente zur Verhinderung demokratischer Mehrheitsherrschaft schon allein in der herausragenden Stellung des Bundesverfassungsgerichts. Sie ist das signifikanteste Merkmal der spezifisch deutschen »Verfassungssouveränität«, die von der Politikwissenschaftlerin Heidrun Abromeit mit der englischen Parlaments- und der schweizerischen Volkssouveränität kontrastiert wurde. Gerade der deutsche »Verfassungsstaat« laufe Gefahr, so Abromeit, zu einem politischen System zu entarten, in dem nicht mehr (nach dem »Willen des Volkes«) *entschieden*, sondern nur noch, ganz positivistisch, aus bestehendem Recht *abgeleitet* wird.[26] Das Rechtsstaatsprinzip überwiegt also deutlich das Demokratieprinzip – für Dolf Sternberger einer der Gründe, für die Verfassungsstaaten

24 Für einen Überblick vgl. z. B. Scharpf, Fritz W. 2009, »Legitimität im europäischen Mehrebenensystem«, in: *Leviathan* 37/H. 2, S. 244-280, hier S. 246f.

25 Vgl. Macpherson, Crawford B. 1977, *The Life and Times of Democracy*. Oxford: Oxford University Press.

26 Abromeit, Heidrun 1995, »Volkssouveränität, Parlamentssouveränität, Verfassungssouveränität: Drei Realmodelle der Legitimation staatlichen Handelns«, in: *Politische Vierteljahresschrift* 36/H. 1, S. 49-66.

des Westens den Begriff »neue Politie«, statt den der Demokratie zu verwenden.[27]

Betrachtet man allerdings die Durchsetzungs- und Anpassungsfähigkeit des liberal-demokratischen Modells, wird man Schmitts Prognose nicht bestätigen können, gerade weil das unauflösliche Spannungspotenzial zwischen Liberalismus und Demokratie/Republikanismus auch Konflikte generiert, die unter Bezugnahme auf die in der Verfassung vorgeschriebenen Verfahren ständig neu ausgehandelt, nicht aber eingeebnet werden können und in diesem Deutungsprozess letztlich eine integrative Wirkung entfalten. Beiden Traditionen liegt nämlich die Idee der politischen Gleichheit zugrunde, deren Realisierung der liberalen Individualrechte (Rechtsgleichheit) ebenso bedarf wie des regulativ-distributiven Gehalts des demokratischen Versprechens.[28] Insofern erwachsen aus der »Fusion« nicht nur Disharmonien, sondern auch Synergieeffekte. Nur durch die Kombination von repräsentativen und demokratischen Elementen war es, historisch betrachtet, überhaupt möglich geworden, die praktischen Verwerfungen und Anomalien jener kleinräumigen Form des Regierens abzumildern, die über zwei Jahrtausende mit dem Begriff »demokratisch« assoziiert worden waren.

Als das, was wir heute repräsentative Demokratie nennen, im Nordamerika des späten 18. Jahrhunderts »erfunden« oder jedenfalls (errichtet auf den Vorannahmen unter anderem von Montesquieu und James Harrington) zum ersten Mal praktisch umgesetzt wurde, versuchten die Autoren der *Federalist Papers*, das *representative government* so deutlich wie möglich mit dem egalitären Urgehalt der athenischen Demokratie (*popular government*) zu kontrastieren: Die Republik, die man nach dem Vorbild Roms mit dem Prinzip der Repräsentation verband, wurde von ihnen gerade als Gegenmodell zur Demokratie der alten Griechen konstruiert, die die Repräsentation nicht kannten und nur in

---

27 Vgl. Sternberger, Dolf 1984, »Die neue Politie. Vorschläge zu einer Revision der Lehre vom Verfassungsstaat«, in: *Jahrbuch für öffentliches Recht der Gegenwart* 33, S. 1-40.
28 Vgl. dazu Christiano, Thomas 2010, *The Constitution of Equality. Democratic Authority and its Limits*, Oxford: Oxford University Press.

wenigen Bereichen, die Menschen mit besonderen Kenntnissen erforderten (Strategen, Protokollanten usw.), Wahlämter vergaben. Obwohl die Federalists die amerikanische Verfassung als Grundlage für eine *unmixed republic* bewarben, die keinerlei monarchische Züge enthalte und sich deshalb fundamental von der Alten Welt unterscheiden sollte, waren sie doch dem aristotelischen Plädoyer für eine Mischverfassung verbunden. Die quasi-aristokratischen Institutionen des Senats und des Obersten Gerichtshofs wurden dezidiert als solche beschrieben und geschätzt. Aber keiner ihrer liberalen Verfechter im 18. und 19. Jahrhundert war der Meinung, dass sie die Idee der Volkssouveränität in irgendeiner Form desavouiere, dass sie bloß einen defizitären Ersatz für eine vermeintlich »wahre Demokratie«, eine Kompromittierung ihres egalitären Gehalts, einen faulen Kompromiss mit den Erfordernissen eines großen Territoriums verkörpere. Die repräsentative Regierung betrachteten sie als einer Versammlungs- und Plebiszitdemokratie überlegen, als die »bessere Variante der Demokratie«[29] – allein schon weil, wie James Madison stets hervorhob, die territoriale Ausdehnung der Republik, ihre Filtersysteme und die Gewaltenteilung die Möglichkeit boten, der Mehrheitsherrschaft wie auch der »Gewalt der Parteiungen«, die als »tödliche Krankheit« identifiziert wurden, durch die Delegierung der politischen Entscheidungsgewalt an eine urteilsfähige Elite und durch die Diversifizierung der Faktionen entgegenzuwirken.[30] So etwas wie eine »Parteiendemokratie« hatten die amerikanischen Vordenker der »repräsentativen Regierung« sicher nicht im Sinn: Obwohl sie heute zu Recht als Begründer der pluralistischen Demokratietheorie gefeiert werden, hatten die Federalists bereits in den zur Gründungszeit der amerikanischen Republik aufkeimenden Parteistrukturen, die noch kaum etwas mit

---

29 Buchstein, Hubertus 2011, »Repräsentative, partizipatorische und aleatorische Demokratie«, Vortrag vor der Grünen Akademie der Heinrich-Böll-Stiftung am 2. November 2011, online verfügbar unter: {http://www.boell.de/stiftung/akademie/akademie-repraesentative-partizipatorische-und-aleatorische-demokratie-13243.html} (Stand: April 2013).

30 Vgl. Lawrence Goldman (Hg.) 2008, *The Federalist Papers*, Oxford: Oxford University Press, 10. Artikel (Madison), S. 48 ff.

den sich in der Jackson-Ära formierenden Massenparteien gemein hatten, immer ein großes Übel gesehen, das den »aggregierten Interessen der Gemeinschaft« tendenziell Schaden zufüge.[31]

In der politischen Ideengeschichte der frühen Bundesrepublik, die sich nicht zuletzt aufgrund ihres Selbstverständnisses als »Demokratiewissenschaft« um normative Begründungen der Parteiendemokratie bemühte, wurden solche antiparteiischen Affekte von den »Gründervätern« der deutschen Pluralismustheorie von Anfang an kritisch reflektiert.[32] Vor allem aus der Sicht von Ernst Fraenkel, der nach dem Krieg »der jungen Bundesrepublik Deutschland das normative Fundament« in Form eines »formal-pluralistischen Klassenparteienstaates« gab,[33] war es in gewisser Hinsicht gerade der Mangel an Parteilichkeit und politischen Grabenkämpfen, der modernen Demokratien schade. In einem ernüchternden Vortrag gab Fraenkel schon Anfang der sechziger Jahre seinem »Unbehagen an der Bonner Demokratie« Ausdruck, einem »instinktmäßigen Gefühl«, dass »unser Verfassungswesen weitgehend nicht dem entspricht, was man sich unter der Herrschaft einer ›echten‹ Demokratie vorstellt«. Diese müsse sich neben einem außerhalb der politischen Arena zu verortenden, von einem *consensus omnium* über die Verfassungsprinzipien und andere traditionelle Grundwerte beherrschten »nichtkontroversen Sektor« außerdem durch einen möglichst breiten »kontroversen Sektor« auszeichnen. Allein, Fraenkel hielt es für einen nicht erst seit dem Godesberger SPD-Parteitag von 1959 erkennbaren, sondern mentalitätsgeschichtlich in einem spezifisch deutschen, infolge der Weimarer Erfahrungen zusätzlich intensivierten antipluralistischen Reflex angelegten »Strukturde-

31 Ebd., S. 49.
32 Für einen guten Überblick zur Gemeinwohlkonzeption in den Repräsentationstheorien Madisons, Rousseaus und Fraenkels vgl. Waas, Lothar R. 2007, »Gemeinwohl – a posteriori oder a priori? Ein Blick in die politische Ideengeschichte in pluralistischer Absicht«, in: Bandelow, Nils C./Wilhelm Bleek (Hg.), *Einzelinteressen und kollektives Handeln in modernen Demokratien*, Wiesbaden: VS Verlag für Sozialwissenschaften, S. 239-258.
33 Buchstein, Hubertus/Gerhard Göhler 2005, »Ernst Fraenkel«, in: Bleek, Wilhelm/Hans J. Lietzmann (Hg.), *Klassiker der Politikwissenschaft. Von Aristoteles bis David Easton*, München: C. H. Beck, S. 151-164, hier S. 159.

fekt« der Bonner Parteiendemokratie, dass die Opposition keine »echten Alternativlösungen« mehr anzubieten vermöge, dass parlamentarische Debatten allmählich zu einer »Spiegelfechterei«, Wahlkämpfe »zu einer Art ›beauty contest‹« und Wahlen selber zu »Routineabstimmungen« entarteten, »die bestenfalls zu einer Wachablösung zu führen vermögen« – dass also, kurzum, der »kontroverse Sektor« und damit die politische Kultur insgesamt zunehmend verkümmere. Während die Weimarer Republik an einem Übermaß an Fragmentierung und Polarisierung zugrunde gegangen sei, drohe die junge BRD an ihrer Konsenslastigkeit zu scheitern – eine Gefahr, die nach Fraenkel ebenso zu einer »Selbstaufhebung der Demokratie« führen könne wie ein Übermaß an Polarisierung. Er beeilte sich jedoch zu versichern, dass jene Defekte, die diesen Trend zum »unterentwickelten Pluralismus« begünstigten, keineswegs primär bei den materialen Verfassungsnormen und dem durch sie kodierten Institutionengerüst zu suchen seien.[34]

Dabei hätte Fraenkel, der die zentrale Ursache des Problems allein in der »Lethargie und Apathie« innerhalb der Parteien identifizierte, schon damals erkennen müssen, wie sehr konkordanzdemokratische Elemente (Proporzregeln bei der Besetzung von Ämtern, personalisiertes Verhältniswahlrecht) das von ihm präferierte und in der Gesamtschau zweifellos noch dominierende Konkurrenz- und Majoritätsprinzip im Regierungssystem der Bundesrepublik systemlogisch aufweichen. Dass der Mehrheitsmodus die Kommunikation zwischen Politikern und Wählern bestimmt und in der sichtbaren Politik, das heißt der Erscheinung des Bundestages in seiner Funktion als Rede-, nicht als Arbeitsparlament, eine klare Trennung von Regierungs- und Oppositionsfraktionen erkennen lässt, schafft in einem System, in dem die Akteure im Rahmen von Koalitionskabinetten, der föderalen Gewaltenteilung usw. mit einer Vielzahl von Vetospielern konfrontiert und daher zur Kooperation gezwungen sind,

---

34 Vgl. Fraenkel, Ernst 1991, »Strukturdefekte der Demokratie und deren Überwindung«, in: ders., *Deutschland und die westlichen Demokratien*, Frankfurt am Main: Suhrkamp, S. 68-94.

Funktions- und Perzeptionsprobleme, die unvermeidlich zu einem Ausbau der Konkordanzpraxis führen.

Auch wenn er diese Systemzwänge etwas unterschätzt haben mag, so hat Fraenkel doch ohne Zweifel einen wichtigen Punkt angesprochen: Integration durch konstruktive Konfliktregulierung kann nur gelingen, sofern konfligierende Interessen im öffentlichen Raum präsent gemacht werden können. Zu diesem Zweck wurde das Prinzip der Repräsentation überhaupt erfunden: Als im 12. Jahrhundert im Nordwesten Spaniens zum ersten Mal in der nachantiken Geschichte Adlige, Kleriker und Edelleute aller Städte und Provinzen in einem repräsentativen Gremium (*cortes*) zusammentraten, taten sie dies, weil sie sich zuvor in Form von Petitionen gegen die vom damaligen König erhobenen Steuererhöhungen gewandt hatten, woraufhin dieser sich gedrängt sah, die widerstreitenden Interessen zusammenzubringen, um einen Verständigungsprozess einzuleiten, der vielleicht einen friedvollen Kompromiss ermöglichen würde.[35] Auch heute ist der gelegentliche Dissens für die repräsentative Demokratie ebenso lebenswichtig wie ein dauerhafter Konsens über die verfahrensregulierenden Spielregeln, die den Dissens zumindest prozedural, aber auch substanziell durch das Bekenntnis zu gemeinsamen Grundwerten (zum Beispiel zum »demokratischen und sozialen Bundesstaat« in Artikel 20, Absatz 1 des Grundgesetzes) einhegen.

Allerdings leidet die Berliner Republik heute an einer Konsenslastigkeit, die die vor 50 Jahren von Fraenkel konstatierte bei Weitem in den Schatten stellt, obwohl man der BRD nach 1968 nur schwerlich eine besonders antipluralistische Mentalität unterstellen kann. Die Pointe liegt ja offensichtlich darin (was der Sozialdemokrat Fraenkel in seinem schier unerschütterlichen Glauben an die Abbildbarkeit der in einer Gesellschaft waltenden Meinungen und Interessen kaum bedacht hat), dass gerade der als Idealzustand einer vitalen Demokratie geltende Interessenpluralismus – hat er erst einmal ein für die repräsentativen Institutio-

---

35 Vgl. Keane, John 2009, *The Life and Death of Democracy*, London: W. W. Norton & Company, S. 169 ff.

nen nicht mehr ohne Verstopfungen kanalisierbares Ausmaß erreicht – die Krise des demokratischen Parlamentarismus unter den Bedingungen der an ihn gerichteten Erwartungen forciert.

So gesehen hat die im Laufe der sechziger Jahre an Fahrt gewinnende linke Pluralismuskritik einige für die gegenwärtige Demokratiediskussion fruchtbare Impulse hervorgebracht. Zu Beginn der siebziger Jahre, in der Hochzeit der kritisch-dialektischen Schule, war in den politischen Kursbüchern der »Neuen Linken« von fundamentalen »Strukturproblemen des kapitalistischen Staates«[36] die Rede, von einer aus der Divergenz zwischen formaler und materialer Demokratie folgenden spätkapitalistischen Legitimationskrise, die allein, wie es bei Autoren wie Jürgen Habermas und Claus Offe hieß, durch eine die staatlich-administrativ inszenierte Scheinpartizipation durchbrechende außerstaatlich organisierte zivilgesellschaftliche Partizipation bekämpft werden könne. Nur durch sie könne die zur bloßen Methode degradierte Demokratie ihrem ursprünglichen Telos – der »Selbstbestimmung der Menschheit«, der Identität von Herrschern und Herrschenden – wieder näher kommen.[37]

Wesentlich weiter gingen radikale Marxisten wie Johannes Agnoli, die in der liberalen parlamentarischen Demokratie ohnehin nur ein funktionales Äquivalent, eine Geisel des Kapitalismus sahen, witterten sie doch überall Instrumente, die den hinter den staatlichen Institutionen stehenden ökonomischen Eliten die präventive Domestizierung destabilisierender Konflikte, eine zunehmende Verschleierung des Basiskonfliktes zwischen Arbeit und Kapital und eine systematische Exklusion des Demos aus dem politischen Prozess erlauben. Parteien, die zuvor für unvereinbare Interessen gekämpft hatten, verwandeln sich laut Agnoli allmählich in systemtragende Volksparteien und lassen sich somit in den Dienst der herrschenden Kapitalinteressen einspannen.

36 Offe, Claus 1972, *Strukturprobleme des kapitalistischen Staates. Aufsätze zur politischen Soziologie*, Frankfurt am Main: Suhrkamp.
37 Habermas, Jürgen 1969, »Reflexionen über den Begriff der politischen Beteiligung«, in: ders. et al., *Student und Politik. Eine soziologische Untersuchung zum politischen Bewußtsein Frankfurter Studenten*, Neuwied/Berlin: Luchterhand, S. 13-55, hier S. 15.

Das Parlament, so Agnoli, ist deshalb im Grunde nicht mehr als ein »Transmissionsriemen der Entscheidungen politischer Oligarchien«,[38] die von dort aus ihren Machtstatus und die bestehenden Verhältnisse konsolidieren, während wir in Zeiten wirtschaftlicher Krisen eine mehr oder weniger offen demonstrierte »Involution« in den autoritären Verfassungsstaat erleben.

Mit Blick auf die von Agnoli formulierte grundlegende Parlamentarismuskritik, aber auch angesichts von Fraenkels Unbehagen an einem unechten parlamentarischen Pluralismus – das in den siebziger Jahren in eine offene Fachdebatte darüber mündete, ob die BRD sich »auf dem Weg in den Einparteienstaat« befinde[39] – verwundert in der Tat die geradezu unhistorische »Voraussetzungslosigkeit, um nicht zu sagen Ahnungslosigkeit«, mit der die gegenwärtige Debatte um die »Postdemokratie« geführt wird.[40] Vor allem Crouchs Entropie-Thesen erscheinen schon vor dem Hintergrund der eben aufgeführten Krisendiagnosen alles andere als neu. Zwar unterscheiden sich ihre Perspektiven auf den Parlamentarismus fundamental, aber sowohl Agnolis Fokussierung auf die (vermeintlich) systematische Unterminierung egalitärer Ansprüche durch oligarchische Gruppen als auch Fraenkels sorgenvolle Beobachtung des von ihm konstatierten Niedergangs der pluralen Meinungsbildung innerhalb eines formal intakten Verfassungsgebäudes weisen unübersehbare Parallelen zu Crouchs Diagnosen auf, obwohl zumindest Fraenkel sein Unbehagen bereits in einer Zeit äußerte, die Crouch zufolge als »wahrhaft demokratisches Interregnum« anzusehen·ist.[41]

Indes: So sehr all diese kritischen Diagnosen strukturelle, in den Verfahrensmodus parlamentarischer Demokratie eingeschriebene Probleme benannten – für das Gros der Wahlbürger existier-

38 Agnoli, Johannes 1968, *Die Transformation der Demokratie*, Frankfurt am Main: Europäische Verlagsanstalt, S. 68.
39 Vgl. Narr, Wolf-Dieter (Hg.) 1977, *Auf dem Weg in den Einparteienstaat*, Opladen: Westdeutscher Verlag.
40 Thaysen, Uwe/Jürgen W. Falter 2007, »Fraenkel versus Agnoli? Oder: Was ist aus der ›Parlamentsverdrossenheit‹ der 60er Jahre für die heutige ›Postparlamentarismus‹-Diskussion zu lernen?«, in: *Zeitschrift für Parlamentsfragen* 38/H. 2, S. 401-413, hier S. 409.
41 Crouch, Colin 2008, *Postdemokratie*, Frankfurt am Main: Suhrkamp, S. 156 f.

ten solche Legitimationsprobleme damals noch gar nicht. Die überwältigende Mehrheit war mit der Demokratie und den staatlichen Einrichtungen der Bonner Republik recht zufrieden; selbst die Parteien, das Parlament und die Bundesregierung standen nicht wie gegenwärtig auf den allerhintersten Plätzen der Beliebtheits- und Reputationslisten der demoskopischen Institute. Die Kerninstitutionen der liberalen Demokratie – die freie und gleiche Wahl von in starren Listen vorselektierten Kandidaten und der von ihnen vertretenen Programme, die daraus resultierende parlamentarische Repräsentation – haben in den sechziger und siebziger Jahren eine starke integrative Wirkung erzielt. Bis Mitte der siebziger Jahre war die »Systemakzeptanz« – also die Befürwortung des Mehrparteiensystems und der in der BRD praktizierten Form der Demokratie – kontinuierlich angestiegen und lag schließlich bei einem Anteil von gut 90 Prozent.[42] Selbst große Teile jener jungen Generation, die sich Ende der sechziger Jahre zunächst in der Außerparlamentarischen Opposition formierte und die Grundfesten dieses Systems infrage stellte, entschieden sich letztlich für den reformistischen Marsch durch die bestehenden Institutionen – und das hieß in erster Linie: durch die sozialdemokratischen Bezirks- bzw. Kreisverbände.

Aber nicht nur die Einstellungen der Deutschen zu ihren Politikern, sondern darüber hinaus zu dem deren tägliche Interaktionen strukturierenden Verfassungsgebäude haben sich inzwischen fundamental gewandelt. Die Akzeptanz vieler demokratischer Institutionen, besonders aber der Parteien und Regenten, hat dramatisch abgenommen. Zwar liegt die Zustimmung zur »Idee der Demokratie als Staatsform« bei einem Rekordhoch von 90 bis 95 Prozent; den im Grundgesetz beschriebenen Typus der parlamentarischen Demokratie befürwortet dagegen nur eine Minderheit von 45 Prozent aller Bundesbürger.[43] Schwindende Akzeptanz

---

42 Vgl. Gabriel, Oscar W. 1987, »Demokratiezufriedenheit und demokratische Einstellungen in der Bundesrepublik Deutschland«, in: *Aus Politik und Zeitgeschichte*, H. 22, S. 32-45, hier S. 36.

43 Vgl. Niedermayer, Oskar/Richard Stöss 2008, *Einstellungen zur Demokratie in Berlin und Brandenburg 2002-2008 sowie in Gesamtdeutschland 2008*, Berlin: Freie Universität Berlin, online verfügbar unter: {http://www.polsoz.fu-

der parlamentarischen Prozesse führt in allen westeuropäischen Staaten zu einer im Durchschnitt kontinuierlich abnehmenden Wahlbeteiligung, die die These von den »enttäuschten Demokraten« über nationale Grenzen hinaus zu belegen scheint und die durch eine besonders starke Senkung bei den Geringverdienern und wenig Gebildeten zusätzlich an Relevanz gewinnt.[44] Diese Liste ließe sich beliebig fortsetzen: Erosion der Volksparteien (auf der Mitglieder- und Wählerebene), das schwindende Vertrauen in bestehende nationale Institutionen, das Unbehagen vor komitologischen Verflechtungen in der EU-Bürokratie und so weiter. Die wuchernde Systemverachtung spiegelt sich aber nicht nur in den üblichen, für die Messung von »Demokratiezufriedenheit« verwendeten Indizes, sondern auch in neueren Phänomenen wider, deren Erforschung in weiten Teilen noch aussteht: etwa die rätselhafte, auch außerhalb klassischer extremistischer Lager, im Gegenteil tief in die liberale Mitte hineinreichende (nach den Terroranschlägen vom 11. September 2001 zum Beispiel von der sogenannten »Truther-Bewegung« beförderte) Ausbreitung von Verschwörungstheorien. Deren Anhänger vermuten dunkle Machenschaften nicht nur im Inneren des Staates, sondern in der gesamten politisch-ökonomischen Führungselite, und erschüttern so den Glauben an die Gestaltbarkeit der herrschenden Verhältnisse, zum Beispiel durch Wahlen, zusätzlich.

Aber sind Systemakzeptanz und »konventionelle« Partizipation überhaupt lebensnotwendig für eine Demokratie? Man könnte schließlich, für die vor allem von den beiden Sozialwissenschaftlern Lester W. Milbrath und Madan L. Goel geprägte Normalisierungsthese argumentierend, beschwichtigend darauf beharren, dass gerade eine zu hohe Wahlbeteiligung aufgrund der darin sich äußernden Polarisierung als ein Zeichen für eine Krise der Demokratie zu werten sei, dass »es sich beim Absinken der

berlin.de/polwiss/forschung/systeme/empsoz/forschung/media/Demokratie _08.pdf} (Stand: April 2013).

44 Merkel, Wolfgang/Alexander Petring 2011, »Partizipation und Inklusion«, in: Friedrich-Ebert-Stiftung (Hg.), *Demokratie in Deutschland 2011*, online verfügbar unter: {http://www.demokratie-deutschland-2011.de/common/pdf/ Partizipation_und_Inklusion.pdf} (Stand: April 2013).

Wahlbeteiligung um einen demokratietheoretisch unbedenklichen und rational zu erklärenden Angleichungsprozess an die Verhältnisse anderer, ebenfalls stabiler demokratischer Systeme« handele.[45] Die frühe Forschung hatte noch behauptet, dass im Niedergang konventioneller Beteiligung (wählen gehen) und in der gleichzeitigen Zunahme unkonventioneller Partizipation (Teilnahme an Demonstrationen etc.) ein Verlust von Vertrauen in die politischen Institutionen und die demokratische Idee insgesamt zum Ausdruck komme, dieser Niedergang mithin als eine Gefahr für die Demokratie zu werten sei.[46] Heute wird dagegen eher die sogenannte *critical-citizen*-These vertreten, der zufolge die Kontinuität bei der Akzeptanz demokratischer Normen – die, wie gesagt, gegeben ist – entscheidend sei und die große Zahl Systemunzufriedener auf einen wachsenden Anteil »kritischer Demokraten« (Hans-Dieter Klingemann) hindeute: So gesehen wäre gerade abnehmendes Institutionenvertrauen ein Indikator für ein lebendiges, sich immer wieder an seinem Selbstanspruch messendes republikanisches Gemeinwesen.[47]

Die Studien zu den Protesten gegen Stuttgart 21, die von vielen als Ausdruck für ein wiedererwachendes politisches Bewusstsein im deutschen Großstadtbürgertum und für die Verteidigung der Demokratie gegen abgehobene bürokratische Eliten begrüßt wurden, haben diese Erwartungen klar bestätigt: Eine deutliche Mehrheit der Protestierenden zeigte sich unzufrieden mit der Realisierung demokratischer Werte in der BRD und fast alle

45 Kornelius, Bernhard/Dieter Roth 2004, *Politische Partizipation in Deutschland. Ergebnisse einer repräsentativen Umfrage*, Gütersloh: Verlag Bertelsmann-Stiftung, S. 30. Vgl. grundlegend Milbrath, Lester W./Madan L. Goel 1977, *Political Participation. How and Why Do People Get Involved in Politics?*, 2. Aufl., Chicago: Rand McNally College Publishing Company, S. 144 ff.
46 Vgl. die Beispiele bei Dalton, Russell J. 2004, *Democratic Challenges – Democratic Choices. The Erosion of Political Support in Advanced Industrial Democracies*, Oxford: Oxford University Press, S. 161.
47 Vgl. z. B. den allerdings wie meistens verblüffend unterkomplex argumentierenden Klingemann, Hans-Dieter 1998, *Mapping Political Support in the 1990's. A Global Analysis*, Berlin: WZB, und Norris, Pippa 2011, *Democratic Deficit. Critical Citizens Revisited*, Cambridge: Cambridge University Press.

wünschten sich eine Ausweitung direktdemokratischer Verfahren auf kommunaler und Landesebene.[48] So gesehen, wird der dringend benötigte demokratische Antriebsstoff gerade von Bürgern produziert, die die bestehenden Institutionen zunehmend gering schätzen. Man sollte daher bedenken, dass sich unter den viel gescholtenen Nichtwählern nicht nur »Verdrossene« und Rechtsextremisten verbergen, sondern auch radikale Demokraten, die ihre Abstinenz als Protestaktion gegen eine zum Spektakel entartende Elitendemokratie begreifen.

Aber dies ist zweifellos nur die eine Seite der Medaille: Die Wahlenthaltung ist auch ein Indiz für die Spaltung der Gesellschaft, welche – so der französische Soziologe und Wirtschaftswissenschaftler Éric Maurin – zwischen denen verläuft, die eine gesicherte Zukunft besitzen, und solchen, die von der Wucht der Veränderungen auf dem Arbeitsmarkt heftig nach unten und an den Rand geschleudert worden sind.[49] In Frankreich etwa, wo die soziale, kulturelle und politische Segregation während der vorangegangenen Jahrzehnte noch weiter fortgeschritten war, wurde diagnostiziert, dass das nicht wählende Prekariat sich eben nicht mehr als Teil der Gesellschaft fühlte, dass sich dort vielmehr das Gefühl verbreitet hatte, keine eigene und wirksame politische Existenz innerhalb der Nation mehr innezuhaben. Daher schafften sich die zunehmend gettoisierten Wohnviertel eigene Regeln.[50] Und eine der Normen, die sich dort quartiersbezogen entwickelte, lautete: nicht mehr wählen zu gehen. Bezeichnend war sicher auch, dass gerade in den Stadtteilen, die in unregelmäßigen Abständen durch Jugendkrawalle Aufmerksamkeit erregten, die Partizipation am Wahlakt besonders geringe Quoten aufwies. Man fühlte sich vom dominanten Teil der Gesellschaft verlassen,

48 Vgl. Bebnowski, David et al. 2010, *Neue Dimensionen des Protests? Ergebnisse einer explorativen Studie zu den Protesten gegen Stuttgart 21*, Göttingen: Göttinger Institut für Demokratieforschung, online verfügbar unter: {http://www.demokratie-goettingen.de/content/uploads/2010/11/Neue-Dimensionen-des-Protests.pdf} (Stand: April 2013).

49 Vgl. das Interview mit Éric Maurin in: *Le Monde* (25. März 2010).

50 Vgl. Bronner, Luc 2010, »Certaines cités se sont exclues du système électoral«, in: *Le Monde* (19. März 2010).

sah infolgedessen auch keinen Grund, an deren Vereinbarungen und Verständigungsmustern mitzuwirken.[51]

Die schwindende Systemakzeptanz kann sicher niemanden ungerührt lassen, der die liberale Demokratie für eine historische Errungenschaft hält, denn ein politisches System, das nicht das Vertrauen der Bürger genießt, wird nicht auf ihre Beteiligung zählen können, sei es auch noch so gut mit Legitimitätsreserven ausgestattet und hierin den vermeintlich effizienteren Autokratien in Südostasien normativ überlegen, denn, um eine oft bemühte Stelle bei Hannah Arendt anzufügen, »was den Institutionen und Gesetzen eines Landes Macht verleiht, ist die Unterstützung des Volkes, die wiederum nur die Fortsetzung jenes ursprünglichen Konsenses ist, welcher Institutionen und Gesetze ins Leben gerufen hat«.[52] Nun liegt dieser Gründungsakt aber lange zurück und die einst im Namen des Volkes errichteten Institutionen blieben von den vielfältigen globalen Transformationsprozessen nicht unberührt. Der Hoffnung, dass, wie der Politikwissenschaftler Gerhard Göhler meint, moderne Demokratien jenen ursprünglichen, in der Verfassung manifestierten Grundkonsens schon deshalb aufrechterhalten, weil erstens ihre Bürger »eine affektive Wertbindung an das Gemeinwesen, wie abgeblaßt auch immer, kontinuierlich reproduzieren« und zweitens die politischen Institutionen »generell« noch in der Lage seien, »die Menschen sichtbar oder faßbar zusammen[zu]halten«, das ihnen Gemeinsame und das sie Trennende symbolisch darzustellen,[53] widersprechen jedenfalls die eben kurz referierten empirischen Analysen zur Akzeptanz von Demokratie. Diese hatten nahegelegt, dass allenfalls die Bindung an eine *Idee* der Volkssouveränität intakt ist, die sich aber aus Sicht der Bürger im Gemeinwesen immer weniger aktualisiert. Die Vorzeichen stehen auf Interdependenz, die pragmatisches *bargaining* statt basisdemokratischer

51 Vgl. auch Klatt, Johanna/Franz Walter 2011, *Entbehrliche der Bürgergesellschaft? Sozial Benachteiligte und Engagement*, Bielefeld: transcript, S. 12 ff.

52 Arendt, Hannah 2008a, *Macht und Gewalt*, 18. Aufl., München: Piper, S. 42.

53 Göhler, Gerhard 1992, »Konflikt und Integration. Koreferat zu Helmut Dubiel«, in: Kohler-Koch, Beate (Hg.), *Staat und Demokratie in Europa*, Opladen: Leske + Budrich, S. 138-146.

Rückbindungen in volltransparenten Räumen, die Kompromisse statt Mehrheitsvoten erfordert.

Genau Letzteres versuchen aber Medien und zur populistischen Geste neigende Politiker, die den alten Traum von der Überbrückung des Grabens zwischen Politik und Bürgern regenerieren, den Bürgern schmackhaft zu machen, wenn sie mit Vorliebe den allgemeinen Willen und das Mehrheitsprinzip gegen Kuhhandel und »Hinterzimmerpolitik«, Transparenz und »direkte Demokratie« gegen komplexe Arrangements in Anschlag bringen. So wird zum Beispiel in TV-Formaten, die wie Polit-Talkshows im öffentlich-rechtlichen Fernsehen Meinungs- und politische Bildung zu kombinieren versuchen, häufig eine agonistische Erwartungshaltung genährt, die wenig mit der konsoziativen Alltagsrealität parlamentarischer Arbeit zu tun hat. Ein extremes Beispiel für solche konstruierten Zerrbilder liefert zurzeit eine von dem Privatsender ProSieben ausgestrahlte Sendung mit dem bezeichnenden Titel »Absolute Mehrheit – Meinung muss sich wieder lohnen«, in der derjenige Politiker, der es vermag, während der Sendung eine absolute Mehrheit von Anrufern für sich zu gewinnen, ein Preisgeld mit nach Hause nehmen darf. Obwohl sie sich selbst nicht nur eine Unterhaltungs-, sondern auch eine didaktische Aufklärungsfunktion zuweisen, zeichnen solche Talkshows das fiktive Bild einer Politik »mit klarer Kante«, die aber in der politischen Wirklichkeit komplexen Regelsystemen und dem täglichen Kompromiss weicht. Denn schließlich beziehen alle diese Narrative ihren integrativen Gehalt aus einem demokratischen Ideengepräge, das erstens in der Bundesrepublik niemals verwirklicht war und das zweitens im internationalen Kontext längst seinem Ende entgegendämmert: aus dem Ideal der majoritären Wettbewerbsdemokratie und den ihm inhärenten Kriterien der aggregativen Responsivität und der Zurechenbarkeit politischer Entscheidungen.

Mit der zweiten demokratischen Transformation in der Späten Neuzeit, die nach einer Typologie des US-amerikanischen Politikwissenschaftlers Robert A. Dahl die Übertragung des Demokratieprinzips vom antiken Stadt- auf den modernen Flächenstaat meint, wurde der Grad der Responsivität neben der Garantie konstitutionell festgelegter Grundrechte zum vorherrschenden Bewertungskriterium moderner Demokratie. War noch in der antiken Polis die unmittelbare Partizipation des Demos der Modus, durch den sich das Prinzip der Volkssouveränität realisierte, so musste dieser aufgrund der Flächenausdehnung des modernen Nationalstaates, der damit einhergehenden Distanzierung der Bürger von den politischen Machtzentren und der Zunahme gesellschaftlicher Komplexität durch institutionell gesteuerte Prozesse ersetzt werden, die das Problem der Inklusivität mittels Repräsentation lösten. Da die politische Gleichheit in der Antike noch im Prinzip der *isegoria* – dem Recht auf freie Rede in der *ekklesia* – verwirklicht wurde und weil die Griechen keine repräsentativen Institutionen kannten, entfiel die Responsivitätsbedingung als Bewertungskriterium für demokratisches Regieren. Dagegen manifestiert sich der Gleichheitsgrundsatz heute primär im gleichberechtigten Zugang der Bürger zur Wahlurne.

Deshalb müssen bestimmte Kriterien erfüllt sein, um eine Verbindung von Regierenden und Regierten über den Wahltag hinaus zu gewährleisten.[54] Da ist zum einen die Möglichkeit der verstetigten Partizipation zwischen den Wahlen, zum Beispiel in politischen Parteien, zweitens das Kriterium der »vertikalen Rechenschaftspflicht« der Repräsentanten. Diese wird periodisch in den Wahlen selber, aber auch im Rahmen von Wahlkampagnen ritualisiert, da die Wahlbürger die Möglichkeit erhalten, mit den Kandidaten in Kontakt zu treten, ihre Meinungen zu einer laufenden Kontroverse zu artikulieren und auf diese Weise ihre Fäden in das »Bezugsgewebe der menschlichen Angelegenheiten«

54 Vgl. Dahl, Robert A. 1989, *Democracy and Its Critics*, New Haven: Yale University Press.

zu schlagen. Diese Phase der Deliberation und anschließenden Entscheidung wird heute meist als das einzige, wenn auch schwache Residuum eines demokratischen Moments in der Parteiendemokratie wahrgenommen, da hier die zivilen Antagonismen im Rahmen öffentlicher Deliberation und einer *face-to-face*-Kommunikation des Wahlvolks mit seinen (künftigen) Repräsentanten erst einmal gesamtgesellschaftlich reflektiert und symbolisch repräsentiert werden. Ein *responsives* Repräsentationsverhältnis vermag diese Phase aber nur dann zu initiieren, wenn das dritte Kriterium ins Spiel kommt: der reale und faire Wettbewerb zwischen konkurrierenden Alternativen. Diese müssen so strukturiert sein, dass sie die heterogenen Präferenzen der Bürger herausdestillieren und in kohärente Projekte übersetzen.[55]

Damit ein realer Wettbewerb um politische Ideen stattfinden kann, bildet wie damals in Athen auch heute die Mehrheitsregel auf prozeduraler Ebene das einzig legitimierbare Verfahren, um der Stimme jedes einzelnen Teilnehmers dasselbe Gewicht zuzusprechen.[56] Das Mehrheitsprinzip spiegelt trotz aller realen Verschiebungen zur Verhandlungsdemokratie und der akademischen Diskussionen um ihre deliberative Umdeutung noch immer die Ursprünge der Demokratie wider – das Athen des 4. und 3. Jahrhunderts v. Chr. war jedenfalls eine reine Konkurrenzdemokratie, in der diejenige Position obsiegte, die die meisten Stimmen erhielt. In der *ekklesia* war die Mehrheitsregel Dreh- und Angelpunkt des politischen Wettbewerbs. Wenngleich die Griechen, geeint durch eine gemeinsam geteilte Bürgeridentität, so etwas wie strukturierte Klassenkonflikte nicht kannten, war doch ihre politische Kultur durch einen agonalen und kompetitiven Charakter gekennzeichnet.[57] Wie heute warben auch damals meist wenige redegewandte Demagogen um die Zustimmung des aus

55 Vgl. Diamond, Larry/Leonardo Morlino 2005, »Introduction«, in: dies. (Hg.), *Assessing the Quality of Democracy*, Baltimore u. a.: Johns Hopkins University Press, S. ix-xliii.

56 Dazu Fuchs, Dieter 1997, *Kriterien demokratischer Performanz in liberalen Demokratien*, Berlin: WZB, S. 9 und S. 16 ff.

57 Vgl. z. B. Roth, Klaus 2011, *Genealogie des Staates. Prämissen des neuzeitlichen Politikdenkens*, 2. Aufl., Berlin: Duncker & Humblot, S. 79.

freien Bürgern sich zusammensetzenden, manchmal intervenierenden Publikums, dessen Votum letztendlich entschied. Allerdings bleibt dem Publikum heute in der Regel nur die Abstimmung über Kandidaten, weniger über Programme, zumal sich diese meist nur noch in geringer Weise unterscheiden und Repräsentanten in westlichen Demokratien aus gutem Grund und zumindest formaliter freie Mandate tragen. Ihre integrative Wirkung beziehen moderne Demokratien heute im Wesentlichen aus zwei Kriterien, die die Polis zu keiner Zeit aufwies bzw. aufweisen musste: aus dem Schutz von Grundrechten und, wie gesagt, der aggregativen Responsivität der repräsentativen Institutionen. Während in der antiken Polis neben dem gleichen Zugang der Bürger zur Vollversammlung schon allein die Ämterrotation und die kurzen Amtszeiten dem Gebot der Isonomie entsprechen, ist ein politisches System heute umso demokratischer, je besser es den Repräsentanten gelingt, die konfligierenden Präferenzen der Bürger zu bündeln und im Gesetzgebungsprozess so zu verarbeiten, dass die Mehrheit des Demos in den daraus resultierenden Rechtsnormen zumindest einen akzeptablen Teil der ursprünglich artikulierten Präferenzen verwirklicht sieht.

Das gilt zumindest theoretisch. Praktisch gelingt dies den Repräsentanten immer seltener. In einer Wahldemokratie, in der Herrschende und Beherrschte nur am Wahltag identisch sind, in der also die Direktwahl von Parlamenten und Regierungsämtern zum Fixpunkt demokratischer Legitimität geworden ist, sollte das Prinzip der majoritären Aggregation dafür sorgen, dass die um Stimmen konkurrierenden Repräsentanten im Vorfeld der Wahl programmatisch kohärente, klar unterscheidbare Alternativen formulieren und nach der Abstimmung eindeutige Mehrheitsverhältnisse entstehen. Aus diesem Ideal speist sich die Vorstellung, dass Wahlen von Bedeutung sind: dass die eigene Stimmabgabe dazu beiträgt, den tagespolitischen Prozess in Richtung einer bestimmten Reformpolitik zu steuern, die in den Monaten vor der Wahl gesamtgesellschaftlich diskutiert wurde. Die Parteien, so die Idealvorstellung, sollten ihre Politikangebote ihrerseits an den Präferenzen der Bürgerschaft und an den Diskussionen in der Parteibasis orientieren, wo den einfachen Mitgliedern und den ehrenamtlichen Funktionären auf den unteren Kreis- und Bezirksebenen theoretisch die Funktion eines Scharniers zwischen Gesellschaft und Parteieliten zukommen sollte.

Doch wie heute, gerade auch im Kontext der Postdemokratie-Debatte, immer wieder beklagt wird, verlieren die Parteiführer zunehmend das Interesse an der Basis und ihren Programmen, die selbst kaum noch durch voneinander abgrenzbare Positionen bestechen. Stattdessen wird seit Jahrzehnten eine Professionalisierung der Parteiapparate zu nach »modernen Managementmethoden« organisierten »öffentlichen Dienstleistungsfirm[en]« konstatiert, die als eine der Hauptursachen für die Verkümmerung lokaler Strukturen gewertet wird.[58] Politiker wenden sich bevorzugt direkt der öffentlichen Meinung zu, die sie in der leicht verdaulichen Form von Meinungsumfragen, Fokusgruppen-Interviews und Reaktionen auf groß angelegte »Zuhör-Kampagnen« (»Die SPD hört zu – Sag uns deine Meinung«) aufnehmen. Gleichzeitig zwingt die Präsentationslogik der Mediendemokratie Politiker, immer neue Formen von »Politainment« einzuüben.[59] Theatralisierung, Image- und Event-Politik sowie symbolische Scheinwelten drängen in das Zentrum politischer Kampagnen:

> »Was zählt, ist das neueste vom Neuen, der allerneuste Augenblick, attraktiv gefüllt. Gestern und Morgen verblassen, der lange Prozess langweilt. Die Parteien, ja das ganze intermediäre System der Vereine, Organisationen und Initiativen, in denen Projekte und Lösungen in langwierigen Beratungen, Verhandlungen, Kompromissen allmählich reifen, also das mühsame Procedere der Demokratie, haben unter den Gesetzen der Medienwelt kaum eine Chance.«[60]

Um diesen Gesetzen Folge zu leisten, haben die Parteien anstelle von Programmen kurzlebige Images gewählt, statt Orientierung

---

58 Vgl. Jun, Uwe 2011, »Die Repräsentationslücke der Volksparteien: Erklärungsmaßnahmen für den Bedeutungsverlust und Gegenmaßnahmen«, in: Linden, Markus/Winfried Thaa (Hg.), *Krise und Reform politischer Repräsentation*, Baden-Baden: Nomos, S. 95-123, hier S. 114.

59 Vgl. Dörner, Andreas 2001, *Politainment. Politik in der medialen Erlebnisgesellschaft*, Frankfurt am Main: Suhrkamp.

60 Meyer, Thomas 2006, »Populismus und Medien«, in: Decker, Frank (Hg.), *Populismus. Gefahr für die Demokratie oder nützliches Korrektiv?*, Wiesbaden: VS Verlag für Sozialwissenschaften, S. 81-96, hier S. 86.

versuchen sie es mit Marketing, statt selbstbewusst zu führen, lassen sie sich von Spindoktoren inszenieren. Allerdings reagieren sie mit ihrer Giftmischung aus inhaltsleerer Inszenierung und plebiszitärer Stimmungsabsorption auf Bedingungen, denen sie sich schlicht nicht widersetzen, die sie nicht ignorieren können, weil sie keine Möglichkeit haben, sie in einer positiven Weise zu verändern: Den Geboten einer erlebnisgesellschaftlich eingebetteten »Unterhaltungsdemokratie« (Thomas Meyer), die nach publikumswirksamen Darstellungsformen verlangen, und auf einen fragmentierten Wählermarkt, auf dem die Käufer sich zunehmend spontan, nach Images und unbestimmten Kompetenzperzeptionen geleitet entscheiden, können sie nur noch gehorchen. Sie reagieren damit aber außerdem, *erstens*, auf eine in der Bevölkerung weitverbreitete Parteienverachtung[61] und *zweitens* auf die strategischen Erfordernisse, die eine heterogene, das Ideal der privaten Autonomie auf den politischen Prozess übertragende Wählerschaft nun einmal mit sich bringt.

Während also die Parteiidentifikationen weiter zurückgehen, lässt sich dasselbe auch über das Vertrauen der Bürger in die Parteien sagen. Die ihnen zugeschriebene Problemlösungskompetenz fällt in Umfragen seit Jahren weiter ab. Älteren und neueren Parlamentsstudien zufolge wünschen sich die Bürger von ihren Repräsentanten, dass diese vorwiegend die ganze Nation und die Wahlkreise repräsentieren. Die in Deutschland aufgrund des Proporzsystems ausschließlich im Vordergrund stehende Repräsentation bestimmter sozialer Gruppen dagegen trifft auf weitaus weniger Zustimmung.[62] Darüber hinaus sprechen sich regelmäßig die Bürger in hohen Anteilen für eine Große Koalition aus, die sie am ehesten in der Lage sehen, Reformblockaden aufzulösen. Regierungs-, aber auch Oppositionsparteien antworten auf diese

---

61 Vgl. Merkel, Wolfgang 2009, »Der Parteienverächter. Wider den publizistischen Stammtisch – Ein Zwischenruf«, in: *WZB-Mitteilungen*, Ausgabe 124, S. 13-16.
62 Vgl. z. B. die ersten Ergebnisse der deutsch-französischen Parlamentsstudie CITREP (Citizens and Representatives in France and Germany), »CITREP – First Results«, online verfügbar unter: {http://www.citrep.eu/home/citrep. first.results.pdf} (Stand: April 2013).

Nachfrage nach überparteilichem »Anpacken«, indem ihr Führungspersonal sich selbst als pragmatische, allein im Auftrag des ganzen Volkes handelnde Agenten, als moderne Dienstleister in Szene setzt. In Deutschland hat sich dies im letzten Jahrzehnt in der betont überparteilich gehaltenen Kanzlerschaft Gerhard Schröders, seiner offen demonstrierten Verachtung programmatischer Grundsätze und parlamentarischer Mitsprache bei der anvisierten Auflösung des »Reformstaus«, aber auch im semiplebiszitären Regierungsstil von Angela Merkel niedergeschlagen. So signifikant sich die »Basta-Politik« Schröders von Merkels Führungsstil im Einzelnen unterscheiden mag, so haben beide doch versucht, ihre Agenden direkt und demonstrativ aus den Stimmungen des Volkes abzuleiten, ihre Politik möglichst wenig als parteiprogrammatisch unterfüttertes Projekt zu verstehen. Merkel, die sich als Moderatorin einer Großen Koalition und auch hernach in der Zeit von Schwarz-Gelb bei vielen Entscheidungen in wichtigen Fragen, welche nicht »alternativlos« (weil nicht Teil der von tatsächlichen und vermeintlichen »Sachzwängen« vorangetriebenen Bankenrettungen und Maßnahmen zur Stabilisierung des Euro) waren – eine mögliche Beteiligung der Bundeswehr am Einsatz in Libyen, Ausstieg aus der Atomkraft etc. –, gerne an Umfragewerten orientierte, wurde oft vorgeworfen, »die direkteste Demokratie seit ungefähr 2400 Jahren« errichtet zu haben, ist es ihr doch gelungen, eine »weiche Kanzlerschaft« zu errichten, die – obwohl durchaus medienaffin und nach den Stimmungen der Straße schielend – ganz ohne den bonapartistischen Gestus auszukommen scheint.[63]

Indem sie die in der Bevölkerung gärenden Anti-Parteien-Affekte geschickt aufgreifen, stehlen die nach dem dialogischen Politikmodus operierenden Regierungschefs den Populisten, die so gern ihrer Wut auf die verhassten, angeblich nur die sektionalen Interessen des Establishments repräsentierenden Parteien Ausdruck verleihen, einen Teil ihrer Agenda: die Forderung, Politik am »Volkswillen« auszurichten.[64] Manche Forscher sehen

63 Kurbjuweit, Dirk 2011, »Ritt auf dem Reh«, in: Der Spiegel (11. April 2011).
64 Vgl. Jun, Uwe 2006, »Populismus als Regierungsstil in westeuropäischen Par-

hierin Indizien dafür, dass wir uns auf dem Weg zu einem »strukturellen Populismus« befinden (auch die Begriffe »Neo«- oder »Telepopulismus« sind im Umlauf[65]), der, als »eine Art Designer-Populismus« daherkommend, »umfassende leadership, führungszentrierte, inhaltlich oft beliebige Politik« und den »Topos von der ›Chefsache‹« zu einem ubiquitären Politikstil in westlichen Demokratien ritualisiert.[66]

In Großbritannien hatte Tony Blairs New-Labour-Projekt dieses überparteiliche und pragmatische Regierungsverständnis perfektioniert und damit zugleich die politische Kultur in dem traditionell auf Wettbewerb ausgerichteten Land verändert. Die substanziellen Bestandteile von New Labours »Politik der Depolitisierung« wurden oft analysiert,[67] und sie wurden stilbildend nicht nur für sozialdemokratische, sondern auch für andere Parteien in Europa. Mit einer kreativen Mischung aus auf Pluralisierung und Dezentralisierung von Macht gerichteten Verfassungsreformen, einer »Sprache der Inklusivität« und der Stärkung unabhängiger Institutionen (zum Beispiel die Entlassung der Bank of England in die operationale Unabhängigkeit) setzte Blair auf der einen Seite eine relativ weitgehende Transition des Westminster-Modells hin zur konsoziativen Demokratie durch. Andererseits gelang es ihm, den Einfluss seiner Partei auf die Regierungsgeschäfte zurückzuschrauben – etwa durch den Einsatz direktdemokratischer Instrumente innerhalb der Parteiorganisation zur Marginalisierung der Funktionärsmacht oder durch die Berufung parteiloser Minister in ein zunehmend entmachtetes Kabinett –, von der Basis entkoppelte Entscheidungszentren zu

teiendemokratien: Deutschland, Frankreich und Großbritannien«, in: Decker, Frank (Hg.), *Populismus. Gefahr für die Demokratie oder nützliches Korrektiv?* Wiesbaden: VS Verlag für Sozialwissenschaften, S. 233-254.

65 Vgl. Taguieff, Pierre-André 2007, *L'illusion populiste. Essai sur les démagogies de l'âge démocratique*, Paris: Éditions Flammarion, S. 211 ff.

66 Puhle, Hans-Jürgen 2003, »Zwischen Protest und Politikstil: Populismus, Neo-Populismus und Demokratie«, in: Werz, Nikolaus (Hg.), *Populismus. Populisten in Übersee und Europa*, Opladen: Leske + Budrich, S. 15-43, hier S. 42.

67 Vgl. Burnham, Peter 2001, »New Labour and the politics of depoliticisation«, in: *British Journal of Politics and International Relations* 3/H. 2, S. 127-149.

errichten und sich selbst als genuiner *leader* zu inszenieren. Der Einfluss der Fraktion wurde gemindert; auch den Kabinettssitzungen kam immer weniger Bedeutung zu. Stattdessen wurde mithilfe informeller Kreise und Expertenkommissionen, vor allem aber mit Demoskopen und Kommunikationsberatern regiert, die Blair in großer Zahl in die Downing Street holte. Die einst kohärente sozialistische Ideologie der Partei wurde (nicht zuletzt mit der symbolträchtigen Revision des berühmten Clause IV des Parteistatuts von 1918, der die Werte der Partei festhielt und unter anderem das Gemeineigentum an den Produktionsmitteln als Ziel der Partei formulierte) medienwirksam begraben und durch die vermittelnde Parole von der »radikalen Mitte« ersetzt, die Formulierung politischer Alternativen wich einem neutralen Management zur »sachgerechten« Lösung tagesaktueller Probleme, das in der Synthese des »Dritten Weges« aus neoliberalem Thatcherismus und linkem Old-Labour-Dogmatismus zum Ausdruck kam: Politik wurde zur Problembearbeitung. Übrig blieb ein weitgehend inhaltsloses Versprechen, das sich primär in der Person des *leaders* manifestierte. Der Parteienforscher Peter Mair hat den New-Labour-Ansatz folgerichtig als den Weg in eine »unparteiische und daher depolitisierte Demokratie« beschrieben.[68]

Was Blairs zahlreiche Kritiker jedoch ignorieren oder offen leugnen: Sein »Populismus der Mitte«[69] hat die jahrzehntelange strukturelle Dominanz der Tories im britischen Parteiensystem gebrochen, Labour für die unideologische Mitte des Landes wählbar gemacht. Nicht nur war es ihm 1997 gelungen, die Partei nach 18 Jahren Opposition zu einem Erdrutschsieg zu führen: Auch heute ist eine absolute Mehrheit für die Konservativen – die sich, um im politischen Wettbewerb zu überleben, Blairs medienaffinen und plebiszitären Regierungsstil ihrerseits zu eigen machen mussten, dies aber erst spät bemerkten – bis auf Weiteres nicht mehr in Sicht, wenngleich der Labour Party, wie ihren europäi-

---

68 Mair, Peter 2000, »Partyless democracy. Solving the paradox of New Labour?«, in: *New Left Review* 41/H. 2, S. 21-35, hier S. 22.
69 Vgl. Lewandowsky, Marcel 2010, *Populismus der Mitte: Das Beispiel New Labour*, Marburg: tectum.

schen Schwesterparteien, eine charismatische Führungsfigur derzeit fehlt. Obwohl die Blair- und Brown-Regierungen die von ihren Vorgängern Margaret Thatcher und John Major eingeleitete Deregulierung der Finanzmärkte forciert haben, die schließlich mit dazu beitrug, dass das Land von der aktuellen Krise besonders hart getroffen wurde, und obwohl Labour bereits zwischen 1997 und 2005 einen großen Teil seiner gewerkschaftlich organisierten Kernwählerschaft verloren hatte, konnten die Tories mitten in der Wirtschaftskrise 2010 keine Mehrheit erringen. Die derzeitigen Prognosen lassen einen Labour-Wahlsieg 2015 ziemlich wahrscheinlich aussehen. Das Prinzip der *partyless democracy* hat sich zumindest für die englische Sozialdemokratie als wahlstrategisch durchaus erfolgreich erwiesen.

Das kann man bedauern und als einen Punktsieg für die unpolitische Politik verbuchen. Es wäre aber verfehlt, die Schuld dafür einzig bei den »neoliberalisierten« Parteien des linken Spektrums zu suchen. Die sozialstrukturellen Dilemmata der gegenwärtigen Repräsentationskrise nicht zu reflektieren, hieße so zu tun, als würden die Parteien, auch die sozialdemokratischen, freiwillig, im luftleeren Raum und ohne Not, entgegen den vermeintlich in der Gesellschaft obwaltenden Antagonismen, die nur darauf warten, offen ausgetragen zu werden, einem neoliberalen Konsens das Wort reden.[70] Das wäre zu einfach. Die Parteizentralen bedienen sich auch deshalb populistisch-plebiszitärer Methoden, greifen auf die Ratschläge von Marketingexperten und Teleberatern zurück, weil sie kaum mehr in der Lage sind, die gesellschaftliche Vielfalt in die Agora zu übersetzen. Die Gesellschaft ist opak, das Volk »unauffindbar« geworden.[71] Um es wieder sichtbar zu machen, um ihm klare Konturen zu verleihen, bedienen sich Politiker statistischer Methoden, weil nur sie ihnen die Garantie zu geben versprechen, dass sie sich nicht zu weit von der Mehrheits-

70 Das suggerieren zumindest die Überlegungen von Mouffe, Chantal 2007, *Über das Politische. Wider die kosmopolitische Illusion*, Frankfurt am Main: Suhrkamp, und dies. 2011, »»Postdemokratie‹ und die zunehmende Entpolitisierung«, in: *Aus Politik und Zeitgeschichte*, H. 1-2, S. 3-5.
71 Rosanvallon, Pierre 2002, *Le peuple introuvable. Histoire de la représentation démocratique en France*, Paris: Gallimard.

meinung, von der Mitte entfernen und damit ins elektorale Abseits rutschen.

Im Zeitalter der Massenintegrationsparteien konnten die Interessen konfligierender Gruppenidentitäten noch relativ problemlos in die staatlichen Vermittlungsinstanzen übertragen werden. Damals – insbesondere im Parteienpluralismus der Weimarer Republik, aber auch noch im ersten Jahrzehnt der Bundesrepublik – agierten die Parteien ihrem Selbstverständnis nach als Milieu- und Interessenparteien. Auch wenn zum Beispiel auf SPD-Parteitagen in den zwanziger Jahren immer wieder heftige Debatten zwischen Parteilinken und Reformisten tobten, die sich eine programmatische Öffnung gegenüber den ländlichen Kleinbauern, Beamten und Akademikern wünschten, repräsentierten die Parteien insgesamt die Präferenzen ganz spezifischer Milieus und Bevölkerungsschichten. Sie konnten (und mussten) dies ohne große Rücksicht auf das konstruierte Profil irgendeines »Medianwählers« tun, weil die Gesellschaft selbst durch harte, aber überschaubare Großkonflikte und ein starkes Wohlstandsgefälle in relativ deutlich voneinander abgrenzbare Segmente zersplittert war, die die Parteien durch klare, mitunter sehr weit auseinanderliegende Positionen ansprachen, um bei Wahlen erfolgreich zu sein. Obwohl die politischen Auseinandersetzungen stark konfrontativ ausgerichtet waren, blieb der Parteienwettbewerb um Wählerstimmen auf die jeweiligen (rechten und linken) Lager beschränkt und hielt sich auch dort in Grenzen, weil jede Partei auf eine eigene, »natürliche« Wählerbasis vertrauen konnte, deren Mobilisierung recht ordentliche Wahlergebnisse versprach. Diese festen Bindungen sind heute mehr als nur gelockert.[72] Dieser Trend ist natürlich nicht neu, war aber bis in die siebziger und frühen achtziger Jahre längst nicht so stark erkennbar, wie Otto Kirchheimers 1965 vorgetragene, gewissermaßen Fraenkels zwei Jahre zuvor geäußertes »Unbehagen« parteientypologisch untermauernde These von den Allerweltsparteien dies vermuten ließ.[73]

---

72 Vgl. Decker, Frank 2012, »Populismus und der Gestaltwandel des demokratischen Parteienwettbewerbs«, in: *Aus Politik und Zeitgeschichte*, H. 5-6, S. 10-15.

73 Vgl. Kirchheimer, Otto 1965, »Der Wandel des westeuropäischen Parteiensystems«, in: *Politische Vierteljahresschrift* 6/H. 1, S. 20-41, hier S. 27.

In den siebziger und achtziger Jahren kehrte zunächst ein Stück ideologischer Verbrämung in die Parteien zurück, zudem kam der Anspruch der Parteimitglieder auf Diskussion und Beteiligung wieder auf. Rückblickend betrachtet kann man von den Volksparteien in diesem Zeitraum durchaus noch als Milieuparteien im Übergang sprechen, die aus sozialmoralischen Lebenswelten hervorgingen und ihre Wähler geistig und wertemäßig integrierten.[74] Erst in den neunziger Jahren wurde die Entwicklung zur *catch-all party* manifest. Aber selbst bis zu Beginn des vergangenen Jahrzehnts konnte sich die CDU noch uneingeschränkt auf die Loyalität ihrer katholischen Wähler verlassen: Bei der Bundestagswahl 2002 wählten 52 Prozent der Katholiken und 75 Prozent der regelmäßigen katholischen Kirchgänger die Parteien der christlichen Union. Das entsprach exakt dem Anteil, den die Zentrumspartei bei der Reichstagswahl 1912 und die beiden Unionsparteien bei der Bundestagswahl 1953 im katholischen Wahlvolk erzielten.[75]

Inzwischen ist die Situation offenkundig eine andere. Das Parteiensystem und die parlamentarische Arena haben an Integrationskraft verloren, vermögen es nicht mehr, gesellschaftliche Pluralität, die in einem auf gemeinsamen Grundwerten fundierten öffentlichen Raum waltenden Spannungen und Dissoziationen symbolisch zu repräsentieren. Parteien fungieren kaum noch als vitale Repräsentanten von Lebenswelten. Um in die elektoral vielversprechende »Mitte« vorzudringen, mussten sie »ideologischen Ballast« abwerfen: Die Union musste ihre Verbindungen zum ländlich-konservativen Milieu lockern, um in die Großstädte vorzustoßen, die SPD musste von ihrem Verständnis als Klientelpartei der Facharbeiterschaft und der Schwachen abrücken, um für die »Leistungsträger« attraktiv zu werden. Durch die daraus resultierende Indifferenz bluten die Parteien normativ aus. Um in

74 Vgl. Lösche, Peter 2010, »Sozialmoralische Milieus und politische Lager«, in: *Forschungsjournal Neue Soziale Bewegungen* 23/H. 1, S. 21-23.
75 Vgl. dazu Walter, Franz 2012, »Zerrissene Ketten. CDU/CSU verlieren das katholische Milieu«, in: *zeitzeichen.net*, online verfügbar unter: {http://www.zeitzeichen.net/geschichte-politik-gesellschaft/die-union-und-die-kirchen/} (Stand: April 2013).

einem Wettbewerb um die volatilen Stimmungswähler zu überleben, können sich die Parteien nur mehr vage, vorsichtig und ungefähr äußern. Gleichzeitig verwenden sie viel Zeit und Mühe darauf, das Vordringen neuer Repräsentanten zum Ort der Macht zu verhindern – und das heißt auch: zum Ort des Geldes, der öffentlichen Finanzmittel, auf die vor allem die Volksparteien, deren Mitgliederbasis sich weiterhin in rasantem Tempo auszehrt, so dringend angewiesen sind. Die »Allerweltsparteien« sind zu »Kartellparteien« avanciert, die die primären Ziele verfolgen, erstens nicht nur möglichst viele Mandate zu gewinnen, sondern um jeden Preis Regierungsteilnahmen zu erringen, um so ihre materielle Basis abzusichern, und zweitens neue Konkurrenz frühzeitig zu erkennen und vom Feld zu drängen. Letzteres scheint ihnen aber – betrachtet man die Entwicklung seit Anfang der Jahrtausendwende – angesichts zunehmend erratischen Wahlverhaltens selbst in der Bundesrepublik, deren Parteiensystem bis Mitte der achtziger Jahre im Vergleich zu anderen Ländern mit Proportionalwahlrecht noch sehr stabil dastand, in letzter Zeit immer weniger zu gelingen.[76]

Die Gesellschaften des 21. Jahrhunderts sind bekanntlich in eine Vielzahl von Segmenten aufgespalten; die sie prägenden Konflikte sind nicht mehr so sehr ideologischer oder konfessioneller Natur, sondern beziehen sich oft nur noch auf die regionale Ebene und rekurrieren eher selten auf überwölbende Sinnzusammenhänge. Jenseits dieser Mikrokonflikte formierte sich ungestört die neoliberale Hegemonie. Dieser Trend verstärkt sich durch eine Diversifizierung gesellschaftlicher Diskurse, individueller Lebensstile, Interessen und Meinungen, die – nicht zuletzt, weil auch auf der individuellen Ebene zunehmend inkohärente Präferenzen ausgebildet werden[77] – in Parteiprogrammen nicht mehr angemessen integriert werden konnten. Auf der Suche

---

76 Katz, Richard/Peter Mair 1995, »Changing models of party organization and party democracy: the emergence of the cartel party«, in: *Party Politics* 1/H. 5, S. 5-28.

77 Siehe dazu auch Schaal, Gary S. 2009, »Responsivität – Selbstzerstörerisches Ideal liberaler Demokratie?«, in: Brodocz, André (Hg.), *Bedrohungen der Demokratie*, Wiesbaden: VS Verlag für Sozialwissenschaften, S. 353-369.

nach der nivellierenden Mitte, die ständig um neue Trends erweitert wird,[78] scheinen Parteien nunmehr genötigt, sich inhaltlich so stark einander anzunähern, dass in der tagespolitischen Auseinandersetzung meist nur noch detaillierte oder symbolische Differenzen erkennbar sind (gesetzlicher Mindestlohn vs. »verbindliche Lohnuntergrenze« oder Ähnliches).

Gleichzeitig sind die Parteien aber auch darauf angewiesen, ihrer Wählerschaft einen festen, klar umgrenzten Orientierungsrahmen zu bieten: Lose Narrative, die ihre verbliebene Bindungskraft aus der opaken, durch Konvention und Assoziation individuell auflösbaren, deutungsoffenen Ambiguität überlieferter *core values* (»Solidarität«, »Gerechtigkeit«, »Freiheit«) beziehen und so zur Komplexitätsreduktion beitragen, die die für die integrative Wirkung von Demokratie konstitutive Polarisierung erst ermöglicht. In dem Augenblick, da, wie in den vergangenen zwei Jahren im Zuge der EWU-Krise, nicht mehr nur die von fiskalpolitischen »Sachzwängen« geforderten Problemlösungen, sondern auch die Systemzwänge selbst von Fachleuten nur noch vage nachvollzogen, geschweige denn der breiten Bevölkerung eingängig präsentiert werden können – etwa von Multiplikatoren aus der politischen Bildung, die täglich aufs Neue versuchen müssen, junge Menschen für Europa zu begeistern –, bedienen sich die Parteien immer häufiger Methoden der medialen Selbstinszenierung. Sie tragen dazu bei, den inhaltlichen Wettbewerb um Ideen zugunsten symbolischer Repräsentation abzulösen, der den klassischen Parlamentarismus schon in seiner vordemokratischen Phase ausgezeichnet hatte. Der wichtigste Grund hierfür liegt natürlich darin, dass gesellschaftliche Fragmentierung das konstitutionell ohnehin begrenzte Mehrheitsprinzip zusätzlich restringiert: »Die heutigen Gesellschaften definieren sich zunehmend über den Begriff der Minderheit. [...] Mittlerweile stellt die Gesellschaft sich in Form einer ungeheuren Vielfalt von Minderheitssituationen dar. ›Volk‹ wird damit auch zum Plural von ›Min-

---

78 So wäre es, um nur ein Beispiel zu nennen, wohl noch Ende der neunziger Jahre kaum denkbar gewesen, dass sich demonstratives Umweltbewusstsein und das Kaufen von Bioprodukten als moralisches Gebot derart in der bürgerlichen Mitte ausbreiten würden.

derheit‹.«[79] Dies ist aber eines der deutlichsten Indizien für den Erfolg und zugleich für die Krise des demokratischen Projekts: In den vergangenen zwei Jahrhunderten haben diverse soziale und ethnische Minoritäten aufwendige Kämpfe führen müssen, um in den Genuss der gleichen politischen Rechte zu gelangen, die ihnen die Mehrheit so lange verweigerte. Inzwischen ist dieser Teil des demokratischen Projekts, also der Kampf um die Rechte von Minderheiten, weit fortgeschritten. Abgesehen von den zumeist unter erbärmlichen und unmenschlichen Bedingungen lebenden *sans-papiers*, die in Europa und anderswo kaum eine Lobby haben, hat sich die Lebenssituation und der Rechtsstatus der meisten Minderheiten in den westlichen Demokratien stark verbessert. Und jene Bevölkerungsteile, die man zur »neuen Unterschicht«, zum »abgehängten Prekariat« rechnet, sind in sich so inhomogen, dass sie außer der ständigen Furcht vor weiteren Einschränkungen sozialer Transfers allenfalls eine resignative Grundhaltung, die Angst vor Veränderung und eine Vorliebe für Ablenkung, Traumwelten und Körperkult verbindet – alles nicht gerade Quellen, aus denen sich kollektive politische Identitäten (als Basis für eine aktive, positive Mobilisierung dieser Gruppen) ableiten ließen. Nicht nur in diesen Milieus wird es deutlich schwieriger, gesellschaftliche Koalitionen mit erkennbaren Interessenprofilen zu bilden.

Heterogene Präferenzmuster, der Bedeutungszuwachs des Ideals der privaten Autonomie im Zuge von Individualisierungsprozessen in Kombination mit einer wachsenden Dominanz hedonistischer Lebensstile in allen sozialen Milieus, aber auch die in Zeiten teledemokratischer Narkotisierung und mit der Komplexitätssteigerung politischer Prozesse abnehmende Fähigkeit der Bürger, informierte Präferenzen auszubilden bzw. selbstbestimmte Entscheidungen zu treffen, zudem ihr Unwille, diese eigenen Präferenzen im öffentlichen Diskurs, im Austausch mit anderen zu begründen und zu rechtfertigen[80] – dies alles führt

---

79 Rosanvallon, Pierre 2010, *Demokratische Legitimität. Unparteilichkeit, Reflexivität, Nähe*, Hamburg: Hamburger Edition, S. 11.
80 Vgl. Conover, Pamela J./Donald Searing 2005, »Studying everyday talk in the deliberative system«, in: *Acta Politica* 40/H. 3, S. 269-283.

dazu, dass die Bürger einerseits immer unreflektiertere, egoistischere Präferenzen ausbilden, dass sie aber andererseits, stärker als je zuvor, darauf insistieren, dass die politischen *outcomes* ihren persönlichen Vorstellungen möglichst nahe kommen sollen. Denn: Die Hegemonie eines vulgärliberalen Gesellschaftsideals – das Verschwinden kollektiver Handlungsformen und Gemeinwohldefinitionen, die Verabsolutierung des Rechts auf private Autonomie, selbst wenn dies mit dem öffentlichen Interesse kollidiert etc. – hat nicht nur zur Folge, dass sich zum einen die individuellen politischen Präferenzen vermehren und zum anderen die Toleranz gegenüber nichtresponsivem Regierungshandeln abnimmt. Dabei ist das Ideal der majoritären Aggregation auf eine unter neoliberalen Vorzeichen ganz und gar unmodische Bedingung angewiesen: die Koalitionsfähigkeit der Bürger, auf deren Bereitschaft, die eigenen Präferenzen, wenn nötig, zurückzunehmen, um ein bestimmtes gemeinsames Anliegen, über das grundsätzliche Einigkeit, aber Uneinigkeit im Detail besteht, zusammen mit anderen politischen Mitstreitern so zu verdichten, dass es für möglichst viele Menschen mit ähnlichen Meinungen/Interessen zustimmungsfähig wird. Weiterhin verlangt es auch die Bereitschaft, Mehrheitsentscheidungen zu akzeptieren und die Idee mimetischer Repräsentation als einer exakten Spiegelung der gesellschaftlichen Einheiten (Milieus, Schichten, Lebenswelten usw.) in das politische System zu verwerfen. Diese Idee wird bei Diskussionen zur Reform der liberalen Parteiendemokratie immer wieder aufgegriffen, etwa in Gestalt von Vorschlägen, die auf eine Ersetzung oder Ergänzung elektoraler Repräsentation durch Losverfahren, also auf den Versuch zielen, das Problem der Inklusion durch statistische Verfahren zu lösen, womit das Problem der Responsivität sich erübrigen würde (vgl. dazu noch Kapitel 5). Demgemäß geht die aggregative Demokratie nicht von einer perfektionistischen Abbildtheorie, sondern von einem reduktionistischen Ideal aus, das zwar mit dem Postulat der Selbstregierung kaum vereinbar ist, aus dem die Demokratie aber viel von ihrer romantischen sozialen Progressivität bezieht: dass, sobald die Armen und Unterdrückten ihre Stimme abgeben, die Interessen der Unterdrücker mit dem Verweis auf den (Mehrheits-)Willen des Volkes ihrerseits legitim unterdrückt und stattdessen gegen sektionale Minderheitswillen soziale Reformen durchgesetzt werden können, die dem Gemeinwohl dienen. Dass also – wie das Labour-Urgestein Tony Benn etwas ambitioniert formuliert hat, damit aber den alten und zweifellos sympathischen Traum vom demokratischen Widerstand gegen die für das Gemeinwohl blinden Präferenzen des Finanzkapitals zusammenfasst – die Macht »vom Marktplatz zum Wahllokal, von der Geldbörse zum Stimmzettel« (»from the wallet to the ballot«) übergeht.[81] Ein solcher Begründungsanspruch sozialer Demokratie klingt heute ziemlich verwegen und naiv. Seine Überzeugungskraft ist längst verloren gegangen.

Es ist kein Wunder, dass die aggregative Demokratie ihre Hochphase im industriellen Zeitalter erlebte, als nur wenige *cleavages* im Zentrum der Auseinandersetzung standen und damit wenige diskursive Knotenpunkte, um die sich die politischen Akteure gruppierten. Um eine Partei und die Kernanliegen eines meist klar identifizier- und abgrenzbaren Wählersegments zum Sieg zu führen, kam es darauf an, Koalitionen zu bilden, vereint zu handeln. Um ihre gemeinsamen Ziele – das, was zum Beispiel in der frühen sozialistischen Arbeiterbewegung so unterschiedliche Gruppen wie progressive liberale Intellektuelle, Proletarier und Geistliche miteinander verband – erreichen zu können, musste man aufeinander zugehen, das eigene Milieu hin und wieder verlassen. Innerhalb der Parteien ging (und geht) es dann selten demokratisch, erst recht nicht deliberativ zu. Meist wurde weniger diskutiert als organisiert und sich in die Vorgaben der zentralen Führung gefügt. Das Mehrheitsprinzip der Demokratie erfordert nun einmal – auf der innerverbandlichen, vorkompetitiven Ebene – den festen Zusammenschluss und die Assoziation, das »Sprechen mit einer Stimme« statt Diskurs, individuelle Abwägung und Widerspruch. Die Aufgabe von Parteien ist es schließlich, divergierende Interessen zu bündeln und zu einer abgrenzbaren Einheit zusammenzuschweißen: »Die Vereinigung«, so Alexis de Tocqueville, »faßt die Bemühungen auseinanderstre-

81 Benn, Tony 2009, »Liberty is crucial to democracy«, in: *guardian.co.uk*, (27. Januar 2009), online verfügbar unter: {http://www.guardian.co.uk/commentisfree/2009/jan/27/surveillance-idcards} (Stand: April 2013).

bender Charaktere zusammen und treibt sie machtvoll in die von ihr klar vorgezeichnete Richtung«.[82] Zur Zeit der industriellen Moderne mit ihren Klassengegensätzen war die bedingungslose Bindung der Arbeiter an die Organisation noch das Zaubermittel, um ihre Emanzipationsgedanken zu verwirklichen. Denn *organizing* war (und ist es theoretisch noch immer) der einzige Weg, um schwachen Interessen eine wirksame Stimme im öffentlichen Raum zu garantieren. Dies galt natürlich vor allem für die Zeit der Arbeiterbewegung; aber auch heute sind Gewerkschaften und Parteien auf Organisation und Mobilisierung, dabei aber vor allem auf die unbedingte Loyalität ihrer Mitglieder angewiesen, um gute Ergebnisse zu erzielen.[83] Diesen Erfordernissen stehen die radikalisierten, perfektionistischen Demokratieerwartungen des negativen Souveräns entgegen, der nach dialogischen Verfahren verlangt und mit Blockaden und Widerspruch droht, sollte er nicht genau das bekommen, was er verlangt.

Mit der Auflösung traditioneller Lagerbindungen, der fluiden Differenzierung politischer Orientierungen trocknen jedoch die Quellen aus, aus denen der von Politikern und Medien eifrig beschworene Gedanke der Volkssouveränität, dessen Entfaltung die meisten Bürger nun einmal auch von einer konstitutionell eingehegten und wehrhaften Demokratie erwarten, seit je seine Überzeugungskraft schöpft: aus dem Mehrheitsprinzip und der Einbettung dieses Prinzips in die responsiven Verfahren repräsentativer Meinungsbildung. Aber in einer Gesellschaft, die das Ideal der Selbstbestimmung auf der privaten und politischen Ebene radikalisiert, wird es eben immer schwieriger, lagerüber-

---

82 Tocqueville, Alexis de 1985, *Über die Demokratie in Amerika*, Stuttgart: Reclam, S. 101 f.

83 Allerdings reagieren auch die Gewerkschaften inzwischen auf den pluralistischen Wandel, wie etwa die *organizing*-Strategien des US-amerikanischen Gewerkschaftsdachverbandes American Federation of Labor and Congress of Industrial Organizations (AFL-CIO) zeigen, die inzwischen auch von europäischen Gewerkschaften erprobt werden. Vgl. hierzu u. a. Reiss, Jeremy 2005, »Social movement unionism and progressive public policy in New York City«, in: *Just Labour* 5/Winter 2005, S. 36-48; Lüthje, Boy/Christoph Scherrer 2001, »Race, multiculturalism, and labor organizing in the United States: lessons for Europe«, in: *Capital & Class* 73, S. 141-171.

greifende Koalitionen aufzubauen und dadurch homogene Mehrheiten für klar definierbare politische Projekte zu generieren, die parlamentarisch vermittelt werden könnten. Um das Problem ganz im Stile des berühmten Böckenförde-Theorems zu beschreiben: Die repräsentative Wettbewerbsdemokratie lebt sozusagen von Voraussetzungen, die sie selbst nicht garantieren kann; die liberalen Fundamente der modernen Demokratie erschüttern die sozialen Grundlagen, deren das aggregative Ideal bedarf.

Es ist sicherlich nicht das Ende der repräsentativen Demokratie, das wir derzeit erleben. Aber wir stehen ohne Zweifel am Ende einer konkurrenzdemokratischen Epoche, in der Wahlen das zentrale Legitimationsmoment für das Handeln der Repräsentanten stiften konnten. Freilich, auch die von den großen Volksparteien getragene Wettbewerbsdemokratie war kein demokratisches Elysium. Aber es lässt sich nicht leugnen, dass einst mit dem Übergang vom klassischen Parlamentarismus zur Ära der Massenparteien die demokratische Idee einen eindeutigen Fortschritt erfuhr. Die Tatsache, dass soziale Pluralisierung, die Internationalisierung von Politik und die zunehmende Komplexität politischer Steuerungsprozesse uns eine Regression zurück in Zustände aufdrängen, die an den Parlamentarismus des 19. Jahrhunderts erinnern (schwindende Bedeutung von Wahlen, im Vordergrund stehen Personen statt Programme),[84] wird nicht mehr nur in der Politischen Theorie mit großer Sorge verfolgt. Die Suche nach einem legitimen Ersatz für das Ideal der aggregativen Responsivität bringt jedoch (wie wir noch im dritten Kapitel sehen werden) vor allem solche deliberativen Konzepte hervor, die das Postulat der politischen Gleichheit noch weniger verwirklichen, als dies die Parteienwettbewerbsdemokratie tat.[85]

84 Vgl. Manin, Bernard 1997, *The Principles of Representative Government*, Cambridge: Cambridge University Press, S. 218 ff.
85 Siehe auch Salzborn, Samuel 2012, *Demokratie. Theorien, Formen, Entwicklungen*, Baden-Baden: Nomos, S. 120 f.

Tocqueville hat den Drang der Völker zur Demokratie eine einzige »unaufhaltsame Revolution« genannt,[86] dabei aber auf eine Reihe selbstzerstörerischer Mechanismen hingewiesen, die seines Erachtens der liberalen Demokratie inhärent seien, etwa die auf die Politisierungsschübe der revolutionären Gründungsepoche folgende Tendenz zur Individualisierung, des unpolitischen Rückzugs in die privaten Freuden und eine allmähliche Verachtung öffentlicher Angelegenheiten, die die Korrespondenz von Rechtsgleichheit und dem Streben nach Autonomie mit sich bringt. Er hätte daher niemals einer Fortschrittsthese das Wort geredet, die neben einem unvermeidlichen Sieg der Demokratie als Staatsform eine automatische Radikalisierung ihrer qualitativen Prinzipien, eine Demokratisierung der Demokratie als Selbstläufer, behauptet. Doch diese Vorstellung ist weitverbreitet. Der Gedanke, dass es in der EU und auf der Ebene der Nationalstaaten »Demokratiedefizite« gibt, die durch kosmetische oder auch (prinzipiell, wenn auch nicht praktisch denkbare) große Strukturreformen in Gestalt von Vertragsänderungen aufzulösen sind, dass es mit der Demokratisierung trotz aller Widerstände, die von eingeübten Prozessen in der Verwaltung, der Wirtschaft usw. ausgehen, als Pendant der Moderne stetig vorangeht, so wie auch die Prozesslogik funktionaler Differenzierung ungebremst vorwärtsschreitet, dass also, kurz gesagt, Modernisierung und Demokratisierung (in ihrer liberalen, individuelle Autonomie und Rechtsstaatlichkeit fördernden Façon, nicht als totalitäre Entgrenzung des Gleichheitspostulats) innergesellschaftlich Hand in Hand gehen, ist in der Transformationsforschung noch immer sehr verbreitet. Derzeit wächst allerdings der Widerstand gegen solche fortschrittsoptimistischen Behauptungen. Die Beobachtung, »dass die Prozesslogik der gesellschaftlichen Moderne sich gegen die bisher als modern geltende Demokratie durchsetzt, indem sie sie verändert«,[87] indiziert, dass die grundlegenden Wandlungen, die die

---

86 Tocqueville, *Über die Demokratie in Amerika*, S. 20.
87 Greven, Michael Th. 2009c, »War die Demokratie jemals ›modern‹? Oder: des

Moderne ermöglicht, und die für das liberaldemokratische Modell konstitutiven Kriterien nicht nur nicht unbedingt harmonisch miteinander korrespondieren. Im Gegenteil erfahren Letztere in diesem Prozess zum Teil irreversible Schädigungen.

Ein erstes Beispiel für einen solchen *trade-off* haben wir bereits angesprochen: Die Dialektik von sozialer Differenzierung/Interessenpluralisierung und mangelhafter Responsivität: Der Neopluralismus Fraenkels fußte noch auf der idealisierten Annahme, dass grundsätzlich alle Interessen im Rahmen gruppenspezifischer Repräsentation organisiert und hörbar artikuliert werden können. Fraenkels Parlamentarismustheorie ging davon aus, dass ein idealtypisches Repräsentativsystem einen »hypothetischen Volkswillen« voraussetzen muss, nach dem sich die parlamentarische Debatte richten soll.[88] Ganz abgesehen von der seinerzeit vernehmbaren linken Kritik, die darauf abhob, dass diese Konzeption ökonomische Machtungleichgewichte ignoriere, haben sich aufgrund der seitdem erfolgten Potenzierung und Fragmentierung der Milieus, Lebensstile, Interessengruppen usw. darüber hinaus massive Translationsprobleme zwischen den kaum mehr kohärenten Interessenlagen der Wahlbürgerschaft und deren parlamentarischen Repräsentanten ergeben, die das Responsivitätsideal aggregativer Demokratie erschüttern. Heute sehen wir uns mit dem Problem konfrontiert, dass sich – bedingt durch gesellschaftliche Pluralisierung (also der Zunahme partikularer Konzeptionen des »guten Lebens«, die bei der Produktion kollektiv bindender Entscheidungen berücksichtigt werden müssen) ein wie auch immer konstruierter *consensus omnium* innerhalb der Gesellschaft ebenso rasant auflöst wie der kontroverse Sektor in der institutionalisierten Politik, der die symbolische Translation einer heute zunehmend unübersetzbaren Pluralität sicherstellen soll, aus der laut Fraenkel die Demokratie doch gerade ihre integrative Wirkung bezieht.

Kaisers neue Kleider«, in: *Berliner Debatte Initial* 20/H. 3, S. 67-73, hier S. 68. Das ist auch eine der Hauptthesen von Blühdorn, auf die wir gleich noch zu sprechen kommen werden.
88 Fraenkel, *Deutschland und die westlichen Demokratien*, S. 153.

Bemerkenswert ist aber auch die Dialektik von individueller Autonomie und des dem Gedanken der Volkssouveränität zugrunde liegenden Postulats kollektiver Selbstbestimmung in der modernen Demokratie: Das neuzeitliche Demokratieprojekt war von Anfang an von einem individualistischen Gesellschaftsmodell ausgegangen. Seine Vordenker haben dem Legitimitätsproblem, das mit der Fügung freier Einzelner unter eine zentrale Staatsgewalt einhergeht, bekanntlich sehr viel Beachtung geschenkt: Locke, Rousseau, Kant und andere gingen in ihren Vertragstheorien von einem Naturzustand aus, in dem es Ziel der freien und gleichberechtigten Individuen war, zwischen der Souveränität des Kollektivs und der Garantie der Rechte der Einzelnen ein harmonisches Verhältnis aufzubauen. Radikal zu Ende gedacht findet sich dieser Versuch bei Rousseau. Dieser hatte sich bekanntlich die Aufgabe gestellt, eine Regierungsform zu finden, in der sich die Bürger kollektiv organisieren und trotzdem nur ihrem eigenen Willen unterworfen sind. Um die Spannung zwischen beiden Polen zu mindern, deutet Rousseau das Volk von Individuen zu einem einzigen Körper mit einem einzigen Willen um, in dem sich ein vernunftbegründetes Allgemeinwohl manifestiert, was natürlich – wie oft kritisiert wurde – im Gegensatz zu dem Gedanken der individuellen Autonomie steht.

Dennoch beruhen die populären Begründungen von Demokratie heute immer noch wesentlich auf ebendieser »Identitätsfiktion«, auf der Illusion mithin, die Verfügungsgewalt eines jeden über sich selbst und die Gewalt aller über alle ließen sich irgendwie zusammenfügen.[89] Auch in libertären Demokratiekonzeptionen schwingt diese »Hypothese des souveränen Individuums« nach wie vor mit. (Die Piratenpartei hat ihre jüngeren Wahlerfolge vor allem ihrem Versprechen zu verdanken, dieser Hypothese mittels technischer Errungenschaften Plausibilität zu verleihen.) Allerdings kann dieses Ideal innerhalb der bestehenden westlichen Gemeinschaften schon allein deshalb nicht verwirklicht werden, weil es, wie in der Rousseau'schen Utopie, auf eine

---

89 Kielmansegg, Peter Graf 1977a, *Volkssouveränität. Eine Untersuchung der Bedingungen demokratischer Legitimität*, Stuttgart: Klett, S. 243.

homogene Gesellschaft ohne intermediäre Filter angewiesen ist, also auf der Voraussetzung basiert, dass zwischen einem Volk von einander nicht allzu unähnlichen Individuen und dem Staat keine Sondergesellschaften und keine Partikularinteressen existieren, was in einem demokratischen Flächenstaat natürlich undenkbar ist.[90]

Anhänger der einschlägigen Forderung »Volksentscheid ins Grundgesetz« machen meist geltend, dass sich die (im schulischen Politik- oder Sozialkundeunterricht noch immer in ihrer Reinform vermittelte) Idee der Volkssouveränität im Gemeinwesen heute immer weniger aktualisiert. Deren Ausgangsannahme, nach der sich die Souveränität des Kollektivs aus der individuellen Autonomie ableiten und umdeuten ließe, konnte jedoch noch nie schlüssig, geschweige denn mit pluralistischen Grundsätzen vereinbar, entwickelt werden, erst recht nicht dort, wo, wie in jedem größeren Gemeinwesen, die Mehrheitsregel als Entscheidungsregel Anwendung fand. Dennoch werden ständig alle möglichen Institutionen des politischen Systems und auch des sozialen Zusammenlebens an ebendieser Idee gemessen, also daran, inwieweit sie dem Einzelnen politische Selbstbestimmung gewähren.[91] Die intensive Auslegung dieser Idee muss jedoch – schon wegen des ebenfalls wirksamen Pluralitätsgebotes, welches, wie es bei Arendt heißt, das »Ich-will« disqualifiziert und in ein »Ich-kann« umwandelt – Ernüchterung erzeugen. Arendt hat diese Konzentration auf ein Verständnis von Freiheit als Willensautonomie, wie sie seit Rousseau das westliche Denken bestimmt, vehement kritisiert – »weil Souveränität, nämlich unbedingte Autonomie und Herrschaft über sich selbst, der menschlichen Bedingtheit der Pluralität widerspricht«[92] – und ihr stattdessen einen »positiven« handlungszentrierten Freiheitsbegriff entge-

90 Bobbio, Norberto 1988, *Die Zukunft der Demokratie*, Berlin: Rotbuch, S. 14.
91 Kielmansegg, Peter Graf 1977b, »Demokratieprinzip und Regierbarkeit«, in: ders./Wilhelm Hennis/Ulrich Matz (Hg.), *Regierbarkeit. Studien zu ihrer Problematisierung*, Stuttgart: Klett, S. 118-133, hier S. 120ff.
92 Arendt, Hannah 1994a, »Freiheit und Politik«, in: dies., *Zwischen Vergangenheit und Zukunft. Übungen im politischen Denken*, München: Piper, S. 201-226, hier S. 211.

gengesetzt, eine Idealvorstellung, die Freiheit in der nichtinstrumentellen Partizipation an der *res publica* verortet. Dahinter steht die Einsicht, dass alle Bestrebungen, das Prinzip der privaten Autonomie auf das politische Selbstbestimmungstelos zu übertragen, auf eine Geringschätzung des »Faktums der Pluralität« im öffentlichen Raum hinauslaufen müssen. Die graduelle Unvereinbarkeit der Norm vom autonomen Subjekt, das die potenzielle Identität seiner Präferenzen mit denen des Gemeinwesens erstrebt und auf dem die neuzeitliche Demokratietheorie basiert, mit dem politischen Gebot einer pluralistischen, den leeren Ort der Macht garantierenden Gesellschaftsordnung lässt die integrative Wirkung liberaler Demokratien schwinden, die beide Normen zu verknüpfen versuchen. Es handelt sich jedoch um ein unauflösbares Dilemma, da ja erst diese beiden Prinzipien zusammen das Telos des modernen Demokratieversprechens begründen.

Dieses Problem wird unter den Bedingungen dessen, was Ulrich Beck »reflexive Modernisierung« nennt, noch verstärkt. Der im englischen Bath lehrende Ingolfur Blühdorn – dessen Auffassung nach Demokratie »noch nie ein Wert an sich« war, vielmehr immer nur »Mittel zum Zweck, nämlich zur politischen Umsetzung der Norm vom identitären, autonomen Subjekt«,[93] vertritt in Anlehnung an Beck und in Abgrenzung zu solchen Modernisierungstheorien, die (wie die von Ronald Inglehart) ein allzu »undialektisches«, einfaches Determinationsverhältnis zwischen einem Anstieg postmaterieller, auf Selbstbestimmung gerichteter Werte und fortschreitender Demokratisierung unterstellen, die These, dass das spätmoderne Subjekt eine ernsthafte, letztlich nicht zu bestehende Herausforderung für die Demokratie darstellt. Denn die Norm des modernen autonomen und »identitären« (durch eine distinktive, stabile, autonom gestaltete, einheitliche Identität definierten) Subjekts hat, so Blühdorn, mit der Modernisierung selbst eine Transformation erlebt, die, wie

---

93 Blühdorn, Ingolfur 2012, »Die Postdemokratische Konstellation. Was meint ein soziologisch starker Begriff der Postdemokratie?«, in: Nordmann, Jürgen (Hg.), *Demokratie! Welche Demokratie? Postdemokratie kritisch hinterfragt*, Marburg: Metropolis, S. 69-91, hier S. 80.

es in Anlehnung an Baumans Konzept der flüchtigen Moderne heißt, im Begriff der »liquiden Identität« einen sinnhaften Ausdruck findet. Kollektive Identitäten sind in »individualisierte«, vom Markt durchdrungene Identitäten verfallen. Zunächst war die Hochphase der gesellschaftlichen Demokratisierung in den siebziger Jahren noch auf starke Gruppenidentitäten angewiesen, um die Emanzipation von traditionellen Eliten und autoritären Wertschablonen durchzusetzen. Aber spätestens in den neunziger Jahren kam es zu dem, was Blühdorn »*reflexive* Emanzipation« oder »*Emanzipation zweiter Ordnung*« nennt: eine »Befreiung von der zuvor im Namen der spezifisch modernistischen Subjektivitätsnorm erstrittenen Selbstverantwortung«.[94] Es wurde eine Abkehr von hehren moralischen Verpflichtungen vollzogen, die die sozialen Bewegungen der siebziger und achtziger Jahre noch in das Zentrum ihrer Programmatik gestellt hatten.[95] Denn die in der *ersten Moderne* gepriesenen Kernkompetenzen Loyalität, Integrität, Konsistenz und Selbstdisziplin stehen im Kontrast zu den in der spätmodernen Berufswelt vorherrschenden Idealen der Flexibilität, Mobilität und Innovationsfreude. Das Ideal der homogenen, stabilen weicht dem der »multiplen, fragmentierten, flexiblen«, eben einer »flüssigen« Identität – dies aber nicht nur im Arbeits-, sondern auch im Privatleben: Die von Ulrich Beck in zahlreichen Publikationen beschriebene »Risikogesellschaft«[96] ist (zumindest für den, der seine Chancen zu nutzen weiß) auch eine *opportunity society*. Oberstes Gebot ist, wie es heute etwa in der Werbung angepriesen wird (»Unterm Strich zähl ich«), die individuelle Selbstverwirklichung. Das Ideal des autonomen Subjekts wird von dem des »Konsumenten-Ichs« substituiert, für das Emanzipation und Selbstverwirklichung nur noch *innerhalb* der Logik des Marktes denk- und annehmbar sind.

94 Ebd., S. 78 f.
95 Vgl. ders. 2009b, »The participatory revolution: new social movements and civil society«, in: Larres, Klaus (Hg.), *A Companion to Europe Since 1945*, London: Wiley-Blackwell, S. 407-431.
96 Zuletzt: Beck, Ulrich 2007, *Weltrisikogesellschaft. Auf der Suche nach der verlorenen Sicherheit*, Frankfurt am Main: Suhrkamp.

Die in den siebziger Jahren von Inglehart beobachtete »stille Revolution« hin zu postmaterialistischen Werten und die These von der damit einhergehenden Demokratisierung, sind, so Blühdorn, nicht mehr aktuell; vielmehr habe seit den neunziger Jahren eine stille Konterrevolution stattgefunden, in deren Folge Politisierung und Partizipation von Entpolitisierung, Delegierung und Konsumismus abgelöst wurden.[97] Blühdorn verortet diese Entdemokratisierungswelle nicht allein im intentionalen Bereich der Eliten, sondern genauso in der Selbstentscheidung der Bürger. Diese hätten Entpolitisierung durchaus als willkommene Entlastung empfunden. Klassisches politisches Engagement in demokratischen Institutionen erscheint sowohl dem materialistischen Konsumbürger als auch dem umsichtigen, »bewussten« Verbraucher, der nicht selten auf eine grün-linke Vergangenheit zurückschaut und *slow-growth*-Idealen anhängt, unvereinbar mit dem privaten Selbsterfüllungsstreben. Dies nicht nur, weil es angesichts der Unsicherheiten des Berufslebens und des zeitraubenden »Managements« des eigenen Lebensstils relativ ressourcenaufwendig ist und so mit dem hedonistischen Selbsterfüllungsethos kollidiert, sondern auch deshalb, weil die Bürger kaum noch in der Lage sind, ihre »flüssigen Identitäten« in diesen Institutionen zu artikulieren, geschweige denn gegen die ihrerseits komplexen Identitäten der anderen Akteure zu realisieren.

Wo es dem auf Autonomie fixierten Privatbürger aber nicht möglich ist, seine eigenen Vorstellungen effizient einzubringen, wo er damit rechnen muss, in langen Debatten auszuharren und anschließend doch überstimmt zu werden, reagiert er mit Frustration und Entfremdung von der institutionalisierten Politik, präferiert allmählich den outputorientierten, expertokratischen, »delegativen« Weg, der in der Tat, so scheint es, viele der drän-

---

97 Vgl. Blühdorn, Ingolfur 2002, »Unsustainability as a frame of mind – and how we disguise it: the silent counter-revolution and the politics of simulation«, in: *The Trumpeter* 18/H. 1, S. 1-11, und ders. 2007b, »The third transformation of democracy: on the efficient management of late-modern complexity«, in: ders./Uwe Jun (Hg.), *Economic efficiency – democratic empowerment. Contested modernization in Britain and Germany*, Lanham: Lexington Books, S. 299-331.

gendsten globalen Probleme effizienter lösen würde als responsive Politikmodelle. Infolgedessen flüchten sich die Bürger, die ohnehin allmählich den Überblick über die immer komplexeren politischen Prozesse und damit ihre Beurteilungssouveränität verlieren, in apolitische Refugien und sehen von mühevollen politischen Interventionen ab. Sie verspüren indes weiterhin den Wunsch, eine gewisse Kontrolle über den Markt und die Regierenden auszuüben, sodass »sich das spätmoderne Individuum nach der marktwirtschaftlichen Durchdringung aller seiner Lebensbereiche zwar in seiner Identitätsbildung und Selbstverwirklichung weitestgehend auf die vom Markt angebotenen Möglichkeiten beschränkt und daher mit dem Markt identisch ist, es gleichwohl aber den Anspruch erhebt, gegenüber dem Markt Autonomie und Priorität zu haben«.[98] Die Bürger, so Blühdorn, wollen zugleich identisches Subjekt und dynamisches Ego sein. Dies führt aber letztlich zu dem, was er als das zentrale Dilemma gegenwärtiger demokratischer Politik identifiziert: dass diese einerseits »postsubjektive« (oder: postdemokratische) und outputorientierte Verfahren etablieren muss, um der gesellschaftlichen Komplexität und den Legitimitätserwartungen der Bürger gerecht zu werden, dass sich aber andererseits vom perfektionistischen Ideal individueller Autonomie und Selbstbestimmung angetriebene, radikalisierte Ansprüche auf »immer subjektiviertere Partizipation, Repräsentation und Legitimation« Bahn brechen. Demokratie wird kontraproduktiv: Eine Politik, die sich um Responsivität *und* Effizienz bemüht, ist gezwungen, »die Bürger gleichzeitig ausschließen und ins Zentrum stellen zu müssen«.[99] Dies ist Blühdorns »Paradox postdemokratischen Regierens«.[100]

Eine Vielzahl von Mechanismen und Verhaltensweisen, mit denen Politiker und Bürger auf dieses Paradox stabilisierend ein-

---

98 Blühdorn, Ingolfur 2006, »billig will Ich. Post-demokratische Wende und simulative Demokratie«, in: *Forschungsjournal Neue Soziale Bewegungen* 19/H. 4, S. 79.

99 Ders., »Die Postdemokratische Konstellation«, S. 85.

100 Vgl. ders. 2009a, »Democracy beyond the modernist subject: complexity and the late-modern reconfiguration of legitimacy«, in: ders. (Hg.), *In Search of Legitimacy. Policy Making in Europe and the Challenge of Complexity*, Opladen: Budrich, S. 17-50.

wirken, um die Illusion demokratischer Selbstbestimmung aufrechtzuerhalten, kennzeichnen den Übergang zu einer »Politik der Simulation«: Sie sei die zeitgemäße Antwort auf die »symbolische Austrocknung authentischer Politik und die symbolische Leere symbolischer Politik«,[101] die von medialen Spektakeln lebe, ja sogar weitgehend aus ihnen bestehe. Demgegenüber sei simulative Politik das Merkmal einer spätmodernen Form der Demokratie, in der die Bürger Forderungen artikulieren, die sie selbst nicht wirklich umgesetzt sehen möchten – in dem Wissen, dass auch die gewählten Repräsentanten nicht willens oder in der Lage sind, sie zu implementieren. Dies wiederum dient den Bürgern als willkommene Provokation, um auf der Straße und in Leserbriefen sich selbst und der sozialen Umgebung ihre politische Autonomie und ihr progressives Bewusstsein für die *res publica* zu demonstrieren. In einer »simulativen Demokratie«, wie Blühdorn sie zeichnet, verlangen die Bürger insgeheim nach einer nur noch symbolischen und interventionsarmen Politik, während sie gleichzeitig lautstark die Substanzlosigkeit dieser Politik beklagen, um sich so »die wohltuende Erinnerung an die normative Zentralität des Subjekts« ins Gedächtnis zu rufen.[102] Das »politische Spiel« simulativer Kommunikation, die delegative »Performance der Ernsthaftigkeit« tritt an die Stelle authentischer Politik.[103] Was Tocqueville als eine weiche Form der Unfreiheit und den Humus der Tyrannei verstanden hatte: den Rückzug ins Private, die Entdeckung der Marktsphäre als Ort der Freiheit und Selbstverwirklichung bei simultaner Delegation politischer Verantwortung an Berufspolitik und Expertensysteme – all dies wird nun selbst positiv als emanzipatives Projekt verstanden, als »*Befreiung von der Demokratie*«,[104] von Politik, solange nur die simulativen Strategien der »kommunikativen Reproduktion des autonomen Subjekts« funktionieren.[105]

---

101 Ders. 2007a, »Sustaining the unsustainable: symbolic politics and the politics of simulation«, in: *Environmental Politics* 16/H. 2, S. 251-275, hier S. 267.
102 Ders., »billig will Ich«, S. 79.
103 Ders., »Sustaining the unsustainable«, S. 264f.
104 Ders., »Die Postdemokratische Konstellation«, S. 79.
105 Ders., »billig will Ich«, S. 79.

Auch wenn Blühdorn bisweilen dazu neigt, seine Interpretation von der unaufhaltsamen Degeneration der Demokratie zur »Selbstillusion«[106] in Stein zu meißeln, und dadurch Gefahr läuft, den von ihm so vehement kritisierten deterministischen Deutungen in der Modernisierungstheorie selbst zu erliegen:[107] Mit seinen Überlegungen zur »simulativen Politik« bietet er einen treffenden, wenn auch besonders pessimistischen, in der laufenden Debatte aber noch wenig beachteten Erklärungsansatz postdemokratischer Tendenzen. Im Hinblick auf das dialektische Verhältnis von individueller Autonomie und Volkssouveränität stimmen seine Beobachtungen besorgniserregend. Wenn es zutrifft, dass ziviles Verantwortungsbewusstsein und der Eigenwert gemeinsamen Handelns vom Bedürfnis nach Selbstverwirklichung, Selbstartikulation und steigenden Output-Erwartungen überlagert werden, legt dies nahe, dass das gleichzeitig überaus präsente Telos des demokratischen Versprechens, welches eine Vielzahl technischer Innovationen angeregt hat (*liquid democracy*, *e-participation* usw.), in der Praxis zwangsläufig verblassen muss. Werden die politisch zunehmend selbstbewussten Bürger, nicht zuletzt eben dank der internetbasierten Medien, für öffentliche Angelegenheiten sensibilisiert, ohne dass sie ein Interesse an einer aktiven Teilnahme an diesen Angelegenheiten zeigen, die über das Leisten einer Unterschrift und ein paar Mausklicks hinausgeht, droht eine vormals politische Gesellschaft zu einer Petitionsdemokratie zu werden, in der politische Freiheit und das Prinzip der Volkssouveränität durch die Zahl der Ministerrücktritte definiert werden, die durch den Druck der via Facebook und Twitter geäußerten öffentlichen Kritik erzwungen werden. Die Logik der im Internet erfahrbaren Kommunikationsformen und der Trend zur »Transparenzgesellschaft«[108] haben einen bedeutenden Anteil

---

106 Ders. 2011b, »Demokratie als Selbstillusion«, in: *Die Gazette* 30/Sommer 2011, S. 26-30.
107 Das Jahr 2011 hat schließlich gezeigt, dass es eine Vielzahl von Bewegungen gibt, die explizit mit der Intention antreten, die simulative Darstellungspolitik zu durchbrechen, die konstitutiven Spielregeln dieser Autosuggestion zu entlarven und zu verurteilen.
108 Han, Byung-Chul 2012, *Transparenzgesellschaft*, Berlin: Matthes & Seitz.

an dieser Entwicklung. Im vierten Kapitel werden wir darauf zurückkommen.

Natürlich ist, wie schon im ersten Kapitel erwähnt, der Demokratisierung der Demokratie auch ein grundsätzlicher *trade-off* zwischen Systemeffizienz und Partizipation inhärent: Die Ausweitung von Beteiligungsrechten geht mit der Aufgabe einher, für den Zuwachs an Stimmen einen Koordinationsmodus zu entwickeln, der eine faire Artikulation und Verrechnung dieser neuen Stimmen erlaubt, dabei aber notwendig selektierend wirkt und auf überregionaler Ebene – weil (wie Hannah Arendt es häufig mit den Worten von John Selden ausdrückt) dort »nicht alle mehr in einen Raum gehen« – mit Mitteln parlamentarischer Repräsentation arbeiten muss. Mit der Ankunft neuer, bis dato exkludierter oder mangels relevanter *cleavages* nicht existenter Meinungs- und Interessenträger gestaltet sich der Deliberations- und Entscheidungsprozess komplexer: Es ist das alte Dilemma der Demokratisierung, dass »der Erfolg der Demokratie die Anzahl der Stimmen erhöht, die an den Gesprächen über das, was zu tun ist, teilnehmen, und so die Entscheidungsfindung komplizierter gestaltet«.[109] Margaret Canovan hat dies als das zentrale »demokratische Paradox« bezeichnet:

> »In der Demokratie geht es darum, die demokratische Arena zu öffnen, um die gesamte Bevölkerung zu inkludieren. Aber je erfolgreicher das Projekt der Inklusion, je überfüllter und dynamischer die politische Arena und je mehr Interessen und Meinungen ein kleines Stückchen politischen Einfluss miteinander teilen, desto schwieriger ist es für jeden einzelnen Wähler, sich vom Ort der Macht ein Bild zu machen oder sich einen Weg durch den Irrgarten zu bahnen.«[110]

Je stärker die Bürger in die politischen Prozesse eingebunden werden, desto undurchsichtiger werden diese. Institutionen, die mit dem Versprechen errichtet wurden, den Willen des Volkes zum Ausdruck zu bringen, tendieren dazu, die Trennung der

---

109 Plotke, David 1997, »Representation is democracy«, in: *Constellations* 4/ H. 1, S. 19-34, hier S. 24.
110 Canovan, Margaret 2002, »Taking politics to the people: Populism as the ideology of democracy«, in: Mény, Yves/Ives Surel (Hg.), *Democracies and the Populist Challenge*, Basingstoke u. a.: Palgrave, S. 25-44, hier S. 26.

Bürger vom Ort der Macht gerade durch den Prozess der Vermittlung zu besiegeln. Ist es nicht interessant, dass gerade Proportionalwahlverfahren, die für gewöhnlich das Ziel der Inklusivität in einem besonderen Maße erfüllen und deliberative legislative *settings* statt agonaler Konstellationen fördern, Koalitionskabinette begünstigen, die politische Verantwortung eher zerstreuen und damit der Zurechenbarkeitskomponente demokratischer Repräsentation zuwiderlaufen? Im Allgemeinen wird das Verhältniswahlrecht von Demokratietheoretikern deshalb so geschätzt, weil es die Interessen von Minderheiten abbildet und niedrige Grenzen für die Beteiligung setzt. Aber es scheint tendenziell einen *trade-off* zwischen der Inklusivität der Repräsentation und der Rechenschaftspflicht von Abgeordneten gegenüber ihren Wählern zu produzieren, während die als nichtrepräsentativ, willkürlich und unfair geltende Mehrheitswahl immerhin ein gewisses Maß an Transparenz verwirklicht, indem sie den politischen Prozess übersichtlicher erscheinen lässt und Verantwortlichkeiten klar delegiert, sodass es den Wählern am Wahltag leichter fällt, politisches Handeln zu evaluieren.[111] Repräsentativität *und* Transparenz – beides zusammen ist in einer real existierenden Demokratie offenbar nicht zu haben.

Dem Effekt, dass mit wachsender demokratischer Inklusion neuer Bevölkerungsteile das Gewicht einzelner Stimmen schwindet, wäre effektiv nur mittels Föderalisierung zu begegnen, die jedoch einen Verlust (trans-)nationaler Steuerungskapazitäten zur Folge hätte. Angesichts der drängenden und multiplen globalen Problemlagen (Flüchtlingsströme, Versiegen von Energiereserven, Verletzung von Menschenrechten in souveränen Staaten usw.), die legitimes kollektives Handeln jenseits nationaler Grenzen erfordern, sind isolationistische Losungen, die die Verwirklichung einer »Demokratie in einem Land« anstreben, indiskutabel geworden, auch wenn sie dem mit dem modernen Verständnis des demokratischen Versprechens verknüpften Autonomiegedanken und dem Abbau von Hierarchien eher entsprechen würden. Die-

---

111 Vgl. dazu ausführlicher Urbinati, Nadia/Mark E. Warren 2008, »The concept of representation in contemporary democratic theory«, in: *The Annual Review of Political Science* 11/H. 1, S. 387-412, hier S. 398 ff.

ses Effektivitäts-Partizipations-Dilemma hat Robert A. Dahl am Beispiel Europas auf den Punkt gebracht: Nach Dahl sind wir derzeit Zeugen einer »dritten demokratischen Transformation«, die die Herausbildung »transnationaler Polyarchien« wie der EU mit sich bringt und von jenen wirtschafts- und fiskalpolitischen Interdependenzen vorangetrieben wird, deren Intensivierung bereits die zwei vorangegangenen Transformationen erzwungen hatten und die nun, da sie globale Ausmaße erreicht haben, dem *trade-off* zwischen Systemeffizienz und Partizipation neue Brisanz verleiht.[112]

Das Verfassungsgebäude der Bundesrepublik zeichnet sich durch eine Vielzahl konkordanzdemokratischer Merkmale aus: der Föderalismus respektive die starke Stellung des Bundesrats im Gesetzgebungsprozess; die Macht des Verfassungsgerichts; der Interessenkorporatismus – all dies beschränkt seit je das Mehrheitsprinzip. Im deutschen »Parteienbundesstaat« steht das von Anfang an internalisierte, auf Lagermehrheiten gepolte Wettbewerbsmodell, aus dem das politische System einen großen Teil seiner Input-Legitimität bezieht, im Konflikt mit den konstitutionell programmierten und im Rahmen der politischen Kultur traditionell gepflegten Konkordanzpraktiken, die, wenn sie richtig funktionieren, ein hohes Maß an Inklusion und prinzipiell effiziente Throughput-Mechanismen bei der Politikformulierung garantieren.[113] Dies gelingt allerdings nur, wenn sich die Akteure auch tatsächlich zur Kooperation durchringen, was es dem Wähler wiederum erschweren würde, mit der Ausübung seines Stimmrechts bei der folgenden Wahl eine politische Botschaft zu vermitteln.

Sollten sich die um die Zustimmung des Medianwählers konkurrierenden Parteien, trotz der systemischen Zwänge zur programmatischen Annäherung, im Vorfeld einer Parlamentswahl dennoch für einen konfliktbetonten Wahlkampf entscheiden, er-

---

112 Vgl. Dahl, Robert A. 1994, »A democratic dilemma: system effectiveness versus citizen participation«, in: *Political Science Quarterly* 109/H. 1, S. 23-34.
113 Vgl. Decker, Frank 2011, *Regieren im »Parteienbundesstaat«. Zur Architektur der deutschen Politik*, Wiesbaden: VS Verlag für Sozialwissenschaften, S. 27 ff.

gibt sich in parlamentarischen Demokratien ein bekanntes Dilemma: Je polarisierter die öffentlichen Stimmungen und je stärker sich eine Pluralisierung des Parteienwettbewerbs auf Kosten der Volksparteien abzeichnet, wie in Deutschland, desto stärker wird der Zwang, die klassischen, jahrzehntelang gepflegten und einstudierten Lagerkoalitionen zu verwerfen, der Wählerschaft unangenehme Kompromisse zuzumuten und die folgenden Koalitionsverhandlungen so exklusiv und intransparent wie möglich zu gestalten, damit für alle gewählten Verhandlungsführer die Möglichkeit besteht, von der eigenen Position abzurücken und so einen Konsens überhaupt zu ermöglichen, ohne gegenüber der eigenen Wählerschaft »das Gesicht zu verlieren«. Unter den Bedingungen einer sich gegenwärtig abzeichnenden Fragmentierung des deutschen Parteiensystems, die Große Koalitionen oder aber *minimum winning coalitions* mit mehr als zwei Parteien begünstigt, gilt dieses Problem in besonderem Maße.

Die sozialen Pluralisierungs- und Individualisierungsprozesse minimieren daher nicht nur die Möglichkeiten eines konsequenten, geradlinigen Regierungshandelns. Mit der Potenzierung der diskursiven Knotenpunkte bei gleichzeitiger Einebnung der großen gesellschaftlichen *cleavages* schwindet darüber hinaus der Einfluss einzelner Wahlbürger auf die inhaltliche Programmierung der politischen Repräsentationsleistungen. Denn auch das gehört zu den Ambivalenzen: An den Wahlsonntagen lässt man die Wahlbürger bis 18:00 Uhr in der Tat als Souverän fungieren. Aber unmittelbar danach fällt die Souveränität fast vollständig in die Hände der Politikeliten. Gerade weil die Wähler im demokratischen Akt komplexe Vielfalt produzieren, verlieren sie die Möglichkeiten, die machtpolitischen Folgen ihrer Entscheidung zu beeinflussen. Die Allianzbildung ergibt sich im Vielparteiensystem nicht direkt aus dem Wahlergebnis, sondern erst als Resultat mühseliger, windungsreicher, mit List und Tücke zu führender Koalitionsbildungsprozesse durch die Parteiführer. Die Pluralität und Modernität demokratischer Artikulation im Zuge der Entuniformierung von Politik bewirkt paradoxerweise eine Oligarchisierung der anschließenden Entscheidungsprozeduren.

Und das setzt sich unmittelbar fort, wenn komplexe Kabinette mit mehr als nur zwei Parteiformationen gebildet werden – ein Vorgang, wie wir ihn, dank der liquiden Identitäten des neuen Konsumbürgertums, in Zukunft des Öfteren erleben werden, vorausgesetzt, die beiden Volksparteien flüchten sich nicht ohne Weiteres in Große Koalitionen. In Allianzen mit mehr als zwei Parteien liegen die Normen und Zielperspektiven der Gruppierungen oft weit auseinander, sind Herkunft und Interessenslagen der Anhängerschaften häufig widersprüchlich, ist der Argwohn gegeneinander aufgrund traditioneller Fremdheit groß. Um in einem solchen Bündnis abschreckenden Streit zu vermeiden, um Beschluss- und Handlungsfähigkeit herzustellen, werden die Parteiführer die von Emotionen durchwirkten Arenen der Öffentlichkeit meiden und die Absprachen in der Regierungsallianz auf kleinste Zirkel in abgeschlossenen Räumen verlegen.[114] Nur so sind in ihnen Effizienz und Stabilität zu erreichen. Nichts ist für solch eine nahezu unumgängliche Elitenkooperation widriger als die unkalkulierbare Demokratie und intervenierende Kontrolle, die deswegen systematisch beschnitten wird. Abermals also: Eine neue demokratische Kultur bringt Vielfalt hervor, aber das Management dieser Vielfalt drängt zur Oligarchisierung, zur Intransparenz, zur Minimalisierung von Demokratie.

Daher ist es kein Zufall, dass gerade klassische und bewährte Konkordanzdemokratien, die in der Exekutive Auseinandersetzung und Wettbewerb so weit wie möglich begrenzen, über direktdemokratische Ventile und Äquivalente zur institutionalisierten Verhandlungsdemokratie verfügen.[115] Denn sonst könnte die paradoxe Spannung aus eigenwilliger Bürgerdemokratie im Wahlakt und Zentralisierung der Entscheidung im Regierungshandeln zu ernsten Legitimationsproblemen führen. Kurzum: Die Option für plebiszitärdemokratische Äußerungsmomente erfolgt

114 Dieser Gedanke findet sich schon in Grande, Edgar 1996, »Demokratische Legitimation und europäische Integration«, in: *Leviathan* 24/H. 3, S. 339-360, hier S. 351; auch ders. 2000, »Charisma und Komplexität«, in: *Leviathan* 28/H. 1, S. 122-141, und Benz, Arthur 2001, »Postparlamentarische Demokratie und Kooperativer Staat«, in: Leggewie, Claus/Richard Münch (Hg.), *Politik im 21. Jahrhundert*, Frankfurt am Main: Suhrkamp, S. 263-280.
115 Vgl. Vatter, Adrian 1997, »Die Wechselbeziehung von Konkordanz- und Direktdemokratie«, in: *Politische Vierteljahresschrift* 38/H. 4, S. 743-770.

nicht – schließlich sind gerade bei Volkentscheiden die »Unkundigen« unten noch stärker exkludiert als bei Parlamentswahlen, fallen auch die Ergebnisse oft noch weit sozialkonservativer und fiskalisch restriktiver aus, da hinter den aufwendigen Referenden eben in erster Linie ressourcenstarke Schichten bzw. Organisationen stehen[116] – aus Gründen basisdemokratischer Schwärmereien, sondern aus dem Zwang heraus, den Widerstreit von moderner Demokratie und beteiligungsentzogener Effizienzsorge nicht zu einem zerstörerischen Antagonismus auswachsen zu lassen.

Verlust an Charisma

Die Pluralisierung des politischen Wettbewerbs bedingt nicht nur eine Oligarchisierung der demokratischen Aushandlung; sie hat auch einem Typus von Politiker zum Sieg verholfen, der noch vor wenigen Jahren im Schatten wortgewaltiger Charismatiker stand. Die Führungsqualitäten der Parteieliten im Management von Vielfalt definieren sich heute durch Moderation, Abstimmung, Anpassungsfähigkeit, geschmeidigen Opportunismus, Prinzipienindifferenz. Die parlamentarischen Anführer scheinen deshalb farblos, entbehren der scharfen Kanten und des Bisses. Auch einfache Abgeordnete sehen sich heute – angesichts der geschilderten Probleme, die eine zunehmende Ausdifferenzierung der Interessen und Lebenswelten für die individuelle Repräsentationsleistung mit sich bringen – immer mehr in der Rolle als Broker, als neutrale Mittler und Schiedsrichter zwischen zahlreichen Interessengruppen, deren Positionen, soziale Gefüge und Mentalitäten unübersichtlich und schwer kalkulierbar sind. Aufgrund dessen erscheint ein klares Plädoyer für eine bestimmte politische Lösung, die als Parteinahme für einzelne Gruppen gedeutet werden könnte, aus Sicht des Repräsentanten umso riskanter, stößt doch den Median- und Wechselwähler nichts mehr ab als das Ein-

---

116 Hierzu Merkel, Wolfgang 2010b, »Volksentscheide – wer ist das Volk?«, in: *Neue Gesellschaft/Frankfurter Hefte*, H. 12, S. 11-15.

treten für »sektionale Interessen«. Um dieser Gefahr zu entgehen, nehmen Politiker vollends Abstand von der Rolle des »Initiators«,[117] der als schöpferischer Gestalter eine programmatisch konsistente Richtung verfolgt, hierfür nach breiten Mehrheiten sucht, in unüberwindlichen Konfliktlagen sich aber nicht scheut, seine Ziele gegen den Widerstand politischer Kontrahenten durchzusetzen. Stattdessen obsiegt die »weiche« Politik der überparteilichen Moderation.

Noch vor Kurzem erzählte jeder Politologe und Leitartikler eine andere Geschichte: In Zeiten der Personalisierung und Fernsehbilder kommt es, lautete die Botschaft, gerade auch auf Ausstrahlung und Charisma politischer Anführer an. Daher reüssierte eben Gerhard Schröder und nicht Rudolf Scharping. Deshalb obsiegte der Talkshow-Mann Guido Westerwelle über den spröden Wolfgang Gerhard, scharten sich die Grünen hinter Joschka Fischer und begeisterten sich etwa die Briten für Tony Blair statt für John Major, die Amerikaner für Bill Clinton anstelle von Bob Dole. Unterdessen sind die Gesänge über die politischen Helden und Strahlemänner allerdings vernehmlich abgeklungen. Im Frühjahr 2013 lässt sich schwerlich von einer opulenten Zahl an charismatischen Politikern sprechen. Zwischen Oslo und Lissabon stoßen wir bei den gegenwärtigen Regierungschefs – von Jyrki Katainen in Finnland, Helle Thorning-Schmidt in Dänemark, Fredrik Reinfeldt in Schweden, Mark Rutte in den Niederlanden, über Werner Faymann in Österreich, Jean-Marc Ayrault in Frankreich bis zu Mariano Rajoy in Spanien und Pedro Passos Coelho in Portugal – auf brave Moderatoren und tüchtige Administratoren, aber alles in allem doch recht mediokere und inspirationsarme Manager der politischen Vorgänge. Nach dem Typus Winston Churchill, Charles de Gaulle, Willy Brandt oder Bruno Kreisky hält man hingegen vergebens Ausschau.[118]

---

117 Vgl. die Typologie der klassischen Abgeordnetenstudie von Wahlke, John C./Heinz Eulau/LeRoy C. Ferguson 1962, *The Legislative System. Explorations in Legislative Behavior*, New York/London: Wiley, S. 247 ff.; darauf aufbauend Patzelt, Werner J. 1993, *Abgeordnete und Repräsentation. Amtsverständnis und Wahlkreisarbeit*, Passau: Wissenschaftsverlag Rothe, S. 61 ff.
118 Siehe Haffner, Sebastian 1967, *Winston Churchill*, Reinbek bei Hamburg:

So paradox geht es im Politischen zu. Wir sind Zeitzeugen des evidenten Verfalls der politischen Großformationen. Die Bürger wollen sich in sie nicht mehr einfügen, treten aus, kündigen ihre Gefolgschaft auf, fühlen sich von den weit geschnürten Politikpaketen der einst dominanten Volksparteien nicht mehr repräsentiert. Parteien haben in diesem Prozess bekanntlich erheblich an Ansehen verloren, die Gattung des Parteifunktionärs darf allzu viel Reputation nicht mehr erwarten. Aber gerade deshalb sind sie – und nicht die Bürger – für Regierungsbeteiligung und Regierungsausübung noch ein Stückchen wichtiger geworden. Denn die vom Wahlbürger gewollte und durchgesetzte Zerfransung des Parteiensystems führt zu schwierigen Bündnisbalancen, die durch willensstarke, zielsichere, gar visionäre Charismatiker nicht zusammengehalten werden können. An ihrer statt dominieren daher die leisen, elastischen, programmatisch durchaus indifferenten Mittler der Politik, die das tägliche Geschäft emsiger Kompromissbildung und geräuschloser Ausgleichshandlungen bereits früh in den Nachwuchsverbänden ihrer Parteien gelernt haben. Auch das ist so ein typisches Paradoxon. Die Relevanz der politischen Jugendverbände innerhalb der realen Jugendkohorten der verschiedenen europäischen Nationen ist in den letzten 20 Jahren drastisch zurückgegangen wie wohl nie zuvor in den vergangenen 100 Jahren. Aber die Bedeutung der Herkunft aus den Führungsetagen dieser Jugendorganisationen für die Abgeordnetenkarrieren hat ebenso drastisch – wenngleich in der Öffentlichkeit unbemerkt – zugenommen.

Das ist die Situation, und in dieser Situation beklagen wir den Mangel an Magiern in der Politik, zumindest das Defizit an Konzeptionalisten. Europa kriselt bedenklich, doch die politischen Eliten scheinen ohne großen Plan zu wurschteln, ohne ausgefeilte Begründung, ohne eine neue Idee, die das alte, dadurch längst hinfällig gewordene europäische Pathos eines Konrad Adenauer, Alcide De Gasperi oder Robert Schuman substituieren könnte. Die Politik lebt von der Hand in den Mund, rettet sich über den

Rowohlt, und Tuchhändler, Klaus 1977, *De Gaulle und das Charisma. Elemente charismatischer Führung im Gaullismus der V. Republik*, München: Tuduv-Verlags-Gesellschaft.

Tag, bestenfalls über die Woche, fährt – wie es gern heißt – auf Sicht. Immer mehr Bürger beklagen es – und plädieren für Plebiszite, Partizipation und Beteiligung. Das bringt indessen noch mehr Vetospieler in die politischen Prozesse, die dann noch stärker von den gelernten, aber notwendig profilblassen Maklern der Politik gehandhabt werden, was wiederum einen weiteren Schub in Richtung direktdemokratischer Neigungen des Volkes führt, welches Authentizität und Übereinstimmung mit der politischen Entscheidung vermisst. Diese wachsende Schere bereitet nun seit Jahren das Terrain für die charismatischen Abenteurer, die in etlichen Ländern unterwegs sind, in der Regel eine kurze Zeit ihre Nationen in Atem halten, auch Begeisterung entfachen können, deren Stern aber oft ebenso schnell wieder verglüht. Das Bedürfnis nach Charisma wird aus den Gesellschaften nicht verschwinden, gerade weil die Verhältnisse stets komplexer, fortlaufend unübersichtlicher werden, gerade weil aus der sozialen Komplexität eben auch eine politische Ausdifferenzierung der Parteienrepräsentanz erwächst, aus der aber nicht das stimmige Projekt, die brillante Blaupause, der fulminante wagnerische Chor hervorgehen kann, sondern lediglich disharmonische Vielstimmigkeit und ja: das kleine Karo.

Auch die populistischen Abenteurer kommen nicht, gleichsam wie Zieten aus dem Busche, in einer rundum erfreulichen Demokratie bar jeglicher Ursachen nach oben. Populisten finden nur dann Gehör und Zulauf, wenn in einer Gesellschaft etwas nicht stimmt, präziser: wenn die staatlichen Repräsentativorgane ihre Verbindung zu den Bürgern verloren haben, wenn der Souverän folglich mit der etablierten politischen Klasse fremdelt, wenn sich ganze Gruppen von den verborgen operierenden Netzwerken und Aushandlungssystemen der Politik und Finanzökonomie ferngehalten, wenn sie sich kulturell enteignet, vor allem: wirtschaftlich betrogen fühlen. Populismus braucht den Resonanzboden der Deformation, sonst bleiben ihre Künder nur verschrobene Sektierer für exaltierte Randgruppen. Daher ist zugkräftiger Populismus ein verlässlicher Seismograf dafür, dass etwas schiefläuft zwischen sozialen wie kulturellen Eliten hier und weniger begüterten Bürgern dort, auch: zwischen politischen

Institutionen im Staatssektor oben und gesellschaftlichen Gruppen im Wurzelbereich unten. Populismus ist daher auch kein Monopol der politischen Rechten, ebenso wenig ein Alleinstellungsmerkmal einer in Krisenzeiten panisch reagierenden sozialen Mitte. Mit dem klassischen Gestus und Duktus des Populismus erzielte etwa die Linke Oskar Lafontaines und Gregor Gysis bei den Bundestagswahlen 2005 und 2009 Resonanz in solchen Schichten, die sich bereits in die Wahlenthaltung und Teilhabelosigkeit verabschiedet zu haben schienen. Insofern ist Funktion und Wirkung des Sozialpopulismus zumindest ambivalent: Er kann Gruppierungen reaktivieren, die sich zuvor nahezu apathisch ihrem Ausgrenzungsschicksal ergeben hatten.

Wenn die Eliten, noch dazu in transnationalen Zirkeln oder bürokratischen Stäben, zu sehr zusammenrücken und sich abschließen, in ihrer Kommunikation durch sprachliches Distinktionsgebaren abgrenzen, dann schlägt die Stunde des antielitären Protests, der eben nicht ohne jeden Grund Salz in die Wunden eines monolithisch verengten politischen Diskurses streut. Der Erfolg der charismatischen Außenseiter weist stets auf Defizite der herrschenden Eliten hin, auf den Niedergang der öffentlich-parlamentarischen Rede, auf die Erfahrungsverdünnung in der politischen Klasse, auf den Mangel an Bildern, Fantasie, Sinnlichkeit in der offiziellen politischen Ansprache. Eliten schwärmen von Innovationen und Optimierung. Ganze Bevölkerungssegmente hingegen bekommen es mit der Angst zu tun, wenn sie diese Begriffe nur hören. Und ausschließlich um Paranoia handelt es sich bei solchen Bangigkeiten nicht: Innovation mag für die einen eine prächtige Steigerung der Renditen bedeuten, für die anderen aber dürfte es nicht selten den höchst unerfreulichen Wegfall von Arbeitsplätzen zur Folge haben. Eliten fordern Weltoffenheit, Mobilität und lebenslanges Lernen ein. Das alles löst jedoch bei etlichen Älteren mit formal geringer Bildung in ihrer oft kleinstädtischen Sesshaftigkeit blanke Furcht und heftige Besorgnis aus. Zugleich sperrt sich der Effizienzdiskurs, da er für sich die unzweifelhafte Autorität einer gänzlich alternativlosen Sachverständigkeit erheischt, gegen jedes Veto, also: gegen das demokratische Versprechen. Auf diesem Humus reüssiert der

Populist mit seiner Attitüde, die in Slogans wie »Dem Volk aufs Maul schauen«, »Aussprechen, was ist« oder »Die Kirche im Dorf lassen« zum Ausdruck kommt.

Populismus gedeiht vorwiegend in gesellschaftlichen Räumen, die durch den Niedergang von zuvor die Lebenswelten prägenden Vergemeinschaftungen und Normen sozialkulturell entleert wurden. Populismus und geistige Obdachlosigkeit, organisatorisches Verwaisen und politischer Repräsentanzverlust gehören zusammen. Bürger mit reichlich Einkommen und guter Bildung haben sich daran gewöhnt, solcherlei Entbindungen in säkularisierten Gesellschaften als wunderschönen Zugewinn an Freiheit und Optionen wertzuschätzen. Menschen ohne diese Ausstattung hingegen reagieren verunsichert, fühlen sich alleingelassen, ungehört, sind infolgedessen empfänglich für die populistische Einrede. Insofern sind die goutierte Modernität und gepriesene Individualität stets auch Gärmittel für populistisch nutzbare Ängste. Der Fortschritt ist ohne dieses Janusgesicht jedenfalls schwerlich zu haben.

Wenn man Populismus in erster Linie als Politikmethode in der Massendemokratie charakterisiert, mögen sich einige Befürchtungen der Türsteher des puren Rationalismus auflösen. Schon Max Weber hat auf den engen Zusammenhang von Demokratisierung und Populismus hingewiesen, hat den populistischen Politiktypus mit der Entstehung des Verfassungsstaates und der Entwicklung der Demokratie verknüpft, statt ihn als ungehörigen Bastard aus der Familie auszuschließen. Schließlich weiß jeder politisch aktive Bürger, dass auf einer Kundgebung am meisten Energien freigesetzt werden, wenn der Redner in einfacher, bildreicher, zuspitzender Sprache die Kampagne führt. Im Grunde ist auch ein dynamischer, republikanischer Sozialreformismus ohne einen Schuss Populismus schwer vorstellbar und historisch kaum auffindbar. Staubtrocken, stocknüchtern, mit allein redlicher Solidität wird man weitreichende politische Entwürfe in den Krisen moderner Gesellschaften nicht erfolgreich unter das Volk bringen können.

Natürlich lauern hier auch Gefahren. Denn Populisten agitieren gerne nach Schwarz-Weiß-Mustern, ihre Rhetorik unterminiert oft sinnvolle, ja unverzichtbare Tabus, ihr Kampagnenstil polarisiert häufig die politische Kultur. Die Charismatiker an der Spitze des Populismus sind häufig seltsame Gestalten, mit verkorksten Biografien, nicht selten seelisch geschädigt, zuweilen zügellos in ihrer Eitelkeit, mitunter autoritär und autoaggressiv zugleich. Populistische Anführer sind oft von Ehrgeiz getriebene Typen mit einer ordentlichen Portion Chuzpe. Sie mögen im tiefsten Inneren ihr Volk gar verachten, da sie es ja für leicht verführbar halten. Aber genuine Populisten lieben das Bad in der Menge, das Gekreische ihrer Anhänger, die enthemmten Gefühlsausbrüche der Masse. Sie lieben die Tabubrüche und Regelverletzungen, mit denen sie ihre Anhänger entzücken und ihre Gegner zur Weißglut treiben. Und sie beugen sich lustvoll dem immanenten Gesetz steter Radikalisierung ihrer Methoden. Sie wissen, dass die jeweils nächste Provokation noch ein Stück schockierender ausfallen muss.

Ohne Zweifel: Demokratien sind besser dran, wenn sich diese sozialmoralisch ungebändigten Propheten ihrer selbst nicht zu agil im Alltag tummeln. Doch wenn sie das tun und dabei Gehör finden, dann sollten auch liberale Bildungsbürger nicht lediglich distinguiert die Nase rümpfen, sondern präzise die Fehlentwicklungen im Verhältnis zwischen Eliten und dem Rest in Politik, Ökonomie, Kultur und – keineswegs zuletzt – Medien unter die Lupe nehmen. Im Übrigen: Öffentlicher Streit und politischer Diskurs können nicht nach den Regeln eines intellektuellen Salons verlaufen. In Massengesellschaften gehören Emotionen dazu, hin und wieder auch das große Theater, entfesselte Leidenschaften, erschütternde Dramen. Würden Politiker des gutdemokratischen Zentrums solcherlei Gefühlslagen einfach nur ignorieren oder mit gestanzten Rationalisierungsformeln staubtrocken darüber hinwegargumentieren, dann – und erst dann – käme die Stunde der kalten Tabubrecher und demokratiesprengenden Anheizer der kochenden Volksseele: der wirklich gefährlichen Radikalpopulisten also.

Wenn wir das Vorgebrachte rekapitulieren, müssen wir den Eindruck gewinnen, dass wir, zumindest im internationalen Zusammenhang, nicht nur am Ende der Wettbewerbsdemokratie, sondern ebenfalls am Abschluss der klassischen parlamentarischen Epoche stehen. Der Trend geht, in der Praxis wie in der Theorie, hin zur wohlbedachten, möglichst »rationalen«, konfliktarmen Administration einer wachsenden Zahl widerstreitender Gruppeninteressen in geschlossenen Räumen.[119] Die ursprünglichen Vordenker des Parlamentarismus setzten durchaus auf den freien Individualisten, der im offenen Diskurs mit anderen freien Repräsentanten des Volkes um die vernünftige Lösung ringt. Eben so wird es ja im Bundestag immer vorgespielt. Und so wird es im Sozialkundeunterricht in den bundesdeutschen Ausbildungsstätten den Schülern weiterhin überwiegend gelehrt. Doch ist dies auch eine der Ursachen der »Politikverdrossenheit«, dass man liberalen Parlamentarismus simuliert, dass man dort aber, wo er stattfinden sollte, nicht mehr ernsthaft an seine Substanz und Effizienz glaubt. Die realen Manager des simulierten Parlamentarismus ächten den »Abweichler«, da sie sich politische Willensbildung in modernen und komplexen Gesellschaften eben nur im disziplinierten Kollektiv verlässlich strukturierter Fraktionen vorstellen können. Wenn indes jene (auch von den Medien terminologisch so stigmatisierten) Abweichler, wie der CDU-Bundestagsabgeordnete Wolfgang Bosbach im September 2011, die mangelnde Akzeptanz von Gewissensentscheidungen in ihren Fraktionen beklagen, wünschen sie sich damit indirekt Strukturprinzipien eines klassisch-liberalen Parlamentarismus zurück, die für die politische Praxis der Bundesrepublik de facto zu keinem Zeitpunkt galten. Denn in der Sattelzeit bundesdeutscher Verfassungsgerichtsbarkeit dominierte Gerhard Leibholz. Dieser agierte von 1951 bis 1971 im zweiten Senat des Bundesverfassungsgerichts und wurde dort zum einflussreichsten Ausdeuter des Parteienrechts. Leibholz

119 Buchstein, Hubertus/Frank Nullmeier 2006, »Einleitung. Die Postdemokratie-Debatte«, in: *Forschungsjournal Neue Soziale Bewegungen* 19/H. 4, S. 16-22.

hielt die liberal-parlamentarische Ära für abgelaufen, sah die Philosophie, die sie getragen hatte, als historisch überholt an. In der Massendemokratie wähnte Leibholz keinen Platz mehr für die liberalen Honoratioren, die mittels ergebnisoffener Diskurse zu politischen Entscheidungen kommen wollten. Allein im Parteienstaat erfüllte sich ihm zufolge die moderne Demokratie.[120] Folgerichtig verabschiedete sich der seinerzeit formative Verfassungsrichter vom Repräsentativmodell des liberalen Parlamentarismus. Die Volksvertreter durften sich im Parteienstaat nicht mehr als freie, dem eigenen Gewissen unterworfene Parlamentarier fühlen. Die Abgeordneten waren nur noch Beauftragte ihrer Parteien, hatten deren Willen im parlamentarischen Plenum lediglich registrieren zu lassen. In der Rechtsinterpretation von Leibholz, deren Wirksamkeit in der Nachkriegszeit nicht nur auf dem elementaren Gebiet der Parteienfinanzierung beträchtlich und nachhaltig war,[121] waren die Abweichler in den Fraktionen keine Helden, sondern eher Gefährder der Demokratie.

Die »Realisten« und »Pragmatiker« der Fraktionsadministration pflegen sich, ganz im Sinne von Leibholz, über die Norm der »Idealisten des Parlamentarismus« aus dem frühliberalen 19. Jahrhundert zu mokieren. Aber – und darin liegt ihre Crux – sie haben selbst eine eigene, neue und legitimationstheoretisch überzeugende Norm einer dem Plenarsaal entzogenen Verhandlungsdemokratie nie zu kreieren vermocht. So steckt in den Köpfen der allermeisten Bürger nach wie vor der Maßstab eines reinen, transparenten, ergebnisoffenen parlamentarischen Diskurses, eines *government by discussion*. Die Politik selbst ist an diesem Missverständnis nicht ganz unschuldig. Vor allem in den neunziger Jahren erlebten negative Polemiken gegen Arrangements der Par-

---

120 Vgl. hierzu Leibholz, Gerhard 1966, *Das Wesen der Repräsentation und der Gestaltwandel der Demokratie im 20. Jahrhundert*, 3. Aufl., Berlin: de Gruyter, S. 211.
121 1952 konstatierte das von Leibholz geprägte Gericht in Karlsruhe unmissverständlich: »Heute ist jede Demokratie zwangsläufig ein Parteienstaat«, zit. nach Stöss, Richard 2001, »Parteienstaat oder Parteiendemokratie«, in: ders./Oscar W. Gabriel/Oskar Niedermayer (Hg.), *Parteiendemokratie in Deutschland*, Bonn: Bundeszentrale für politische Bildung, S. 13-36, hier S. 13.

teiendemokratie vonseiten der gesellschaftlichen Eliten ihre Blütephase, begleitet von konkreten politischen Anstrengungen, die Macht der Parteien zurückzudrängen: So wurde etwa auf Initiative einiger liberaler Politiker und Politikerinnen wie Hildegard Hamm-Brücher eine Ergänzung der Geschäftsordnung des Bundestages um die bereits im Grundgesetz verankerte Gewissensfreiheit der Abgeordneten vorgenommen, was natürlich an den eingeübten und durch die Systemzwänge des modernen Parteienparlamentarismus forcierten Prozeduren nichts änderte, allenfalls infolge der medialen Berichterstattung in der Bevölkerung die alten Erwartungen weckt, die nicht erfüllt werden können. In Deutschland überwiegt nämlich bis heute ein konstitutionalistisches Parlamentarismusverständnis, das den Erfahrungen der vorrepublikanischen Zeit (Bismarck'sche Reichsverfassung) und den Lehren frühliberaler Theoretiker wie Montesquieu gemäß von einer Gewalten*teilung* und nicht einer *Verschränkung* von Legislative und Exekutive ausgeht, die auch die parlamentarische Parteiendemokratie kennzeichnet. Da die Regierung, wie im Westminster-Modell, aus dem Parlament hervorgeht, verbindet die Mehrheitsfraktionen und die Regierung ein gemeinsames Interesse. Hieraus resultiert die Bedeutungslosigkeit der Plenardebatten, des rationalen Arguments gegenüber dem Kuhhandel und der demonstrativen Obstruktion der Oppositionsfraktionen, die die Kritiker der Parteiendemokratie so eifrig beklagen; damit einher gehen aber darüber hinaus die Garantie stabiler Mehrheitsverhältnisse und somit die Bewahrung der Handlungsfähigkeit, die bei den Bürgern ebenfalls hoch im Kurs steht. Die funktionelle Notwendigkeit von Fraktions- und Parteidisziplin trifft in der Bevölkerung jedoch überwiegend auf Unverständnis und Ablehnung.[122] Und deshalb erscheint ihr die Praxis der »Realisten« immer wieder als Verstoß wider die Demokratie. Doch warum kleiden sich die Politiker des 21. Jahrhunderts dann auf der politischen Bühne der Gegenwart noch in den Kostümen des 19. Jahrhunderts, um eine Rolle zu simulieren, die offensichtlich nicht mehr in die Zeit passt? Letztlich wird hierdurch beides diskredi-

---

122 Vgl. Decker, *Regieren im »Parteienbundesstaat«*, S. 47 ff.

tiert: Der klassische Parlamentarismus ebenso wie das neuartige, dem Plenarsaal entzogene Krisenmanagement klein gehaltener politischer Exekutivzirkel, die allerdings in der Tat nicht über eine eigene, demokratietheoretisch plausible Norm ihres Tuns verfügen.

Wahrscheinlich wird das skeptische Räsonnement über Rang und Wirksamkeit der parlamentarischen Demokratie in naher Zukunft an Intensität sogar noch zunehmen. Schließlich haben die zentralen Orte der repräsentativen Demokratie, die nationalen Parlamente, durch die Eurokrise noch ein weiteres Mal an Durchschlagskraft und Macht verloren. In den vergangenen Dekaden haben sich moderne Demokratien, gleichsam in paradoxer Reaktion auf gesellschaftliche Modernisierung und partizipatorische Ausfächerung, mehr und mehr zu Verhandlungsdemokratien in verschlossenen Räumen und informellen Strukturen eines oligarchischen Arkanums entwickelt. Die Arrangements der politischen Klassen mit anderen potenten Akteuren in Ökonomie und Gesellschaft ereignen sich zunehmend in intransparenten Sphären jenseits des Parlaments und seiner Kontrollmöglichkeiten. Doch selbst die Voraussetzungen und Ergebnisse der weitgehend unvermeidlichen verhandlungsdemokratischen Aushandlungen werden seit einiger Zeit nicht mehr, wie noch zumindest hin und wieder in den sechziger und siebziger Jahren, in einer offenen und reflexiv durchdrungenen Debatte der parlamentarischen Arena ausgetragen, dadurch eben auch interpretiert und dem Säurebad kontroverser Diskussionen ausgeliefert. Infolgedessen aber beginnen mittlerweile nicht nur notorisch nölende Politikverächter am Rand, sondern ebenfalls abwägende und im Prinzip mitwirkungsbereite Menschen aus dem sozialen Zentrum der Republik die Frage aufzuwerfen, welche Bedeutung dem parlamentarischen Forum eigentlich in der demokratischen und intellektuellen Auseinandersetzung und in der diskursiven Entscheidungsfindung überhaupt noch beigemessen wird. Die entscheidenden Weichenstellungen für das ökonomische, ökologische und soziale Leben der Völker werden in der Tat in fast klandestinen Netzwerken oder transnationalen Bürokratien vorgenommen, die nicht demokratisch gewählt, bestenfalls als Repräsentation von indirekt legitimierten Repräsentanten installiert wurden, daher auch nicht souverän demokratisch abgewählt werden können, ja: durch primär konstituierte demokratische Institutionen letztlich kaum kontrollierbar sind. Eben das aber trocknet die Legitimationswurzeln der Demokratie aus, deren Bindekraft dadurch minimiert wird – zulasten der Autonomie des Politischen.

»Halbierung der Demokratie«

Wir sehen also: Die Realität der parlamentarischen Praxis, erst recht die Zuspitzung der das Responsivitätskriterium demokratischer Repräsentation allmählich zermürbenden Dialektiken lösen Ernüchterung aus, die sich in politischer Abstinenz und schwindender Institutionenakzeptanz widerspiegelt, den Ruf der Bürger nach mehr Möglichkeiten der außerinstitutionellen Einflussnahme provoziert und schließlich zu noch mehr Ernüchterung führen muss, da die Politik ihre von den Bürgern erwartete Omnipotenz längst eingebüßt hat und diese bloß noch inszenieren kann.

Paradoxerweise sind es, nochmals, neben den Prozessen der Internationalisierung und den der Demokratisierung eingeschriebenen Dialektiken gerade die zwischen demokratischer Abstinenz und (von den neuen Technologien ermöglichter) gegendemokratischer Vollzeitpräsenz schwebenden Bürger, die die schwindende Handlungsfähigkeit demokratischer Politik und deren Ersetzung durch »postsubjektive« Formen des Regierens besiegeln. Die Konsumbürger verlassen die Agora, erwarten aber zugleich Unmögliches von der Politik. Vor einem Jahrhundert hätten sich solche Spannungen vielleicht irgendwann eruptiv entladen. Liberale Demokratien verfügen jedoch – sofern sie ein minimalresponsives Institutionensystem aufweisen und die Grundrechte der Bürger schützen – über innere Kräfte der Selbstheilung. Mit der »postdemokratischen Wende« (Ingolfur Blühdorn) werden aber vielleicht gerade diese vielgelobten Selbstheilungskräfte der Demokratie zum Verhängnis. Freie Wahlen und Pressefreiheit stellen effektive Seismografen dar, die die Unzufriedenheit im Volk abmessen und entsprechende Frühwarnsignale an die politischen Entscheidungszentralen senden. Doch was geschieht, wenn Wahlen aus diversen Gründen ihre Legitimationskraft verlieren – und außerdem, wie derzeit in einigen westlichen Ländern, Grundfreiheiten und Pressevielfalt langsam und unmerklich unterminiert werden?[123] Dann verläuft die Heilung, wenn überhaupt, immer nur unvollständig; der Virus wird fortlaufend verschleppt, weil ständig nur die Symptome bekämpft werden (man verbietet extremistische Parteien, eine bürgerferne Verwaltung wird transparenter gestaltet usw.). So können zwar die direkten Bedrohungen der Demokratie in der Tat erfolgreich abgewendet, niemals aber die tieferen Ursachen behandelt werden, da diese, wie wir sahen, zum Teil im Demokratisierungsprozess selbst zu suchen sind.

Ein nicht zu durchbrechender Zirkelschluss, der, wie es scheint, unvermeidlich Enttäuschung und Ernüchterung hervorrufen muss. Diese Aussicht muss jedoch nicht einmal als problematisch empfunden werden. Immerhin wäre politische Apathie die Voraussetzung dafür, dass die Politik wieder mehr Handlungsspielraum erhielte. Aus liberaler Perspektive könnte man die anstehende Epoche als eine der unaufgeregten Konsolidierungen jener historischen Rechtsschübe begrüßen, die im vergangenen Jahrhundert, nicht selten aufgrund übermäßiger Politisierung, so oft zur Disposition standen. Andrew Moravcsik etwa argumentiert, allerdings im Zusammenhang mit dem (seines Erachtens nicht existenten) Demokratiedefizit der EU, dass die »Isolierung« nationaler wie supranationaler Institutionen vom demokratischen Wettbewerb, dass die aus dem Niedergang des Mehrheitsprinzips folgende Depolitisierung nicht nur empirische Tatsachen sind, die man hinzunehmen habe, sondern insofern sogar zu begrüßen sind, als sie der Verteidigung der konstitutiven Merkmale liberaldemokratischer Systeme dienen: dem Schutz von Minderheitenrechten, der Erhöhung der Output-Legitimität durch Verwissen-

123 Vgl. Trojanow, Ilija/Juli Zeh 2010, *Angriff auf die Freiheit. Sicherheitswahn, Überwachungsstaat und der Abbau bürgerlicher Rechte*, München: dtv.

schaftlichung und der Ersetzung politischer Aushandlung durch administrative Expertise in Bereichen, die wie die Umweltpolitik zu komplex geworden sind, als dass sie »rational ignoranten« Bürgern überlassen werden könnten.[124] Die Ergebnisseite und die liberale Dimension des liberaldemokratischen Modells sollen gestärkt werden, um dessen Integrationskraft im Ganzen zu erhalten. Der Konsumentenmentalität der Privatbürger kommt diese Strategie insgesamt sehr entgegen. Im Gegenzug wird das Ideal der *politischen* Selbstbestimmung, werden sowohl der Partizipations- als auch der Responsivitätsgedanke mehr und mehr preisgegeben.

So wie Moravcsiks Offerte scheinen die meisten Ansätze, die heute nach Alternativen zur Wahldemokratie und zum Ideal der aggregativen Responsivität suchen (und deren Niedergang für gewöhnlich sogar feiern), auf eine »Halbierung der Demokratie« hinauszulaufen.[125] Dabei steht, im plastischen Sinne, der Versuch im Vordergrund, ein unrettbares Glied oder Organ abzutrennen, um so den Organismus als Ganzen am Leben zu erhalten. Für gewöhnlich kann die Medizin sehr genau sagen, welche Organe ein Mensch unbedingt benötigt, um weiterleben zu können. Das lässt sich für die Demokratie nicht gerade behaupten, auch wenn es inzwischen eine ganze Reihe empirischer Modelle gibt, die formale Indikatoren zur Messung der »Qualität« von Demokratien bereitstellen.

Robert A. Dahl hat für die Einstufung eines Staates als Polyarchie zum Beispiel die Kriterien der freien und fairen Wahlen, des aktiven und passiven Wahlrechts, des Rechts auf freie Meinung, der Informations- und Vereinigungsfreiheit und des Entscheidungsmonopols der gewählten Repräsentanten genannt. Einer breiteren Öffentlichkeit ist der Freedom-House-Index bekannt.

124 Moravcsik, Andrew 2002, »In defence of the ›democratic deficit‹: reassessing legitimacy in the European Union«, in: *Journal of Common Market Studies* 40/H. 4, S. 603-624.
125 Somek, Alexander 2009, »Demokratie als Verwaltung. Wider die deliberativ halbierte Demokratie«, in: Brunkhorst, Hauke (Hg.), *Demokratie in der Weltgesellschaft*, Baden-Baden: Nomos, S. 323-348. Vgl. auch Beck, Ulrich 1986, *Risikogesellschaft*, Frankfurt am Main: Suhrkamp, S. 313.

Die meisten dieser Modelle sind jedoch »Schumpeter pur«,[126] beschränken sich darauf, Regierungssysteme, in denen eine politische Elite aus »fairen Wahlen« hervorgeht, frei und demokratisch zu nennen. Colin Crouch und andere Autoren haben mit Recht darauf hingewiesen, dass derartige Statistiken wenig über die innere Qualität der politischen Kultur eines Landes aussagen. Aus ihnen geht etwa nicht eindeutig hervor, ob die Wahlen in einem Land wirklich »kompetitiver« Natur sind. Doch nicht nur in dieser Hinsicht, sondern auch aus verschiedenen strukturellen Gründen lässt sich die Aussagekraft solcher Indizes bezweifeln.

Was also tun? Viele zeitgenössische Autoren sehen das einzige Mittel zur Revitalisierung demokratischen Regierens darin, dessen rettbare Kriterien gegen die Schwächen der elektoralen Dimension zu immunisieren und Letztere weitgehend zu ignorieren. Das gilt auch für die engagierten Versuche, supranationale Formen der Kooperation zu »demokratisieren«. Auf Symposien und in politischen Programmen derzeit hoffnungsvoll und inflationär verwendete Schlagworte wie »Deliberation« und »Transparenz« können aber nicht darüber hinwegtäuschen, dass hier einzelne Elemente demokratischen Regierens herausgegriffen und als Surrogate desselben präsentiert werden. Nach dem Motto: Wenn schon überregionaler Regelungsbedarf komplexe Verhandlungssysteme erfordert, die das zentrale demokratische Postulat der gleichen Teilhabe tendenziell verdrängen, dann lasst uns diese Strukturen wenigstens durchschaubarer, *nach*vollziehbarer, eben transparenter gestalten – eine Forderung, die ihrerseits wenig Aussicht auf Erfolg hat, weil die Handlungsautonomie, die die Akteure im kooperativen Staat benötigen, schnell dahin wäre, könnten die Wähler den Regierenden bei jedem Schachzug über die Schulter schauen. Transparenz ist heute das dominierende Ideologem der Gegendemokratie, deren Fundament der Zeitgeist des ständigen Misstrauens ist.

Eine andere beliebte Vertröstungsversion ist die der prozedural-deliberativen Demokratie. Das Moment der Wahl hat, so die

---

126 Schmidt, Manfred 2008, *Demokratietheorien. Eine Einführung*, Wiesbaden: VS Verlag für Sozialwissenschaften, S. 382.

Argumentation, den öffentlichen Diskurs nur behindert; und nun, da seine Kraft allmählich erlischt, sollten die politischen Verfahren wenigstens so programmiert sein, dass der Raum der freien, nichtstrategischen Diskussion gestärkt und die damit einhergehende »Inklusion« zivilgesellschaftlicher Akteure in die Entscheidungsfindung begrüßt werden. Deliberation wird zum Kern der Demokratie erhoben, selbst wenn die Deliberierenden nicht durch Wahl, sondern durch randomisierte Verfahren oder Vorgaben der selbst nur mittelbar (oder im Falle der EU-Kommission überhaupt nicht) gewählten Exekutive selektiert sind.

Obwohl ständig alle davon reden, dass die Demokratie täglich aufs Neue verteidigt werden müsse, haben wir uns, hat sich vor allem die Wissenschaft längst daran gewöhnt, entweder Institutionalisierungsvorschläge für »mehr Partizipation« zu unterbreiten, die meist im Vagen verbleiben und die oben erläuterten *trade-offs* kaum mitreflektieren, oder aber eine Seite demokratischen Regierens gegen die jeweils andere auszuspielen: (Experten-)Deliberation auf Kosten demokratisch legitimierter Dezision; »allgemeine Zugänglichkeit«, die in der Praxis den Einfluss ressourcenstarker Eliten stärkt, auf Kosten der egalitären Programmierung politischer Prozesse durch Wahlen; begrenzte Beteiligung nur dann, wenn unter den eingesetzten, mithin »vernunftfördernden« Prozeduren rationale Ergebnisse zu erwarten sind. Die überschüssigen Emotionen, die unkalkulierbaren Momente werden damit endlich aus dem politischen Raum verwiesen – damit aber auch das Politische selbst: Denn Politik und Leidenschaft waren schon immer auf das Engste miteinander verknüpft.[127] Wie wir im nächsten Kapitel zeigen werden, braucht eine prozeduralistisch-deliberative Politik solche Eruptionen nicht länger zu fürchten, ist es doch gerade ihr Ziel, kollektive Formen politischen Handelns – die bisweilen zu unkontrollierbarer Leidenschaftlichkeit neigen – zu schwächen und den kontingenten Charakter politischer Ordnungen unter dem Schleier der Rationalität und Moralität aufzulösen.[128]

---

127 Vgl. dazu Walzer, Michael 1999, *Vernunft, Politik und Leidenschaft. Defizite liberaler Theorie*, Frankfurt am Main: Fischer, S. 66-94.

128 Mouffe, Chantal 1999, »Deliberative democracy or agonistic pluralism?«, in: *Social Research* 66/H. 3, S. 745-758.

Wie in vordemokratischen Zeiten, in der Hochphase des klassischen Parlamentarismus, werden Elitendiskussion und ein Mindestmaß an medial vermittelter Öffentlichkeit in dieser Vision zu Maßstäben guten Regierens erklärt.

3. Entparlamentarisierung und deliberative Surrogatdemokratie

Spätestens Anfang der siebziger Jahre führte die Ernüchterung der politischen Eliten darüber, dass angesichts der gesellschaftlichen Mitwirkungsimperative und der damit verbundenen Blockaden insbesondere bei der Umsetzung zentralstaatlicher Beschlüsse auf den unteren Ebenen die bis dahin praktizierten hierarchischen, etatistischen Planungsprozesse nicht mehr funktionierten, zu einem Umdenken in Richtung »weicherer« Formen politischer Steuerung, die sich im Kern auf die Umrahmung dezentraler Strukturen der Selbstregelung richteten. In großen Teilen der in dieser Zeit äußerst einflussreichen systemtheoretisch fundierten Ansätze in den Sozialwissenschaften hatte sich längst die Einsicht durchgesetzt, dass staatliche Interventionen unter modernen Bedingungen immer öfter vergebens sind, weil, wie es bei Niklas Luhmann heißt, alle Funktionssysteme, so auch das der Wirtschaft, operativ geschlossen sind und sich »autopoietisch« nur selbst steuern können, Impulse aus dem politischen System dagegen aufgrund der in den einzelnen Teilsystemen virulenten funktionalen Differenzierung meist unvorhersehbare Effekte zeitigen.[1] Die Interdependenzen auf dem Weltmarkt und die Notwendigkeit, neue, nichthierarchische Formen der Koordinierung für die intergouvernementale und (etwa im Falle der EU) supranationale Kooperation zu entwickeln, führten dann in den achtziger und neunziger Jahren zu einem Siegeszug des *governance*-Begriffs. Dieser beschreibt ein breites Spektrum von Steuerungsmechanismen im Schnittbereich von Staat, Gesellschaft und Ökonomie, die der Interaktion von Staaten, Organisationen (GOs ebenso wie NGOs) und Individuen in formalisierten oder auch in mehr oder minder informellen, durch dauerhafte Praxis eingeübten Strukturen einen Handlungsrahmen bieten sollen. Ausgehend von der

---

1 Vgl. zu Luhmanns Auseinandersetzung mit Fritz W. Scharpf zu den Möglichkeiten politischer Steuerung in der funktional differenzierten Gesellschaft: Luhmann, Niklas 1989, »Politische Steuerung. Ein Diskussionsbeitrag«, in: *Politische Vierteljahresschrift* 30/H. 1, S. 4-9.

Sektoralisierung der Politik und der institutionalisierten Einbindung des »Dritten Sektors« in den Gestaltungsprozess (zum Beispiel in Form der vor allem in Großbritannien stark genutzten »Quangos« (*quasi-autonomous non-governmental organizations*), nichtstaatlichen Organisationen, die ihre gemeinwohlorientierten Ziele mit staatlicher Förderung umsetzen) lösten sich auf der nationalen wie auch auf der internationalen Ebene »monozentrische« Vorstellungen, die von einheitlichen Steuerungszentren ausgingen, immer mehr auf. An ihre Stelle traten Konzeptionen, welche in der Lage waren, die inzwischen längst dominanten »polyzentrischen« Entscheidungsprozesse in komplexen Mehrebenensystemen angemessen zu beschreiben. *Agencification* und Outsourcing von Handlungsmacht an Öffentlich-private Partnerschaften sind die Antriebsmomente dieses Strukturwandels hin zu einer »komplexen Demokratie«; *bargaining* und *contracting* bilden die hauptsächlichen Instrumente kooperativer, dezentral formierter Politik.[2]

»Entparlamentarisierung« – ein Wort, das gerade in den vergangenen drei Krisenjahren zu neuer Prominenz gelangte – ist eine logische Folge der Entwicklung hin zum »halbsouveränen« Staat, oder vielmehr: eine notwendige Bedingung. Denn Parlamente, zumindest ihre klassischen Funktionen, vertragen sich schlecht mit den Anforderungen, die die Koordinierungszwänge in komplexen Mehrebenensystemen hervorbringen, in denen die horizontale zuungunsten der vertikalen Differenzierung weiter voranschreitet. Akteure, die in multidimensionalen Politiknetzwerken handeln, müssen flexibel agieren, dürfen nicht zu stark an Weisungen und formale Vorgaben gebunden sein, damit ein unvoreingenommenes Aufeinander-Zugehen der Beteiligten ermöglicht und so das Risiko der Nichtentscheidung mit den daraus resultierenden Kosten minimiert werden kann. Dazu braucht es Räume, in denen die Interaktionen nicht durch die traditionellen Anforderungen responsiver Politik determiniert werden. Nachvollziehbare Regeln und Prozeduren zur Autorisierung und zur

2 Vgl. Blatter, Joachim 2007, »Demokratie und Legitimation«, in: Benz, Arthur et al. (Hg.), *Handbuch Governance. Theoretische Grundlagen und empirische Anwendungsfelder*, Wiesbaden: VS Verlag für Sozialwissenschaften, S. 71-84.

Sicherstellung und Verstetigung der Rechenschaftspflicht von Repräsentanten, Öffentlichkeit, Transparenz, die eindeutige Zurechenbarkeit politischer Verantwortung – diese demokratischen Grundkriterien parlamentarischer Repräsentation stehen der Entwicklung hin zu einer *multilevel governance* (einem kooperativen Verhandlungssystem, in dem die Auseinandersetzungen zwischen demokratisch legitimierten und individuellen, kollektiven oder korporativen Akteuren aus der Gesellschaft forciert, aber auch zunehmend informalisiert werden) eher im Weg.

Solche Strukturen verstärken auf der nationalen Ebene in der Praxis eine »Auswanderung aus den Verfassungsinstitutionen«,[3] die primär zwei verschiedene Facetten aufweist: einmal die Einrichtung von Konsensrunden, in denen direkte Verhandlungen zwischen Staat und Verbänden stattfinden, und andererseits die exekutive Berufung von Kommissionen, die sich meist aus Wissenschaftlern und anderen Fachleuten, aber auch zivilgesellschaftlichen Akteuren zusammensetzen. Die rot-grüne Koalition hatte sich dieser Instrumente gerne und medienwirksam bedient, um den angeprangerten »Reformstau« der Ära Kohl gegen alle föderalistischen Handlungsblockaden und unter vorbeugender Inklusion der Industrieverbände pragmatisch aufzubrechen. Schon drei Jahrzehnte zuvor waren es die frühen sozialdemokratischen Regierungsjahre gewesen, in denen die Einrichtung von Konsensrunden und Sachverständigenräten ihre Blütezeit erlebte. 1969 hatte man noch 200 von ihnen gezählt, 1977 waren es schon 358. Die bereits unter Kurt Georg Kiesinger unternommene konzertierte Aktion aus Regierung, Gewerkschaften und Unternehmensverbänden ging vor allem auf ihre Initiative zurück – ein Modell, das unter Schröder mit dem Bündnis für Arbeit wiederbelebt wurde und 2003 abermals scheiterte. Im letzten Jahrzehnt waren zum Beispiel die Rürup- und die Hartz-Kommission oder die Verhandlungen der Bundesregierung mit Vertretern der großen Energieunternehmen, welche zum Atomkonsens führten, bekannte Beispiele für den Trend hin zur »Republik der runden

3 Blumenthal, Julia von 2003, »Auswanderung aus den Verfassungsinstitutionen. Kommissionen und Konsensrunden«, in: *Aus Politik und Zeitgeschichte*, H. 43, S. 9-15.

Tische«.[4] Ein jüngeres Beispiel aus der Ära Merkel ist die oben schon angesprochene Ethikkommission »Sichere Energieversorgung«, die im März 2011 nach der Reaktorkatastrophe von Fukushima eingerichtet wurde, um »die zukünftige Energieversorgung auf eine breite gesellschaftliche Grundlage zu stellen«,[5] um also von Expertenseite ein konsensuales Fundament in einer Streitfrage zu schaffen, über die weder in der Gesellschaft noch innerhalb der Koalitionsparteien annähernd Einigkeit herrscht. Dieses Vertrauen in die Weisheit der Experten in politischen und ethischen Fragen spiegelt noch immer den »Zauber Platons«: den Irrglauben, dass sich gesellschaftliche Kontroversen einfach durch objektivierbare, aus abstrakten Ideengebäuden deduzierte Evaluationskriterien auflösen ließen – nicht etwa durch den Widerstreit unterschiedlicher Meinungen und Interessen, dessen Organisation und Einhegung die Parteien und andere intermediäre Institutionen leisten müssten, wozu sie aber aus den oben genannten Gründen nicht mehr in der Lage sind. Wieder einmal sind es zunehmende Pluralität und Komplexität der sozialen Prozesse, die den antipolitischen Ruf nach den Experten nähren.

Über die Vereinbarkeit von Konsensrunden und Expertenkommissionen mit dem Demokratieprinzip ist viel geschrieben worden. Obwohl informelle Praktiken nirgends in der Verfassung vorgesehen sind, waren und sind diese im föderalen Bundesstaat stets an der Tagesordnung. Man denke nur an die zahlreichen Fachministerkonferenzen oder an formalen Rechtsetzungsverfahren vorgeschaltete Gespräche zwischen Regierung und Opposition zu bestimmten Reformprojekten. Aber hier sind alle Akteure mehr oder weniger direkt oder indirekt vom Volk legitimiert, während die zuvor genannten Sachverständigengremien

4 Vgl. dazu Ruck, Michael 2004, »Die Republik der Runden Tische: Konzertierte Aktionen, Bündnisse und Konsensrunden«, in: Kaiser, André/Thomas Zittel (Hg.), *Demokratietheorie und Demokratieentwicklung. Festschrift für Peter Graf Kielmansegg*, Wiesbaden: VS Verlag für Sozialwissenschaften, S. 333-356.

5 Vgl. die Bekanntmachung der Bundesregierung vom 29. März 2011: »Reaktorsicherheit und Ethik: Zwei Kommissionen begleiten ins Zeitalter der Erneuerbaren Energien«, der Text ist online verfügbar unter: {http://www.bundesregierung.de/Content/DE/Artikel/2011/03/2011-03-29-ethikkommission.html} (Stand: April 2013).

sich primär oder ausschließlich aus privaten Akteuren zusammensetzen, denen, da sie auf diesem Wege (über die erste Gelegenheit in der Wahlkabine hinaus) eine zweite Chance erhalten, auf das Handeln der Regierenden direkt Einfluss zu nehmen, eine ungleich höhere Stellung im Gesetzgebungsprozess zugesprochen wird. Die Gründe, die eine Informalisierung von Entscheidungsverfahren begünstigen, sind immer dieselben: Zum einen ist das Ausweichen in extraparlamentarische Gremien ein Versuch, »den Einschränkungen des Rechts zu entkommen«, die stets Handlungsoptionen minimieren; außerdem können so Transaktionskosten gesenkt werden.[6] Die Zurechenbarkeit von Entscheidungen leidet nicht so sehr darunter, wie dies gelegentlich behauptet wird: Schließlich bleibt am Ende die Regierung dafür verantwortlich, ob die ausgehandelten Ergebnisse umgesetzt werden oder nicht. Allerdings ergibt sich für sie die Option, ihre Entscheidung mit einem Verweis auf die Handlungsempfehlungen einer Kommission zu legitimieren und so ein Stück weit Verantwortung an nicht gewählte, nur scheinbar objektiv urteilende Experten zu delegieren.

Um die Ausdeutung dieser Transformationsprozesse aus demokratietheoretischer Sicht hat sich die Politikwissenschaft verstärkt seit Anfang der neunziger Jahre unter dem wertneutralen Diktum des »Postparlamentarismus« bemüht. Vor allem vonseiten der systemtheoretisch geschulten Organisationssoziologen wurden damals primär die Vorteile der neuen postparlamentarischen Konstellation hervorgehoben: Durch Zurückdrängung der mandatierten zugunsten der qualifizierten Repräsentation, so das Urteil, ergeben sich auf der Input-Ebene politischer Legitimität verbesserte Zugangsmöglichkeiten sowohl für Akteure aus der Zivilgesellschaft als auch für *professionals* aus Wissenschaft und

6 Morlok, Martin 2003, »Informalisierung und Entparlamentarisierung politischer Entscheidungen als Gefährdungen der Verfassung?«, in: Herdegen, Matthias et al., *Leistungsgrenzen des Verfassungsrechts. Berichte und Diskussionen auf der Tagung der Vereinigung der Deutschen Staatsrechtslehrer in St. Gallen vom 1. bis 5. Oktober 2002*, Reihe Veröffentlichungen der Vereinigung der Deutschen Staatsrechtslehrer (VVDStRL), Bd. 62, Berlin: de Gruyter, S. 37-84, hier S. 48.

Wirtschaft, wovon gleichzeitig die Leistungsfähigkeit des politischen Systems profitiert. In ironischer Anlehnung an die berühmte Lincoln'sche Trias definierten Svein Andersen und Tom Burns den Postparlamentarismus als eine Regierung »der Organisationen, durch die Organisationen und für die Organisationen«, die der Vervielfältigung von Lebensstilen und Werten, vor allem aber von Wissen und Expertise auf allen Politikfeldern durch eine ihres Erachtens zwingend erforderliche Beteiligung von Spezialisten und parlamentarisch nicht repräsentierten Interessenverbänden Rechnung trägt. Repräsentation sei, da die Institutionen ihre Autorität auf die Souveränität nichtterritorial strukturierter Völker gründen, hoch spezialisiert und distribuiert. Das habe durchaus seine Vorteile, denn: Die »soziale Realität ist viel zu komplex«, als dass die aus Generalisten zusammengesetzten Parlamente in der Lage wären, drängende Probleme angemessen zu »bearbeiten«. Die Folge: »Risiken« wie »öffentliche Kritik und Opposition«, von Unzufriedenheit angesichts der stagnierenden und in der Realität zu wenig Wirkung zeigenden Reformprozessen genährte »eskalierende Konflikte« breiteten sich aus. Helfen würde dagegen nur ein ausgefeiltes System »spezialisierter Repräsentation« aus einem Pool von Experten: Im Grunde seien wir, zumindest auf der EU-Ebene, auf dem Weg in die wahre, weil einzig realisierbare »Demokratie direkter Partizipation«, in der Qualifizierte und Interessierte – solange sie ressourcenstarke Organisationen hinter sich wissen – die Agenda mitbestimmen können. Eine zeitgemäße, den realen sozialen Bedingungen genügende Institutionentheorie müsse versuchen, die organischen *governance*-Formen nachträglich so zu legitimieren, dass sie mit »Normen und Werten der Demokratie« vereinbar »erscheinen«.[7] Dasselbe Ziel verfolgt der Politikwissenschaftler Arthur Benz – einer der ersten, die den Begriff des Postparlamentarismus im deutschsprachigen Raum verwendeten –, wenngleich sein Modell »loser Arenenkopplung« gerade darauf

7 Andersen, Svein S./Tom Burns 1996, »The European Union and the erosion of parliamentary democracy: a study of post-parliamentary governance«, in: Andersen, Svein S./Kjell A. Eliassen (Hg.), *The European Union: How Democratic Is It?*, London: Sage, S. 227-251.

abzielt, kooperative Verhandlungssysteme und parlamentarische Arenen so zu kombinieren, dass Letzteren, wenn sie schon aufgrund des wachsenden Einflusses von Politiknetzwerken ihre Entscheidungs- und Kontrollfunktion einbüßen, zumindest ihre »Relevanz als Forum öffentlicher Diskussion« garantiert würde. Diese Funktionsteilung folgt aus Benz' bedenklicher, aber konsequent formulierter normativer Prämisse, dass heute »die Kontrollfunktion der Parlamente insofern zurückgenommen werden [muss], als sie nicht die Verhandlungsspielräume und Kooperationsfähigkeit von Regierungen und Verwaltungen einengen darf«.[8] Die aus diesen Vorschlägen resultierende Konsequenz, dass politische Handlungsmacht vollständig an oligarchische Netzwerke abgetreten und die Mechanismen demokratischer Legitimation nur noch symbolische Formen von Politik begründen würden, wird dann nicht weiter problematisiert.

Dies sind nur ein paar Beispiele für eine gegenwärtige »Rationalisierung der Demokratietheorie«, die sich, wie Hubertus Buchstein und Dirk Jörke mit erfrischender Zuspitzung schon Anfang des letzten Jahrzehnts formulierten, darin äußert, dass gegenwärtig diskutierte Konzepte eher auf eine »Veredelung der Gütequalität demokratischer Politikergebnisse« statt auf eine Stärkung der partizipativen Komponente zielen.[9] Im Zentrum steht das Bemühen, Bedingungen für die Herstellung rationaler Outputs zu schaffen, die die komitologischen Abschottungen des politischen Systems rechtfertigen sollen. Wenn sie überhaupt noch eine sichtbare Rolle spielt, dann wird »politische

8 Benz, Arthur 1998, »Postparlamentarische Demokratie? Demokratische Legitimation im kooperativen Staat«, in: Greven, Michael Th. (Hg.), *Demokratie – eine Kultur des Westens?*, Opladen: Leske + Budrich, S. 202-222. Auch Schmalz-Bruns unterstützt eine solche »Aufteilung der Repräsentationsfunktion«, die »die parlamentarische Willensbildung und Entscheidung auf die Bearbeitung der Legitimations- und Integrationsprobleme« reduziert, welche »autonom von den Trägern der postparlamentarischen Form des ›organischen Regierens‹ nicht hinreichend bearbeitet werden können« (Schmalz-Bruns, Rainer 1999, »Deliberativer Supranationalismus. Demokratisches Regieren jenseits des Nationalstaats«, in: *Zeitschrift für Internationale Beziehungen* 6/H. 2, S. 185-244, hier S. 236).
9 Buchstein, Hubertus/Dirk Jörke 2003, »Das Unbehagen an der Demokratietheorie«, in: *Leviathan* 31/H. 4, S. 470-495, hier S. 475.

Beteiligung nicht mehr als Ziel, sondern als eines mehrerer möglicher Mittel für die Erhöhung des Rationalitätsgrades kollektiv verbindlicher Entscheidungen« angesehen. Eine Steigerung des Legitimitätsgrades über die Stärkung der Input-Funktion bleibt zweitrangig und sogar unerwünscht, solange *good governance* mittels »demokratischer Expertisen« gute Ergebnisse produziert:

> »Die politische Partizipation behält in diesen Demokratietheorien nur dort ihren Platz, wo sie unter institutionell streng reglementierten Bedingungen zu einer Rationalitätsverbesserung beiträgt oder wenigstens einer rationalen Politik nicht im Wege steht. Die partizipative Komponente, die den Demokratiebegriff seit den Anfängen begleitet, ist für die moderne Demokratietheorie somit zu einem Ballast geworden.«[10]

Allerdings ist dieser Trend in Wirklichkeit alles andere als neu. Wir sollten uns vielleicht noch einmal daran erinnern, dass der Begriff der Demokratie in der politischen Theorie der Neuzeit überhaupt erst populär und hoffähig wurde, als ebendiese ursprüngliche Komponente direkter Partizipation dank der »Erfindung« demokratischer Repräsentation durch die Federalists so weit zurückgedrängt worden war, dass man den Begriff unabhängig von seiner gefürchteten ursprünglichen Konnotation als reine Demokratie im klassischen Athen – wo sie als anarchistischer, die öffentliche Ordnung lähmender »Wahnwitz der Menge« (Platon) Anstoß erregte[11] – verwenden konnte, indem man also der Beteiligung mächtige Zügel anlegte, um den Volkswillen in vernünftige Bahnen zu lenken. Der Rationalisierungsgedanke war von allen Vordenkern repräsentativer Demokratie immer stark betont worden, so auch in John Stuart Mills *Considerations on Representative Government*, die das Prinzip demokratischer Repräsentation unter europäischen Liberalen populär machten. Die Produktion rationaler Outputs wie auch die herrschafts- und freiheitsstabilisierende Wirkung wurden hier als zentrale Argumente für die Überlegenheit der (repräsentativen) Demokratie vorgebracht. Für

10 Buchstein, Hubertus 2009a, *Demokratietheorie in der Kontroverse*, Baden-Baden: Nomos, S. 21 f.
11 Platon, *Der Staat*, hrsg. von Karlheinz Hülser, Frankfurt am Main: Insel, 496c.

Mill, der für ein Verhältniswahlrecht eintrat, waren gerade die antimajoritären Effekte proportionaler Repräsentation ein Garant für individuelle Freiheit und Stabilität.[12] Und wenngleich zuvor die Federalists, Rousseau folgend, das Recht der Bürger, »sich selbst zu regieren«, durchaus als Selbstzweck anerkannt hatten, war es doch James Madison zufolge ein weiterer Vorteil demokratischer Repräsentation – und somit ein Differenzkriterium der Republik gegenüber der (stets plebiszitär definierten) Demokratie –, dass sie die in der Öffentlichkeit aufeinandertreffenden Perspektiven »läutere« und »erweitere«, um so das Gemeinwohl gegen die Bildung von Faktionen und egoistischen Interessenlagen zu sichern. Die Überzeugung, dass »die Stimme des Volkes, wenn sie von seinen Vertretern erhoben wird, eher zum Wohl des Ganzen ertönt, als wenn sie aus dem Volk selber spricht«, und dass, wie Madison immer wieder betonte, die »Tugendhaftesten« als Sieger aus den Wahlen hervorgehen sollten,[13] wurde später zu einer Grundprämisse vieler »realistischer« Demokratietheorien. 1787/88 stellte das US-amerikanische Modell demokratischer Repräsentation eine unerhörte Innovation dar, die mit den im angelsächsischen Raum dominierenden Theorien einer »virtuellen Repräsentation«, wie sie Edmund Burkes Idee einer (nicht unbedingt durch Wahl zu legitimierenden) treuhänderischen, korporationsrechtlich gedachten Einheitsrepräsentation zugrunde lag, rigoros brach. Der Wechsel von der undemokratischen, unitarischen Korporationsrepräsentation zur Durchsetzung der Volkssouveränität in Gestalt demokratischer Differenzrepräsentation konnte aber nur erfolgreich sein, wenn Republiken sich als in der Lage erwiesen, mit dem Mehr an Komplexität, das sich mit der Vermittlung von neuen Interessen einstellte, fertigzuwerden und die »Einheit in der Vielheit« zu wahren. Sollte es gelingen, die Quelle aller staatlichen Macht verfassungsrechtlich allein im Volk zu verorten, mussten (begrenzte) Partizipation und Rationalisie-

---

12 Mill, John Stuart 1991, *Considerations on Representative Government*, in: ders.: *On Liberty and Other Essays*, hrsg. von John Gray, Oxford: Oxford University Press, S. 203-467, hier S. 302 ff.

13 Vgl. Lawrence Goldman (Hg.) 2008, *The Federalist Papers*, Oxford: Oxford University Press, 10. Artikel (Madison), S. 53.

rung als einander zumindest prinzipiell nicht widerstreitende Zielwerte gedacht und plausibilisiert werden.

Das normative Ungleichgewicht im Stellenwert der beiden seit je in einem Konkurrenzverhältnis zueinander stehenden Zwecksetzungen, die von frühliberalen Theoretikern mit der repräsentativen Demokratie assoziiert wurden – Partizipation *und* Rationalität, Legitimität *und* Effizienz – ist, betrachtet man die theoretischen Weichenstellungen der letzten Jahrzehnte, heute allerdings in der Tat frappant. Politologen, die sich wie Benz und andere einer Anfang der siebziger Jahre von Fritz Scharpf begründeten »komplexen Demokratietheorie« verpflichtet fühlen, welche zwischen dem »expansiven« Demokratiebegriff der 68er und »realistischen« Theorien im Anschluss an Joseph Schumpeter zu vermitteln suchte,[14] fokussieren heute, da der uralte Zielkonflikt zwischen dem Ideal der Responsivität und der von einer wachsenden gesellschaftlichen Komplexität eingeforderten Effizienzsteigerung angesichts der so oft konstatierten »postnationalen Konstellation« weniger lösbar denn je erscheint, wieder primär auf eine Optimierung politischer Steuerung. Mit gutem Grund, denn sobald die Bürger ihr politisches System als handlungs- und problemlösungsunfähige Politikverflechtungsfalle perzipieren, schafft dies bekanntlich noch mehr »Verdrossenheit«.[15] Wenn vonseiten der Sozialwissenschaften dann aber, wie wir sahen, noch versucht wird, diese Form des Regierens als »Demokratie direkter Partizipation« zu camouflieren, ist Skepsis angebracht. Eine idealisierende Beschreibung der bestehenden Demokratien ist genauso wenig zielführend wie eine (radikaldemokratischen Kritikern oft vorgehaltene) »bloße deklamatorische Berufung auf die klassischen Formeln« der Demokratie,[16] die nach der postparlamentarischen Wende naiv wirkt und ins Leere läuft.

14 Scharpf, Fritz W. 1975, *Demokratietheorie zwischen Utopie und Anpassung*, Kronberg im Taunus: Scriptor.

15 Vgl. Gabriel, Oscar W. 1999, »Integration durch Institutionenvertrauen?«, in: Friedrichs, Jürgen/Wolfgang Jagodzinski (Hg.), *Soziale Integration*, Opladen: Leske + Budrich, S. 199-235.

16 Kielmansegg, Peter Graf 1977a, *Volkssouveränität. Eine Untersuchung der Bedingungen demokratischer Legitimität*, Stuttgart: Klett, S. 197.

Auch der deliberative Ansatz der Demokratietheorie muss sich den Vorwurf gefallen lassen, im Gewand der Inklusivität die partizipative Dimension des Demokratiebegriffs als eine »von der gewünschten Rationalität politischer Prozesse abhängige Variable« zu denken und somit auf diese Weise »in den Sog des Primats der ›Output-Rationalität‹« zu geraten.[17] In diesem Verdacht steht vor allem der wohl wichtigste Ideenspender der deliberativen Demokratietheorie, Jürgen Habermas, dessen Diskursethik auf eine möglichst inklusiv organisierte Beratung von zur Entscheidung stehenden Problemen setzt, dabei aber das Primat der Rationalität hervorhebt – und die Illegitimität beteiligungszentrierter Systeme, die qualitativ unvernünftige Resultate produzieren.[18] Mehr noch: Habermas hat in seinem Spätwerk sogar den Versuch unternommen, die »voluntaristischen« Demokratieverständnisse liberaler und republikanischer Autoren, von denen die einen auf das Einbringen privater Interessen in den öffentlichen Bereich und die anderen auf das Erlangen politischer Autonomie setzten, mit einem »epistemischen« Demokratieverständnis zu kontrastieren. Demzufolge beziehen demokratische Verfahren ihre Legitimation »nicht mehr nur, und nicht einmal in erster Linie aus der Partizipation und Willensäußerung, sondern aus der allgemeinen Zugänglichkeit eines deliberativen Prozesses«, »dessen Beschaffenheit die Erwartung auf rational akzeptable Ergebnisse begründet«,[19] wie es an einer oft zitierten, weil Habermas' Demokratieverständnis pointiert zusammenfassenden Stelle seines Werkes heißt. Habermas' »epistemischer Prozeduralismus« erwartet von einer »kooperativen Suche nach gemeinsamen Problemlösungen«, die das Aggregationsprinzip der Mehrheitsde-

17 Buchstein, Hubertus 2009c, »Bausteine für eine aleatorische Demokratietheorie«, in: *Leviathan* 37/H. 3, S. 327-352, hier S. 334f.

18 Vgl. dazu schon Abromeit, Heidrun 2002, *Wozu braucht man Demokratie? Die postnationale Herausforderung der Demokratietheorie*, Opladen: Leske + Budrich, S. 100-115.

19 Habermas, Jürgen 1998b, »Die postnationale Konstellation und die Zukunft der Demokratie«, in: ders., *Die postnationale Konstellation. Politische Essays*, Frankfurt am Main: Suhrkamp, S. 91-170, hier S. 166.

mokratie ersetzen soll, einen »Rationalisierungsdruck, der die *Qualität* der Entscheidungen verbessert«. In der Öffentlichkeit durchlaufen Meinungen eine »diskursive Kläranlage«, die aus dem eingehenden Meinungsinput »interessenverallgemeinernde und informative Beiträge zu relevanten Themen herausfilter[n]« soll.[20] Die Überzeugung, dass die Richtigkeit sowohl moralischer Normen als auch propositionaler Aussagen durch Zustimmung aller betroffenen Beteiligten zu einem im ausschließlich vom »eigentümlich zwanglosen Zwang des besseren Arguments« dominierten Diskurs erzielten Konsens ermittelt werden könne, bildete von Anfang an das Grundprinzip seiner Diskursethik. Aber dass Habermas den kognitivistischen Anspruch auf die *politische* Deliberation übertrug und damit implizierte, in moralischen wie in politischen Fragen sei die Orientierung auf eine einzig richtige Frage hin möglich, führte ihn zu einer im Kern unpolitischen Interpretation demokratischer Repräsentation. Denn: Der kontingente, (entscheidungs-)offene, von einem binären Richtig-Falsch-Evaluationsmodus zu unterscheidende Charakter demokratischer Politik wird bei Habermas durch die »Unterstellung einer verfahrensmäßig garantierbaren ›Richtigkeit‹« relativiert: »Wer in einer Abstimmung unterliegt, gehört nicht nur zur festgestellten Minderheit, sondern hat auch in kognitiver Sicht nicht recht gehabt, soll also an seinen Irrtum glauben.«[21]

Um nicht missverstanden zu werden: Habermas hat mit seinem deliberativen Ansatz zweifellos einen wichtigen Beitrag zum Verständnis der repräsentativen Demokratie als einem zirkulären Prozess der Entscheidungsfindung geliefert, der Bürger und Parlamentarier durch Wahlen und informelle Einflusskanäle miteinander verbinden soll. Verdienstvoll ist vor allem, dass er den Ablauf der Gesetzgebung als ein »Zusammenspiel der institu-

---

20 Habermas, Jürgen 2008, »Hat die Demokratie noch eine epistemische Funktion? Empirische Forschung und normative Theorie«, in: ders., *Ach, Europa. Kleine politische Schriften XI*, Frankfurt am Main: Suhrkamp, S. 138-191, hier S. 144.
21 Greven, Michael Th. 2010, »Verschwindet das Politische in der politischen Gesellschaft? Über Strategien der Kontingenzverleugnung«, in: Bedorf, Thomas/Kurt Röttgers (Hg.), *Das Politische und die Politik*, Berlin: Suhrkamp, S. 68-88, hier S. 80.

tionalisierten Beratungen mit informell gebildeten öffentlichen Meinungen«, als »Rückbindung des politischen Systems an die peripheren Netzwerke der politischen Öffentlichkeit« deutet.[22] Problematisch ist jedoch, dass er Deliberation mehr als idealen Erkenntnisprozess, als »subjektlose Kommunikation«, eher als Problemlösung denn als kontingente, zuweilen hochemotionale Auseinandersetzung zwischen konkurrierenden Meinungen begreift. Habermas' deliberatives Modell bricht mit dem Ziel der reflexiven Integration kontingenter, vielfach nichtentscheidbarer Gruppeninteressen durch Differenzrepräsentation, indem es die Legitimität politischer Verfahren davon abhängig macht, ob sie ein höheres Rationalitätsniveau garantieren und die Debatten dem Universalisierungsgrundsatz gemäß strukturieren.[23] Die normative Kognitivierung politischer Entscheidungsfindung, die, vom kantischen Vernunftbegriff ausgehend, eine von der instrumentell-strategischen Verwendung von Sprache geschiedene höherwertige kommunikative Rationalität zur Norm für den öffentlichen Raum erhebt und prozedural zu institutionalisieren sucht, führt nämlich bei Habermas zu einer »vernunftrechtlichen Einhegung von Politik«.[24] Zu Recht mehren sich Stimmen, die in der »epistemischen Schlagseite der deliberativen Demokratietheorie« den Versuch erkennen, »einen wissenschaftlichen oder zumindest wissenschaftsanalogen Modus der Bearbeitung und Entscheidung politischer Fragen«, kurz: eine »Verwissenschaftlichung der Politik« theoretisch zu legitimieren.[25] Mit seiner kognitivistischen Lesart des politischen Diskurses entfernte er sich im Laufe der Jahre

22 Habermas, Jürgen 1998c, *Faktizität und Geltung. Beiträge zur Diskurstheorie des Rechts und des demokratischen Rechtsstaats*, Frankfurt am Main: Suhrkamp, S. 362.

23 Auch andere Vertreter der deliberativen Theorie plädieren dafür, in der Suche nach objektiven Wahrheiten eine Funktion des öffentlichen Diskurses zu sehen. Vgl. z. B. Lafont, Cristina 2006, »Is the ideal of deliberative democracy coherent?«, in: Besson, Samantha/José Luis Martí (Hg.), *Deliberative Democracy and Its Discontents*, Aldershot u. a.: Ashgate, S. 3-26.

24 Vgl. Jörke, Dirk 2003, *Demokratie als Erfahrung. John Dewey und die politische Philosophie der Gegenwart*, Wiesbaden: Westdeutscher Verlag, S. 222 ff.

25 Jörke, Dirk 2010, »Die Versprechen der Demokratie und die Grenzen der Deliberation«, in: *Zeitschrift für Politikwissenschaft* 20/H. 3-4, S. 269-290, hier S. 275.

immer weiter von den Vertretern pluralistischer oder gar agonistischer Vertreter deliberativer Demokratie, die durchaus betonen, dass in sozial heterogenen Gesellschaften Differenzen ausgehalten und ausgefochten und nicht (immer) durch vermeintlich inklusive Diskurse aufgelöst werden können und sollten.[26]

Aber auch das von Habermas beschriebene Institutionenmodell hat seine Tücken. Habermas versucht die Aporien der Volkssouveränität aufzulösen, indem er sie prozeduralisiert und ihr so die Zügel der Vernunft anlegt. Die Öffentlichkeit wird als ein »weitgespanntes Netz von Sensoren« interpretiert, die durch diffuse Kanäle an das Parlament rückgebunden sind. Politische Repräsentation wird so zu einem »komplexen Verfahren der Erkenntnis und Problemlösung, das sich in eine unüberschaubare Vielfalt einzelner Kommunikationen und Beratungen auflöst«.[27] Das von Habermas propagierte Kanalsystem hat jedoch starke Auswirkungen auf die Rolle, die hier den parlamentarischen Akteuren zugemessen wird, und hat letztlich eine Informalisierung der politischen Willensbildung zur Folge, die vor allem unterprivilegierte Minderheiten benachteiligt, aus deren Sicht die neue Offenheit der Verfahren zunächst vorteilhaft erscheinen mag. Schließlich wirkt es einem zurechenbaren Entscheidungshandeln entgegen, das das Konkurrenzmodell der Demokratie immerhin noch bot. Außerdem hat die Befürwortung des Konsensprinzips in Gestalt von Einstimmigkeits- und Vetoregeln, wie sie der von Habermas vorgeschlagene Universalisierungsgrundsatz der »allgemeinen Zustimmungsfähigkeit« vorsieht, konservative Effekte, denn: »Die Einstimmigkeit ist die bevorzugte Verfahrensnorm von Eigentümern, die nichts gegen ihren Willen weggenommen haben wollen. Die Theorie der deliberativen Demokratie ist dafür blind,

---

26 Vgl. zur Unterscheidung von konsensorientierten und pluralistischen Spielarten der deliberativen Demokratietheorie Gutmann, Amy/Dennis Thompson 2004, *Why Deliberative Democracy?*, Princeton: Princeton University Press, S. 26ff.

27 Vgl. hierzu die originelle Kritik von Thaa, Winfried 2007, »Informalisierung und Kognitivierung politischer Repräsentation in deliberativen Demokratietheorien«, in: ders. (Hg.), *Inklusion durch Repräsentation*, Baden-Baden: Nomos, S. 85-108.

dass sie nichts als angewandter Liberalismus ist. Sie verkennt diesen Zusammenhang, weil Macht in ihr nicht vorkommt.«[28]

Überträgt man Habermas' epistemischen Ansatz auf die parlamentarische Praxis, so wären wohl die Abgeordneten angehalten, sich von ihren Verantwortlichkeiten gegenüber ihrer Wählerschaft so weit zu lösen, dass sie nicht mit dem Vernunftanspruch des deliberativen Verfahrens kollidieren. Damit werden tendenziell solche (vermeintlich selbstlosen) Interessen gestärkt, die einen universalisierbaren Anspruch anmelden und zur Begründung auf funktionale Zwänge (die klamme Haushaltslage, die gebetsmühlenartige Zurückweisung steuerpolitischer Maßnahmen, die den »Investitionsstandort« und daher die Wachstumsförderung als wichtigstes politisches Ziel gefährden könnte, usw.) verweisen können. Überhaupt führt die prozedural angestrebte Auslagerung strategischer Kommunikation zu einer Blindheit gegenüber verdeckten Interessen und individuellen Machtungleichgewichten. Immerhin kann selbst in einem Szenario, das den Anspruch der Inklusivität mehr oder weniger überzeugend erfüllt, das Problem der »strategischen Ausbeutung« nicht verlässlich gelöst werden:

> »Auch wenn deliberative Praktiken ihre universalistische Normativität innerhalb kleiner Gremien zuweilen erst sukzessive entfalten, so bleiben sie doch anfällig für strategisch gesonnene Akteure, die den Modus des Argumentierens nur simulieren und gleichzeitig versuchen, mit Mitteln der Rhetorik möglichst viele eigene Vorteile herauszuholen.«[29]

Solche Vorteile können aber eben nur diejenigen erwarten, die über entsprechende rhetorische Mittel tatsächlich verfügen, wobei meist Unterschiede in der Ausstattung mit Bildung und Sozialkapital ins Gewicht fallen. Dadurch verliert die egalitäre Grundidee des Autorisierungsmoments demokratischer Interessenrepräsentation an praktischer Relevanz. Es ist im Kern eine Demokratie der arrivierten Mittelschichten, die mit der Haber-

---

28 Somek, Alexander 2009, »Demokratie als Verwaltung. Wider die deliberativ halbierte Demokratie«, in: Brunkhorst, Hauke (Hg.), *Demokratie in der Weltgesellschaft*, Baden-Baden: Nomos, S. 323-348, hier S. 335.
29 Buchstein, »Bausteine für eine aleatorische Demokratietheorie«, S. 335.

mas'schen Version der deliberativen Demokratie beschworen wird, oder, um hier einmal Walzer zu zitieren, eine »Herrschaft der Menschen mit den meisten freien Abenden«.[30] Wegen ihrer strukturkonservativen Effekte wird sie sich der großen und sensiblen Themen, wie materieller Umverteilung und einer umfassenden Regulierung der Finanzmärkte, wohl kaum in einem ausreichenden Maße annehmen; schon allein deshalb, weil es in Wirklichkeit völlkommen utopisch ist, davon auszugehen, man könne innerhalb natürlich vermachteter Gesellschaften so etwas wie »ideale Sprechsituationen« schaffen, die frei von sozialen Hierarchien sind.[31]

Schon nach dieser kurzen Replik auf den Habermas'schen Ansatz wird deutlich, dass diese für die Entwicklung der deliberativen Demokratietheorie überaus bedeutsame Konzeption einige gewichtige Probleme aufweist. Doch genießen deliberative Modelle, die sich an Habermas' Diskursethik orientieren, heute vor allem aus zwei Gründen eine Vormachtstellung im normativen Diskurs um die Zukunft der Demokratie. Erstens wird hier ein eingängiges Ideal formuliert, das explizit auf die Überwindung jener Charakteristika moderner Massendemokratien gerichtet ist, die als besonders hässliche und unwürdige Gesichter des aggregativen Mehrheitsprinzips gelten. Gemeint ist der Faktionalismus: die unreflektierte, Argumente der anderen Seite geflissentlich ignorierende Politik strategischer Interessendurchsetzung, bei der die Zahl der Unterstützer und nicht die »Qualität« von Argumenten entscheidet; im besten Fall handelt es sich um eine Politik des kleinsten gemeinsamen Nenners, die doch nur einen unwirksamen Kompromiss der Interessengegensätze darstellt. Diese Form der Demokratie, so hört man, sei irrational und wenig inklusiv, denn nicht das Prinzip der Universalisierbarkeit, sondern instrumentelle Ausübung von Macht ist hier das Kriterium zur Herbeiführung von Entscheidungen, die keineswegs von allen Seiten akzep-

---

30 Walzer, Michael 1970, »A day in the life of a socialist citizen«, in: ders., *Obligations. Essays on Disobedience, War, and Citizenship*, Cambridge (Mass.): Harvard University Press, S. 229-238, hier S. 235.

31 Mouffe, Chantal 1999, »Deliberative democracy or agonistic pluralism?«, in: *Social Research* 66/H. 3, S. 745-758, hier S. 752.

tiert werden müssen, um als legitim zu gelten: Die (nicht selten »irrational« auftretende) Mehrheit entscheidet. Dagegen tritt die deliberative Theorie an, um den Zielkonflikt zwischen Partizipation und Rationalität ein für alle Mal aufzulösen, ohne dabei das prozedural garantierte Gemeinwohl zu vernachlässigen, dessen Verwirklichung dadurch gesichert werden soll, dass im Diskurs nur diejenigen Argumente Geltung gewinnen, die verallgemeinerbar sind, also von allen Teilnehmern akzeptiert werden können.

Zweitens – und dieser Punkt ist vielleicht noch bedeutsamer – wird vonseiten der *governance*-Forschung konstatiert, dass verständigungsorientierte kommunikative Handlungsformen willkommene »Werkzeuge für nichthierarchische Steuerungsformen im Rahmen von *global governance*« darstellen.[32] »Das« diskursethisch-deliberative Modell, welches eine inzwischen kaum mehr überschaubare Vielfalt an Varianten hervorgebracht hat, vereinigt folglich alle Anliegen und Begriffe, die in letzter Zeit in Reformdiskussionen auf keinem Symposium mehr fehlen dürfen: Dezentralisierung, konsensuale und rationale Verhandlungen sowie Inklusion dienen als Bausteine auf dem Weg in die »Bürgergesellschaft«. Das Zukunftsbild der deliberativen Demokratie scheint wirklich der Inbegriff des absolut Guten zu sein.

Somit erscheinen deliberative Legitimationsstrategien für die Herstellung kollektiv bindender Entscheidungen in der »postnationalen Konstellation«, in der territorial gebundene demokratische Politik netzwerkartigen Strukturen und sektoralen Verhandlungssystemen weicht, ertragreicher als jene Konzepte, die der Politologe Jürgen Neyer als die Überreste einer »orthodoxen Demokratietheorie« diskreditiert. Das »Elend« dieser Ansätze – für die Neyer jedoch keine namentliche Beispiele anführt, weshalb seine Kritik ziemlich pauschal bleibt – äußere sich in einem »historisch überholten normativen Nationalismus, der jegliche intellektuelle Kreativität vermissen lässt« und der mit einer »intuitiven Abwehrreaktion auf das Neue«, das heißt auf die Auflösung des Staates und die Steigerung gesellschaftlicher Komplexität,

---

32 Risse, Thomas 2004, »Global governance and communicative action«, in: *Government and Opposition* 39/H. 2, S. 288-313.

reagiere. Dagegen offeriere die deliberative Theorie Instrumente, um innerhalb supranationaler Organisationen »rechtlich verfasste, nach innen faire und nach außen öffentlich verantwortete Beratungs- und Entscheidungsverfahren zu etablieren«.[33] Eine Vielzahl deliberativer Elemente findet Neyer, der für einen »deliberativen Supranationalismus« plädiert,[34] bereits in den Gesetzgebungsverfahren der EU wieder, die er durch ein »hohes Ausmaß von argumentativen und rechtfertigungsbasierten Prozessen geprägt« sieht. Die Begeisterung, die er den Verfahrensabläufen innerhalb der EU-Komitologie entgegenbringt, hat damit zu tun, dass er in ihnen eine rechtsbasierte Form der Legitimität erkennt, die ein »Recht auf Rechtfertigung« begründet und der demokratischen Legitimität überlegen ist, die der nationalstaatliche Geltungsbereich (bislang immerhin als einziger) zur Verfügung stellt. Dass ihm eine EU als Raum gemeinsamer Rechtsverbindlichkeiten, die einen einklagbaren Katalog liberaler Abwehrrechte, aber keine demokratischen Mitbestimmungsrechte konstituiert,[35] genügt, überrascht wenig, denn eigentlich interessiert sich Neyer kaum für die Frage der Demokratie: Für ihn steht das »Gerech-

---

33 Neyer, Jürgen 2009, »Die Stärke deliberativer politischer Theorien und das Elend der orthodoxen Demokratietheorie«, in: *Zeitschrift für Politikwissenschaft* 19/H. 3, S. 331-358, hier S. 338.

34 Vgl. schon Joerges, Christian/Jürgen Neyer 1998, »Vom intergouvernementalen Verhandeln zur deliberativen Politik. Gründe und Chancen für eine Konstitutionalisierung der europäischen Komitologie«, in: Kohler-Koch, Beate/Jakob Edler (Hg.), *Regieren in entgrenzten Räumen*, PVS-Sonderheft 27, Opladen: Leske + Budrich, S. 207-233, hier S. 224 f.

35 Neyer schreibt, eine deliberativ und rechtsstaatlich legitimierte EU würde, »ohne selbst demokratisch zu sein«, doch dazu beitragen, »dass ein fundamentales und demokratiekonstitutives Recht Gehör findet« (Neyer, »Die Stärke deliberativer politischer Theorien und das Elend der orthodoxen Demokratietheorie«, S. 349). Er will offenbar sagen, dass das Recht sich selbst und im Laufe der Zeit auch eine demokratische Ordnung zu begründen vermag. Doch nur die Gesellschaft kann sich aus sich selbst heraus als eine demokratische konstituieren. Darin besteht schließlich die Funktion von demokratischen Verfassungen oder (in Bezug auf die EU) konstitutionelles Recht begründenden Verträgen: Sie garantieren die Möglichkeit einer freien Artikulation der vom Volk bzw. seinen Vertretern formulierten politischen Präferenzen, setzen ihr aber zugleich Grenzen. Diese Grenzen müssen jedoch von einem europäischen Demos politisch verhandelbar sein, damit von einem »demokratiekonstitutiven« Recht gesprochen werden kann.

tigkeitsdefizit« der EU im Zentrum seiner Betrachtung. Dass Neyer überhaupt keine Notwendigkeit sieht, die Entscheidungsprozesse in der EU demokratisch zu legitimieren, begründet er unter anderem mit dem klassischen, von dem US-amerikanischen Politikwissenschaftler Andrew Moravcsik entliehenen Argument, dem zufolge die EU nicht wie Nationalstaaten über Zwangsmittel verfüge, die in das Leben einzelner Bürger so stark eingreifen, dass Bürger diesen Maßnahmen qua Beteiligung unbedingt zustimmen müssten. Die EU trete beispielsweise nicht mit dem Anspruch an, »unseren Wohlstand zu limitieren (steuerliche Umverteilung)«. Das ist zwar richtig; doch dass die EU, anders als ihre Mitgliedsstaaten, lediglich auf horizontal vermittelnde Formen der Koordination zurückgreifen kann, sollte nicht als Argument dafür dienen, ihr die Notwendigkeit einer Demokratisierung abzusprechen. Der Grund dafür ist ganz einfach: »Wenn der Abbau von Zollschranken horizontal, nichthierarchisch und deliberativ in einer internationalen Organisation beschlossen wird, so verhindert dies die Anhebung von Zöllen zur Protektion der heimischen Wirtschaft, was vertretbar sein mag oder nicht, jedenfalls die Industriepolitik einer Region scheitern lassen kann«[36] – und dies geschieht gegen die Präferenzen demokratisch gewählter Regierungen. Eines der vielen Dilemmata der EU ist ja gerade, »dass ihre Legitimität für positive Integration nicht ausreicht, aber der Status quo bereits über verteilungsneutrale Regulierung *hinausgeht*«, weil sie die Spielräume der Mitgliedsstaaten für redistributive Politiken deutlich einengt.[37]

Wenn man Neyer auch darin recht geben kann, dass das bereits angesprochene Dahl'sche Demokratiedilemma, das sich innerhalb der EU immer weiter zuspitzt, in der Tat »unauflösbar« ist und deshalb »im besten Fall durch institutionelle Kompromiss-

---

36 Niesen, Peter 2008, »Deliberation ohne Demokratie? Zur Konstruktion von Legitimität jenseits des Nationalstaats«, in: Kreide, Regina/Andreas Niederberger (Hg.), *Transnationale Verrechtlichung. Nationale Demokratien im Kontext globaler Politik*, Frankfurt am Main/New York: Campus, S. 240-259, hier S. 252.
37 Schäfer, Armin 2006, »Nach dem permissiven Konsens. Das Demokratiedefizit der Europäischen Union«, in: *Leviathan* 34/H. 3, S. 350-376, hier S. 370.

lösungen abgemildert werden kann«, ist dies noch lange keine Rechtfertigung dafür, die Frage nach der (Un-)Möglichkeit formaler politischer Mitbestimmung normaler Bürger in einer supranational organisierten Welt zu ignorieren und sich ausschließlich auf die Stärkung liberaler Abwehrrechte zu konzentrieren. Das nämlich führt zu solchen unkonditionalisierten Pauschalurteilen wie: »Im Einzelfall lassen sich [innerhalb der EU; Anm. d. Verf.] die politischen Meinungen auch breiter gesellschaftlicher Kreise übergehen.«[38] Was soll das bitte heißen: im Einzelfall? Man könnte Sätze wie diesen als Begründung dafür lesen, warum es legitim wäre, das Interesse an transnationaler Verrechtlichung und der Stärkung deliberativer Verfahren in den arkanischen Sphären der EU notfalls auch ohne Zustimmung der Bürger ganzer Mitgliedsstaaten durchzusetzen! Oder aber man lässt, um das Beispiel der irischen Referenden zur Ratifikation des Lissabonner Vertrages anzuführen, einfach so lange diskutieren und abstimmen, bis sie ihren Widerstand aufgeben und sich, ganz deliberativ, zwanglos den vermeintlich besseren Argumenten der »guten Europäer« fügen.

Wie viele Politologen lobt auch Neyer vor allem den neuen Realismus der deliberativen Theorie; darin sieht er ihre wesentliche Errungenschaft: sie habe nämlich »demokratietheoretische Begriffe so neu interpretiert, dass sie auf die internationale und europäische Politik Anwendung finden können«.[39] So soll also die Aufgabe einer normativen Betrachtung der Verfasstheit demokratischer Herrschaft im 21. Jahrhundert aussehen: die Prämissen und Begründungsmuster legitimer Herrschaft so zu modifizieren, dass sie auf die bestehenden Verhältnisse passen, nicht etwa andersherum. Wenn es von »intellektuellem Konservatismus« zeugt,[40] an solchen verhängnisvollen Argumentationsmustern Bedenken anzumelden, dann ist man beinahe geneigt, sich

---

38 Neyer, Jürgen 2005, »Die Krise der EU und die Stärke einer deliberativen Integrationstheorie«, in: *Zeitschrift für Internationale Beziehungen* 12/H. 2, S. 377-382, hier S. 381.
39 Neyer, »Die Stärke deliberativer politischer Theorien«, S. 353.
40 Neyer, »Die Stärke deliberativer politischer Theorien und das Elend der orthodoxen Demokratietheorie«, S. 336.

gerne zu den von Neyer verschmähten »Orthodoxen« zu zählen. Denn, um es mit Ingeborg Maus zu formulieren, »Demokratietheorien, die in [einer] Weise realistisch werden, daß sie normative Potentiale der Beschreibung des Bestehenden angleichen, stehen einer Theorie des aufgeklärten Absolutismus näher als sie denken«.[41] An Neyers Vorstellungen eines »deliberativen Supranationalismus« wird recht deutlich, wie die unheilvolle Kehrseite von Modellen aussieht, die den Verlust an formaler Demokratie durch einseitige Fokussierung auf die regulative Funktion rechtsstaatlicher Integration kleinzureden versuchen. Natürlich: Eine Gesellschaft kann frei (im Sinne von liberal) und nichtdemokratisch sein; sie kann sogar eine sehr vitale publizistische Öffentlichkeit hervorbringen und trotzdem nur wenigen Eliten direkten politischen Einfluss gewähren. Die britische Gesellschaft des 18. und 19. Jahrhunderts ist dafür ein gutes Beispiel.[42] Die Vision einer deliberativen Demokratie, wie sie bislang gezeichnet wurde, läuft im Wesentlichen auf genau so eine liberale Oligarchie hinaus.

Das ist aber nur die eine Seite des Problems. Was Habermas und Neyer unter anderem verbindet, ist der Versuch, den politischen Charakter der Deliberation zu subtrahieren und so die Demokratie zu einem Vernunftregime umzudefinieren: Als vorbildliche »Demokraten« gelten nun jene Bürger, die einsichtig, die Mitte suchend und ausgleichend agieren – aufbrausende Reden, emotionale Parteinahmen und grundsätzliche Widersprüche sind unerwünscht, da sie die Verständigung gefährden.[43] Nun

41 Maus, *Zur Aufklärung der Demokratietheorie*, S. 21.
42 Vgl. Fukuyama, Francis 1992, *Das Ende der Geschichte. Wo stehen wir?*, 4. Aufl., München: Kindler, S. 80f.
43 Diese zugegebenermaßen etwas polemische Generalisierung sei uns an dieser Stelle verziehen: Natürlich ist es mehr als problematisch, »die« deliberative Theorie auf die Positionen konsensorientierter Deliberationisten wie Habermas zu verkürzen, auch wenn sein Konzept das bei Weitem einflussreichste und theoretisch ambitionierteste darstellt. Immerhin gibt es auch eine Reihe von Autoren, die für ein agonistisches Verständnis deliberativer Politik werben, z. B. Nadia Urbinati, deren undogmatischen, differenzorientierten Standpunkt wir hier einnehmen wollen: »Eine gute repräsentative Demokratie braucht weder fanatische (oder bürokratische) Repräsentanten noch Philosophenkönige, sondern Deliberatoren, die [öffentliche Angelegenheiten; Anm.

kann man, mit Walzer, die große Bedeutung von vernunftfördernden Abwägungsprozessen und die sie begünstigenden institutionellen Vorkehrungen hervorheben und doch darauf beharren,
dass diese niemals den genuin politischen Wettbewerbscharakter
einer majoritären, pluralistischen Demokratie zu ersetzen vermögen, der die Voraussetzungen deliberativer Strukturprinzipien
– Gleichheit vor dem Recht, Versammlungsfreiheit usw. – überhaupt erst ermöglicht. Denn nur demokratische Politik – verstanden als »die endlose Wiederaufnahme [von] Meinungsverschie-
denheiten und Konflikte[n], in dem Kampf, sie zu bewältigen und
einzuhegen und gleichzeitig so viele vorläufige Siege zu erringen
wie irgend möglich«[44] – vermag es, jene Anliegen in den öffentlichen Raum zu tragen, die aus der Sicht der in deliberativen Gremien debattierenden Diskursteilnehmer zunächst »irrational«,
weil laut, aggressiv, »parteiisch« daherkommen, dies alles in Formen, die jedem Vertreter deliberativer Demokratie suspekt, ja
antiliberal und vordemokratisch erscheinen muss: Massenbewegungen, deren Vordenker ihre Anhängerschaft mit einseitiger Pro-
paganda indoktrinieren, totalpolitisierte Räume, in denen sich
private Interessen und extremistische Ideologien tummeln, wo es
also nicht weit her ist mit der Verallgemeinerungsfähigkeit von
Positionen und wo das Beharren auf eingängigen Schriftzügen
wie »Studiengebühren abschaffen!« oder »Atomausstieg jetzt!«
reine Negativpositionen markiert, die kompromisslos vorgetragen werden, die auf die Argumente des Gegners keine Rücksicht
nehmen und meist keinerlei konstruktive Gegenvorschläge unterbreiten.

d. Verf.] beurteilen und ›leidenschaftlich‹ Gründe vortragen, die sich im Einvernehmen mit den Prinzipien und Verfahren demokratischen Regierens
befinden« (Urbinati, Nadia 2000, »Representation as advocacy. A study of
democratic deliberation«, in: *Political Theory* 28/H. 6, S. 758-786, hier S.776).
44 Walzer, Michael 1999, *Vernunft, Politik und Leidenschaft. Defizite liberaler
Theorie*, Frankfurt am Main: Fischer, S. 57. Dagegen kann es in einer deliberativen Demokratie, wie Habermas sie sich denkt, so etwas wie politische Siege gar
nicht mehr geben; es gibt ja keine Wir-Identitäten, die sich als solche zu erkennen geben dürften. Diese würden das unparteiische Szenario aus dem Gleichgewicht bringen. Es gibt nur Individuen, die sich zum Räsonieren zusammenfin-
den. Vgl. dazu die Kritik von Mouffe, Chantal 2007, *Über das Politische. Wider
die kosmopolitische Illusion*, Frankfurt am Main: Suhrkamp, S. 21 ff.

Allerdings gerät der außerhalb von Institutionen vorgebrachte Dissens mittlerweile allzu häufig zu einer ritualisierten Protestroutine, die seit der Dauerkonjunktur des zivilen Ungehorsams in den siebziger und achtziger Jahren bereits in die institutionalisierte Willensbildung einprogrammiert ist und keine ernsthaften Störungen mehr verursacht, auch (und erst recht) nicht, wenn Aktivisten grundsätzlichere Bedenken gegen hegemoniale Deutungsmuster anmelden. Iris Marion Young deutet zum Beispiel auf das in den westlichen Gesellschaften des 21. Jahrhunderts weitgehend anerkannte Narrativ des *workfare*-Konzepts hin, den auch hierzulande inzwischen unumstrittenen Gedanken, dass die Bekämpfung von Armut primär über das Modell des »aktivierenden Arbeitsmarktes« funktionieren sollte. Dass also all jene, die in Armut und ohne Arbeit leben, selber Schuld daran tragen, nicht die von den staatlichen Bildungseinrichtungen vermittelten Kompetenzen in ausreichendem Maße erworben zu haben, welche eine erfolgreiche Inklusion in den Arbeitsmarkt versprechen, dass also eine Perspektive, die die Bekämpfung von Armut nicht (primär) als Arbeitsmarktpolitik versteht, weder denkbar (weil haushaltspolitisch nicht tragbar) noch gerecht gegenüber den sogenannten »Leistungsträgern« der Gesellschaft sei. Eine aktivistische Anfechtung der in deliberativen Gremien wirksamen Hegemonien sei, so Young, daher unverzichtbar:

> »Weil er den Verdacht hegt, dass einige Vereinbarungen ungerechte Machtverhältnisse verdecken, glaubt der Aktivist, dass es wichtig ist, diese Diskurse und die deliberativen Prozesse, die auf ihnen aufbauen, wiederholt infrage zu stellen, und allzu oft ist er gezwungen, dies mit nichtdiskursiven Mitteln zu tun«.[45]

In einer von moralischem Eifer und populären Stimmungen deliberativ gereinigten Demokratie können die Regierung und die dahinter stehende Verwaltung mit solchen nichtdiskursiv vorgetragenen Vorwürfen meist nicht umgehen. Sie stellen sich darauf ein, ihre Ausgangspositionen dort, wo sie auf moderate Gegenargumente mit Vorschlägen zu technischen Korrekturen treffen,

---

45 Young, Iris Marion 2001, »Activist challenges to deliberative democracy«, in: *Political Theory* 29/H. 5, S. 670-690, hier S. 687.

gegebenenfalls leicht zu modifizieren. Sie können sich dann mit gutem Gewissen dünken, ein deliberatives Verhalten zu pflegen. Es ist also vollkommen klar, dass ein Ansatz, der, wie das auf der Diskursethik basierende deliberative Modell, auf die integrative Wirkung von prozedural kontrollierten Diskussionen fokussiert, eine zentrale Schwäche hat: Er birgt die Gefahr, die Reproduktion gesellschaftlicher Ungleichheiten in Kauf zu nehmen, die sich innerhalb der etablierten Praktiken und Institutionen vollzieht und von mächtigen Eliten, denen der Status quo zum Vorteil gereicht, mit dem Hinweis auf Traditions- und Überlieferungsargumente gerechtfertigt wird. Denn das Prinzip der allgemeinen Zustimmungsfähigkeit führt zu einem Primat bestimmter Deutungskonsense, was wiederum zur Folge hat, dass bestimmte politische Alternativen undenkbar und große Gegensätze, sofern es noch welche gibt, während der Deliberation irrelevant werden.[46] Für den prozeduralistischen Formalismus der deliberativen Theorie von Habermas – der seine integrative Wirkung aus der konsensstiftenden Inklusion bezieht, wie sie von auf rationale Ergebnisse ausgerichteten Institutionen ermöglicht wird – gilt dies in besonderem Maße. Hier wird die Verknüpfung von Staat und Gesellschaft, in fast »hegelianischem Stil«, als eine organische Beziehung gedacht, weshalb die in diesem Verhältnis miteinander diskutierenden Akteure es nicht vermögen, demokratische Krisenmomente richtig zu erfassen: Die Vorstellung eines Kreislaufs der Meinungsbildung ist auf Augenblicke der Eruption, die diesen Zirkel gelegentlich durchbrechen, schlichtweg nicht eingestellt.[47]

Eine deliberative Konsensdemokratie begünstigt daher die kleine Politik, in der die Austragung großer Konflikte einer Verwaltung des Status quo weicht. Eine vitale, eine politische Demokratie bedarf aber neben den Momenten der Deliberation, die

---

46 Vgl. zu diesem Problem der deliberativen Demokratie: Fish, Stanley 1999, »Mutual respect as a device of exclusion«, in: Macedo, Stephen (Hg.), *Deliberative Politics. Essays on Democracy and Disagreement*, New York u. a.: Oxford University Press, S. 88-102.

47 Vgl. Urbinati, Nadia 2006, *Representative Democracy. Principles and Genealogy*, Chicago: The University of Chicago Press, S. 27.

normalerweise Punkte der Übereinstimmung, aber auch bleibende Konfliktfelder aufzeigen, hin und wieder der Demonstration von instrumenteller Macht, die auf den Zwang durch die Mehrheit setzt, um den Widerstand von Eliten, die ihre Macht eben nicht auf ihre Zahl, sondern auf ihre Ressourcenstärke gründen, gegen bestimmte Reformvorhaben zu brechen. Diese Momente werden allerdings auch von Autoren, die wie Arendt und Wolin nicht die epistemisch-konsensorientierte, sondern die konfliktäre Deliberation als den Kern des Politischen ansehen und in den verschiedenen Spielarten zivilen Ungehorsams – als am performativen Akt des Verfassungsversprechens orientierter Widerstand gegen Exekutiverlasse – eine der wenigen Möglichkeiten politischen Handelns erkennen, gering geschätzt, zum Teil sogar als antipolitische und illegitime Akte der Gewalt interpretiert.[48]

Das ist jedoch viel zu pauschal gedacht. Wo Unrecht herrscht, das (vor dem Hintergrund eines bestimmten hegemonialen Konsenses) von den Deliberierenden zum Beispiel aufgrund eines vermeintlichen Mangels an politischen Alternativen bewusst in Kauf genommen wird, müssen sich diejenigen, für die eine Fügung in die gebotene Einstimmigkeit nicht infrage kommt, anderer Mittel bedienen können, um auf die Unhaltbarkeit bestimmter Zustände aufmerksam zu machen und Druck auf die Regierenden zu erzeugen. Dann schlägt natürlich die Stunde für Massenstreiks, Sit-ins und Blockaden: allesamt ziemlich undeliberative Instrumente, die aber das Zeitalter der Demokratie eingeläutet und in der zweiten Hälfte des letzten Jahrhunderts zur Liberalisierung der Gesellschaft beigetragen haben. Und auch heute sind sie für ein *agenda-setting* konstitutiv, das nicht nur vermeintliche fiskalpolitische Notwendigkeiten reflektiert und allein für die Forderungen der üblichen (kraft ihres Einflusses) ohnehin an Runden Tischen beteiligten Akteure offen ist. Manchmal kann die konflikthafte Pluralität des Politischen sich nur außerhalb der etablierten Prozeduren äußern und oft genug schärft erst die nicht auf universelle Akzeptanz eines nach wohlüberlegter Delibera-

---

48 Vgl. dazu Mansbridge, Jane 1996, »Using power/Fighting power: The polity«, in: Benhabib, Seyla (Hg.), *Democracy and Difference. Contesting the Boundaries of the Political*, Princeton: Princeton University Press, S. 46-66.

tion gefassten Beschlusses, sondern eine auf kompromisslose Demonstration des gruppenspezifischen Standpunktes ausgerichtete Konfrontation voreingenommener Überzeugungen den Blick für den anderen, für die Befindlichkeiten der gegnerischen Lager: Dies macht eine Verständigung unter Andersdenkenden überhaupt möglich. Denn: »Ernst nehmen muss man die Sicht der anderen erst, wenn diese die Unterstützung der Mehrheit für sich mobilisieren können. Diese Mobilisierungsmöglichkeit ist Macht. Erst durch den politischen Kampf wird das wechselseitige Zuhören unvermeidlich.«[49]

Eine so verstandene Form politischer Macht kommt aber in der deliberativen Theorie so gut wie gar nicht vor. »Die Dissoziation der argumentativen Auseinandersetzung von der Ausübung von Macht und die Assimilierung von Machtakten an Akte der Kommunikation« bildet,[50] wie der Rechtswissenschaftler Alexander Somek sehr treffend formuliert, den Kern der Halbierung der Demokratie in der deliberativen Theorie. Dieser Wesenszug einer konsoziativen Diskursdemokratie verträgt sich glänzend mit der allgegenwärtigen Skepsis, die der politischen Entscheidungsmacht vonseiten der Bürger entgegengebracht wird. Denn Macht korrumpiert: So lautet ein landläufiger Vorbehalt, der den Ruf nach überparteilichen Lösungen nährt und sicher viel dazu beigetragen hat, dass der bekennende »linke, liberale Konservative« Joachim Gauck im März 2012 zum Bundespräsidenten gewählt wurde – ganz konsensual, von einem übergroßen Parteienbündnis getragen. Obwohl mit Gauck zum ersten Mal ein Konsenskandidat zur Bundespräsidentenwahl antrat, zeigte die öffentliche Debatte im Anschluss an seine Nominierung doch sehr schnell, dass es gewisse fundamentale Differenzen gibt, die, wenn sie denn im politischen Alltag öfter zur Sprache kämen, mit dem Verweis auf intersubjektiv geteilte Wahrheiten und auf den Vorrang sachorientierter Tagespolitik nicht einfach beiseitegeschoben werden können. Selten zuvor in der jüngeren Zeit ließ sich ein derart heftiger Deutungskampf um den Sinngehalt eines

49 Somek, »Demokratie als Verwaltung«, S. 333.
50 Ebd., S. 326.

seit je mehrdeutigen und, um wieder mit Laclau zu sprechen, nichtdifferenten Universellen, der »Freiheit«, konstatieren.[51]

Gauck hatte mit der schriftlichen Ausarbeitung eines Vortrages, den er noch vor seiner Nominierung unter dem schlichten Titel *Freiheit: Ein Plädoyer* publizierte und der danach schnell zum Bestseller wurde,[52] und einer Reihe von Interviewäußerungen eine für die deutsche Tagespolitik ungewöhnlich abstrakte, geradezu philosophische Debatte darüber angestoßen, was eigentlich unter einem freien Leben zu verstehen sei. Er selbst äußerte sich dazu in einigen Punkten recht deutlich: Freiheit sei eben nicht die Freiheit von Verantwortung, und für die Freiheit des Menschen sei eben auch eine freie Wirtschaft konstitutiv. Die Occupy-Bewegung, so meinte er konsequent, sei wie jeder Antikapitalismus »unsäglich albern« und ein großer »Irrtum«, und überhaupt: »Wer ausgerechnet der Wirtschaft die Freiheit nehmen will, wird mehr verlieren als gewinnen.«[53] Erstaunlich ist in unserem Kontext nur, dass die Abgeordneten der Occupy unterstützenden grünen/sozialdemokratischen Opposition (abgesehen von einigen Ausnahmen) diese Stellungnahmen meist mit den Worten kommentierten, ihr Kandidat sei nun einmal ein Querdenker, ein Bürger- und kein Berufspolitiker, der seinen eigenen Kopf habe, nicht in Schablonen denke und so weiter. Das mag man so sehen. In der Institution des Bundespräsidenten ist dieses überparteiliche Charakteristikum sicher am besten aufgehoben. Doch erklärt dies wohl kaum, warum Politiker von den Grünen und der SPD den abfälligen Äußerungen Gaucks zur Occupy-Bewegung – immerhin einer der wirkmächtigsten sozialen Bewegungen der letz-

51 Vgl. dazu kritisch Misik, Robert 2012, *Halbe Freiheit. Warum Freiheit und Gleichheit zusammengehören*, Berlin: Suhrkamp.

52 Gauck, Joachim 2012, *Freiheit. Ein Plädoyer*, München: Kösel-Verlag.

53 Zit. nach Heimerl, Kathrin 2012, »Was Gauck wirklich gesagt hat«, in: *süddeutsche.de* (20. Februar 2012), online verfügbar unter: {http://www.sueddeutsche.de/politik/umstrittene-aeusserungen-ueber-occupy-und-sarrazin-was-gauck-wirklich-gesagt-hat-1.1288683} (Stand: April 2013), und Fietz, Martina 2012, »Keine bequemen Wege: Joachim Gauck stellt sich vor«, in: *Focus Online* (22. Juni 2010), online verfügbar unter: {http://www.focus.de/politik/deutschland/bundespraesident/tid-18745/joachim-gauck-keine-bequemen-wege_aid_522261.html} (Stand: April 2013).

ten Jahre – so wenig Beachtung schenken. Ganz so, als ob die Frage, wie eine außer Kontrolle geratene Finanzwirtschaft, ihre Folgen für die Realwirtschaft und die Demokratie, im 21. Jahrhundert nicht nur die private Freiheit des Einzelnen, sondern gerade auch die öffentliche Freiheit bedrohen, mit diesen Dingen nichts zu tun hätte, und als ob die Behandlung dieser Frage bei der Wahl eines Staatsoberhauptes, dessen Repräsentationsfunktion vor allem symbolischer Natur ist, ein nebensächliches und nicht notwendiges Pendant bilde. Aber Konsens ist in einer deliberativen Demokratie eben alles; er überdeckt auch noch die tiefsten Differenzen, deren Manifestation in Form einer offenen Austragung eigentlich den Kern einer politischen Demokratie bilden sollte.

Natürlich geht das Politik- mit dem Demokratiedefizit der deliberativen Theorie einher. Dass es ein grundsätzliches Spannungsverhältnis gibt zwischen Deliberation und demokratisch legitimer Entscheidung, dass eine hohe deliberative Qualität demokratisch defizitär sein kann und mitunter abfällt, wenn den Forderungen nach mehr Beteiligung nachgegeben wird und politische Entscheidungsträger enger an den Willen ihrer Wähler gebunden werden, ist altbekannt und wird auch von einigen Verfechtern deliberativer Modelle explizit thematisiert.[54] Das Demokratiepostulat wird der Deliberation geopfert, wenn »inklusive Deliberation *ohne* egalitäre Dezision, Anhörung *ohne* Partizipation« verläuft.[55] Erst der freie und formal gleiche Zugang zur Deliberation *und* die mittel- oder unmittelbare Entscheidung des Volkes durch Abstimmung oder Wahl ergeben zusammen einen demokratischen Rechtsstaat. Das Prinzip formaler politischer Gleichheit (»one man, one vote«: das eigentliche, erstaunlich simple formalistische Versprechen der Demokratie) manifestiert sich nicht nur in der allgemeinen Zugänglichkeit zu den Orten der Deliberation, die durch Grundrechte wie die der Versammlungs- und Demonstrationsfreiheit sichergestellt ist. In modernen Demokratien setzt die Realisierung politischer Gleich-

54 Vgl. Lafont, »Is the ideal of deliberative democracy coherent?«, S. 3-26.
55 Brunkhorst, Hauke 2011, »Solidarität in der Krise: Ist Europa am Ende?«, in: *Leviathan* 39/H. 4, S. 459-477, S. 470.

heit eine gleichberechtigte Teilnahme an freien und allgemeinen Wahlvorgängen voraus, deren prozedurale Voraussetzungen keinen Akteur unangemessen privilegieren und nicht etwa die Vernunft-, sondern zunächst einmal die Zustimmungsfähigkeit von Argumenten im freien, nicht nach rationalen Erwägungen gefilterten Diskurs honorieren. »Wer aber das in der Entwicklung moderner demokratischer Verfassungsstaatlichkeit angelegte Spannungsverhältnis von Deliberation und Demokratie übersieht, kann Deliberation sonst sehr leicht als (normativ mindestens ebenso anerkennungswürdiges) Surrogat für nicht existierende Demokratie konzeptualisieren – und dieses dann aber in äußerst missverständlicher Manier als ›deliberative Demokratie‹ verkaufen«, wie der Politikwissenschaftler Marcus Höreth zu bedenken gibt. Die entsprechende Legitimationsstrategie würde dann nämlich lauten: »Deliberation statt Demokratie«.[56] Deliberation wird auf diese Weise zum Ersatz für Demokratie, selbst aber mit den Weihen des Demokratischen bedacht.

Einige politische Theoretiker versuchen sehr konsequent, die deliberative gegen die demokratische Komponente im institutionellen Kräftefeld gegeneinander auszuspielen. Für den irischen Politologen Philip Pettit etwa, der außerhalb der Fachgrenzen als *policy guru* des ehemaligen spanischen Ministerpräsidenten José Luis Rodriguez Zapatero bekannt geworden ist, gibt es keine Krise demokratischer Repräsentation, die nicht schon im Faktionalismus der majoritären elektoralen Demokratie angelegt ist und durch eine Verlagerung der Macht in deliberative Gremien behoben werden könnte. Für seine Auffassung bringt er ein klassisches Argument vor: Demokratische Repräsentation wirkt schon an sich desintegrativ, weil die Interessen von Wählern und deren Abgeordneten niemals auf das Gemeinwohl zielen.[57] Elektorale Demokratie, ob in ihrer plebiszitären oder parlamentarischen Form, leide unter dem schädlichen Einfluss partikularer Interes-

56 Höreth, Marcus 2009, »Überangepasst und realitätsentrückt? Zur Paradoxie der Theorie der deliberativen Demokratie in der EU«, in: *Zeitschrift für Politikwissenschaft* 19/H. 3, S. 307-330.
57 Pettit, Philip 2004, »Depoliticising democracy«, in: *Ratio Juris* 17/H. 1, S. 52-65, hier S. 53.

sen, »populärer Leidenschaften« und moralisierender Töne, die »systematisch« gegen das prozedural zu definierende Gemeinwohl gerichtet seien. Um diesen Problemen zu entgehen, schlägt Pettit die regelmäßige Einberufung von Ad-hoc-Kommissionen vor, die »relevante Körperschaften der Expertise und Meinung wie auch des Volkes als Ganzes« repräsentieren und »eine Armlänge vom Parlament entfernt« über Gesetzesvorlagen diskutieren sollen – gut informiert und ohne von erwähnenswerten Eigeninteressen (wie das einer Wiederwahl) motiviert zu sein. Solche Kommissionen sind Beispiele für die Einrichtung »depolitisierter Foren«, auf die ein »deliberatives *empowerment*« laut Pettit dringend angewiesen sei. »No democratization without depolicisation«,[58] also keine Demokratisierung ohne Depolitisierung, so bringt er, den einstigen Kampfspruch der amerikanischen Revolutionäre (»no taxation without representation«, keine Besteuerung ohne Repräsentation) variierend, seinen Ansatz auf den Punkt: Depolitisierung meint hier, die »kontestatorische Belastung in einer demokratischen Gesellschaft zu entschärfen« und schrittweise »die praktische Macht der Repräsentanten des Volkes zu reduzieren«, denen zwar weiterhin die letzte Entscheidung gebühren soll, allerdings nicht ohne zuvor das Urteil der Experten- und durch Los ermittelter Zufallsbürger zu vernehmen: Das angestrebte Verhältnis soll dem zwischen Autor (Parlamente) und Lektor (deliberative Bürgerschaft/Expertengremien) entsprechen.[59] Die von Pettit propagierte entpolitisierte Verfahrensrationalität treibt die Ersetzung von Macht- durch Wahrheitsfragen und Nützlichkeitserwägungen auf die Spitze: *good politics* ist bei ihm nämlich strikt ergebnisorientiert, ist nur dann erstrebenswert, wenn sie, im Sinne von *good government*, das Unparteilichkeits- und Rationalitätskriterium erfüllt. Pettits deliberativer Ansatz entspricht, wie Urbinati richtig erkannt hat, einem neorömischen Republikanismus, der – um den Gefahren von Populismus und der Okkupation des öffentlichen Raums durch private und ökonomische Interessen zu begegnen – die *rule*

58 Ebd., S.64.
59 Ebd., S. 58 und S.63.

of law zum bestimmenden Strukturprinzip erhebt und sich von dem Gedanken positiver Macht verabschiedet, der aus der Idee der Volkssouveränität erwächst.[60] Gute Gesetze müssen nicht, um als legitim zu gelten, in einem durch einen bestimmten Grad an Responsivität sich auszeichnenden Gesetzgebungsprozess zustande gekommen sein; im Gegenteil werden sie Pettit zufolge umso ausgezeichneter sein, je weniger die tugendhaften Entscheider an die irrationalen Willen der Massen rückgebunden sind.

Doch woher kommt eigentlich die Tugendhaftigkeit solch einer deliberativen Expertokratie? Warum sollten Experten, die im öffentlichen Diskurs ihre Fachdisziplin vertreten und dabei (ob es sich nun um Ökonomen, Sozialwissenschaftler oder Mediziner handelt) fast immer einer bestimmten Denkschule angehören, nicht von Eigeninteressen getrieben sein? Aber noch eine ganz andere Befürchtung tut sich auf: Dort, wo gewählte Parlamente nichtgewählten deliberativen Gremien gegenüberstehen, werden – gerade dann, wenn (alles andere wäre aus den vorgebrachten Gründen sowohl illegitim als auch unrealistisch) Letzteren lediglich beratende Funktion zukommt – beide einander zu instrumentalisieren suchen: Abgeordnete, die um ihre Wiederwahl bangen, werden einzelne Lösungsvorschläge aus diesen weisen Expertengremien aufgreifen, um ihre Glaubwürdigkeit zu steigern, indem sie darauf verweisen, dass es sich um die objektiv »richtigen« Lösungen handelt. Oder die Gremien setzen sich aus per Los bestimmten Bürgern zusammen; dann werden Politiker versucht sein, unpopuläre Beschlüsse damit zu legitimieren, dass ihre Entscheidung mit dem »Willen der Bürger« – der in Wirklichkeit nur die Meinung irgendwelcher zufällig bestimmter Kohorten oder aber von Personen widerspiegelt, die entweder als advokatorische Repräsentanten von Minderheiteninteressen oder ihrer Expertise wegen Zugang zum Diskurs erhalten – identisch ist. Die Parlamentarier nutzen das »Engagement« der Bürger, um ihre Machtposition zu stabilisieren. Die Zufallsbürger werden sich indes dasselbe Argument zu eigen machen, um ihren Vorschlägen gegenüber dem Parlament Gewicht zu verleihen. Sie

60 Vgl. Urbinati, »Unpolitical democracy«, S. 76ff.

und die anderen infrage kommenden Akteure (Advokaten und Experten) brauchen bloß den Anspruch, den Pettit ihnen in den Mund legt, gegen die gewählten Repräsentanten in Stellung zu bringen: dass nur sie als interesselose Diskursteilnehmer in der Lage sind, das Gemeinwohl zu ermitteln. Deshalb steht zu erwarten, dass die Strategien der Akteure beider Gremien so oder so auf einen Bedeutungszuwachs deliberativer Gremien zuungunsten der gewählten Institutionen hinauslaufen.

Die Tendenz zur Informalisierung politischer Entscheidungsprozesse spiegelt sich eindeutig in den konkreten Instrumenten zur Institutionalisierung des deliberativen Prinzips wider, die prononcierte Vertreter der deliberativen Theorie vorschlagen und die zumeist darauf zielen, die Willensbildung in allenfalls sehr lose an die Interessen einer bestimmten Bürgerschaft gebundene Diskursarenen zu verlagern. Dabei stellen solche Ansätze, die die Konstituierung sogenannter »Miniöffentlichkeiten« durch Zufallsauswahlen, also die Repräsentation eines demografischen Querschnitts der Bevölkerung zum Ziel haben, noch am ehesten den Versuch dar, so etwas wie demokratische Legitimität herzustellen.[61] Es ist vor allem das Argument der Unparteilichkeit sol-

---

61 Ein aktueller Überblick über deliberative Reformvorschläge findet sich in Goodin, Robert 2008, *Innovating Democracy. Democratic Theory and Practice After the Deliberative Turn*, Oxford: Oxford University Press, S. 11 ff. Das bekannteste Modell ist vielleicht das von James Fishkin entwickelte *deliberative polling*, das auf eine Verbindung von Fokusgruppen-Interviews und deliberativer Meinungsbildung zielt und mit dessen Hilfe die »Pseudomeinungen« einer allzu uninformierten Bürgerschaft ersetzt werden durch »Ansichten, die rationaler sind« und von einem höheren Wissensstand zeugen. Ziel ist eine »besser informierte Demokratie«, nicht etwa eine demokratischere. In Fishkins Szenario, das sich mittlerweile auch in der deutschen Demokratiepädagogik großer Beliebtheit erfreut, versammeln sich statistisch repräsentativ ausgewählte Bürger für mehrere Tage, um in *face-to-face*-Diskussionen bestimmte Probleme zu diskutieren, wobei sie in Detailfragen von Experten beraten werden. Zu Beginn dieses Prozesses werden die vordiskursiven Meinungen der Teilnehmer ermittelt. Danach sollen sie auf der Basis des ihnen zur Verfügung gestellten Informationsmaterials und des Expertenrats über die festgelegte Streitfrage diskutieren. Im Anschluss an diesen Informations- und Deliberationsprozess wird abgestimmt. Vgl. Fishkin, James 1991, *Democracy and Deliberation. New Directions for Democratic Reform*, New Haven: Yale University Press, S. 81 ff.

cher *mini publics*, das besticht. Vielen Vertretern deliberativer Modelle, etwa James Fishkin, gelten deshalb die *juries* in US-amerikanischen Strafprozessen, die schon Tocqueville als »Schulen der Demokratie« betrachtete und die im Prinzip an die *dikasteria* der athenischen Polis erinnern, deren Mitglieder wie die der US-*juries* per Los ausgewählt wurden, als beispielhaft für die Installation deliberativer Gremien im öffentlichen Leben. Als Idealbürger gilt ihnen das unparteiische Jurymitglied, der *citizen-judge*. Dagegen hat Urbinati sehr überzeugend dargelegt, warum gerade die voreingenommene Parteinahme ein essentieller Bestandteil politischen Urteilens ist und dass das deliberative Ideal des unparteiischen Urteilens auf einer rein juridischen Deutung der Urteilskraft fußt, die auf zutiefst unpolitischen Vorstellungen basiert. Die Geschworenen im Gerichtssaal müssen, um ihrer Aufgabe gerecht zu werden, ihre subjektiven Empfindungen und Präferenzen beiseiteschieben: Von ihnen, als wertenden Beobachtern, die einen ihre eigene Situation nicht tangierenden Fall beurteilen sollen, wird ein interesseloses, »unengagiertes Urteilen« gefordert. Dagegen ist der politisch Handelnde selbst Teil dessen, worüber er sich äußert. Insofern hat Arendt – eine Parabel des Pythagoras aufgreifend, die das Leben als ein Festspiel beschreibt – wieder einmal recht, wenn sie schreibt: »[D]er Handelnde, als Teilnehmer an dem Spiel, muß seine Rolle spielen; er ist per definitionem parteilich«, eben weil er in einem Geflecht aus Meinungen agiert, in dem er sich, will er etwas bewegen, früher oder später positionieren muss.[62] Denn das zentrale Kriterium des politischen Urteilens ist zwar der Bezug auf ein Allgemeines, die allgemeinen Interessen der politischen Gemeinschaft, deren Abwägung jedoch die Bildung von unterschiedlichen Meinungen erfordert. Deshalb, so Urbinati, laufe die von deliberativen Theoretikern erhobene Forderung nach möglichst unparteiischem Handeln auf das exakte Gegenteil dessen hinaus, was gute politische Deliberation eigentlich erfordert. Paradoxerweise ist es

---

62 Arendt, Hannah 2012, *Das Urteilen. Texte zu Kants politischer Philosophie*, 3. Aufl., München: Piper, S. 87. Diese Sicht verwirft Rosanvallon ausdrücklich: vgl. Rosanvallon, Pierre 2010, *Demokratische Legitimität. Unparteilichkeit, Reflexivität, Nähe*, Hamburg: Hamburger Edition, S. 131.

gerade die Parteinahme, in der eine »aktive Manifestation des Allgemeinen« sichtbar wird.[63]

Die Verknüpfung nichtgewählter Körperschaften mit der breiten Öffentlichkeit ohne eine Bindung an elektorale Mechanismen entspricht Urbinati zufolge genau dem Charakter einer unpolitischen Demokratie. Diese nämlich »bedingt eine Auslagerung öffentlichen Handelns aus jenen Orten, an denen politische Entscheidungen gemäß demokratischer Verfahren begründet werden. Sie kündigt eine Transformation der Bedeutung von Politik an, hin zu Zielen und Kriterien, die die Utopie rationaler Expertenmacht aus dem 19. Jahrhundert in Erinnerung ruft.«[64] In einer starken demokratischen Öffentlichkeit sind Prozesse der Meinungsbildung an Momente der Beschlussfassung gekoppelt. Das autonome und souveräne Parlament steht im Zentrum dieser Öffentlichkeit, umgeben von informellen Netzwerken der schwachen zivilgesellschaftlichen Öffentlichkeiten, die ihrerseits auf die Parlamente einwirken.[65] Damit die Vorstellung von der ohnehin stets unvollkommenen »allgemeinen Zugänglichkeit« zum Deliberationsprozess nicht zur Farce wird, muss sichergestellt werden, dass die politischen Akteure im Zentrum der starken Öffentlichkeit, zu dem eben nur wenige Zugang haben, den Bürgern in irgendeiner Form verantwortlich bleiben. Nur dann ist auch gewährleistet, dass die Repräsentanten sich um die Identifizierung und Vertretung öffentlicher Meinungen bemühen werden. Vorschläge, die Deliberationsfunktion in Gremien zu verlagern, die dem Volk als Ganzes nicht verantwortlich sind, und den deliberationsunfähigen Parlamenten allein die Aggregations- und Entscheidungsfunktion zu belassen, sägen an den Grundpfeilern der Demokratie. Wo die Reinigung der öffentlichen Meinung von irrationalen Momenten zur einzigen Ressource demokratischer Legitimität erklärt wird, schrumpft das egalitäre Ideal der Demokratie bis zur Unkenntlichkeit. Wir erleben dann einen Rückschritt in Richtung vorrevolutionäre Neuzeit, mit ihrer aus der

63 Urbinati, »Unpolitical democracy«, S. 82.
64 Ebd., S. 74.
65 Vgl. Brunkhorst, Hauke 2002, *Solidarität. Von der Bürgerfreundschaft zur globalen Rechtsgenossenschaft*, Frankfurt am Main: Suhrkamp, S. 184.

Zeit der Aufklärung bekannten Absolutsetzung des Vernunftideals auch für den politischen Bereich.

Auf dem Weg zu einer kleinen und effizienten Politik

Die Vision einer von populären Stimmungen bereinigten, zum rationalen Problemlösungsverfahren bekehrten deliberativen Demokratie, die heute, nach der »deliberativen Wende«, das in der akademischen Diskussion mit Abstand wirkmächtigste Zukunftsmodell darstellt, liefert dem postparlamentarischen Zeitalter neue Legitimationsressourcen. Die Habermas'sche Diskursethik und die auf ihr aufbauenden deliberativen Modelle der Demokratie wurden insofern sowohl für die Apologeten einer kooperativen Verhandlungsdemokratie als auch für die Proponenten einer (wie es bei den weniger institutionentheoretisch argumentierenden Soziologen Beck und Giddens hieß) »dialogischen Demokratie« nutzbar, als diese – unter der unleugbaren Annahme, dass gewählte Parlamente allein nicht mehr in der Lage sind, den Großteil der fragmentierten Gesellschaft zu repräsentieren und eine umfassende Inklusion zu gewährleisten – für eine Verschiebung hin zu Verfahren eintraten, die informelle Netzwerke zivilgesellschaftlicher Assoziationen an die parlamentarische Entscheidungsfindung koppeln, diese in der Erwartung rationalerer Politikergebnisse gar euphorisch begrüßten. Die (bisweilen durchaus in egalitärer Absicht unternommenen) Versuche, die »kommunikativ verflüssigte Souveränität« über Umwege und im »Modus der Belagerung« in die Verfassungsorgane einzuspeisen, führt allerdings zur Austrocknung jener Kanäle, die in Demokratien ein zurechenbares Entscheidungshandeln ermöglichen. Eine Konsequenz, die sicher mehr ist als ein ignorierbarer Nebeneffekt.

Trotz aller Einwände: Alle »deliberativen Demokraten« verfolgen das ehrbare Ziel, den Kern des Politischen in eine von schnelllebigem Konsumismus geprägte Massendemokratie hinüberzuretten, in der, wie sämtliche Vertreter deliberativer Modelle nicht zu Unrecht kritisieren, das für eine von Parteien organisierte Willensbildung übliche Delegiertenprinzip politischer Repräsentation nur noch »strategische«, weithin virtuelle Diskussionen zulässt – ein ernstes Kommunikationsproblem zwischen den politisierten Bürgern und der politischen Klasse ist die Folge. Die breite Masse der Bürger tritt die Flucht aus dem öffentlichen Raum an, und wenn sie, aus vorübergehender Empörung über kostspielige Bauprojekte oder die vermeintliche Ignoranz von »denen da oben«, doch noch einmal in die Agora zurückkehrt, dann als negativer Souverän, der vor den Institutionen, in denen sein Widerspruch sich in dauerhafte, ernst gemeinte, gemeinwohlorientierte Mitgestaltung transformieren ließe, demonstrativ haltmacht. »Subpolitik« bleibt so lange im Bereich des Unpolitischen gefangen, als ihre Akteure der (institutionellen) Politik so viel Misstrauen und Furcht (vor Enttäuschungen zum Beispiel, die mit dem Ausbleiben demokratischer Triumphe verbunden sind oder, wie Arendt warnte, vor der »Unerbittlichkeit« des politischen Wettbewerbes) entgegenbringen, dass sie ihr mit den gegendemokratischen Mitteln des Einspruchs und der Kontrolle von außen eine andere Agenda abzuringen, ihr aber gleichzeitig fernzubleiben versuchen. In der Konsequenz bestimmt das Strategische den Diskurs zwischen Politik und Gesellschaft.

Deliberative Demokratietheorien versuchen solche strategischen Motive aus dem Diskurs herauszufiltern, soziale Machthierarchien zu überwinden und die Distanz der Gesellschaft zum politischen Raum zu mindern. Gerade Letzteres aber gelingt ihnen nicht, im Gegenteil: Während Habermas' Schleusenmodell dafür sorgen soll, dass sich »die Idee der Unparteilichkeit [als] Kern der praktischen Vernunft« in der politischen Auseinandersetzung durchsetzt[66] und alle sozialen Machtformationen, die diesem Anspruch nicht genügen, von einer Aura der Illegitimität umgeben werden,[67] intendieren die praktischen Reformvorschläge von Bruce Ackerman, Fishkin, Pettit und anderen die Schaffung künstlicher Universen, in denen die Bürger, die aus einer gespaltenen Gesellschaft kommen, nach der Debatte in sie zurückkehren und wieder ihren alten Platz in ihr einnehmen wer-

66 Habermas, *Faktizität und Geltung*, S. 563.
67 Vgl. dazu Jörke, *Demokratie als Erfahrung*, S. 232.

den, angehalten sind, sich wie unparteiische Jurymitglieder zu verhalten. Auf diese Weise wird jedoch ein für die öffentliche Arena (nicht: den halböffentlichen Gerichtssaal) konstitutives Charakteristikum ausgeblendet: die legitime Vielfalt widerstreitender Meinungen und (ja: parteiisch gebundener) Interessen, die Kontingenz, das Konfliktäre des Politischen, das in den vernunftfördernden Prozeduren der »depolitisierten Demokratie« verschwindet.

Die Proponenten der deliberativ halbierten Surrogatdemokratie kommen deshalb letztlich mit ebenso sympathischen wie realistisch klingenden Versprechen daher: Die Demokratie kehrt in die gesellschaftliche Sphäre zurück, und dennoch wird sie weniger nervenaufreibend, weniger konfliktträchtig und ist nicht mehr auf die ständige Mobilisierung, die rousseauistische Überforderung der Bürger angewiesen. Zwar laufen die elektoralen Legitimationsstrategien fortan ins Leere und die politisierte Demokratie weicht der leidenschaftslosen Rationalisierung prozedural eingehegter Diskurse, aber, so der eigentlich überraschende Coup: Die Qualität der Demokratie wird dadurch sogar noch gesteigert, denn sie wird ja dezentraler, diskursiver, rationaler, transparenter und effizienter – nur nicht, so könnte man einwenden, demokratischer. Stattdessen versucht man den Verlust der politischen Demokratie mit (mal mehr, mal weniger) adäquaten Ersatzstoffen zu versüßen.

Wenn man jedoch allein auf das Demokratiedefizit der deliberativen Demokratie abhebt (und das Unbehagen an einer diskursethisch verkürzten Sichtweise auf das Politische, wie sie die meisten ihrer Theoretiker pflegen, nicht teilt), lassen die zu Beginn des *deliberative turn* vor 30 Jahren noch vollkommen unvermuteten Evolutionssprünge des Internets derzeit auf eine baldige Korrektur dieses Mangels hoffen. So jedenfalls wird es uns von den Kündern einer »digitalen Demokratie« versprochen. Mit den elektoralen Erfolgen der Piratenpartei fand in den letzten zwei Jahren das Konzept der *liquid democracy* Eingang in den öffentlichen Diskurs. Die Entwickler dieses Konzepts steuern im Grunde nichts anderes als eine »technologieorientierte Umsetzung des abstrakten Konzepts der deliberativen Demokratie«

an,[68] welche letztlich darauf zielt, die »Miniöffentlichkeiten« der bislang erkundeten deliberativen Praxis für möglichst viele Bürger zu öffnen und darüber hinaus über die virtuelle Netzwelt, in der die Ungleichheiten der realen Welt sich noch kaum manifestieren, sogar weitgehend diskriminierungsfreie Zugänge zum Diskurs zu ermöglichen. Es verwundert daher kaum, dass in den Publikationen von Piraten-Aktivisten ständig das an Habermas' *Strukturwandel der Öffentlichkeit* angelehnte Bonmot von der »Digitalisierung der Kaffeehäuser« auftaucht: Von einem »neuen Strukturwandel der Öffentlichkeit« ist da die Rede, von einem »zweiten Wandel unseres Repräsentationsverständnisses«, dem erwartbaren Eintritt in ein digitales »Demokratiewunderland«, in dem »die Grenze zwischen BürgerInnen und PolitikerInnen verschwimmt« und das Netz eine »neue politische Öffentlichkeit« begründet.[69] Da sich die partizipativen Großprojekte der letzten 50 Jahre erschöpft und neue Probleme geschaffen haben, sind es nunmehr die Verheißungen des digitalen Fortschritts, die den Glauben an das erlösende Gesicht der Demokratie revitalisieren. Zu Recht?

68 Bieber, Christoph 2012, »Die Unwahrscheinlichkeit der Piratenpartei. Eine (ermunternde) Einleitung«, in: ders./Claus Leggewie (Hg.), *Unter Piraten. Erkundungen in einer neuen politischen Arena*, Bielefeld: transcript, S. 9-22, hier S. 14.
69 Rohrbach, Lena 2012, »Die flüssige Demokratie«, in: *die tageszeitung* (24. April 2012).

4. (Post-)Politik im Netz?
Der (Alb-)Traum von der digitalen Demokratie

Die durch das Internet vorangetriebene Informationsrevolution hat, da Medien die Gestalt des öffentlichen Raums nun einmal wesentlich mitbestimmen, die Bedingungen von Politik entscheidend verändert. Bei der Diskussion um die Frage, wie bzw. wo die Bürger ihren Anliegen in einem postparlamentarischen Zeitalter noch Ausdruck verleihen können, fallen seit Jahren immer wieder die Begriffe *e-participation, software adhocracy* (eine Form von *liquid democracy*) oder *digital democracy*. Während des Arabischen Frühlings machte das Schlagwort von der »Facebook-Revolution« schnell die Runde: Blogs, soziale Netzwerke und Videoportale erleichterten den Informationsaustausch und somit auch die Mobilisierungsanstrengungen in der Offlinewelt. So gesehen hat das Internet die in dystopischen Szenarien wie Ray Bradburys *Fahrenheit 451* immer wieder durchscheinende kulturpessimistische Vorstellung, dass sich eine Welt der Bildschirme, in der das gedruckte Wort durch virtuelle Realitäten ersetzt wird, unvermeidlich auf dem Weg in antipolitische Zustände befindet, ein Stück weit widerlegt: Die rasante Entwicklung interaktiver Anwendungen, die unter Begriffen wie »Web 2.0«, »Social Media« oder »User-generated content« zirkulieren, hat ein neues Verständnis von Öffentlichkeit angeregt, die nichthierarchische Formen der Koordination erlaubt und daher als technische Grundlage für die politische Kommunikation in einer zunehmend unübersichtlichen Welt unverzichtbar scheint. Dennoch gibt es bekanntlich sehr gute Gründe, gerade in allzu undifferenzierten Erwartungen an die Demokratisierungspotenziale synchroner internetbasierter Kommunikationsformen eine Gefahr für die Bereitschaft zum öffentlichen Handeln und die Ausbildung egalitärer Bürgersolidarität zu erkennen, von denen freie republikanische Gemeinwesen immer leben werden. Es zeugt jedenfalls von einer gewissen Ironie, »dass der Kollaps des öffentlichen Raums in der modernen Gesellschaft genau zu der Zeit stattfindet, da die Informationsrevolution in vollem Gange ist, da Bürger (vor allem in den Industrienationen) von riesigen Datenbergen überschwemmt und jedes Jahr mit technisch noch ausgereifteren Computern gesegnet werden«.[1]

Die Stichworte, die in der Diskussion um die Demokratietauglichkeit der Netzöffentlichkeit zurückhaltende Erwartungen anmahnen, sind nur allzu bekannt: das Problem des *digital divide* etwa, das sich, den Vertretern der sogenannten Reinforcementthese zufolge, die davon ausgehen, dass das Internet die bestehenden Formen politischer Beteiligung stärken wird, leicht zu einem *democratic divide* ausweiten könnte, denn bislang partizipieren in der politischen Netzwelt überwiegend jene Bürger, die ohnehin am öffentlichen Leben teilnehmen.[2] Aber auch die Atomisierung der Sozialbeziehungen durch das Internet, die der Anonymität der Webkommunikation geschuldet ist, stimmt bedenklich – zudem scheint der regellose und unbeständige Charakter der Netzwelt jedem Versuch, eine für die politische Kommunikation unverzichtbare persönliche Vertrauensbasis zu schaffen (und zu erhalten), hinderlich zu sein. Es ist aber genau dieser wilde, regellose Charakter, diese »flüssige« Dynamik der Netzwelt als Plattform für die Nutzung von »Schwarmintelligenz«, die das Internet für die Etablierung einer Open-Source-Politik, für das Verständnis von Demokratie als einem unabschließbaren Prozess und als Ausdruck und Ort einer neuen »Ideologie der Freiheit« so attraktiv macht.[3] Die Hoffnung, dass sich das Internet nicht nur für die Untergrundkämpfer in autoritären Regimen, für die Destruktion undemokratischer Ordnungen, sondern auch für die Reformierung des angeschlagenen aggregativen Demokratiemodells politisch nutzen lässt, hat mit einer Reihe technischer Innovationen (zum Beispiel der Weiterentwicklung des Web 2.0, etwa in Gestalt von Wiki-Anwendungen) neuen Schub und mit dem Auftauchen transnationaler Bewegungen, die wie die Piraten die

1 Boggs, Carl 2000, *The End of Politics. Corporate Power and the Decline of the Public Sphere*, New York: Guilford Press, S. 15.
2 Vgl. Kaletka, Christoph 2003, *Die Zukunft politischer Internetforen: Eine Delphi-Studie*, Münster: LIT Verlag, S. 64 f.
3 Castells, Manuel, 2005, *Die Internet-Galaxie. Internet, Wirtschaft und Gesellschaft*, Wiesbaden: VS Verlag für Sozialwissenschaften, S. 47.

Etablierung dezentraler, herrschaftsfreier Kommunikationsstrukturen im öffentlichen Leben anstreben, eine politische Stimme erhalten.

Es gab fraglos gute Gründe für solch optimistisch-emanzipatorische Erwartungen, versprachen doch die Innovationen des digitalen Zeitalters einige der oben angesprochenen demokratischen Dilemmata zwar nicht aufzulösen, aber die kommunikativen Rahmenbedingungen von Aushandlungsprozessen so zu verändern, dass aus einem Mehr an Beteiligung nicht unbedingt ein Weniger an Effektivität resultieren und dass Input- nicht unbedingt auf Kosten von Output-Legitimität gehen muss. Die von den Piraten genutzte Software LiquidFeedback (LF) stellt primär einen Abstimmungsmodus bereit, der innerparteiliche Meinungsbilder ermöglichen soll, erlaubt aber nicht nur ein schlichtes Votieren, sondern bietet daneben auch die Möglichkeit, Gegenvorschläge zu posten und Erstanträge mit Änderungsvorschlägen zu versehen. Instrumente wie dieses mögen vielleicht dazu beitragen, die Distanz zum politischen Raum abzubauen, ohne dass man auf Momente des Meinungsstreits und der inklusiven Abstimmungen verzichten müsste.

So konnte man den Aufstieg der Piratenpartei als eine geradezu natürliche Reaktion auf eine durch die rasante Entwicklung des Internets bewirkte »kommunikative Revolution« deuten, die einige Autoren in eine Reihe mit den industriellen und nationalen Revolutionen des 19. und 20. Jahrhunderts stellen und die sich aus ihrer Sicht im Aufbrechen von zwei neuen Konfliktlinien (Informationen als Gemeingüter vs. Vermarktlichung des Wissens einerseits und transnationale Netzwerke vs. auf den Nationalstaat begrenztes Handeln andererseits) zeigte.[4] Ob insbesondere der erste dieser *cleavages* wirklich ein derart epochemachendes Potenzial besitzt, wird sich zeigen. Es ist aber evident, dass das Internet, indem es unser traditionelles Verständnis von Kommunikation herausfordert, auch unsere Sichtweise auf die Politik verändert. Das Angebot einer »authentischen« Demokratie, die

4 Vgl. zu diesen Diagnosen Hensel, Alexander/Stephan Klecha/Franz Walter 2012, *Meuterei auf der Deutschland. Ziele und Chancen der Piratenpartei*, Berlin: Suhrkamp, S. 17.

technische Innovationen für Politik nutzbar macht und so dem scheinbar ehernen Gesetz abnehmender Partizipationsoptionen bei steigenden Inklusionsanstrengungen trotzt, bedient die perfektionistischen Ideale eines anspruchsvollen Bürgertums, das nach Wegen sucht, die eigenen Präferenzen möglichst ohne großen Mobilisierungsaufwand in das System »einzuspeisen«. Das Phänomen Piratenpartei, ihre Vision einer »flüssigen« Politikformulierung kann man nur als Reaktion auf das »Beschleunigungsdefizit der parlamentarisch-repräsentativen Demokratie« begreifen, deren etablierte Akteure sich unter dem Interdependenzdruck von der Bürgerschaft abkoppeln, anstatt sie mitzunehmen.[5]

Es bleibt allerdings fraglich, ob die jüngsten Versuche aufseiten der politischen Parteien, die internen Kommunikationswege mithilfe des Web 2.0 zu dezentralisieren und flexibilisieren – die Einrichtung von Wikis, Mitgliederforen, der Upload von Podcasts und Videobotschaften, sogar die experimentelle Durchführung virtueller Parteitage –, dazu beitragen werden, die jungen und anspruchsvollen *digital natives* in der sogenannten Mitte der Gesellschaft wieder für aktives politisches Engagement innerhalb des traditionellen Institutionengefüges zurückzugewinnen. Zeitweise war es der Piratenpartei in auffallendem Maße gelungen, diese Klientel anzusprechen. Von Beginn an dominierte ein bestimmtes soziales Milieu den personellen Kern der Piraten, welches auf eine kollektiv geteilte Identität schließen ließ: das einer gut ausgebildeten, ständig vernetzten Internetkultur, bestehend aus Hacker-Subkulturen, *commoners* und alternativen virtuellen Gemeinschaften, die im Internet eine geeignete Technologie sehen, um die Gesellschaft als Ganze zu liberalisieren.[6] Dieses Bild vom Piraten-Aktivisten und -wähler entspricht exakt dem des »vernetzten Privatbürgers«, das die US-amerikanische Medien-

5 Lamla, Jörn/Hartmut Rosa 2012, »Beschleunigungsphänomen und demokratisches Experiment. Auf welche Problemlage reagieren die Piraten?«, in: Bieber, Christoph/Claus Leggewie (Hg.), *Unter Piraten. Erkundungen in einer neuen politischen Arena*, Bielefeld: transcript, S. 175-185, hier S. 178.
6 Vgl. Hensel, Alexander 2012, »Das Milieu der Piraten: Die Erben der Internetkultur«, in: Bieber, Christoph/Claus Leggewie (Hg.), *Unter Piraten. Erkundungen in einer neuen politischen Arena*, Bielefeld: transcript, S. 41-51.

soziologin Zizi Papacharissi zeichnet: Dieser Typus nimmt Abstand von bürgerschaftlichen Verpflichtungen, wie sie in der Vergangenheit öffentliches Engagement kennzeichneten, und assoziiert mit *citizenship* vorrangig »Autonomie, Kontrolle und die Befähigung, Autoritäten infrage zu stellen«. Eben diese *ego-centered needs* erfüllen die neuen digitalen Technologien seit einiger Zeit im alltäglichen Leben der Menschen, indem sie die individuelle Mobilität und Organisationsfähigkeit steigern. Die mit dem Einfluss neuer Technologien ohnehin im Verschwinden begriffene politische Öffentlichkeit ist dem Netzbürger fremd; sein Handeln beschränkt sich auf eine »vernetzte, wenn auch private Sphäre«. Dieser Bürger ist nach Papacharissis Meinung nicht politisch desinteressiert; doch ist sein politischer Appetit überaus fein und vielgestaltig, sodass er sich von Massenprodukten, wie etwa den Wahlprogrammen großer Volksparteien, nicht mehr angesprochen fühlt.[7] Eben aufgrund dieser Nonkonformität ist die von den hierarchisch strukturierten Volksparteien dominierte Wirklichkeit der repräsentativen Demokratie für ihn nicht attraktiv, wohl aber die virtuelle Netzkultur, in der er seine fluiden politischen Haltungen bequem artikulieren kann, ohne den für ihn so zentralen Wert absoluter Kontrolle – er kann ja jederzeit »offline« gehen – aufgeben zu müssen. Hier fühlt sich der Netzbürger wohl: Die alten und trägen, weil von vermachteten und daher für unangepasste Stimmen kaum durchlässigen Öffentlichkeiten werden im Zuge der digitalen Revolution durch »mobile Privatsphären« ersetzt, in denen »weder das Persönliche noch das Politische, vielmehr eine seltsame Mischung aus beidem vorherrschend ist«. Diese privatisierten Öffentlichkeiten »stimmen überein mit den Werten des Individualismus, der Autonomie und der Selbstverwirklichung, die in den spätmodernen Demokratien der entwickelten Länder vorherrschend sind«, und sind daher für jenen postindustriellen Typus Bürger interessant, »der Privatheit als ein Luxusgut, Intimität in vermittelter Form und Raum und Zeit als entkoppelt erlebt«.[8] Der neue Netzbürger ist »allein, aber nicht

---

7 Papacharissi, Zizi 2010, *A Private Sphere. Democracy in a Digital Age*, Cambridge: Polity, S. 137.
8 Ebd., S. 134 und S. 163.

einsam oder isoliert«; im Gegenteil: Er ist eben hochvernetzt und gut informiert.

Vor dem Hintergrund der von Papacharissi konstatierten, weit-verbreiteten Programmmüdigkeit innerhalb der jüngeren Generation und deren Nutzung des Internets als Basis und Verwirklichungsinstrument des eigenen Autonomiebestrebens in einer zunehmend privatisierten Öffentlichkeit wird der kurzzeitige Erfolg der Piratenpartei in den Jahren 2011/12 und die positive Rezeption des von ihrer ehemaligen politischen Bundesgeschäftsführerin, Marina Weisband, auf einer viel beachteten Bundespressekonferenz geprägten Satzes, ihre Partei habe »eigentlich nicht bloß ein Programm anzubieten, sondern ein Betriebssystem«,[9] noch verständlicher. Schließlich deutet diese Aussage den von den großen Parteien und den Medien ständig wiederholten Vorwurf, die Piraten hätten kein Programm anzubieten, ganz nach dem Geschmack der internetaffinen Jungbürger in eine Tugend um: Die Piraten – weit davon entfernt, eine ausschließlich auf »Netz-politik« fixierte *single-issue*-Partei zu sein – haben es zu ihrem Anliegen gemacht, die für das Internet konstitutiven (und damit, aus Sicht der Internetgemeinde, gleichbedeutend mit: den Geist der Freiheit inkorporierenden) Organisationsprinzipien auf die Geschäftsordnungen der Parlamente auszudehnen. Das Verfahren ist Programm.

In ihrem Parteiprogramm vertreten die Piraten die Ansicht, dass die »digitale Revolution [...] der Menschheit eine Weiter-entwicklung der Demokratie« und eine Ausweitung der »Mit-bestimmungsmöglichkeiten jedes Einzelnen« ermöglichen werde. Das Internet wird als eine Technologie gepriesen, der neben einem großen aufklärerischen Potenzial ein demokratisches Moment immanent ist. Dieser Glaube an die emanzipativen und zugleich rationalisierenden Effekte der Netzkultur hat den Berliner Landesverband der Piratenpartei bereits im Oktober 2009 dazu inspiriert, das politische Handeln selbst mithilfe der interaktiven LF-Software stärker als bisher in das Internet zu verla-

9 Zit. nach Thieme, Matthias 2011, »Hier spricht das Betriebssystem«, in: *Frankfurter Rundschau*, (6. Oktober 2011).

gern, zu »digitalisieren«. Nach Ansicht des Entwicklers und Piratenfunktionärs Andreas Nitsche beweist die Software, »dass mit Hilfe neuer technischer Mittel Demokratie heute neu erfunden werden kann – und wir so der eigentlichen demokratischen Idee immer näher kommen. Demokratie wird interaktiv.«[10] An Idealismus und revolutionärem Bewusstsein fehlt es den Piraten offenkundig nicht.

Allerdings hat eine Reihe sozialwissenschaftlicher Befunde aus dem vergangenen Jahrzehnt die anfängliche Begeisterung für das Demokratisierungpotenzial des Internets inzwischen erheblich erschüttert. Seit Anfang der neunziger Jahre haben Sozialforscher den Einfluss der Netzaktivität auf politisches Engagement und auf die Entwicklung sozialen Kapitals untersucht. Dabei hat sich ein hochdifferenziertes, heftig umkämpftes Forschungsfeld herausgebildet, auf dem – trotz groß angelegter Datenerhebungen – nach wie vor nur wenige Positionen konsensfähig sind. Manche Autoren glauben nachweisen zu können, dass das Internet politisches Wissen und die Diskussion politischer Sachverhalte forciere und die Bereitschaft zu öffentlichem Engagement im traditionellen Sinne positiv beeinflusse.[11] Deshalb sei es unbedingt geboten, den statistisch noch immer nachweisbaren *digital divide* zu überwinden, damit das Netz nicht Sprachrohr einzelner Eliten bleibe.[12] Andere Autoren sehen so gut wie gar keine Partizipationseffekte, stellen lediglich fest, dass die einzige Form von »Engagement«, die durch Internetnutzung eine Steigerung erfahre, das Spenden von Geld an Kandidaten sei.[13] Darüber hinaus re-

---

10 Pressemittelung der Piratenpartei Berlin vom 3. Januar 2010, »Piratenpartei revolutioniert parteiinternen Diskurs: interaktive Demokratie mit Liquid Feedback«, online verfügbar unter: {http://berlin.piratenpartei.de/2010/01/03/pressemitteilung-piratenpartei-revolutioniert-parteiinternen-diskurs-interaktive-demokratie-mit-liquid-feedback/} (Stand: April 2013).

11 Vgl. Shah, Dhavan V. et al. 2005, »Information and expression in a digital age. Modeling internet effects on civic participation«, in: *Communication Research* 32/H. 5, S. 531-565, hier S. 551 ff.

12 Vgl. Sylvester, Dari E./Adam J. McGlynn 2010, »The digital divide, political participation, and place«, in: *Social Science Computer Review* 28/H. 1, S. 64-74.

13 Vgl. Bimber, Bruce 2001, »Information and political engagement in America:

duziere internetbasierte Kommunikation die interpersonale Interaktion in der Offlinewelt signifikant, weshalb sie mit gesellschaftlicher Isolierung und Individualisierung einhergehe.[14] Dieser Effekt wäre in der Tat fatal, kann doch der Einfluss von *civic talk* auf die reflektierte Meinungsbildung Einzelner im persönlichen Umfeld, wie inzwischen unzählige empirische Studien nachgewiesen haben, kaum hoch genug eingestuft werden.[15]

Zugespitzt formuliert: Eine Gesellschaft, in der die Bürger lieber Forenbeiträge auf *Spiegel Online* posten, als sich in der Offlinewelt auf eine politische Diskussion einzulassen, wird nicht nur einen Niedergang ihrer nichtmedial konstruierten Öffentlichkeit erleben; ihre Bürger sind vermutlich auch anfälliger für Manipulationen durch die Mächtigen, die das Internet als Sprachrohr längst entdeckt haben, oder für einseitige Betrachtungen, da sie ihre eigenen Perspektiven nicht in Relation zu denen anderer Bürger reflektieren. In diesem Zusammenhang weist der US-amerikanische Politikwissenschaftler Richard Davis darauf hin, dass Onlinediskussionen vor allem durch die »Exklusion anderer, lodernde Wut und sehr viel Anonymität« gekennzeichnet und von kruden Randideologien dominiert seien.[16] Diese Isolierungs- und Fragmentierungsthese ist weitverbreitet und wurde bereits von Robert D. Putnam in dessen fast schon klassischer Studie *Bowling Alone* vorgebracht: Putnam spricht von »Cyberbalkanisierung« und meint damit, dass das Internet Räume bereitstelle, die sich durch ein viel höheres Maß an Homogenität auszeichneten als die meist durch unterschiedliche politische Meinungen, Berufe, Hobbys usw. charakterisierte direkte soziale Umgebung. Es erlaube deshalb, so formuliert es Putnam sehr pointiert, »In-

the search for effects of information technology on the individual level«, in: *Political Research Quarterly* 54/H. 1, S. 53-67.

14 Vgl. Nie, Norman H. 2001, »Sociability, interpersonal relations, and the internet. Reconciling conflicting findings«, in: *American Behavioral Scientist* 45/H. 3, S. 420-435.

15 Vgl. zusammenfassend und mit neueren Resultaten Klofstad, Casey A. 2011, *Civic Talk. Peers, Politics, and the Future of Democracy*, Philadelphia: Temple University Press.

16 Vgl. Davis, Richard 2005, *Politics Online. Blogs, Chatrooms, and Discussion Groups in American Democracy*, New York/London: Routledge, S. 119.

frarotastronomen, Weinliebhabern, Trekkern und weißen Suprematisten, ihren Zirkel auf gleichgesinnte Vertraute zu beschränken«, leiste somit aber neuen Extremismen Vorschub.[17] Denn die Netzwelt bietet ihren Bürgern eine Realität nach ihrer Wahl, sie »präsentiert dem Teilnehmer nur jene Ausschnitte der Welt, die ihm gefallen. So baut sie die Öffentlichkeit, das öffentliche, ja kritische Bewusstsein ab und privatisiert die Welt.«[18] Auch in den breit rezipierten, frei zugänglichen Onlineforen, die von den digitalen Pendants der großen Tages- und Wochenzeitungen oder Videoportalen wie YouTube zur Verfügung gestellt werden, bringt die durch räumliche Trennung erzeugte Entsubjektivierung des Diskurses einen Mangel an Empathie mit sich, mit dem sich jene gewaltige Flut von Beleidigungen, Drohungen und »Shitstorms« erklären lässt, die dort täglich zirkulieren. Die öffentliche Anonymität des Internets gibt den unsichtbaren, depravierten, in Agonie verharrenden Unterschichten, aber auch sozial integrierten Verschwörungstheoretikern und Rassisten in der Mittelschicht, die das Aussprechen ihrer Meinungen in der Offlinewelt mit sozialer Ächtung bezahlen müssten, die Möglichkeit, ihrem im Alltag aufgestauten Unmut dort Luft zu machen, wo er glücklicherweise niemanden (physisch) verletzt, wo aber auch niemand gezwungen werden kann, sich für das, was er oder sie sagt, zu rechtfertigen: Da das »Licht der Öffentlichkeit« die semiöffentlichen Abgründe des Internets allenfalls sporadisch erhellt, spielt die »Angst vor der Schande« (Hannah Arendt) hier kaum eine Rolle, verschwinden die Hemmschwellen für das Sagbare und damit auch die Anregungen, das Gedachte zu reflektieren, bevor man es öffentlich macht.

Allerdings wirkt die Debatte über die (un-)politischen Facetten von Onlinepartizipation ideologisch oft festgefahren, da gerade Putnam und andere Autoren aus dem angloamerikanischen Raum die mit der Fragmentierung von Meinungen einhergehen-

---

17 Putnam, Robert D. 2000, *Bowling Alone. The Collapse and Revival of American Community*, New York: Simon & Schuster, S. 178 f.
18 Han, Byung-Chul 2012, *Transparenzgesellschaft*, Berlin: Matthes & Seitz, S. 59.

de Polarisierung grundsätzlich sehr negativ sehen,[19] während insbesondere kontinentaleuropäische Autoren im Internet ein Mittel erkennen, um bislang unterrepräsentierten Meinungen eine Stimme zu geben und auf diese Weise zu einer willkommenen Pluralisierung von Diskursen beizutragen. Unstrittig ist wohl, dass Debatten in Chatrooms, über Twitter und Mailinglisten die für politische Auseinandersetzungen so zentrale emotionale Dimension – also nonverbale Elemente der Kommunikation – nie ersetzen können. Und da politisches Handeln nicht allein, sondern nur in der Interaktion mit anderen möglich ist, ist es darüber hinaus wichtig, dass die Akteure auf Solidarität basierende Beziehungen aufbauen und das Gefühl erhalten, sich aufeinander verlassen zu können, was nur in einem weltlichen Zwischenraum gelingen kann. Die Zeiten, in denen homogene soziale Milieus eine Basis für gegenseitige Solidarität (freilich meist unter gleichzeitigem Ausschluss von anderen Gruppen, von »Fremden«) bildeten, sind längst vorüber; daher ist es wichtiger denn je, Koalitionen zu zimmern, auf die bislang Anderen, die prinzipiell mit den eigenen Interessen kompatible Ziele verfolgen, zuzugehen, sich nicht abzuschotten. Schenkt man der These von der »Cyberbalkanisierung« Glauben, bewirkt das Internet als Plattform politischer Alltagskommunikation jedoch genau das Gegenteil. Wenngleich es großartige Chancen bietet, brüchige Despotien zum Einsturz zu bringen und dunkle Geheimdienstkeller auszuleuchten, also: die Befreiung der Menschen von äußerem Zwang voranzutreiben, kann es relativ wenig dazu beitragen, der einmal gewonnenen Freiheit in gefestigten Demokratien zu neuem Leben zu verhelfen. Alle Versuche, die in Versammlungen und auf der Straße erzeugte Gegenmacht in das Internet zu verlagern und politisches Handeln im Netz zu installieren – sei es mit der übertriebenen Hoffnung, die oligarchischen Tendenzen kollektiven Handelns zu überwinden oder die damit verbundenen Kosten zu senken –, können immer nur als unterstützendes Beiwerk der Offlinebeteiligung dienen.

19 Vgl. beispielhaft Sunstein, Cass R. 2001, *Republic.com*, Princeton: Princeton University Press.

Der alte Traum vom unsichtbaren Repräsentanten oder
Die Hausse der Piratenpartei

Dennoch haben die Verheißungen der digitalen Demokratie im Protestjahr 2011 auch die reale deutsche Parteienlandschaft ins Wanken gebracht. Wie schon zu Beginn der achtziger Jahre, als die Grünen wesentlich rasanter (noch vor der Gründung ihres Bundesverbandes) als die Piratenpartei Kommunal- und Landesparlamente eroberten, waren der bundesdeutsche Föderalismus mit seinen ständigen Urnengängen, das dichte Netz urbaner Zentren mit ihren postmaterialistischen Wählermilieus und die personalisierte Verhältniswahl einmal mehr günstige Ausgangsbedingungen für die Etablierung einer Avantgarde befördert, die sich wie die deutschen Piraten auch anderswo in Europa bereits seit Mitte des letzten Jahrzehnts formierte, aber ähnliche Erfolge erzielen konnte. Von Umfrageinstituten abgebildete Stimmungen, die in dezentralen Einheitsstaaten wie Schweden, dem Ursprungsland der Bewegung, nur im Abstand von vier Jahren Gelegenheit finden, sich durch die Unterstützung einer diese Stimmungen artikulierenden, nichtetablierten Partei zu kanalisieren, können hierzulande, sofern eine Landtagswahl mit günstigen Umständen zusammenfällt, erfolgreich mobilisiert und – ist ein Landesparlament erst einmal »geentert« – infolge der mit dem elektoralen Erfolg einhergehenden Medienpräsenz stabilisiert werden. Den Piraten, deren initiales Erfolgsmoment, der Einzug in das Berliner Abgeordnetenhaus, sich eine Woche nach der ersten New Yorker Occupy-Demo und im Klima der Diskussion um mehr Bürgerbeteiligung angesichts des Stuttgart-21-Volksentscheids ereignete, war es im September 2011 gelungen, durch ihr unkonventionelles, zuweilen populistisches Eintreten für mehr demokratische Mitwirkungsrechte die diffuse Enttäuschung über die Irresponsivität sogar der kommunalen Politik aufzugreifen und in ein überraschend gutes Wahlergebnis zu transformieren. In Berlin hatte sich diese Enttäuschung schon vor der Wahl in einer Vielzahl gegendemokratischer Aktivitäten kanalisiert. So hatten die Bürger der Stadt Anfang desselben Jahres den dritten und ersten erfolgreichen Volksentscheid in der Geschichte

Berlins erzwungen: 98 Prozent der Abstimmenden hatten für einen Gesetzentwurf votiert, der die Veröffentlichung von im Zusammenhang mit der Teilprivatisierung der lokalen Wasserwerke geschlossenen Geheimverträgen forderte. Die Bürgerinitiative Berliner Wassertisch, die das Volksbegehren initiiert hatte, hatte dem Berliner Senat zuvor vorgeworfen, nicht alle Verträge des umstrittenen Verkaufs offengelegt zu haben. Nach der Abstimmung setzte sich diese Kontroverse fort. Es mag daher kaum verwundern, dass das Transparenzpostulat der Piraten in dieser Situation überzeugen konnte. Eine Stadt, die wie Berlin die gegendemokratische Politik des Misstrauens so sehr ritualisiert hat, bot rückblickend betrachtet den perfekten Humus für die zweite Stufe des elektoralen Aufstiegs der Piratenpartei, nachdem im Anschluss an ihr respektables Abschneiden bei der Bundestagswahl 2009 als stärkste Kleinpartei wenig dafür zu sprechen schien, dass sie diesen Status einmal überwinden könnte. (Dem derzeitigen, in erster Linie anhaltenden Personalquerelen und unprofessionellen Kommunikationsstrategien geschuldeten Umfragetief nach zu urteilen, wird sich dies auf Bundesebene auch so bald nicht ändern.)

Betrachtet man allerdings die Genese der Piraten, so wird schnell klar, dass die Partei sich nicht um die seit dem Berliner Wahlkampf ständig hervorgehobene Forderung nach »mehr Transparenz« in der öffentlichen Verwaltung, erst recht nicht um die im neuen Grundsatzprogramm von 2010 gleich im ersten Kapitel platzierte Forderung nach »mehr Demokratie« formierte, sondern um das in der Zeit der Großen Koalition allenfalls von den Grünen besetzte Feld der informationellen Selbstbestimmung im digitalen Zeitalter, der »Freiheit im Netz«. Insofern wurde der Vorwurf einer substanziellen Leere, einer vermeintlichen »Programmlosigkeit« der Partei von Medien und politischen Gegnern zu Unrecht erhoben. Das Erweckungserlebnis der Piraten bildete die im Rahmen der polarisierten Debatte um das von der Großen Koalition geplante Zugangserschwerungsgesetz geführte, sehr technische Kontroverse um die Legitimität und Praktikabilität von Internetsperren, die die Piraten als staatliche Zensur bekämpfen. Nicht so sehr die Demokratisierung der Entscheidungsstrukturen, sondern der Schutz des Einzelnen vor der Willkür des Staates stand von Beginn an im Zentrum des Piratenprogramms. Es verwundert kaum, dass die ersten beiden Prinzipien des im Anschluss an den Gründungskongress der Partei im Dezember 2006 formulierten »Piratenkodex« verkündeten: »1. Piraten sind frei, 2. Piraten leben privat«.[20] Die Piraten konstituierten sich in erster Linie als eine Bürgerrechtspartei, die das Prinzip der privaten Autonomie im Internet verteidigt, und als Partei der *commons*-Bewegung, die für freie Zugänge zu Bildung und Mobilität sowie für eine Aufweichung des Patent- und Urheberrechts eintritt. Als solche erhielt sie gleich nach ihrer Gründung regen Zulauf aus der Internetgemeinschaft. Relevante Wahlerfolge in Form von Mandaten errangen die Piraten jedoch erst, als sie ihre Kritik am Zustand der repräsentativen Demokratie radikalisierten und ihre Mitglieder selbst nach Möglichkeiten suchten, die Organisationsprinzipien der Internetkultur auf die Politik zu übertragen.

Auch wenn die Piraten, beflügelt von der Sperrdebatte, bei der Bundestagswahl 2009 auf Anhieb exakt zwei Prozent der Wählerstimmen gewinnen konnten, verstanden sie doch sehr schnell, dass sie sich, wie die Wahlforscher ebenfalls befanden, »als reine Interessenvertretungspartei der netzpolitikaffinen digital natives« im Parteiensystem wohl kaum werden etablieren können,[21] dass sie also ihr *single-issue*-Image überwinden und ihr privatistisches, ultralibertäres Weltbild durch demokratietheoretische Überlegungen ergänzen mussten, um über ihre Kernwählerschaft hinaus verstärkt jene rasant anwachsenden Strömungen anzusprechen, für die »Netzfreiheit« kein (vorrangiges) Politikum darstellt, denen es auch nicht um die Einspeisung starrer substanzialistisch-materieller Interessen, sondern um den prozeduralen Anspruch nach »mehr Mitsprache« geht. Im Berliner Wahlprogramm wurden die Kapitel »Demokratie« und »Transparenz« deshalb demonstrativ nach vorne geschoben; das Kapitel »Netze« kam erst

---

20 Vgl. Bartels, Henning 2009, *Die Piratenpartei. Entstehung, Forderungen und Perspektiven der Bewegung*, Berlin: Contumax, S. 260.
21 Niedermayer, Oskar 2010, »Erfolgsbedingungen neuer Parteien im Parteiensystem am Beispiel der Piratenpartei Deutschland«, in: *Zeitschrift für Parlamentsfragen* 41/H. 4, S. 838-854, hier S. 851.

an dritter Stelle.[22] In der Folge wurde »Transparenz« zum Kern- und Kampfbegriff einer Bewegungspartei erhoben, für die der Schutz des Bürgers vor der Willkür einer als expansiv, autoritär und demokratiefeindlich perzipierten Exekutivmacht im stabilen Zentrum der fluiden programmatischen Überlegungen stand.

In der Tat kann die Demokratie nur in einer Gesellschaft gedeihen, in der ein gewisses Maß an Transparenz herrscht. Aber ein »gläserner Staat«, wie die Piraten ihn fordern, und eine aufgeklärte, optimal informierte Gesellschaft sind nicht notwendig demokratisch. Der Wunsch nach mehr Transparenz, der den Schutz vor staatlicher Willkür garantieren soll, schafft zwar Voraussetzungen, um den politischen Wettbewerb zu demokratisieren. Konsequent auf die Spitze getrieben, kann eine transparente Politik aber im Ergebnis Demokratie sogar minimieren. Indem die Piraten die Aporien, die einer Radikalisierung des Transparenzgebots innewohnen, weithin ignorieren, verkennen sie dieses Problem. Ein großer Teil der Parteibasis und einige prominente Führungsfiguren der Piraten vertreten eine offensive Vision transparenter Verfahren, die nicht nur in der Verwaltung, sondern auch in der Politik Anwendung finden sollen. Die vier Landtagsfraktionen der Piratenpartei übertragen ihre Fraktionssitzungen per Livestream; die Forderung, dass künftig auch Parlamentsausschüsse sämtliche Arbeitstreffen im Internet übertragen sollten, findet in der Partei große Unterstützung. Eine Reihe führender Piratenpolitiker akzeptiert bereitwillig die unpolitische Konsequenz, die ein totaltransparentes Repräsentationsverhältnis erfordert: den Verzicht auf die eigene Meinung, selbst im Augenblick des Diskurses. So wie der ehemalige politische Geschäftsführer Johannes Ponader, der nach seiner Wahl ankündigte, sich an keinen inhaltlichen Debatten innerhalb der Partei beteiligen und bei öffentlichen Auftritten nur zu solchen Themen äußern zu wollen, die bereits zur Beschlusslage der Partei gehören oder zu denen zumindest ein etwaiges Meinungsbild erkennbar sei – deshalb auch sein von den Medien mit Belustigung aufgenommener Vorschlag,

---

22 Vgl. Piratenpartei Deutschland (Hg.), *Wahlprogramm Berlin 2011*, online verfügbar unter: {http://www.piratenpartei.de/wp-content/uploads/2012/02/Wahlprogramm-Berlin-2011.pdf} (Stand: April 2013).

während live übertragener Fernsehdebatten parteiinterne Blitz-umfragen einzurichten. Sogar bei Abstimmungen im Bundesvorstand, so Ponader, wolle er sich enthalten, solange via LF noch kein Meinungsbild hergestellt sei.[23] Selbst jene Parteiaktivisten, die wie Marina Weisband die Individualität der Repräsentanten zur conditio sine qua non einer offenen Demokratie erklären, malen das Idealbild eines »offenen Politikers«. Nicht nur für politische Prozesse, auch für die beteiligten Subjekte sollte demnach das Transparenzgebot gelten. Hier ist es gerade die Hoffnung auf eine Rückkehr der authentischen Persönlichkeit in einer politikkonformen Parteienlandschaft, die mit dem Plädoyer für mehr Transparenz verknüpft ist: Politiker sollten nach Belieben und gerne auch unkonventionell ihre Meinungen sagen, sich dabei aber radikal dem »Licht der Öffentlichkeit« aussetzen. Sie selber, so Weisband, habe diesen Schritt gewagt und beispielhaft »versucht, von mir demonstrativ Privates und Politisches nicht zu trennen«.[24] So attraktiv diese Vorstellung für die Wählerschaft vielleicht auch sein mag: Vergegenwärtigt man sich den personellen Verschleiß der Partei allein in den Erfolgsjahren 2011/12, als mehrere führende Mitglieder sich wegen zu großer psychischer Belastung aus Vorstandsämtern zurückzogen, wird man gerade in einer Zeit, da die Rückkehr des Amateurs auf die Bühne der Politik so sehr gewünscht und gefeiert wird, vielleicht zu dem Schluss kommen, dass heute nur noch wenige »nichtprofessionelle« Spitzenpolitiker den harten Anforderungen der von den Massenmedien abverlangten Präsentationslogiken auf Dauer gewachsen sein können.

Allerdings steht die Forderung nach maximaler Transparenz, die Suche nach Optionen zur Realisierung totaler Responsivität und unmittelbarer Entscheidungsmacht im Zentrum der Demo-

23 Vgl. o.V. 2012, »Piraten-Parteitag: Künstler Ponader tritt Weisband-Nachfolge an«, in: *Spiegel Online* (29. April 2012), online verfügbar unter: {http://www.spiegel.de/politik/deutschland/weisband-nachfolge-johannes-ponader-neuer-piraten-geschaeftsfuehrer-a-830456.html} (Stand: April 2013).

24 Zit. nach Longerich, Melanie 2012, »Das Experiment des ›offenen Politikers‹. Piratin Marina Weisband und die Politik in digitalen Zeiten«, in: *dradio.de* (9. Februar 2012), online verfügbar unter: {http://www.dradio.de/dlf/sendungen/dlfmagazin/1673777/} (Stand: Januar 2013).

kratietheorie der Piraten; sie begründet einen Großteil ihrer Attraktivität gegenüber den etablierten Parteien. Die Radikalität, mit der sie dieses Ziel verfolgen, lässt ihr Repräsentationskonzept jedoch im Ergebnis höchst inkonzise, ja zutiefst widersprüchlich erscheinen. Dieses Konzept kann man nur verstehen, wenn man sich noch einmal die von Weisband begründete Metapher von der Piratenpartei als einem neuen Betriebssystem für politisches Handeln vergegenwärtigt. Versteht man dieses Bild wörtlich, kommt man gar nicht umhin, eine identitäre Komponente im Demokratiekonzept der Piraten herauszufiltern. Die Idee der »Plattformneutralität« wird von ihnen nicht nur substanziell, auf einer programmatischen Ebene (im Sinne von Netzfreiheit bzw. -autonomie, freier Zugang zu bestimmten Ressourcen usw.), vertreten,[25] sondern sie definiert darüber hinaus das eigene operationale Selbstverständnis. Die Piraten verstehen sich demnach als neutrale Plattform, die jedem Bürger (auch Mitgliedern anderer Parteien, da die Piraten Doppelmitgliedschaften ausdrücklich akzeptieren) das verlockende Angebot unterbreitet, die eigenen Präferenzen direkt in das System einzuspeisen. Wahlplakat-Slogans wie »Regier' doch einfach mit« oder »Wir sind die mit den Fragen – Ihr seid die mit den Antworten« werben explizit mit diesem Versprechen.[26] Das ist, wie gesagt, der Traum des »politischen Bourgeois«: keine Programme, keine konformistischen Kollektivprojekte wählen zu müssen, sondern ein Verfahren, das die eigene Stimme vom privaten Raum in die öffentliche Arena hineinprojiziert. Die Piraten erheben den Anspruch, ein absolut transparentes, zwischen dem politischen System und dem Volk installiertes Medium, mithin (im Gegensatz zu den anderen Parteien) ein direktes Sprachrohr des Volkes zu sein, die öffentliche Meinung ungefiltert in die politische Arena zu spiegeln – die Parallelen zum identitären Selbstverständnis rechtspopulistischer »Freiheitsparteien« sind an dieser Stelle frappant. Die Partei

25 Vgl. dazu Neumann, Felix 2012, »Plattformneutralität. Zur Programmatik der Piratenpartei«, in: Niedermayer, Oskar (Hg.), *Die Piratenpartei*, Wiesbaden: Springer VS, S. 175-188.
26 Die Vorlagen für die Wahlplakate sind online verfügbar unter: {https:// wiki.piratenpartei.de/Plakat/Vorlage} (Stand: April 2013).

selbst wird unsichtbar, sie verschmilzt mit der Gesellschaft und mit den staatlichen Institutionen, die sie beide durch die Kommunikationsformen des Internets miteinander verbinden will.

Hier kommt der Traum vom »souveränen Individuum« wieder in seiner ganzen Radikalität zum Ausdruck. Die Ideologie der Transparenz wird somit zu einer funktionalen Bedingung für die Realisierung einer »partizipativen Technokratie«, die nicht die Herrschaft der Fachleute, sondern eine »Herrschaft durch Technologie« propagiert. Die (anti-)politische Theorie der Piraten läuft insofern auf eine Transformation der Politik in eine »entpolitisierte Verwaltung im Namen der öffentlichen Meinung« hinaus, als sie mit ihrer Akzentuierung der Transparenzforderung ein Surrogat für echte Mitwirkungschancen liefert, somit in der Konsequenz tatsächlich »die Bedingungen der restlosen Versöhnung der Bürger_innen mit ihrer Herrschaft« und damit das Verschwinden der konflikthaften Pluralität aus dem öffentlichen Raum forcieren.[27] Auch deshalb, könnte man sagen, »geht die Transparenzgesellschaft mit der Post-Politik einher. Ganz transparent ist nur der entpolitisierte Raum.«[28]

Allein schon die Umsetzung einer solchen Utopie maximaler Transparenz hätte natürlich weitreichende Folgen für das Verhältnis zwischen Wählern, Parteimitgliedern und Abgeordneten. Mit der Absicht der Piraten, die parlamentarische Regierungsform durch die flüssige Demokratie wenn nicht ersetzen, so doch (zumindest durch die innerparteiliche Nutzung teilweise) ergänzen zu wollen, erhält ihr Traum von der Überwindung des Gesetzes der Distanz eine neue problematische Gestalt. Verbindet man das Gebot der maximalen Transparenz mit den Wirkungsweisen der LF-Software, dann würden Repräsentanten in einer perfekten flüssigen Demokratie ausdrücklich nicht als Abgeordnete mit freien Mandaten, sondern als Delegierte betrachtet. Das Ideal der *liquid democracy* (nicht nur in Gestalt der LF-Software) propagiert quasiimperative Mandate: Das Prinzip des *delegated voting*,

27 Vogelmann, Frieder 2012, »Der Traum der Transparenz. Neue alte Betriebssysteme«, in: Bieber, Christoph/Claus Leggewie (Hg.), *Unter Piraten. Erkundungen in einer neuen politischen Arena*, Bielefeld: transcript, S. 101-111.
28 Han, *Transparenzgesellschaft*, S. 16.

welches in LF zur Anwendung kommt, erlaubt es den Nutzern (bzw. Bürgern), entweder selbst über Anträge abzustimmen oder ihre Stimme temporär an andere Nutzer/Bürger zu delegieren. Die übertragenen Stimmen können aber jederzeit wieder entzogen werden, falls zum Beispiel das Abstimmverhalten eines Delegierten zu oft von der eigenen Meinung abweicht. Im Zentrum der politischen Utopie der Piraten steht ein Delegiertenmodell, das nicht nur eine möglichst weitgehende Kongruenz zwischen den Wünschen der Parteibasis und den Präferenzen der Repräsentanten postuliert, sondern Letzteren jede Relevanz abspricht und den Repräsentanten somit endgültig zum ausführenden Organ, zum »längeren Arm« des Parteikörpers werden lässt. Der einzelne Abgeordnete wird dadurch gesichtslos, wird zum Instrument des Bürgerwillens degradiert und damit vollends zum handlungsarmen Manager von Diversität. Ihm verbleibt lediglich die Aufgabe, ein homogenes Desiderat aus heterogenen Meinungsbildern zusammenzutragen und im Plenum zu akklamieren. Die reflexive Urteilskraft und Meinungsbildung des Abgeordneten ist keine normative Größe mehr.

Die Piraten sind freilich nicht die erste Partei, die den Anspruch der totalen Responsivität offensiv, geradezu populistisch vertritt. Schon die Grünen hatten mithilfe von Ämterrotation, imperativen Mandaten und dem Verbot von Ämterkumulation die innerhalb basisdemokratischer Konzepte stets als Störfaktor wahrgenommene Individualität des Repräsentanten brechen wollen. Paradoxerweise haben sich aber gerade die Piraten von Beginn an gegen diese Konsequenz gestellt: Imperative Mandate werden von ihnen abgelehnt; im Grundsatzprogramm heißt es, die Partei setze sich »für mehr Freiheit und Unabhängigkeit des einzelnen Abgeordneten in den Parlamenten ein«, um »Fraktionsdruck und Parteiendruck zu verringern«.[29] Hierfür werden zum Beispiel weitreichende Reformen des Wahlrechts vorgeschlagen, etwa die Aufstellung freier oder lose gebundener Wahllisten.

29 Piratenpartei Deutschland (Hg.), *Grundsatzprogramm der Piratenpartei Deutschland*, S. 5, online verfügbar unter: {http://www.piratenpartei.de/wp-content/uploads/2012/02/Grundsatzprogramm-Piratenpartei.pdf} (Stand: April 2013).

Klassischer Parlamentarismus einerseits, flüssige Delegativdemokratie andererseits – beides geht eigentlich kaum zusammen. Die Piraten müssen, um ihr Transparenzpostulat und ihre basispartizipativen Ideale für die Erfordernisse des parlamentarischen Alltags kompatibel zu machen, auf jene delegative Rigidität zurückgreifen, die sie am politischen System so sehr beklagen. Man hat es ja geahnt: Einmal mehr steht es eins zu null für die pragmatische Seite der Demokratie.

Die Piraten bieten mit der *liquid democracy* und der Verabsolutierung des Transparenzgebots keine neue Lösung des Problems der Volkssouveränität; eher noch schlagen sie tendenziell den Weg von Rousseau ein. Dieser hatte delegative Politik im Rahmen der Gesetzgebung keineswegs abgelehnt und war sicher nicht der große Künder der partizipativen Marktplatzdemokratie, als der er hin und wieder idealisiert oder aber geächtet wird. Zumindest dort, wo die Ausarbeitung von Gesetzen bestimmte Fähigkeiten erfordert, sollte nach Meinung von Rousseau eine Versammlung von Deputierten die Formulierung und Diskussion entsprechender Anträge übernehmen. Diese Arbeit sollte möglichst öffentlich ablaufen, am besten vor versammelter Bürgerschaft, die das Vorgebrachte akklamieren muss.

Letztlich verbleiben also beide Seiten im vorpolitischen Stadium: Während der Souverän stumm im Auditorium verharrt und nur ja oder nein sagen darf, betritt der Delegierte den öffentlichen Raum, ohne sagen zu dürfen, was er denkt.[30] Wenn man sowohl das Postulat der totalen Transparenz als auch die Koppelung von Entscheidungsprozessen in LF an die Entscheidungsfindung innerhalb der von den Piraten gestellten Parlamentsfraktionen ernst nimmt, läuft das Piratenkonzept auf eine Aufgabenteilung hinaus, die Rousseaus Vorstellungen auf den ersten Blick in einem entscheidenden Punkt optimiert, weil demokratisiert: Die abstimmende Basis kann direkt über das, was zu entscheiden ist, beraten, allerdings zu dem Preis, dass nun das Profil der Repräsentanten – sofern diese dem von ihnen eingeforderten totaltrans-

---

30 Vgl. Urbinati, Nadia 2006, *Representative Democracy. Principles and Genealogy*, Chicago: The University of Chicago Press, S. 32 ff.

parenten Verhalten entsprechen – vollends verblasst. Und da die Chaträume des Piratenwikis und der LF-Software nur wenig Raum zur Deliberation bieten, taugt die internetbasierte Kommunikation in der Regel nicht gerade zur Herstellung »idealer Sprechaktsituationen«. Durch eine internetbasierte Version der *liquid democracy*, wie sie mit LF realisiert ist, werden nämlich mindestens zwei der im dritten Kapitel aufgezeigten Schwachstellen deliberativer Demokratietheorien bei der Herstellung von Inklusivität zusätzlich intensiviert. Zum einen werden politische Debatten rationalistisch verengt. Onlineforen bieten schlicht keinen Raum für offene Diskursfelder, erst recht nicht für emotive Signale, die in der politischen Kommunikation so wichtig sind. Zum anderen wird durch die Zersplitterung des »öffentlichen« Raums in eine Vielzahl von Einzelarenen die Repräsentativität der Outputs gemindert. Innerhalb der Partei ist der Unmut darüber, dass die Diskussionen im LF-System nebeneinanderher verlaufen und es meist zu Fluten von Gegenanträgen statt aufeinander bezogenen Redebeiträgen kommt, sehr groß.[31] Insgesamt betrachtet, gelingt es den Piraten somit nicht, die Aporien der Volkssouveränität mittels *liquid democracy* überzeugend aufzulösen.

Und noch ein weiteres grundsätzliches Problem der Transparenzutopie fällt sofort ins Auge. Im Gegensatz zur Verwaltung, die für die betroffenen Bürger in der Tat (zum Beispiel durch die neueren Innovationen im Bereich des *e-government*) vollkommen transparent gehalten werden kann und muss, werden in der Politik nicht nur Regeln angewendet, sondern ebenfalls produziert. Um unter den Bedingungen einer pluralen Gesellschaft Mehrheiten zu organisieren, braucht es wechselseitiges Entgegenkommen, Koalitionsbereitschaft, deshalb oft auch die Emanzipation von delegierten Vorgaben, vor allem braucht es Akteure, die »strategiebewusst und strategiefähig« agieren und die – wie Joachim Raschke, einer der führenden Strategieforscher in der deutschen Politikwissenschaft, den Parteien schon seit Jahren

---

31 Vgl. Buck, Sebastian 2012, »Liquid Democracy – eine Realisierung deliberativer Hoffnungen? Zum Selbstverständnis der Piratenpartei«, in: *Zeitschrift für Parlamentsfragen* 43/H. 3, S. 626-635.

rät – in der Lage sind, die innerverbandlichen Prozesse von einem »strategischen Zentrum« aus zu steuern. Ein solches Zentrum, so Raschke, müsse in einen »Kristallisationspunkt« münden, »der mit relativer Autonomie für strategisches Konzipieren und Manövrieren sowie mit genügend Machtpotentialen ausgestattet ist, um strategische Ziele systematisch zu verfolgen«.[32] Das klingt wenig nach basisdemokratischen Erfüllungen, eher nach machiavellischem Machtrealismus und weberianischer Führer- oder schumpeterianischer Elitendemokratie, thematisiert aber einen wichtigen Punkt. Denn jene Politiker, die, um sich modern und bürgernah zu geben, gerne das Wort »Transparenz« in den Mund nehmen, täten gut daran, die oben beschriebenen demokratischen Dilemmata zumindest zu reflektieren. Einerseits – das haben die Wahlerfolge der Piraten, wie fragil sie auch immer sein mögen, gezeigt – wollen die Bürger mehr Einsicht in das politische Tagesgeschäft, andererseits hallt der Ruf nach Führung nicht nur durch das europäische Mehrebenensystem; gerade auch in der föderalen »Politikverflechtungsfalle« der Bundesrepublik ist die Floskel vom »Durchregieren« längst zu einem Mythos geworden, der seinen Glanz aus den frühen fünfziger Jahren bezieht, als klare Mehrheitsverhältnisse und die relative Zurückhaltung der Verfassungsrichter dem Kanzler eine starke Position garantierten, und der der heutigen, konkordanzdemokratisch gängigen Regierungspraxis als Mediation und Moderation entgegensteht. Aber Transparenz und *leadership*, das leuchtet jedem ein, sind immer nur unvollständig, wenn überhaupt miteinander vereinbar. Regierende Eliten müssen über die Fähigkeit verfügen, in ihren Gesellschaften Verbindlichkeiten zu erzwingen. Sie haben den Zugriff auf das Gewaltmonopol. Man verlangt von ihnen den Schutz der elementaren Lebensinteressen und Güter – gegen mögliche Usurpatoren im Inneren und Äußeren, von denen nicht zu erwarten ist, dass sie ihre niederträchtigen Absichten offenherzig preisgeben und von ihrem üblen Treiben durch Transparenzgebote ablassen.

32 Raschke, Joachim/Ralf Tils 2007, *Politische Strategie. Eine Grundlegung*, Wiesbaden: VS Verlag für Sozialwissenschaften, S. 148.

Insofern müssen Politiker kaltschnäuzig, unsentimental, knochenhart, listig und ausgekocht sein. Sie müssen als kühl kalkulierende Strategen überzeugen. Aber ein Stratege darf um Himmels willen nicht auf dem offenen Markt Wahrheiten ausplaudern. Ein Stratege kann seine Karten nicht offenlegen. Ein Stratege hat die nächsten Züge nicht anzukündigen, gar zur Abstimmung zu stellen. Ein Stratege operiert geheim; er täuscht, legt falsche Fährten, gräbt Fallgruben, lauert hinter Hecken. Ein Stratege und kraftvoller Politiker muss – ja, er muss – zuweilen potemkinsche Dörfer errichten, ohne jeden Skrupel von links nach rechts und wieder zurück rochieren, mindestens den Gegner durch falsche Ankündigungen hinterhältig in die Irre führen. Er muss nur aufpassen, dass dies alles zugleich einen plausibel erklärbaren, glaubwürdigen Kern besitzt.

Jedenfalls: Irreführung, Maskerade, der Winkelzug verlangen weit mehr Geschick, Raffinesse und Fantasie als das komplexitätsscheue Identitätsbedürfnis. Kreativität und unbeugsame Haltung koinzidieren schlecht. Mit den Worten des unbestechlichen Analytikers menschlichen Selbstbetrugs, Friedrich Nietzsche: »Der Wille zum Schein, zur Illusion, zur Täuschung, zum Werden und Wechseln ist tiefer, ›metaphysischer‹ als der Wille zur Wahrheit, zur Wirklichkeit, zum Sein: die Lust ist ursprünglicher als der Schmerz.«[33] Im Übrigen lehren uns die Erfahrung und Niklas Luhmann, dass nichtöffentliche Verfahren »Vernunft und Entgegenkommen« erleichtern.[34] Die Öffentlichkeit des politischen Marktplatzes fördert hingegen die Pose, die demagogische Rollenfigur, die aufpeitschende Rede an die eigenen Leute. Je aufgewühlter diese Öffentlichkeit dadurch wird, desto artifizieller polarisiert ist die Szenerie. Und am erschöpften Ende steht erst recht das Arkanum der elitären Kleinzirkel aus Repräsentanten der kontroversen Lager, die im Verborgenen den »Kompromiss«, die »Friedenslösung« herstellen müssen. Die radikale Öffentlich-

---

33 Nietzsche, Friedrich 1980, *Kritische Studienausgabe*, hrsg. von Giorgio Colli und Mazzino Montinari, Bd. 13: *Nachgelassene Fragmente 1887-1889*, München: dtv, S. 226.

34 Luhmann, Niklas 1969, *Legitimation durch Verfahren*, Neuwied/Berlin: Luchterhand, S. 189.

keit erzeugt die Oligarchie, der sie eigentlich widerstreben wollte. Technische Innovationen – das scheint den Piraten noch nicht bewusst zu sein – werden den ewigen Konflikt zwischen Demokratie und Deliberation, Transparenz und autonomem Handeln kaum auflösen, wenn überhaupt nur kaum spürbar mindern können.

Vor fast 30 Jahren bereits hatte der Psychoanalytiker und Philosoph Bernd Nitschke festgestellt: »Menschen, die alle Hülle fallen lassen, werden nicht authentisch, sondern nur verrückt.«[35] Er stand damit in der Tradition der Anthropologie des großen Philosophen und Soziologen Helmuth Plessner, der in seiner 1924 veröffentlichten Schrift *Grenzen der Gemeinschaft* eine radikale Gegenposition zu den nicht minder radikalen Apologeten von »Authentizität«, »Identität«, »Gemeinschaft« eingenommen hatte. Plessner empfahl, die Öffentlichkeit nur im Kleid der Rüstung zu betreten; andernfalls mache man sich lächerlich, stehe nackt und angreifbar da. Allein die mangelnde Direktheit im Umgang, der Takt des Verschweigens könne allmählich Annäherung unter anfangs Fremden ermöglichen. Der Kult des unmittelbaren Bekenntnisses und der rigorosen Aufrichtigkeit führe hingegen in die Tyrannei, zumindest in gesellschaftliche Kälte. Die Zivilisation lebe von der Künstlichkeit vieler Beziehungsformen; sie gewähre so den Schutzraum für Kreativität, den der Imperativ zur steten Selbstpreisgabe jedes Einzelnen rücksichtslos zerstöre. Individualität, so Plessner, entfalte sich allein jenseits vom Druck identitärer Gemeinschaften und permanenter Transparenz.[36]

Eine postpolitische Partei

Das Attraktive an der Transparenz (und *liquid democracy*) ist natürlich auch, dass sie den Passivbürgern ein Mehr an Kontrolle über »die Politik« anbietet, ohne dass sie selbst aktiv werden und

35 Zit. nach Lethen, Helmut 1995, »Der Weg der Gletscher«, in: *die tageszeitung* (29. Juni 1995). Insgesamt hierzu ders. 1994, *Verhaltenslehren der Kälte. Lebensversuche zwischen den Kriegen*, Frankfurt am Main: Suhrkamp, S. 75 ff.
36 Plessner, Helmuth 1981, *Macht und menschliche Natur. Gesammelte Schriften V*, Frankfurt am Main: Suhrkamp, S. 67.

das eigene Arbeitszimmer verlassen, auf Demonstrationen mitmarschieren oder an Infoständen ausharren müssen, um etwas zu bewegen. Was die Semantik der Transparenz nämlich konsequent vermeidet, sind Assoziationen zu ungeliebten, weil aufwendigen und mit dem Eigennutzen nicht verrechenbaren Dingen wie »öffentliches Engagement«, »Verantwortung für das Gemeinwohl« oder Ähnliches. Dem konsumorientierten, auf private Selbstverwirklichung ausgerichteten Bourgeois wird das Angebot unterbreitet, sich über die Tätigkeiten der Regierenden informieren zu können und sich höchstens via E-Petitionen beschweren zu müssen, sobald er seine eigenen Interessen nicht berücksichtigt oder seine Privatsphäre verletzt sieht. Dafür sind dann meist nicht mehr als ein paar Mausklicks nötig. Der Begriff des *clicktivism* liefert für diesen Trend das treffende Stichwort. In dieser Hinsicht verträgt sich das Transparenzpostulat, genauso wie die inzwischen äußerst vielfältigen Spielarten von Onlinepartizipation, glänzend mit Blühdorns Paradigma der »simulativen Demokratie«, in der sich die Regierenden und das situierte Konsumbürgertum mit dem »maximalen Level minimaler Partizipation« innerhalb virtueller und passiver Refugien zufriedengeben,[37] die dem Zuschauer die Illusion schenken, am politischen Prozess direkt beteiligt, gar anwesend zu sein. Letztlich bietet eine Demokratie, die ihr vordringlichstes Problem in einem Transparenzdefizit sieht, das triste Bild einer Gesellschaft, die sich mit ihrem Status als Zuschauerdemokratie bereits abgefunden hat.

Die Fokussierung der Piraten auf das Thema Transparenz sollte in diesem Kontext verstanden werden. Denn das Ziel der Partei ist eben nicht so sehr die aktive, sondern die informierte, die »Wissensgesellschaft«. Vermutlich sehen die meisten der Piratenanhänger hier gar keinen Unterschied. Schließlich können, so Weisband, nur »gut informierte Menschen einen produktiven Beitrag zum Diskurs und zur Gesellschaft leisten«.[38] Dass, wie

---

37 Blühdorn, Ingolfur 2009a, »Democracy beyond the modernist subject: complexity and the late-modern reconfiguration of legitimacy«, in: ders. (Hg.), *In Search of Legitimacy. Policy Making in Europe and the Challenge of Complexity*, Opladen: Budrich, S. 17-50, hier S. 42.

38 Zit. nach Thieme 2011, »Hier spricht das Betriebssystem«, S. 5.

Frank Schirrmacher schreibt, die Piraten trotz partiell marxistischer Strömungen »andererseits in ihrem Individualismus auch durchaus neoliberal sind«,[39] findet seinen Ausdruck nicht zuletzt in dieser Betonung der Leistungspotenziale Einzelner, was in Verbindung mit einem freien Zugang zu Informationen eben den kompetenten und damit den »mündigen« – das heißt im Jargon der Piraten: den informierten und frei von staatlichem Zwang sich bewegenden – Bürger ergibt. Den Piraten gelingt es mit ihrer Insistenz auf das Transparenzgebot, das Öffentliche in die private Sphäre auf eine Weise zu integrieren, die die Penetranz des Politischen – den kräftezehrenden Aufwand dauerhafter Mobilisierung, die Agitation gegen konkurrierende Entwürfe inner- und außerhalb der eigenen politischen Bezugsgruppe, die identitätsstiftende Orientierung in langatmigen, wild verflochtenen Diskursen – so signifikant reduziert, dass selbst gegen jedwede Gruppenloyalitäten aversive Nonkonformisten sich für die *res publica* begeistern können, zumindest für jene Teile der öffentlichen Angelegenheiten, die die eigene, halböffentliche Netzwelt tangieren. Die Partei scheint selbst größtenteils aus Reaktivbürgern zu bestehen, die den öffentlichen Raum vielleicht niemals betreten hätten, hätte »die Politik« nicht plötzlich damit »angefangen, komische Urteile und komische Gesetze für das Internet zu machen«.[40] Nicht wenige Piratenfunktionäre würden wohl auf die Frage, wie sie zur Politik kamen, dieselbe Antwort geben wie der Berliner Abgeordnete Alexander Morlang: »Weil die Politik sich dranmachte, meinen Lebensraum [das Internet; Anm. d. Verf.] zu zerstören.«[41] »Nur aus Notwehr« seien Piraten Politiker geworden, hieß es ebenfalls vonseiten des ehemaligen Bundesvorstandsmitglieds Aleks Lessmann.[42] Das unpolitische Antlitz der negativen Macht in der Gegendemokratie hat mit der parlamen-

39 Schirrmacher, Frank 2009, »Aufstieg der Nerds. Die Revolution der Piraten«, in: *Frankfurter Allgemeine Sonntagszeitung* (21. September 2009).
40 So Alexander Morlang, einer der Berliner Abgeordneten der Piratenpartei. Zit. nach Pfister, René/Markus Feldenkirchen 2012, »Schlammcatchen mit Schwein«, in: *Der Spiegel* (23. Juli 2012).
41 Zit. nach ebd.
42 Zit. nach Becker, Sven et al. 2012, »Politik aus Notwehr«, in: *Der Spiegel* (26. März 2012).

tarischen Präsenz der Piraten einen neuen, sichtbaren Schub erhalten.

Diese Aura des Unpolitischen wird vor allem durch die technizistische Annäherung der Piraten an den öffentlichen Raum genährt, die sich nicht zuletzt mit deren Herkunft und ihrer kurzfristigen politischen Sozialisierung erklären lässt. Viele jüngere Piraten haben bislang kaum Erfahrungen in klassisch strukturierten Großorganisationen gemacht, haben im Internet früh einen Ort gefunden, an dem sie sich nicht in starre Ordnungen fügen mussten und stattdessen die Spielregeln selbst festlegen konnten. Auch deshalb, so scheint es, übertragen viele Aktivisten das Berufsethos, welches ihr Selbstverständnis als Internet-»Produser«, eine inzwischen in der Internetszene etablierte Zusammenfügung der englischen Ausdrücke *user* und *producer* (Systemadministratoren, Softwareentwickler, Grafikdesigner usw.), bestimmt, nun auf die Politik; sie verhalten sich wie Ingenieure, die technische Probleme lösen: »Die meisten Menschen sind damit zufrieden, wenn etwas funktioniert. Der Nerd will wissen, warum etwas funktioniert, und er will es ständig optimieren.«[43] Piraten übertragen dieses Credo auf die Politik, die eben als Hardware verstanden wird. Hauptsächliches Antriebsmotiv ist dabei nicht die Parteinahme für ein konzises politisches Projekt, sondern die Optimierung der Systemabläufe. Bezeichnend in diesem Kontext ist die Bewertung des Arabischen Frühlings durch den ehemaligen Bundesvorsitzenden der Piratenpartei Sebastian Nerz: »Die Arabische Revolution war auch für uns ein riesiges Thema. Während der Umstürze sind Piraten nach Ägypten gereist, um dort Modemverbindungen aufzubauen.«[44] Auch wenn die Partei über institutionelle Reformen nachdenkt, ist der Sprachduktus sehr technisch und vage gehalten: Die »Einführung verteilter Systeme« im Sinne einer »große[n] und sinnvolle[n] Gewaltenteilung« wünscht sich die Partei im ersten Kapitel ihres Grundsatz-

43 Zit. nach Pfister/Feldenkirchen, »Schlammcatchen mit Schwein«.
44 Zit. nach Pham, Khue 2011, »Wir können bei der Wahl 2013 fünf Prozent schaffen««, in: *Zeit Online* (15. Mai 2011), online verfügbar unter: {http://www.zeit.de/politik/deutschland/2011-05/piratenpartei-nerz-2/seite-3} (Stand: April 2013).

programms, um das »einwandfreie Funktionieren der Demokratie« sicherzustellen.[45]

Hier kommt ein radikaler (a)politischer Rationalismus der Partei zum Ausdruck, der bisweilen wirklich bedenkliche Züge annimmt: »Unser System ist völlig veraltet. Wir brauchen ein Update.«[46] Dieses wiederum an die Metapher des Betriebssystems angelehnte (diesmal aber nicht auf die Partei, sondern auf das Regierungssystem bezogene), in der Partei längst zu einem Bonmot avancierte Bild dezimiert die Politik wirklich »auf eine über Software und Zugang reduzierte Kulturtechnik, die zunächst ohne Werte auskommt«[47]. Alles, was nicht logisch und rational begründbar, was irgendwie »veraltet« erscheint, wird äußerst gering geschätzt. Alle politischen Institutionen und Rituale, die tendenziell verschlossen und insidermäßig organisiert sind, wirken suspekt und bedrohlich. Welche antipolitischen Gefahren ein derart auf die Spitze getriebener Rationalismus birgt, der erfahrungsunabhängiges Wissen, das scheinbar sinnvoll Durchkalkulierte an die Stelle des Bestehenden setzt und der das logische Argument in jedem Fall höher gewichtet als die in einer politischen Kultur verwurzelten Traditionen und Werte, haben liberalkonservative Autoren wie Alexis de Tocqueville und Michael Oakeshott stets hervorgehoben,[48] jedoch primär auf linksradikale Großideologien und deren sozialtechnologische Installationen bezogen. Man sollte eigentlich erwarten, dass gerade die Piraten, die angeblich Ideologien und Utopien so kritisch betrachten, von solchen Vorwürfen freizusprechen sind. Allerdings kommt ihr vermeintlicher Pragmatismus alles andere als kleinteilig daher: Einige Piraten sehnen schon jetzt den Tag herbei, an dem »die parlamentarische Demokratie von der liquiden Demokratie ersetzt wird«.[49]

45 Piratenpartei, *Grundsatzprogramm*, S. 5.
46 Zit. nach Pfister/Feldenkirchen, »Schlammcatchen mit Schwein«.
47 Lühmann, Michael 2011, »Die Grünen 2.0? Nachfragen zu einem Politikmodell und seiner Übertragbarkeit«, in: *Kommune* 30/H. 1, S. 14-17.
48 Vgl. vor allem Oakeshott, Michael Joseph 1962, *Rationalism in Politics and Other Essays*, London: Methuen, und Tocqueville, Alexis de 1978, *Der alte Staat und die Revolution*, München: dtv, S. 141 ff.
49 Zit. nach Pfister/Feldenkirchen, »Schlammcatchen mit Schwein«.

Die politischen Erzählungen der Piraten haben durchaus etwas Visionäres. Immerhin träumt die Partei in ihrem Wirtschaftsprogramm von einer Zukunft, in der kein »Zwang zu Arbeit oder anderen Gegenleistungen« herrschen soll.[50] Dennoch sind es praktische Utopien, die für die Lebensrealität der meisten Piratenwähler unmittelbar relevant sind. Anstelle von abstrakten Umverteilungsdebatten, die den meisten Wählern ideologisch verbohrt erscheinen, werden aus dem überwölbenden Diskurs über die Open-Source-Gesellschaft alltagsrelevante Forderungen wie ein entgeltfreier Personennahverkehr oder eine Entregulierung des Patentrechts abgeleitet. Insofern hat Juli Zeh ganz recht, wenn sie die Piraten als neue liberale Partei, als derzeit einzig genuine »Freiheitspartei der Informationsgesellschaft« bezeichnet, die das Internet als »angewandte Metapher für ein zeitgenössisches Verständnis von Freiheit« begreift.[51] Aber diese von den Piraten artikulierte »zeitgenössische« Liberalität meint weniger eine emanzipative als eine im Kern unpolitische, individualistische, private Freiheit, Isaiah Berlins rein »negative Freiheit« von äußerem und innerem Zwang, auf der die Partei ihre Programmatik errichtet und die sie für die experimentierfreudigen, langfristige Bindungen an Orte und Menschen, geschlossene Doktrinen und Ideengebäude – im Hinblick auf die Anforderungen einer dynamischen Dienstleistungswirtschaft geradezu obligatorisch – verschmähenden *young professionals* so attraktiv macht. Vielen dieser »jungen Kreativen« bleibt der Zugang zu einem geregelten Beschäftigungsverhältnis mit unbefristeten Verträgen verwehrt; viele sehen sich noch mit Mitte 30 in einem Kreislauf aus Praktika und Aushilfsjobs gefangen,[52] schätzen ihre berufliche Unge-

---

50 Vgl. das Antragsportal des Piratenwiki: {http://wiki.piratenpartei.de/Bundes parteitag_2011.2/Antragsportal/PA284} (Stand: April 2013).

51 Zeh, Juli 2011, »Augen zu und durch«, in: *Süddeutsche Zeitung Magazin*, H. 47. Vgl. auch dies., »The Pirate Party fits the political gap«, in: *The Guardian* (19. Mai 2012).

52 Eine empirische Analyse der Piratenwählerschaft zeigt, dass die Partei bei den vergangenen Landtagswahlen mit weitem Abstand den größten Anteil Gebildeter (Wähler mit Hochschulreife) und Jungwähler (18- bis 24-Jährige) an sich band, gleichzeitig aber (noch vor der Linkspartei!) die prozentual meisten arbeitslosen oder in einer Umschulung befindlichen Wähler mobilisieren

bundenheit aber oft auch als Ausdruck eines metropolitanen Freiheitsgefühls. In einer Ära der ökonomischen Deregulierung sozialisiert, lernte diese junge Reservearmee der modernen Dienstleistungsgesellschaft rasch die Tugenden des eigenverantwortlichen Handelns, des von der Gesellschaft explizit honorierten Loslassens von engen Bindungen zu Orten und Menschen kennen und lieben. Diese Kohorten sind in der Tat »politisch obdachlos« geworden, finden sich in den bei Linken und Sozialdemokraten noch immer weitverbreiteten Träumen vom klassischen sozialversicherungspflichtigen Beschäftigungsverhältnis und der als zu abstrakt und dogmatisch empfundenen Umverteilungsrhetorik nicht wieder, von traditionalistischen Modellen wie dem von Union und FDP unlängst eingeführten Betreuungsgeld gar abgestoßen. Die Emanzipation von staatlicher Politik bildet ein zentrales Handlungsethos der Piraten, das jedoch durch die massiven Eingriffe vieler westlicher Regierungen im Zuge des Kampfes gegen den Terrorismus bedroht wurde und daher eine Politisierung des weitere Einschränkungen seiner individuellen Autonomie fürchtenden Bürgertums bewirkte. Auf den ersten Blick mag es ungewöhnlich erscheinen, dass ausgerechnet im deutschen Parteiensystem, wo bereits drei Parteien auf engem Raum im soziallibertären Milieusegment miteinander konkurrieren, einer neuen Bürgerrechtspartei der Sprung über die Fünfprozenthürde gelingen könnte. Die derzeitige Situation lässt diesbezüglich auch nicht viel Raum für Optimismus. Aber während die Partei Die Linke einer großen Mehrheit der jungen, dynamischen 80er-Generation zu dogmatisch und traditionsgebunden erscheint – andererseits aber auch den Großteil ihrer ostdeutschen Klientel kaum für Hanf-Legalisierung und Homo-Ehe begeistern kann –, haben SPD und Grüne einen Teil des linksliberalen Bürgertums durch ihre (ausgerechnet in der Person des ehemals grünen SPD-Innenministers Schily in Erinnerung bleibende) datenschutzfeindliche Antiterrorpolitik zwar nicht verprellt, aber doch nachhaltig befremdet. So kann es zumindest nicht verwundern, dass die Gründung der Piraten-

konnte. Vgl. Onken, Holger/Sebastian H. Schneider 2012, »Entern, kentern oder auflaufen? Zu den Aussichten der Piratenpartei im deutschen Parteiensystem«, in: *Zeitschrift für Parlamentsfragen* 43/H. 3, S. 609-625, hier S. 617.

partei in die Zeit der Großen Koalition fiel, da die SPD Vorratsdatenspeicherung und Sperrgesetz mittragen musste, während den Grünen bis heute das bürgerrechtspolitisch nüchterne Erbe der rot-grünen Regierungszeit anhängt.

Die Piraten haben es vermocht, einen Teil der heimatlos gewordenen Wählersegmente vorerst einzusammeln. Sollte es ihnen aber gelingen, sich dauerhaft im deutschen Parteiensystem zu etablieren, sind sie wohl (neben den regional reüssierenden Freien Wählern) die erste erfolgreiche nicht genuin populistische Partei, auf die jenes Merkmal, das Chantal Mouffe als typisch für den »postpolitischen Zeitgeist« benannt hat, zutrifft: die demonstrative Verweigerung einer Positionierung in den Kategorien von rechts und links und ein damit einhergehender Verlust politischer Identitäten. Wie schon angedeutet, wird Identität bei den Piraten primär über das gemeinsame Milieu aufgebaut. Die Zugehörigkeit zur Internetgemeinde, die gemeinsame Begeisterung für die hier waltende »Ideologie der Freiheit« schafft eine Verbindungslinie, wo eigentlich eine Menge politischer Differenzen herrschen. Diese werden auf der substanziellen Ebene der Politikformulierung zunächst einmal beiseitegeschoben: Die Piraten pflegen einen unbefangenen, fast spielerischen Umgang mit einzelnen Politikfeldern, ganz so, wie es im postideologischen Zeitalter üblich ist. Ihnen geht es nicht um eine ideengeschichtliche, intellektuell anspruchsvolle Herleitung politischer Programme; der Zugang zum öffentlichen Raum erfolgt pragmatisch und problemlösungsorientiert. Selbst das einzige große sozialpolitische Projekt der Piraten wird nicht in einen größeren ideellen Sinnkontext eingeordnet, sondern als aus ökonomischer Sicht alternativlos propagiert: »Das Grundeinkommen ist nicht links. Es ist in dem Moment, wo man keine Vollbeschäftigung hat, notwendig.«[53]

Es zeugt natürlich keineswegs von einer unpolitischen Haltung, wenn eine Partei sich antisubstanzialistisch geriert, ihr program

53 Christopher Lauer, zit. nach Beitzer, Hannah 2011, »»Grundeinkommen ist nicht links, sondern notwendig«», in: *süddeutsche.de* (4. Dezember 2011), online verfügbar unter: {http://www.sueddeutsche.de/politik/parteitag-der-piraten-in-offenbach-mehrheit-fuer-das-grundeinkommen-1.1225654} (Stand: April 2013).

matisches Gerüst auf die Freiheit vom Staat und von großen Narrativen gründet, sonst aber die selbst praktizierten Organisationsprinzipien zum eigentlichen Programm erhebt. Dennoch ist es bemerkens- und bedenkenswert, dass das deutsche Parteiensystem ausgerechnet mitten in der größten Finanz- und Wirtschaftskrise seit dem Börsencrash von 1929 (zumindest kurzzeitig) vom Aufstieg einer Partei erschüttert würde, die noch lange Zeit nach ihrem ersten Wahlerfolg in Berlin nicht nur keine Vorschläge zur Überwindung der Eurokrise, sondern überhaupt keine wirtschaftspolitische Programmatik vorweisen konnte. Dabei hat die Finanzkrise eindeutig gezeigt, dass Klassen- und ökonomische Systemkonflikte auch in der »reflexiven Moderne« keineswegs *perdu* sind, sondern in Wirklichkeit unter der gesellschaftlichen Oberfläche gären, dass aber die aus einst stabilen Milieubindungen in die lose Konsumentenidentität entlassene Masse der Privatbürger zumindest so lange in zufriedener Agonie verharrt, wie es die (nicht zuletzt durch die Flexibilisierung des Arbeitsmarktes erkauften niedrigen Inflationsraten und durch die Fokussierung der deutschen Industrie auf den Exporthandel nach Fernost angetriebenen) Wachstumsmaschinerie vermag, größere soziale Einschnitte zu verhindern. Weit davon entfernt, abseits der »Verwaltung des Konsenses« durch die etablierten Parteien als »neue Überzeugungstäter« zu agieren,[54] streben die Piraten sehr agil in die »radikale Mitte«, die Mouffe als das zentrale Kennzeichen postpolitischer Politik gilt. Für die Verortung der »Neuen Mitte« so typische nebulöse Sätze wie »Wir wollen Armut verhindern, nicht Reichtum« finden sich überall im Grundsatzprogramm der Piraten.[55] Dieser Trend ist in der schwedischen Schwesterpartei noch deutlicher erkennbar. Deren Gründer und ehemaliger Vorsitzende Rickard Falkvinge bezeichnet sich in Interviews gerne als »Ultrakapitalisten«, polemisiert nicht nur gegen die traditionelle Aufteilung der politischen Landschaft in rechts und links, sondern auch gegen die Bewertung von Politikern auf der Basis politischer Positionen. Vielmehr käme es auf die persönliche Integrität an; diese, so Falk-

54 Zeh, »Augen zu und durch«.
55 *Grundsatzprogramm der Piratenpartei Deutschland*, S. 16.

vinge, sei ihm »wichtiger als Gesundheits- und Schulpolitik, Pflege, Kernkraft und Verteidigungspolitik und die andere Scheiße, über die schon 40 Jahre geredet wurde«.[56] Dieses Statement fügt sich in ein Parlamentarismusverständnis, wie es im Kern ebenfalls von den europäischen Rechtspopulisten propagiert wird: Nicht das Programm, sondern die Persönlichkeit, die Integrität von Politikern wird hervorgehoben – obwohl diese bei den Piraten ja gerade dazu aufgefordert sind, ihre Persönlichkeit hintanzustellen.

Mouffe hat die naheliegende und empirisch durchaus evidente These vertreten, dass die identitätslose Postpolitik, das Verschwinden der demokratischen Links-Rechts-Opposition eine Alternativlosigkeit erzeugt, die immer mehr Wähler in die Hände jener rechtsextremen und -populistischen Parteien treiben wird, welche ihre Pseudoidentitäten einfach aus der Abgrenzung und hassvollen Verachtung gegenüber den »Fremden« und dem Establishment generieren und scheinbar als einzige noch alternative Füllungen des leeren Signifikanten »Volkssouveränität« anbieten.[57] In Deutschland verharren diese Parteien bislang in der Bedeutungslosigkeit, nicht nur, weil insbesondere die unideologische Mitte extreme Positionen scheut und die geschichtsbewusste Ächtung rechter Parolen kollektiv internalisiert hat, sondern weil autoritäre und islamophobe Ideologeme zwar die totalabstinenten Unterschichten, nicht jedoch die weltbürgerlichen, gut informierten, aber aufgrund ihrer perfektionistischen Ansprüche politisch enttäuschten Netzbürger erreichen. Momentan sieht es so aus, als ob die Piraten mit ihrem identitären Prozeduralismus einen »anspruchsvollen« Populismus für die entpolitisierten Garden des gebildeten Prekariats geschaffen haben, der aber – eben weil die Partei ihre Klientel aus dem volatilen, die individuellen Präferenzen verabsolutierenden, deshalb nie ganz zufriedenen Privatbürgertum bezieht – Gefahr läuft, ein vorübergehendes Phänomen zu bleiben.

Hier kommt wieder das Janusgesicht des Populismus zum Vorschein: Die Wiederbelebung politischer Leidenschaft ist nicht

56 Lönegard, Claes 2011, »Vi har inget att erbjuda medlemmarna«, in: *Fokus* (23. März 2011), online verfügbar unter: {www.fokus.se/2011/05/%C2%BBvi-har-inget-att-erbjuda-medlemmarna%C2%AB/} (Stand: April 2013).
57 Mouffe, *Über das Politische*, S. 85 ff.

selten auf antipolitische Parolen angewiesen. Insofern sind diese einerseits Ausdruck und Antrieb von Demokratie; zugleich fördern sie aber den massenhaften Rückzug der Bürger in apolitische Sphären. Wenn die zahlreichen, von den Piraten mobilisierten »Clicktivisten« – denen das Verständnis für die pragmatische Seite demokratischer Politik vollkommen fehlt, weil sie nie mit ihr in Berührung gekommen sind und daher ihre funktionalen Zwänge nicht verstehen – begreifen, dass es im öffentlichen Raum, wo die Menschen mit- statt (wie in den halbprivaten Sphären des Internets) nebeneinander agieren, weit müheseliger ist, Dinge zu bewegen als Flashmobs auf Facebook zu organisieren, werden sie sich vermutlich enttäuscht von den Piraten und wohl auch endgültig vom parlamentarischen System und der nichtdigitalen Öffentlichkeit abwenden.

5. Die Ratlosigkeit der Radikaldemokraten

Die seit je verhängnisvolle Symbiose von Technik und Politik, auf die das Projekt einer digital gestützten liquiden Demokratie hinausläuft, kann aus der Sicht von radikaldemokratischen Autoren, denen es ja gerade darum geht, das Politische von konkreten Techniken und Verfahren abzukoppeln, nicht überzeugen, da sie ihr Denken um implizite Machtungleichgewichte im öffentlichen Raum und um das Politische im Gegensatz zur Politik zentrieren. Aber haben sie ihrerseits kohärente Gegenerzählungen anzubieten, die das Politische in der Demokratie wiederbeleben und überdies überzeugende Lösungen für die Probleme des 21. Jahrhunderts offerieren? Dieser Frage wollen wir uns im Folgenden annähern.

Es ist gar nicht so leicht, heute noch als »radikale/r Demokrat/in« in Erscheinung zu treten. Wenn wir die Nachrichten einschalten, mögen wir den Eindruck gewinnen, dass es kaum noch Menschen gibt, die Demokratie für keine gute Sache halten – je mehr davon, desto besser. Demokratie ist ein ebenso schillernder wie grenzenloser Begriff: Wir leben, um mit einem der bekanntesten Demokratietheoretiker »realistischer« Provenienz, Giovanni Sartori, zu sprechen, in einem »Zeitalter der verworrenen Demokratie«, in dem das Wort »einfach alles und jedes bedeuten kann«.[1] In einem klugen Aufsatz mit dem vielsagenden Titel »Wir sind jetzt alle Demokraten …« hat Wendy Brown ihrem Unbehagen darüber Ausdruck verliehen, dass das Wort »Demokratie« heute, in der block- und ideologiefreien Welt, mehr denn je zu einem leeren Signifikanten geworden ist, dem »alle ihre Träume und Hoffnungen beifügen« können, die Hamas ebenso wie Silvio Berlusconi und George W. Bush, die ihre Politik bekanntlich gern mit dem Schutz von Demokratie und Freiheit begründen.[2] Das war

---

1 Sartori, Giovanni 1992, *Demokratietheorie*, Darmstadt: Wissenschaftliche Buchgesellschaft, S. 15.
2 Brown, Wendy 2012, »Wir sind jetzt alle Demokraten …«, in: Agamben et al., *Demokratie? Eine Debatte*, Berlin: Suhrkamp, S. 55-71.

im gesamten 20. Jahrhundert eigentlich nicht anders: Spätestens nach dem Ersten Weltkrieg kannte die Begriffshülse »Demokratie« nur noch wenige Feinde, wenn auch sehr unterschiedliche Interpretatoren: Vielen Exponenten der Konservativen Revolution galt die plebiszitäre Führerdemokratie als wünschenswertes Gegenmodell zum Weimarer Pluralismus, in der Sowjetunion herrschte »Volksdemokratie«. Erstaunlich ist vielmehr, dass selbst die Regierenden – über den im allgemeinen Sprachgebrauch wie auch in der Politologie meist gleichbedeutend mit konstitutionellen, repräsentativen und auf faire Wahlen sich stützenden Systemen verwendeten minimalistischen Demokratiebegriff hinaus – den offenkundigen Hunger nach mehr Partizipation zu stillen versuchen, indem sie den leeren Signifikanten durch immer mehr Bekenntnisse zu beteiligungszentrierten Politikformen auffüllen. So startete die Bundeskanzlerin Merkel im Frühjahr 2012 in Anlehnung an Obamas *townhall meetings* den groß angelegten »Bürgerdialog«, der sogleich von der SPD kopiert wurde; die Enquete-Kommission »Internet und digitale Gesellschaft« des Bundestages hat bis vor Kurzem nach Optionen gesucht, um das schon oben kurz eingeführte *adhocracy*-Konzept der *liquid democracy* anwendbar zu machen. In den sozialdemokratischen Parteien Europas zerbricht man sich ohnehin seit Jahren den Kopf über Wege zu mehr Mitgliederbeteiligung als Zauberformel gegen die fortwährende Erosion als Volksparteien.[3] Stellt sich die Frage: Sind wir jetzt alle *partizipatorische* Demokraten?

Schon allein angesichts der Unverfrorenheit, mit der, wie wir sahen, Proponenten des Postparlamentarismus den Trend zum Netzwerk-Regieren als wahre Demokratie verkaufen, ist es nur allzu verständlich, dass Brown und andere Vertreter und Vertreterinnen der radikaldemokratischen Theorie die Flucht nach vorn antreten und den Begriff so weit wie möglich von seinen vorgeblichen staatlichen Materialisationen lösen, um Demokratie als »ein (unerreichbares) Ziel, ein fortwährendes politisches Pro-

---

3 Vgl. dazu Butzlaff, Felix/Matthias Micus/Franz Walter, 2011, »Im Spätsommer der Sozialdemokratie?«, in: dies. (Hg.), *Genossen in der Krise? Europas Sozialdemokratie auf dem Prüfstand*, Göttingen: Vandenhoeck & Ruprecht, S. 271-299, hier insbesondere S. 283 ff.

jekt« oder als eine subversive »Politik des Widerstandes«,[4] als Semantik der Unterbrechung, als Stör- und Ausnahmefall umzudeuten,[5] um auf diese Weise das ihr eingeschriebene egalitäre Potenzial vor den »simulativen« Praktiken der Regierenden zu bewahren. Die Folge ist, dass Demokratie nicht mehr nur, wie etwa in Dahls Polyarchie-Modell, als gleichsam platonische Idee einer perfekten, aber zumindest augenblicklich nirgendwo realisierten Regierungsform, sondern überhaupt nicht mehr als ein Nomos, eine Form von Herrschaft (auch nicht als *isonomia*), vielmehr (im Anschluss an den Zivilrepublikanismus Leforts und Gauchets) als eine »spezifische Handlungsweise« betrachtet wird,[6] die sich ihr wesenhaftes Potenzial gerade dadurch erhält, dass sie an der herrschenden Ordnung vorbei oder gegen sie agiert, sich einer argumentativen Auseinandersetzung zunächst entzieht, jegliche Berührungen mit dem System meidet. Dieses aktivistische, gegen den rationalistisch-systemkonservativen Impetus deliberativer Institutionenethiken gerichtete, dabei seltsam reaktiv, ja defensiv wirkende Politik- und Demokratieverständnis hat im Zuge der postparlamentarischen Entwicklung seit dem Zweiten Weltkrieg und als Kontrapunkt zu der diese Tendenz rechtfertigenden, outputzentrierten, im Kern unpolitischen, weil konstitutive Elemente des Politischen (Dissens, öffentliche Deliberation und Dezision) in arkanische Hinterzimmer und bürokratische Apparate verlagernden *governance*-Theorien in den letzten zwei Jahrzehnten beträchtlich an Popularität gewonnen und die Strategie der Occupy-Bewegung bekanntlich stark geprägt. Mit dem Staat, mit den etablierten Praktiken und Institutionen ist, so die weitverbreitete Auffassung in der gegenwärtigen links-libertären Theorie, jedenfalls keine Demokratie (mehr) zu machen. In der jüngeren Vergangenheit hat eine Dynamisierung des Demokratiebegriffs ein neues Gefühl für die Unmöglichkeit, aber auch für

4 Brown, »Wir sind jetzt alle Demokraten ...«, S. 67.
5 Vgl. Celikates, Robin/Bertram Keller 2006, »›Politik gibt es nur als Ausnahme‹. Interview mit Jacques Rancière«, in: *polar. Halbjahresmagazin für politische Philosophie und Kultur* 1/H. 1, S. 73-78.
6 Rancière, Jacques 2008, *Zehn Thesen zur Politik*, Zürich: Diaphanes, S. 7 und S. 19.

die substanzlose definitorische Unfassbarkeit der Demokratie geschaffen.[7] Sinnbildlich kommt diese Dynamik in Jacques Derridas *démocratie à venir* zum Ausdruck, einem Konzept, das die Unbegründbarkeit der Demokratie hervorhebt und das Prinzip der Volkssouveränität als ein nie vollständig einlösbares Versprechen erläutert: Danach bleiben jegliche Formen der Institutionalisierung dieses Prinzips notwendig defizitär. Da es sich um ein Versprechen handelt, ist es unmöglich vorherzusagen, ob es jemals eingelöst wird. Das Bemühen darum, die Kritik an dem bereits Erreichten, bildet deshalb den Kern demokratischer Praxis; die Demokratie selbst – als unerreichbares Ideal, an dem alles Handeln zu messen ist – ist stets »im Kommen« begriffen.[8] Hier haben wir es im besten Sinne mit einem »erlösenden« Demokratiebegriff zu tun.

Der Vorteil eines dynamischen Demokratiebegriffs liegt auf der Hand: Sobald Demokratie als Versprechen, als Ausnahme von der Regel, als immer schon potenziell möglicher Gegenentwurf zu der Unrecht produzierenden Politik der Eliten und Bürokraten oder als performativer Akt definiert wird, fällt es leichter, die aus der postnationalen Konstellation, der gesteigerten sozialen Komplexität und die aus institutionentheoretischen Dilemmata erwachsenden Probleme zu akzeptieren. Die Zumutungen der Tagespolitik werden dann oft sogar gewissermaßen zu einer Voraussetzung, um das Politische als das Andere der Politik zu denken. Zumindest verschwindet der Zwang, aufgrund dieser Resultate eine »realistische« Perspektive im Sinne eines elitentheoretischen Ansatzes einzunehmen, der (bei Weber ebenso wie bei Schumpeter) die Begrenzung auf ein minimalistisches Beteiligungsmodell funktionalistisch wie normativ begründet. Das Wort von der »Demokratisierung« indes wäre nach dieser Definition ein Paradoxon: Die Frage nach einer optimalen Institutionalisierung von Handlungsakten, die gleichzeitig deren po-

---

7 Buchstein, Hubertus/Dirk Jörke 2003, »Das Unbehagen an der Demokratietheorie«, in: *Leviathan* 31/H. 4, S. 490ff.
8 Vgl. Derrida, Jacques 2000, *Politik der Freundschaft*, Frankfurt am Main: Suhrkamp. Im Kontext der internationalen Beziehungen vgl. ders. 2003, *Schurken. Zwei Essays über die Vernunft*, Frankfurt am Main: Suhrkamp.

sitive Begrenzung und Freisetzung garantieren soll, erübrigt sich, verbietet sich gar. Denn Demokratie ist ja aus Sicht derer, die sie zu leben versuchen, immer nur als »demokratischer Antrieb« erfahrbar, als ein »Umherkreisen, unsere Ziellosigkeit und die Zufriedenheit, die uns diese Ziellosigkeit bereitet«. Alles, was wir von diesem Kreislauf im Ergebnis erwarten können, ist ein Augenblick des Genießens, in dem wir unserer Empörung über das Unrecht kollektiv Ausdruck verleihen können.[9] Man kann sich des Eindrucks nicht erwehren, dass hier wohl eher die Selbstverwirklichung, das Amüsement einiger politischer Abenteurer, nicht die demokratische Aneignung öffentlicher Handlungsmacht das Telos radikaler Demokratie bildet.

Die eigentliche Kehrseite der meisten Ansätze, die in diese Richtung gehen, ist dann allerdings, dass sie nur wenige Impulse für die Praxis der Politik bieten, die ohnehin von vornherein als unpolitisch abgestempelt wird. Der gegenwärtige Demokratiediskurs der Linken fällt in weiten Teilen in einen polemischen Antiinstitutionalismus zurück, wie er bereits gerade in den Lesezirkeln der deutschen und französischen Studentenbewegung und bei ihren Vordenkern (zum Beispiel der zu Beginn schon genannte Agnoli oder auch Guy Debord und Louis Althusser in Frankreich) zu erleben war. Es erscheint zwar wenig konstruktiv, poststrukturalistische und postmarxistische Varianten der radikalen Demokratie allein schon aufgrund ihres zugegebenermaßen hohen Abstraktionsgrades als »theoretische Nebelkerzen« für die nichtphilosophische Analyse zu disqualifizieren[10] oder Derrida vorzuwerfen, er würde eine »Demokratietheorie ohne Demokratie« verfolgen, nur weil er »seine Philosophie für ein akademisches Publikum« formuliert.[11] Denn welcher politische

9 Dean, Jody, »Politics without politics«, in: Bowman, Paul/Richard Stamp (Hg.), *Reading Rancière*, London: Continuum, S. 73-94, hier S. 82.
10 So Alemann, Ulrich von 2000, »Das Politische an der Politik. Oder: Wider das Verschwinden des Politischen«, in: Hinrichs, Karl/Herbert Kitschelt/Helmut Wiesenthal (Hg.), *Kontingenz und Krise. Institutionenpolitik in kapitalistischen und postsozialistischen Gesellschaften. Claus Offe zu seinem 60. Geburtstag*, Frankfurt am Main/New York: Campus, S. 103-115, hier S. 109.
11 Jörke, Dirk 2006, »Wie demokratisch sind radikale Demokratietheorien?«, in: Heil, Reinhard/Andreas Hetzel (Hg.), *Die unendliche Aufgabe. Kritik und*

Theoretiker täte das nicht. Allerdings hängen viele von ihnen über-ambitionierten sowie wirklichkeits- und praxisfernen Vorstellun-gen von Demokratie und Politik an, mit wenig Gespür für die sozialen Realitäten, für die Motive und Lebensbedingungen der Subjekte, auf die sie ihre Hoffnungen gründen und überdies mit erstaunlich wenig Interesse für die *polity*-Dimension demokrati-scher Prozesse.

Demokratie vs. Staat?

Während in Zeiten der jüngsten Finanzkrise auf neomarxistischer Seite bisweilen eine »linke Staatseuphorie« kritisiert wird, die den Staat eher als »neutrale Instanz« zur Behebung wirtschaftlicher Ungleichgewichte denn (wie in Anlehnung an alte Thesen vom staatsmonopolistischen Kapitalismus postuliert) als »institutio-nell verdichtetes gesellschaftliches Kräfteverhältnis« betrachtet,[12] so lässt sich ein derartiger Einwand nur schwerlich gegen die radi-kale Demokratietheorie erheben, die, wie schon im ersten Kapitel angesprochen wurde, merklich auf Distanz geht zu den staatli-chen Institutionen, ja zur institutionalisierten Politik an sich. In den vergangenen 15 bis 20 Jahren hat sich aufseiten der Linken eine Reihe von Gegenwartsdiagnosen formiert, die einerseits eli-täre Auswüchse in den gegenwärtigen Repräsentantivsystemen und ein Verschwinden des Politischen in der expertokratischen Genese politischer Steuerungsformen ausdeuten und anderer-seits in kritischer Auseinandersetzung mit dem rationalistischen »Mainstream« der Demokratietheorie entstanden sind. Sämtliche Kritiker neoliberaler Postpolitik teilen, so unterschiedlich ihre theoretischen Hintergründe und erbittert ihre internen Ausein-andersetzungen auch sein mögen, die Ansicht, dass der Nie-dergang demokratischer Willensbildung dem Politikverständnis eines liberalen Rationalismus geschuldet ist, der zum einen die

Perspektiven der Demokratietheorie, Bielefeld: transcript, S. 253-266, hier S. 260.

12 Brand, Ulrich 2011, *Post-Neoliberalismus? Aktuelle Konflikte, gegen-hegemo-niale Strategien*, Hamburg: VSA, S. 76.

Spontaneität und Konflikthaftigkeit des Politischen in prozeduralen Zwangsjacken zu ersticken sucht und der sich zum anderen der Illusion hingibt, dass innerhalb dieser Prozeduren fernab sozioökonomisch bedingter Machtasymmetrien durch Verständigung, Kooperation und Konsens vernünftige und allgemein zustimmungsfähige Ergebnisse zu erzielen seien.

Viele dieser Versuche, das Politische gegen eine kontingenzverdrängende Politik in Stellung zu bringen, kann man mit dem politischen Philosophen Oliver Marchart »postfundamentalistisch« nennen, da sie die Existenz eines ursprünglichen Fundaments des Sozialen bestreiten und stattdessen auf den unbegründbaren und unabschließbaren Charakter des Politischen im Gegensatz zur instituierten Politik zielen.[13] Ein konstitutives Merkmal vieler dieser Theorien ist zugleich ihr größtes Problem: ihr latenter, oft auch sehr manifester Antiinstitutionalismus, die prinzipielle und entschiedene Ablehnung, die etablierte Prozeduren erfahren, welche die allseits gescholtene Kompromissdemokratie des rechtsstaatlichen Alltags, die Politik im Gegensatz zum Politischen, jenseits enthusiastisch gefeierter Geschichtszeichen, »authentischer« Momente und revolutionärer Gründungsakte fundieren. *Demokratie gegen den Staat* – so der paradigmatische Titel eines Buches von Miguel Abensour – zu denken, hat derzeit Konjunktur.[14]

Der Staat wird aus dieser Perspektive als unzähmbare Einheit, als der natürliche Feind der Demokratie präsentiert. In den Manifesten und Aktionen der sozialen Bewegungen, die das Jahr 2011 hervorgebracht hat, hat sich dieser antietatistische Reflex sehr deutlich niedergeschlagen. So haben sich in der Occupy-Bewegung libertäre, zum Teil auch anarchistische Politikansätze großer Beliebtheit erfreut, die zwar einen emphatischen Begriff des Politischen in das Zentrum ihrer Überlegungen stellen und nach Möglichkeiten radikaler Demokratie auch unter den schwierigen Bedingungen der Gegenwart plädieren. Meist laufen diese Ansätze aber auf eine Politisierung der Machtverhältnisse hinaus,

13 Vgl. Marchart, Oliver 2010, *Die politische Differenz. Zum Denken des Politischen bei Nancy, Lefort, Badiou, Laclau und Agamben*, Berlin: Suhrkamp, S. 59 ff.

14 Abensour, Miguel 2012, *Demokratie gegen den Staat*, Berlin: Suhrkamp.

ohne das Volk als politisches Subjekt der demokratischen Gestaltung der sozialen Ordnung, sondern primär als »Subjekt des Aufstands, als Subjekt einer unmittelbaren konstituierenden Macht« zu denken.[15] Diese Deutung ist zwar interessant, aber offenkundig wenig hilfreich, wenn es zum Beispiel darum geht, auf die Entfesselung der Finanzmärkte, die wachsende Kluft zwischen Arm und Reich, den gegenwärtigen Stillstand bei der Lösung globaler Umweltprobleme, den Rückstand bei der Erfüllung der UN-Millennium-Entwicklungsziele praktische Antworten zu finden, welche auf eine Veränderung der Verhältnisse, auf legitime Lösungen der großen multiplen Krisen zielen.

Die vermehrten Rufe nach »mehr direkter Demokratie« und der Einbindung zivilgesellschaftlicher Akteure in den formalen Gesetzgebungsprozess, das andauernde Revival assoziationalistischer Konzepte im angloamerikanischen Raum zeugen von einem gesunden Misstrauen gegenüber dem exekutiven Zwangsapparat, das vom 17. Jahrhundert bis heute den treibenden Motor der Demokratisierung dargestellt hat, da die (am Isonomie-Ideal gemessen notwendig unvollständige) Demokratie in der Tat erst *gegen* diesen »unsterblichen Leviathan« Hobbes'scher Prägung erkämpft und gegen die totalitäre Versuchung, die aus der Entgrenzung des Demokratieprinzips resultiert, verteidigt werden musste, damit Emanzipation und staatliche Regulierung zusammengedacht, damit politische Demokratie keine antiliberalen Züge annehmen konnte. Allerdings ist der »zivilisierte« Staat der westlichen Demokratien heute ein anderer als noch zu Zeiten der Pariser Kommunarden: Gerade der Sozialstaat sorgt für ein Mindestmaß an Chancengerechtigkeit beim Zugang zum öffentlichen Raum, und es liegt (noch) in der Macht der Politik *und* der politischen Gesellschaft, sich gegen die entpolitisierenden Zumutungen der neoliberalen Marktwirtschaft zur Wehr zu setzen. Die zersplitterten, in einer dezentralisierten Gesellschaft allein auf sich gestellten Bürgerschaften werden dazu – selbst wenn sie es wollten – kaum in der Lage sein.

Gewiss: Wenn ein Stadtrat sich wieder einmal anschickt,

15 Ebd., S. 220.

eine Teilprivatisierung der lokalen Wasserwerke durchzusetzen, kommt es in der Tat darauf an, dass der negative Souverän sich meldet, um die Demokratie gegen die verstaatlichte Politik zu verteidigen. Allerdings lässt das einseitige Reden von der Demokratie als einer »kontinuierlichen Instituierung des Gesellschaftlichen« allzu oft vergessen, dass es umgekehrt auch an der Politik ist, die Gesellschaft zu strukturieren, indem sie kollektiv bindende, aber stets revidierbare Entscheidungen produziert, die wiederum auf mehr oder weniger umstrittenen, von der Gesellschaft hervorgebrachten und in den politischen Raum übersetzten Normen basiert. Dazu braucht es ebenso robuster wie responsiver Institutionen, die sich allerdings in einem irreversiblen Auflösungsprozess befinden. Aber fehlen diese Voraussetzungen, wird sich Politik mit symbolischer Inszenierung abfinden müssen, während sie informelle Handlungs- und langfristig wohl auch formale Entscheidungsmacht zunehmend an Exekutivkomitees und Public Private Partnerships abtritt.

Es mag sein, ja es ist vermutlich sogar evident, dass die politischen Institutionen, sobald sie eingesetzt sind und mit der Bürokratie, deren Kontrolle ihnen nun obliegt, und dem Justizapparat in Berührung kommen, den Zauber der Gründung – dem Punkt, an dem das Unmögliche noch möglich war – vollständig verlieren. Daraus aber zu folgern, dass grundsätzlich »zwischen Demokratie und [Rechts-]Staat ein wechselseitiger Kampf herrscht«, der für Erstere nur als »Absage an die Ordnung«, in Gestalt einer entdomestizierten, »wilden« Demokratie zu gewinnen sei[16] – was damit praktisch gemeint sein und was das für die Garantie der Grundrechte bedeuten soll, bleibt dann, wie auch hier bei Abensour, meist offen –, würde bedeuten, dass das Politische und die real existierende, verfassungsrechtlich eingehegte Demokratie sich ausschließen. Und nicht nur das: Der »Kampf« zwischen ihnen würde dazu führen, dass die Ökonomie, die darüber völlig aus dem Blickfeld gerät, ihre leisen Schläge gegen die politische Sphäre in aller Ruhe fortführen kann.

Nach dem Ende des Kalten Krieges wurde der Ort des Politi-

16 Abensour, *Demokratie gegen den Staat*, S. 234.

schen, wurde die Zivilgesellschaft aufseiten der Linksintellek-
tuellen, vereinfacht dargestellt, aus zwei Perspektiven betrachtet:
Die radikaldemokratisch-libertäre Seite betonte ihren eruptiven,
spontaneistischen, konfliktären Charakter, mahnte im Sinne Jean-
François Lyotards zu einem Durchhalten der *différence*, warnte
vor der Gewaltsamkeit universaler Urteilsregeln, die auf eine
Auflösung inkommensurabler Diskursarten zielen, während die
an der Diskursethik von Habermas und Karl-Otto Apel ge-
schulte deliberative Theorie indirekt die Grenzen demokratischer Partizipation akzeptierte und stattdessen nach Prozeduren
zur künstlichen Herstellung unvermachteter Öffentlichkeiten
suchte, die diskursive Räume für die Aktivierung einer besser
informierten Bürgerschaft schaffen sollten. Die erste Lesart wurde im deutschsprachigen Raum während und nach der Wende
prominent von Ulrich Rödel und Helmut Dubiel vertreten, die
– die zivilrepublikanischen Theorien von Lefort, Gauchet und
Arendt aufgreifend – in ihren Schriften »den Konflikt zum Dreh-
und Angelpunkt der Vergesellschaftung« und der sozialen Integration erhoben. Durch den im »Medium symbolischer Praxis«,
im verfassungsrechtlich eingehegten Streit sollten sich die Subjekte als einer Gesellschaft zugehörig fühlen, ohne dass eines von
ihnen sich des in einer freiheitlichen Demokratie notwendig »leeren Ortes der Macht« (Claude Lefort) bedient und mit dem
unheilvollen, in die totale Herrschaft mündenden Versprechen,
die Gesellschaft mit sich selber einen zu wollen, jegliche Konflikte und strukturellen Spaltungen gewaltsam vernichtet.[17] Stattdessen ist es hier gerade die Vielfalt der durch den Verfassungs-
rahmen gezähmten Auseinandersetzungen, die die Gesellschaft
in ihrer Pluralität zusammenhält. Die These, dass eine liberale
Demokratie, in der die politische Reproduktion von Rechtsope-
rationen die öffentliche Debatte über gutes Recht verdrängt und
in der der Ort der Macht von der Doktrin eines systemisch bedingten Mangels an Optionen dominiert wird, den Keim des
Totalitarismus in sich trägt und daher den ständigen zivilen Unge-

17 Rödel, Ulrich/Günter Frankenberg/Helmut Dubiel 1989, *Die demokratische
Frage*, Frankfurt am Main: Suhrkamp, S. 108.

horsam durch eine Politik der radikalen Kontingenz erfordert, war für die emanzipatorische Linke während des Kalten Krieges eine Alternative zur Akzeptanz des westlichen Parlamentarismus. Heute, da die neoliberale Ideologie und ihre Subjektivierungsstrategien im Verdacht stehen, den leeren Ort der Macht zu besetzen, ohne indes sichtbar zu werden, um von dort aus die Gesellschaft zu manipulieren, hat diese Perspektive nichts an ihrer Attraktivität eingebüßt. Hatten Dubiel und Rödel, von der Furcht vor essentialistischen Vereinnahmungen angetrieben, sich noch um den Nachweis bemüht, dass eine gespaltene Gesellschaft ohne vorgängige Konsense gerade in ihrer Zerrissenheit integrierend wirkt und dass die sozialen Antagonismen in ihren institutionellen Manifestationen – »in den offensichtlichen Spaltungen der politischen Oligarchie, in den Sitzverteilungen der Repräsentationsorgane« usw. – eine »symbolische Auflösung« erfahren,[18] finden wir uns heute allerdings in einer Konstellation wieder, in der eine angesichts immer weiter gehender Transparenzansprüche historisch beispiellos informierte und in ihren heterogenen Urteilen erbarmungslos kritische Öffentlichkeit Machtzentren gegenübersteht, die zwar – da die Gewaltenteilung funktioniert und eine wachsende Zahl von Akteuren im politischen Wettbewerb miteinander konkurrieren – formaliter leer stehen, das heißt gegen die Akkumulation sichtbarer politischer Macht in den Händen einzelner Gruppen relativ gut geschützt sind. Jedoch hat der Versuch der politischen Parteien, möglichst alle diese heterogenen Urteile in ihren Agenden zu vereinen, zu einem Verschwinden des Dissenses auf der politischen Bühne geführt, mit der Folge, dass die Ideologie der inklusiven Mitte den Ort der Macht fast restlos vereinnahmt hat.

In diesem Zusammenhang wird also wieder Mouffes Warnung vor der »dialogischen Demokratie« als dem zentralen Kennzeichen einer »postpolitischen Version« relevant, in der alle Konflikte von dieser (scheinbar) inklusiven Mitte aus absorbiert und somit getilgt werden. Ein praktisches Beispiel aus jüngerer Zeit,

18 Dubiel, Helmut 1992, »Konsens oder Konflikt. Die normative Integration des demokratischen Staates«, in: Kohler-Koch, Beate (Hg.), *Staat und Demokratie in Europa*, Opladen: Leske + Budrich, S. 130-137.

das Mouffes These gut illustriert, ist der im Jahr 2012 vom Bundeskanzleramt inszenierte »Zukunftsdialog«. Bei jeder dieser Versammlungen hatten 100 auf der Grundlage von einer Reihe soziodemografischer Kriterien repräsentativ ausgewählte Bürger Gelegenheit, die Regierungschefin direkt mit Fragen, Geschichten und Forderungen zu konfrontieren. Parallel dazu wurde eine Homepage eingerichtet, auf der die Bürger Reformwünsche posten und darüber abstimmen konnten. Diese »vielversprechendsten Vorschläge« sollten anschließend von Fachleuten in einem »Expertendialog« herausgefiltert und evaluiert werden. »So«, hieß es auf der Webseite, inspiriert »der Bürgerdialog den Expertendialog«.[19] Es versteht sich von selbst, dass für echte Diskussionen in einem solchen *setting* gar kein Platz ist. Darüber hinaus konnten die Experten, die über die Praktikabilität des Vorgebrachten für die (nur noch ihnen bekannten und ihren Hüter-Status deshalb überhaupt legitimierenden) Codes der bestehenden Ordnung wachen, mit dem Hinweis auf Kosten-Nutzen-Rechnungen unpassende Vorschläge jederzeit disqualifizieren. Das Projekt ist also auch ein weiteres Indiz dafür, wie sehr die Experten- die politische Repräsentation nicht nur ergänzt, sondern bereits ersetzt hat.

Das ungleich größere Problem an solchen Inszenierungen dialogischer Politikformen ist jedoch, dass hier die Illusion erzeugt wird, alles, was außerhalb dieser Scheinöffentlichkeit sichtbar ist, sei innerhalb des artifiziellen Diskurses auch ungehindert artikulierbar. Indem für das, was in diesem Augenblick zwischen Bürger und Kanzlerin geschieht, der Begriff »Dialog« gewählt wird, indem Herrscher und Beherrschte virtuell auf dieselbe Ebene gebracht werden, wird eine Beziehung fingiert, die keineswegs den in dieser Situation tatsächlich wirksamen Machtdifferenzen, erst recht nicht den außerhalb des Fernsehstudios reaktivierten Antagonismen entspricht. Die Opposition wird gerade dadurch gezähmt, dass man ihr einen festen Platz in der Debatte einräumt

19 Siehe den Punkt »Wie hängen Experten- und Bürgerdialog zusammen?« im Bereich »Fragen und Antworten« auf der Homepage des Bundeskanzleramtes zum Zukunftsdialog, online verfügbar unter: {https://www.dialog-ueber-deutschland.de/DE/60-FAQ/faq_node.html} (Stand: April 2013)

und den normativen Kern ihrer Forderungen entweder ganz oder teilweise in das Regierungsprogramm inkorporiert, freilich nur auf eine äußerst unverbindliche Weise. So kommt es, dass die Kanzlerin bei den drei Gesprächsrunden selbst auf Beiträge, die ihrer eigenen Regierungspolitik klar zuwiderliefen, mit den Worten reagierte: »Ich nehme das auf.«[20]

Es ist vor allem dieser mittels »dialogischer« Verfahren erzeugte Schein von Inklusion, der radikalen Demokraten heute Sorgen bereitet. Als Politiker wie Bill Clinton im Herbst 2011 die Occupy-Aktivisten dazu aufriefen, konkrete Forderungen zu stellen, die vom politischen System realistischerweise bearbeitet werden könnten, und ihre Zustimmung zu den öffentlichen Investitionsprogrammen der Obama-Administration zu bekunden, nannte Slavoj Žižek diese Inklusionsstrategie ein Beispiel für »politisches Clinchen« – mit Bezug auf den Boxsport, wo »Clinchen« die Umarmung des Gegners zur Unterbindung neuer Schläge meint – und warnte die Okkupisten davor, sich auf solche Umgarnungen einzulassen.[21] Mit derselben »›Zuckerbrot und Peitsche‹-Strategie der Eindämmung« reagierten auch deutsche Regierungspolitiker auf die Occupy-Proteste – »großes Verständnis« habe sie für die »tiefe Sorge« der Menschen angesichts der Folgen der Finanzkrise, ließ die Kanzlerin von ihrem Regierungssprecher ausrichten; ganz ähnlich ließ Wolfgang Schäuble verlautbaren, er nehme die Proteste »sehr ernst«. All das hinderte die hessische Landesregierung im Mai 2012 indes nicht daran, das öffentliche Leben in der Innenstadt Frankfurt am Main, während der Aktionstage des Bündnisses Blockupy, effektiv zum Erliegen zu bringen.

Für viele radikale Demokraten ist gerade das Durchbrechen dieser Konfiguration, des fiktiven Dialogs zwischen der organisierten Politik und dem in seiner politischen Emanzipation ge-

20 Zit. nach Schlieben, Michael 2012, »›Ich nehme das auf‹«, in: *Zeit Online* (1. März 2012), online verfügbar unter: {http://www.zeit.de/politik/deutsch land/2012-03/merkel-buergerdialog-erfurt} (Stand: April 2013).
21 Vgl. Žižek, Slavoj 2011, »Das gewaltsame Schweigen eines Neubeginns«, in: Carla Blumenkranz et al. (Hg.), *Occupy! Die ersten Wochen in New York. Eine Dokumentation*, Berlin: Suhrkamp, S. 68-77.

hemmten Volk die große Herausforderung unserer Zeit. Einer von ihnen ist Jacques Rancière, der das eigentlich Politische als episodische Intervention in die offizielle Politik betrachtet. Für Rancière ist Postdemokratie »konsensuelle Demokratie«, das Produkt einer Denktradition, die mit ihrer vorrangigen Verpflichtung auf eine universalisierbare »Bestimmung des Guten« und eine »Verwirklichung des Gemeinwohls« eine nicht mehr hinterfragbare »konsensuelle Praxis« zu rechtfertigen sucht, die den genuin demokratischen Streit um gleiche Teilhabe am Demos disqualifiziert. »Die wuchernde Verrechtlichung, die Praktiken der verallgemeinerten Expertise und jene der ständigen Umfrage« sind Pfeiler einer solchen Konsenspolitik;[22] das Politische wird zum objektivierbaren Wissen, das vom »Gelehrtenstaat« entwickelt und verwaltet wird. Im Konsens äußert sich für Rancière die Substituierung des Politischen durch die Verwaltung und deren *Aufteilung des Sinnlichen*:[23] »Der Konsens ist die Reduktion der Politik auf die Polizei.«[24] Aus seiner Sicht ist Demokratie, die sich allein im Dissens äußert, nur noch als Ausnahmefall möglich, als Gegensatz zu der auf nichts als die »Verwaltung des Kapitals« zielenden und gesellschaftliche Ungleichheit reproduzierenden Logik des staatlichen Machtdispositivs, der Polizei. Das Politische findet demgegenüber seinen Ausdruck in den außerhalb der Institutionen abgehaltenen Protesten und Demonstrationen, in denen ein »ursprünglicher Konflikt« zwischen »zwei Logiken des menschlichen Zusammenlebens«, zwischen der Polizei und der Demokratie, die eine »singuläre Unterbrechung« dieser polizeilichen Ordnung provoziert, gewaltsam an die Oberfläche drängt.[25] Das Politische wird immer nur für kurze Augenblicke sichtbar und verliert, sobald es in eine stabile Ordnung gegossen wird, seinen normativen Kern, das Postulat der Gleichheit: »Die Gleichheit schlägt in ihr Gegenteil um, sobald sie sich in einen Platz ge-

22 Rancière, Jacques 2002, *Das Unvernehmen. Politik und Philosophie*, Frankfurt am Main: Suhrkamp, S. 122.
23 Ders. 2006, *Die Aufteilung des Sinnlichen. Die Politik der Kunst und ihre Paradoxien*, Berlin: b_books.
24 Ders., *Zehn Thesen zur Politik*, S. 45.
25 Vgl. ders., *Das Unvernehmen*, S. 39.

sellschaftlicher oder staatlicher Organisation einschreiben will.«[26] Da Rancière demokratische Politik rein negativ als Störfall, als Einbruch in die soziale Ordnung, nicht als deren Gestaltung definiert, ist es, wie der politische Philosoph Michael Hirsch richtig festgestellt hat, »eher die Skandalisierung eines Unrechts als die Forderung eines neuen Rechts«,[27] die den Antrieb und das Ziel demokratischer Politik ausmacht. Positive, politische Freiheit ist hier nur eine Spielart der negativen Freiheit von Zwang: Sie ist permanente Subversion, ein Ausbrechen aus dem System, unabhängig von der Frage, wie dieses System verfasst ist. In einer solchen Konstellation kann es keinen politischen Dialog geben; der Streit wird zu etwas Unversöhnlichem und jede Exklusion zu einem »Unrecht, das nicht regelbar ist«. Die radikale Desintegration, das Durchhalten des Unrechts zeugt von einer tiefen Skepsis gegenüber der judikativen Macht, mit der der Expertenstaat sich Rancière zufolge gerade dadurch »überlegitimiert«, dass er nicht nur »die Politik vom Volk befreit«, sondern »die Politik für unmöglich erklärt« und bei Bedarf an neuen Regulierungen Handlungsmaximen aus dem bestehenden (Un-)Recht bezieht.[28] Der zivilgesellschaftliche Republikanismus Leforts sieht die rechtsstaatlichen Institutionen noch als Bühne für die symbolische Repräsentation gesellschaftlicher Konflikte, die in der Gesellschaft generiert, zugespitzt und möglichst unaufgelöst fortbestehen sollen. Bei Rancière gibt es nur noch die Gesellschaft, die den manipulativen Strategien eines ihr gegenüberstehenden postdemokratischen (Un-)Rechtsstaates ausgesetzt ist und sich von ihnen zu emanzipieren sucht.

Ein berechtigter Einwand gegen diese Auffassung kam nach der Finanzkrise von linker Seite: Ist es nicht merkwürdig, dass Rancière eine Quelle der Entpolitisierung in regulatorischem

26 Ebd., S. 46.
27 Hirsch, Michael 2009, »Libertäre Demokratie im neoliberalen Staat. Die Begriffe Staat, Politik, Demokratie und Recht im Poststrukturalismus und Postmarxismus der Gegenwart«, in: ders./Rüdiger Voigt (Hg.), *Der Staat in der Postdemokratie. Staat, Politik, Demokratie und Recht im neueren französischen Denken*, Stuttgart: Steiner, S. 191-226, hier S. 216.
28 Rancière, *Das Unvernehmen*, S. 120.

Übermut verortet, obwohl die neoliberale Ökonomie der Abwesenheit effektiver, selbstverständlich durch politisch ausgehandelte Rechtsetzung implementierter Kontrollmechanismen ihren Aufstieg verdankt? So gewendet, wird sein Legalismusvorwurf zu »einem neoliberalen Argument gegen staatliche Aufsicht und für Privatisierung«.[29] Zum fortlaufenden Transfer staatlicher Handlungsmacht an PPPs und der daraus erwachsenden Vermarktung des politischen Raums hat uns Rancière jedenfalls erstaunlich wenig zu sagen.

Auf seiner Suche nach Konzepten, die, angefangen bei Platon, staatliche Politik auf die Herstellung des Gemeinwohls verpflichten (»Archi-Politik«) – und damit die Exklusion des »unverrechenbaren«, marginalisierten Teils des Demos akzeptieren, da der normative Gehalt des Gemeinwohls nur von jenen Eliten formuliert wird, die die »Ordnung des Sichtbaren und des Sagbaren« repräsentieren[30] –, stößt Rancière unter anderem auf die Arbeiten von Hannah Arendt. Sie scheint er, wenn auch nicht ausdrücklich, der Archi-Politik zuzurechnen, da sie, so Rancière, das Politische in einer notwendig mit Gewalt installierten harmonischen Ordnung einzuhegen versuche.[31] Dieser Vorwurf ist jedoch unangebracht. Wie Rancière versteht ja auch Arendt politisches Handeln, bei ihr gleichbedeutend mit öffentlicher Freiheit, als Ausnahme im Modus bürokratischer Herrschaft, die Revolution ist für sie ein genuin politisches Moment, ein absolutes *initium*, das nicht nur einen Akt der Befreiung, sondern auf der Basis der durch ihn neu geschaffenen Kontingenz einen Moment der größtmöglichen Gestaltungsfreiheit meint: »Die freien Handlungen sind selten«, meint Arendt, denn diese erscheinen originär nur am »Abgrund der reinen Spontaneität«, als »absoluter Anfang«, der, eigentlich als »Impuls zur Reform und Wiederherstellung des Gemeinwesens in seiner ursprünglichen Integrität« unternom-

29 Dean, »Politics without politics«, S. 78.
30 Rancière, *Das Unvernehmen*, S. 41.
31 Dazu und zur Kritik dieser Position vgl. Meyer, Katrin 2011, »Kritik der Postdemokratie. Rancière und Arendt über die Paradoxien von Macht und Gleichheit«, in: *Leviathan* 39/H. 1, S. 21-38.

men, ein »völlig Neues« hervorbringt.[32] Kommunikative Macht vermag bestehende Prozessabläufe zu erschüttern; das »Bezugsgewebe menschlicher Angelegenheiten«, von dem aus diese Macht generiert wird, bleibt aber bestehen und muss vor homogenisierendem Zwang geschützt, institutionalisiert werden. Der öffentliche Raum soll den pluralistischen Charakter des Bezugsgewebes garantieren, indem er zunächst die formal-rechtliche Egalität aller Beteiligten schützt, da diese eine notwendige Bedingung für das Handeln darstellt.[33] Politik/Freiheit ist nämlich nur dort möglich, wo die Pluralität vor dem Einbruch des souveränen Willens geschützt ist. Rechte sind zunächst einmal institutionalisierte, einklagbare Schutzgarantien gegen die Willkür der Mehrheit; sie sind aber zugleich Garantien, die einen Freiraum schaffen, in dem politisches Handeln erst möglich ist. Rancière kann und will nicht akzeptieren, dass aus seinem Verständnis der Politik als »Demonstration des Dissens, als Vorhandensein zweier Welten in einer einzigen«[34] die Folgerung erwächst, es bedürfte einer auf einem gemeinsamen (gesamtgesellschaftlichen) Grundkonsens errichteten, vom staatlichen Zwang, aber ebenso von der Willkür der Massen geschützten Bühne, um die jeweils eine der beiden Welten vor der Dominanz der anderen zu bewahren. Die Akzeptanz eines solchen Konsenses, eines solchen Regelkatalogs würde bereits die Spontaneität des politischen Handelns irreparabel schädigen; für Rancière ist ja gerade der Widerstand gegen das in der Rechtsordnung der Ungleichheit sich pauschal reproduzierende Unrecht – das für ihn offenbar so lange besteht, wie ein die Verteilungs- und Kommunikationsregeln notwendig bestimmendes Institutionengerüst existiert – im Grunde konstitutiv für die Demokratie, denn die bestehe eben in dem Augenblick, da das Politische »die Logiken legitimer Herrschaftsgewalt suspendiert«.[35] Unterstellt man aber, im Gegensatz dazu, eine egalitär

---

32 Arendt, Hannah 2008b, *Vom Leben des Geistes*, 4. Aufl., München: Piper, S. 433.
33 Dies. 2010, *Was ist Politik? Fragmente aus dem Nachlaß*, 4. Aufl., München: Piper, S. 11.
34 Rancière, *Zehn Thesen*, S. 35.
35 Ebd., S. 23.

ausgerichtete Gestaltungsfunktion der Politik, so kann man bei Arendt das Gegenmodell einer radikalen Demokratie finden, die die Engführungen der Rancière'schen Institutionenpolemik vermeidet.

Für Arendt ist es schlechterdings eine »Binsenwahrheit«, dass der öffentliche Raum zumindest auf einen Minimalkonsens angewiesen ist, nämlich »daß niemand allein handeln kann, daß die Menschen, wenn sie etwas in der Welt erreichen möchten, koordiniert handeln müssen«.[36] Nur dort, wo eine Gesellschaft nicht total von Wertkonflikten beherrscht ist, wo es etwas Gemeinsames, vor allem aber gemeinsame Räume der nichthierarchisierten politischen Interaktion gibt, ist eine Austragung von Konflikten möglich, ohne der totalitären Versuchung zu erliegen, diese auch endgültig auflösen zu müssen. Dazu braucht es nun einmal der »Heilkraft menschlicher Institutionen«.[37] Hier wird verständlich, warum gerade Arendt, die heute von Politikern und Festrednern zu Recht als moderne Vordenkerin einer autonomen Zivilgesellschaft zitiert wird, zeitlebens die offene Feindseligkeit gegen alles Staatliche, vor allem von marxistischer Seite her, beklagte. Sie ahnte, dass der überwiegende Teil dieser Polemiken, der sich »gegen alle Institutionen kehrte, welche den ›toten‹ Bestand der gemeinsamen Welt repräsentierten«, selbst keine Entwürfe bereithielt, um diese gemeinsame Welt gegen die Gewalt der Geschichte zu verteidigen.[38] Denselben Vorwurf kann man auch Rancière machen, dessen Antipolitik sogar die Zerstörung des politischen Raums in Kauf nehmen würde, wenn nur das entfesselte Volk zuvor noch einen endgültigen Triumph über die »Polizei« feiern dürfte.

Staatlich-politische Institutionen, deren Wert für die politische Auseinandersetzung Rancière und andere ehemalige Schüler von Althusser so wenig schätzen, haben eben neben der häufig betonten instrumentellen Steuerungsfunktion noch eine zweite, integrative Funktion: die »symbolische Darstellung eines Sinns«,

---

36 Arendt, *Vom Leben des Geistes*, S. 427.
37 Dies. 1963, *Über die Revolution*, München: Piper, S. 226.
38 Dies. 1981, *Vita activa oder Vom tätigen Leben*, 6. Aufl., München: Piper, S. 100.

der den Bürgern »einen Orientierungsrahmen für ihr Handeln bietet«. So wird gemeinhin der Verfassung die Aufgabe zugewiesen, die »leitenden Sinnorientierungen der Gesellschaft expressiv zur Darstellung zu bringen«, um als repräsentativ gelten zu können.[39] Integrierend aber wirkt eine Verfassung in pluralistischen Gesellschaften der Gegenwart, um mit dem politischen Theoretiker André Brodocz zu sprechen, gerade aufgrund ihrer »Deutungsoffenheit«. Demnach müssen die Bürger einem Verfassungstext keineswegs dieselbe »eindeutige Bedeutung« zuweisen, damit sich seine integrative Kraft entfaltet. Vielmehr wird normative Integration, die auf der Basis eines für alle identischen Wertegerüstes funktioniert, in diesem Konzept durch eine rein »symbolische Integration« ersetzt, indem die Konstitution als ein Text begriffen wird, der »unterschiedslos gegenüber unterschiedlichen Deutungen« wird.[40] Die Konstruktion einer gemeinsamen Identität erfolgt unter Bezugnahme auf ein »Unbestreitbares«, auf von allen geteilte abstrakte Ideen (die Notwendigkeit von »Rechtstaatlichkeit«, die Publizität als Bedingung für gerechte Diskursprozesse überhaupt garantiert, das Primat der »Freiheit« usw.), ohne dass unter Zuhilfenahme einer universelle Gültigkeit beanspruchenden Werteschablone festgelegt würde, auf welchem Wege und wie die Begriffe inhaltlich definiert werden sollen. Eine Verfassung kann aber nur integrieren, sofern die Institutionen, die sie vorschreibt, sich in dieser Funktion bewähren, wenn sie das »sinnhafte Erlebnis« eines von einem rein prozedural verstandenen Konsens eingerahmten Meinungsstreits ermöglichen und, wie Oliver Marchart in seiner Deutung Arendts als radikaldemokratische Theoretikerin schreibt, »die Fortschreibung der *instituierenden* Macht, wie sie sich im Gründungsmoment ausdrückt, innerhalb der *instituierten* Macht der neuen Ordnung garantiert

---

39 Göhler, Gerhard 1994, »Politische Institutionen und ihr Kontext. Begriffliche und konzeptionelle Überlegungen zur Theorie politischer Institutionen«, in: ders. (Hg.), *Die Eigenart der Institutionen. Zum Profil politischer Institutionentheorie*, Baden-Baden: Nomos, S. 19-46, hier S. 38.

40 Bonacker, Thorsten/André Brodocz 2001, »Im Namen der Menschenrechte. Zur symbolischen Integration der internationalen Gemeinschaft durch Normen«, in: *Zeitschrift für Internationale Beziehungen* 8/H. 2, S. 179-208, hier S. 199.

werden kann«, indem Erstere aktual bleibt.[41] Die Frage, wie das konkret gelingen soll, stellt in der Tat das große und schwierige Problem für jede konkrete republikanische Ordnung dar, für das es keine einfachen, erst recht keine ewigen Antworten geben kann.

Neben dem Denken von Rancière ist auch das Slavoj Žižeks, ohne Zweifel einem der originellsten Intellektuellen am linken Rand, von einem »eigentümlichen Dualismus, [einer] radikalen Trennung von Ereignis und Institution« geprägt.[42] »Echte Politik« ist für ihn gerade die »Kunst des Unmöglichen«: Sie zielt auf solche Anliegen, deren Realisierung unter den Bedingungen des Bestehenden nicht durchführbar ist; politisch kann nur eine Handlung sein, die das System als Ganzes infrage stellt, ein revolutionärer Akt also, eine »Intervention *ex nihilo*«, die aus dem Nichts kommt und nicht nur die symbolische, sondern auch die reale Ordnung erschüttert.[43] Žižek ist – und das ist wohl einer der Gründe für seine Popularität – einer der ganz wenigen radikalen Demokraten, die sich noch trauen, Demokratie substanziell zu fassen: »Demokratie ist Terror«, schallt es dem Leser entgegen, und dieses »terroristische Potential« freizusetzen, bedeute, den in einer formalen Demokratie immer nur als gezähmter Agonismus in Erscheinung tretenden Kampf in eine antagonistische Auseinandersetzung zurückzuführen. Dies sei die Aufgabe der heutigen Linken. Und ihr Ziel heiße nach wie vor: die »Diktatur des Pro-

---

41 Marchart, Oliver 2006, »Ein revolutionärer Republikanismus. Hannah Arendt aus radikaldemokratischer Perspektive«, in: Heil, Reinhard/Andreas Hetzel (Hg.), *Die unendliche Aufgabe. Kritik und Perspektive der Demokratietheorie*, Bielefeld: transcript, S. 151-168, hier S. 152.

42 Hetzel, Andreas 2009, »Der Staat im Diskurs der radikalen Demokratie«, in: Hirsch, Michael/Rüdiger Voigt (Hg.), *Der Staat in der Postdemokratie. Staat, Politik, Demokratie und Recht im neuen französischen Denken*, Stuttgart: Steiner, S. 171-189, hier S. 184. Die gegenwärtigen postmarxistischen Theorievarianten radikaler Demokratie kann man mit Hetzel grob in zwei Lager aufteilen, die entweder von einer agonalistischen oder einer ereignistheoretischen Deutung des Politischen ausgehen. Žižek und Badiou werden letzterer zugeordnet; Rancière ist wohl auch eher dort zu verorten.

43 Vgl. Žižek, Slavoj 2001, *Die Tücke des Subjekts*, Frankfurt am Main: Suhrkamp, S. 274. Vgl. auch ders. 2011d, *Did Somebody Say Totalitarianism?*, London: Verso, S. 178.

letariats«.[44] Dagegen werden all jene Teile der Linken, die sich innerhalb des bestehenden Institutionensystems betätigen, als Revisionisten gebrandmarkt, die nicht einsehen wollen, dass die liberale Demokratie immer bestimmte Produktionsverhältnisse impliziert. Sie hängen, wie Žižek meint, noch immer der formalistischen Illusion an, »dass sich eine soziale Revolution schmerzlos, ›mit friedlichen Mitteln‹ durchführen ließe, einfach dadurch, dass man Wahlen gewinnt«.[45]

Es ist natürlich der ewige Einspruch der antikapitalistischen Linken gegen Sozialstaat und Keynesianismus, den Žižek in seinem Buch *Die Revolution steht bevor* vorträgt: Jede Maßnahme, die die Krisenfolgen der selbstdestruktiven kapitalistischen Dynamik mildert und die industrielle Reservearmee in den bürgerlichen Staat integriert, stützt und stabilisiert die kapitalistische Ausbeutung. Politik, die auf dem Boden des Gegners stattfindet, ob »progressiv« oder nicht, dient der Reaktion. Žižeks Fixierung auf den Akt und seine Überzeugung, dass der Versuch, auf der Grundlage von Wahlergebnissen in einer von kapitalistischen Produktionsverhältnissen abhängigen Demokratie eine emanzipative Politik zu betreiben, einer formalistischen Illusion zum Opfer fällt, verführt ihn und seine Jünger dazu, sich in ihren Ausführungen allein auf den Umsturz zu konzentrieren und das, was danach kommen könnte, in einem nebligen Dunst zu belassen.[46] Aber: Wie schafft man in einer pluralistischen, durchökonomisierten Gesellschaft, in der längst nicht nur für die (von Budgetkürzungen und »aktivierenden« Sanktionen des Sozialstaats betroffenen) Sozialhilfeempfänger, sondern auch für die wachsende Zahl der im Niedriglohnsektor Beschäftigten die Gefahr des totalen Verlusts stets präsent ist, in der also gerade die Prekarisierten sich an das wenige Eigene klammern und jeglichen Veränderun-

44 Ders. 2012, »Das ›unendliche Urteil‹ der Demokratie«, in: Agamben et al., *Demokratie? Eine Debatte*, Berlin: Suhrkamp, S. 116-135, hier S. 127.

45 Ders. 2002, *Die Revolution steht bevor. Dreizehn Versuche über Lenin*, Frankfurt am Main: Suhrkamp, S. 168.

46 Heil, Reinhard 2004, »Die Kunst des Unmöglichen. Slavoj Žižeks Begriff des Politischen«, in: Flügel, Oliver/Reinhard Heil/Andreas Hetzel (Hg.), *Die Rückkehr des Politischen. Demokratietheorien heute*, Darmstadt: Wissenschaftliche Buchgesellschaft, S. 230-253, hier S. 252.

gen des Status quo, den von der neoliberalen Agenda hochgehaltenen Begriffen »Fortschritt« und »Innovation« mit Furcht begegnen, überhaupt das »kollektive Bewusstsein« für einen solchen Akt? Die anspruchsvolle Lösung liegt, um im hegelianischen Jargon Žižeks zu sprechen, in der »Identifikation des Nichtteils mit dem Ganzen«, mit dem »Allgemeinen«.[47] Sobald das depravierte Subjekt, das vom neoliberal-multikulturellen Sozialreformismus in dem Glauben gehalten werde, dass es selbst das Problem sei oder ihm eine nur für seine Zwangslage spezifische Ungerechtigkeit widerfahre, zu dem Bewusstsein gelange, dass seine eigene Situation einen »Stellvertreter für das allgemeine ›Falsche‹« darstellt, müsse es darauf ankommen, »diese Allgemeinheit zu artikulieren«.[48] Als Beispiel dienen Žižek der Dritte Stand am Vorabend der Französischen Revolution, der spätestens seit der Flugschrift *Was ist der Dritte Stand?* von Abbé Sieyès für sich in Anspruch nahm, die gesamte Nation zu sein, oder (weniger problematisch) die Demonstranten auf den Straßen der untergehenden Sowjetrepubliken, die sich selbst als mit dem ganzen Volk identisch sahen. Es überrascht nicht, dass sich Žižek bald nach Beginn der Occupy-Proteste der Bewegung anschloss, denn dieser holistische Begriff der Politisierung weist ja genau jene identitären und ja: potenziell totalitären Implikationen auf, die der Slogan »Wir sind die 99 Prozent« enthält.[49]

---

47 Žižek, *Tücke des Subjekts*, S. 256 und ders., *Die Revolution steht bevor*, S. 166.
48 Ders., *Tücke des Subjekts*, S. 280.
49 Interessanterweise bekräftigten auch andere radikaldemokratische Intellektuelle wie Judith Butler in ihren Occupy-Reden den nicht ganz unproblematischen identitären Repräsentationsanspruch der Bewegung: »Wir sitzen und stehen und bewegen uns«, so Butler in ihrer Rede im New Yorker Zucotti Park vom 23. Oktober 2011, »als der eine Volkswille, der von der elektoralen Politik vergessen und verworfen wurde«. In einem allerdings offenkundigen Kontrast zu den differenzorientierten Zügen ihrer gendertheoretischen Schriften legte Butler ihren Ausführungen ein organisches Repräsentationsverständnis zugrunde: Bei Occupy Wall Street handele es sich um »die Politik eines öffentlichen Körpers, seine Bewegungen und seine Stimme« – Letzteres wohlgemerkt im Singular. Sehr pluralistisch klingt diese Vision einer radikalen Bewegungsdemokratie nicht gerade. Vgl. Butler, Judith 2011, »Composite remarks«, online verfügbar unter {http://occupywriters.com/works/by-judith-butler} (Stand: April 2013).

Auf agonalistische Kritiker der Postpolitik wie Chantal Mouffe trifft der Vorwurf, einem wenig pluralistischen und antiinstitutionalistischen Reflex zu folgen, sehr viel weniger, wenn überhaupt irgendwie, zu. Schon in ihrem 1985 zusammen mit Ernesto Laclau verfassten Buch *Hegemonie und radikale Demokratie* hatte sich Mouffe von einem orthodoxen Marxismus, der die essentialistische und antipluralistische Utopie einer »wahren« Demokratie in Gestalt einer Arbeiterdiktatur stiftet, verabschiedet und betont, dass es nicht die Aufgabe der Linken sein könne, »auf die liberaldemokratische Ideologie zu verzichten«, sondern diese im Gegenteil »in Richtung auf eine radikale und plurale Demokratie zu vertiefen und auszuweiten«.[50] Später empört sich Mouffe explizit über die »Gegner der parlamentarischen Demokratie der Linken«.[51] Diese hätten, so Mouffe, offenbar vergessen, was mit den politisch repräsentierten, mit Grundrechten ausgestatteten Minoritäten geschehe, sobald eine »agonistische Konfrontation« – bei Mouffe die Bezeichnung für einen Interessenkonflikt, der in einem durch gemeinsam geteilte Grundnormen definierten »symbolischen Raum« in verbalem Wettstreit ausgetragen wird – in einen gewaltsamen Kampf (einen »Antagonismus«) ausartet und die bewaffnete Mehrheit gegen die schutzlose Minderheit zu Felde zieht. In der von Mouffe mit dem Begriff »agonistischer Pluralismus« definierten Form konfliktärer Demokratie teilen die Akteure einen Kanon von Grundwerten und prozeduralen Arrangements, vergegenwärtigen sich darüber hinaus die parlamentarische Debatte stets als zivilisatorisches Kompensat für jene blutigen Schlachten, die sofort von Neuem losbrächen, würde dieser Raum verschwinden.[52] Mouffe will also verhindern, was Žižek als die Herausforderung für eine radikale Politik betrachtet, nämlich die Rückführung von Antagonismen in das demokratische Feld. Allerdings hat die für den politischen Streit erst konstitutive Zähmung des Konflikts freilich nur Bestand, solan-

---

50 Laclau, Ernesto/Chantal Mouffe 1991, *Hegemonie und radikale Demokratie. Zur Dekonstruktion des Marxismus*, Wien: Passagen-Verlag, S. 240.

51 Mouffe, Chantal 2007, *Über das Politische. Wider die kosmopolitische Illusion*, Frankfurt am Main: Suhrkamp, S. 33 f.

52 Ebd., S. 30.

ge die repräsentativen Akteure ihre Fähigkeit bewahren, gesellschaftliche Dissonanzen wirkungsvoll zu übersetzen. Und ganz trivial müssen die Parlamentarier guten Willens sein, um sich auf den Mouffe'schen »Regelkanon« zu einigen, der Feinde zu Gegnern domestiziert, die sich an die Spielvereinbarung von Recht und Gesetz halten, statt gegenseitige Vernichtung anzustreben. Da Mouffe im Gefolge von Schmitt »Normen« und »Ethiken« für eine unpolitische Angelegenheit hält, fallen konstitutive Voraussetzungen dafür weg, im Übrigen auch für die von ihr so hochgeschätzten Emotionen und Leidenschaften im politischen Kampf. Denn woher soll dafür der Antrieb kommen, wenn nicht aus dem Quell von moralisch angestachelter Empörung oder dem Sinn für Gerechtigkeit?

Gelingt die Repräsentation der Konflikte nicht hinreichend, finden legitime demokratische Positionen, die sich im Umfeld der Institutionen artikulieren, in diesen Institutionen selbst keinen Widerhall, oder erfahren sie Würdigung lediglich in abstrakten Sonntagsreden, während die praktische Bearbeitung in den Ausschüssen jenen Bekundungen offen zuwiderläuft, entladen sich die Enttäuschungen über die mangelnde Responsivität des Systems oft in antiparlamentarischen Parolen – und jene Ventile, die den Empörten zur Kanalisierung ihres Ärgers geblieben sind, werden überhitzt, sodass man am Ende eben nicht mehr nur demonstriert, sondern Parlamentsgebäude blockiert und Abgeordnete daran hindert, an Abstimmungen über missliebige Reformen und Haushalte teilzunehmen, wie es im Juni 2011 vor dem katalanischen Regionalparlament in Barcelona geschah, wo Repräsentanten mit Farbbeuteln beworfen wurden und nur unter Polizeischutz und mithilfe von Hubschraubern zu dem Gebäude gelangen konnten. In diesem Fall schlägt kommunikative Macht in blanke instrumentelle Gewalt um. Letztere ist unter spezifischen historischen Bedingungen mitunter durchaus angebracht; sie ist aber abzulehnen, sobald sie darangeht, Erstere zu zerstören. Der politische Raum wird dann kampflos preisgegeben; die Schlachten von einst werden wieder auf der Straße geschlagen.

Wenn Mouffe dennoch dafür kritisiert wird, die »alltägliche Dimension der Politik« weitgehend zu vernachlässigen und das Politische als »Ausnahmezustand« zu deuten,[53] so entzündet sich dieser Vorwurf daran, dass sie trotz ihrer Betonung des Eigenwerts der parlamentarischen Demokratie deren Institutionen und ihren Wirkungsweisen kaum Beachtung schenkt. Das hatte zuletzt seinen Grund vor allem in ihrer Enttäuschung über den Modernisierungskurs sozialdemokratischer Parteien in Europa, denen sie die Aneignung einer »postpolitischen Vision« in Gestalt des Dritten Weges vorwirft. Auch wurde gerade aus Sicht der Gender und Cultural Studies der »Mythos eines antiautoritären hegemonialen Blocks«, den Mouffe und Laclau mit ihrer in *Hegemonie* vorgeschlagenen Unifikationsstrategie konstruieren, als praxisfern kritisiert, weil, wie es hieß, äquivalentielle Relationen bisweilen nicht verhandelbare Unterdrückungen zwischen den koalierenden Gruppen überdecken. Die Empfehlung »permanenter Problematisierung« und der Formulierung »unmöglicher Ansprüche« an das eigene Handeln,[54] wie wir sie des Öfteren von radikalen Demokraten hören, bleibt aber eher vage und trägt nicht dazu bei, Mouffes eigentliches Hauptdefizit zu überwinden: zwar kann man weder ihr noch Laclau vorwerfen, den Individualisierungstendenzen der Postmoderne nicht genügend Beachtung geschenkt zu haben. *Hegemonie* war ja gerade der Versuch, die marxistische Theorie von ihren sozialen Homogenitätsvorstellungen zu lösen und für eine »Anerkennung der Pluralität des Sozialen und des ungenähten Charakters jeder politischen Identität« fruchtbar und unter den Bedingungen eines »zunehmenden Individualismus«, den Laclau und Mouffe in den

---

53 Vgl. Jörke, Dirk 2004, »Die Agonalität des Demokratischen: Chantal Mouffe«, in: Flügel, Oliver/Reinhard Heil/Andreas Hetzel (Hg.), *Die Rückkehr des Politischen. Demokratietheorien heute*, Darmstadt: Wissenschaftliche Buchgesellschaft, S. 164-184, hier S. 179.

54 Smith, Anna M. 1998, »Das Unbehagen der Hegemonie. Die politischen Theorien von Judith Butler, Ernesto Laclau und Chantal Mouffe«, in: Marchart, Oliver (Hg.), *Das Undarstellbare der Politik. Zur Hegemonietheorie Ernesto Laclaus*, Wien: Turia + Kant, S. 225-237, hier S. 228 f. und S. 236.

Widerstandsformen der Neuen Sozialen Bewegungen erkannten, praktisch anwendbar zu machen.[55] Für beide ist es »die Pluralität des Sozialen, mit der das Projekt für eine radikale Demokratie verknüpft ist. Dessen Möglichkeit ergibt sich unmittelbar aus dem dezentrierten Charakter der sozialen Agenten, aus der sie als Subjekte konstituierenden diskursiven Pluralität und aus den innerhalb dieser Pluralität stattfindenden Verschiebungen.«[56] Bei Mouffe stoßen wir auf einen unerschütterlichen Glauben an die Formation sozialer Antagonismen als der »conditio sine qua non politischer Identitäten«.[57] Letztlich aber bleibt die Frage, ob die Generierung von gegenhegemonialen Subjektpositionen unter den Bedingungen radikaler Vereinzelung, die ein sich ausdifferenzierendes Potpourri aus sich voneinander abschottenden Lebenswelten erzeugt, in einem ausreichenden, »widerstandsfähigen« Maße überhaupt möglich ist, relativ offen. Mouffes und Laclaus Lösung läuft also auf etwas hinaus, wofür die meisten radikaldemokratischen Autoren der Gegenwart, sofern sie überhaupt konkrete Strategien vorschlagen, letztlich plädieren: eine »Intensivierung der sittlichen Anforderungen an die Bürgerinnen und Bürger genau in dem Moment, wo deren Basis verschwindet«.[58]

Dieser Vorwurf trifft natürlich in noch viel größerem Maße auf eine ganz andere radikaldemokratische Konzeption, den kommunitarisch gefärbten Zivilrepublikanismus zu, wie ihn prominent Benjamin Barber vertritt. Barbers Vision einer »starken Demokratie«, die mit möglichst wenig Repräsentationsmechanismen auskommen, stattdessen auf ein landesweites System von Nachbarschaftsversammlungen mit lokalen Gesetzgebungskompetenzen hinauslaufen und primär auf die Partizipationsbereitschaft der Bürger bauen soll,[59] wurde vom politikwissenschaftlichen Mainstream von Anfang an als utopisch abgelehnt. Sein Institutionenmodell, so ein oft erhobener Vorwurf, würde eine auf To-

55 Laclau/Mouffe, *Hegemonie*, S. 228.
56 Ebd., S. 246.
57 Mouffe 2007, *Über das Politische*, S. 25.
58 Jörke, »Wie demokratisch sind radikale Demokratietheorien?«, S. 263.
59 Vgl. ausführlich dazu: Barber, Benjamin 1994, *Starke Demokratie. Über die Teilhabe am Politischen*, Hamburg: Rotbuch, S. 233 ff.

talpolitisierung zielende »rousseauistische Zumutung von umfassender Partizipation als Bürgerpflicht« mit sich bringen und laufe daher auf Ansprüche hinaus, die von den Rechtssubjekten einer liberalen Gesellschaft nicht mehr verlangt werden können.[60] Allerdings nimmt Barber in seinem jüngsten Buch *Consumed!* hinsichtlich der soziokulturellen Grundlagen für eine »starke Demokratie« eine pessimistischere Haltung ein als noch vor 30 Jahren: Angesichts der von ihm konstatierten »Infantilisierung« mündiger Bürger durch eine sich global herausbildende kosmopolitische »Marktidentität« klingt seine Hoffnung auf eine Revitalisierung einer gemeinwohlorientierten Bürgeridentität heute recht verhalten.[61] Grundsätzlich hält er aber an seinen Reformvorschlägen aus den frühen achtziger Jahren fest.

Es scheint, als wollten die wichtigsten Fürsprecher radikaler Demokratie den Befund einer unvermeidlich schwindenden Bindungskraft kollektiver Identitäten, über deren Mobilisierung in der industriellen Moderne einst der demokratische Fortschritt gelang, einfach nicht wahrhaben. Weil sie die unpolitischen Mentalitäten innerhalb der zeitgenössischen Zivilgesellschaften nicht problematisieren, können radikale Demokraten auf eine der wichtigsten Fragen unserer Zeit keine überzeugende Antwort bieten: Wie kann die Demokratie vor den Übergriffen ihres historischen Supplements, der freien Marktwirtschaft, wirksam geschützt werden, wenn die privatistische Form der Selbstverwirklichung die »Lust am Handeln« vollständig ersetzt, wenn also, um Wolin zu zitieren, nicht wie im 20. Jahrhundert mit seinen totalitären Bedrohungen »Reglementierung, sondern Privatisierung, nicht Breschnew'sche Farblosigkeit, sondern Glanz und verschwenderischer Konsum« die pluralistische Gesellschaft aushöhlen?[62]

60 Merkel, Wolfgang/Alexander Petring 2011, »Partizipation und Inklusion«, in: Friedrich-Ebert-Stiftung (Hg.), *Demokratie in Deutschland 2011*, online verfügbar unter: {http://www.demokratie-deutschland-2011.de/common/pdf/ Partizipation_und_Inklusion.pdf} (Stand: April 2013), S. 3.

61 Vgl. Barber, Benjamin 2007, *Consumed! Wie der Markt Kinder verführt, Erwachsene infantilisiert und die Demokratie untergräbt*, München: C. H. Beck.

62 Wolin, Sheldon S. 2001, *Tocqueville Between Two Worlds. The Making of a Political and Theoretical Life*, Princeton: Princeton University Press, S. 569.

Auch Brown stellt sich die Frage, ob nicht die materiell saturierten Konsumbürger von den neoliberalen Subjektivierungsmächten bereits so weit manipuliert und entpolitisiert wurden, dass sie die Teilhabe an der Generierung politischer Macht gar nicht mehr wollen können. Sie spricht noch drastischer als Wolin von einem »Faschismus durch das Volk«.[63] Wie kann man erwarten, dass Menschen, die in Zeiten der Wirtschaftsmodernisierung mit ihren Anforderungen von Flexibilität, Eigenverantwortung und marktkonformer Individualität die neue Freiheit nicht gewinnbringend zu nutzen wissen und die, angsterfüllt und auf sich selbst zurückgedrängt, von den Märkten ohne ihr Wissen in ihrem Handeln dirigiert werden? Wie sollen diese Menschen »für ihre eigene substanzielle Freiheit oder Gleichheit stimmen oder sich gar aktiv dafür einsetzen, geschweige denn für die von anderen?« Eben solche Eingeständnisse vermisst man leider in vielen radikaldemokratischen Plädoyers neueren Datums. Bei Brown bilden sie hingegen den Ausgangspunkt für einen naheliegenden, aber nicht unproblematischen Lösungsansatz. Ihres Erachtens kann die Rückeroberung hegemonialer Deutungsmacht über den leeren Signifikanten »Demokratie« von links nur gelingen, wenn »wir« die neoliberalen Subjektivierungsmächte, die den Bürger tagtäglich prädisponieren, selbst unterhöhlen, in die »Fabriken der Macht« eindringen, »Wissen und Kontrolle über die multiplen Kräfte gewinnen, welche uns als Subjekte konstituieren«.[64] Brown ist sich bewusst, dass dies nicht ohne Zwang funktionieren wird, was für sie schon deshalb legitim zu sein scheint, weil das von ihr identifizierte »ganze Spektrum uns formender und lenkender sozialer Kräfte« selbst ständig subtilen Zwang ausübt.[65] Brown erklärt – in Abwandlung des berühmten und verstörenden Rousseau'schen Diktums –, dass die Bürger im demokratischen Prozess manchmal gezwungen werden müssen, um frei zu sein, wohl wissend, dass die liberale Freiheit in der Demokratie auf diese Weise zu einem guten Teil begraben würde. Von den zahlreichen Problemen, die mit so einer Position verbunden sind,

63 Brown, »Wir sind jetzt alle Demokraten …«, S. 69
64 Ebd., S. 66.
65 Ebd.

stellt sich vielleicht zuerst die Frage nach der demokratischen Legitimation der Handelnden: Wer sind denn eigentlich »wir«, die wir uns nach der Vorstellung von Brown offenbar im Besitz einer platonischen Weisheit befinden oder nach dem Beispiel einer Lenin'schen Avantgarde furchtlos vorangehen sollten, und was legitimiert uns, unseren Willen gegen die Präferenzen der apathischen, unwissenden Mehrheit durchzusetzen – zu deren Besten natürlich und im Dienste der wahren, der »substanziellen Freiheit«? Wenn die Antwort auf die zweite Frage demokratische Wahlen sind, wäre da wieder das Problem mit den entpolitisierten Mittel- und Unterschichten, die ja erst dann mobilisiert werden können, wenn »wir« die Machtdispositive steuern – und so weiter. Einziger Ausweg, so scheint Brown uns nahelegen zu wollen, ist eben die Revolution einer aufgeklärten, Bescheid wissenden, »progressiven« Elite. Dies offen einzugestehen hieße dann natürlich, den Pfad der radikalen *und gleichzeitig pluralen* Demokratie verlassen zu müssen.

Diese hier kurz diskutierten radikaldemokratischen Kritiken postdemokratischen Regierens bieten ohne Zweifel wichtige Impulse, um die Gefahren einer rationalistisch verengten, dabei jedoch im dialogischen Gewand erscheinenden unpolitischen Demokratie zu verstehen. Sowohl die Politikbegriffe als auch die Lösungsansätze, die uns diese radikaldemokratischen Theorien anbieten, bringen jedoch häufig große normative Probleme mit sich. Sie verkennen beispielsweise den Eigenwert der politischen Integration durch elektorale Repräsentation, woraus sich auch ihr Desinteresse an »formaler Demokratie« speist, das der Antipolitik in die Hände spielt. Diese Ansätze können nicht die Frage beantworten, wie wir nach politischem Wandel streben können, ohne auf die bewahrenswerten Effekte stabiler Verfassungsinstitutionen verzichten zu müssen, die jeder demokratischen Gemeinschaft als Garantie für die praktische Realisierung ihres zentralen Versprechens (der formalen Gleichberechtigung im Diskurs über die fundamentalen Fragen zur Gestaltung dieser Gemeinschaft) dienen. Sie feiern die politische Vitalität außerhalb des konstitutionellen Rahmens, ignorieren dabei aber die Gefahr, dass diese Aktivitäten, die für eine kleine Aktivistenelite vielleicht ein Mehr an

Freiheit bedeuten, für die kollektive Freiheit eine Bedrohung darstellen können.

Das Fazit muss daher nüchtern ausfallen: Insgesamt weisen radikale Demokratietheorien derzeit ein erstaunliches Desinteresse an institutionellen Prozessen und sozialen Voraussetzungen auf. Erstaunlich deshalb, weil Ersteres auch dem Neoliberalismus vorzuwerfen ist, der von ihnen als Wurzel allen Übels betrachtet wird. Beide scheinen sich aber darin einig, dass die politische Macht staatlicher Institutionen minimiert werden sollte; die eine Seite ist dieser Auffassung, weil die Verwaltungsdispositive des Staates angeblich alles Politische zunichtemachen, und die andere Seite, weil sie in den demokratisch gewählten Parlamenten, zumal in Wahlkampfperioden, stets verhängnisvolle Redistributionswünsche wähnt, die die Generierung von Wachstum und Wohlstand gefährden. Beide Seiten wenden sich in einer mehr oder weniger radikalen Weise gegen die Vorstellung, die gesellschaftliche Sphäre sollte durch politisch normiertes Recht reguliert werden.[66] Die Polemik gegen die verfassungsmäßige Institutionenordnung fällt insbesondere bei Autoren wie Rancière, Žižek und Badiou so vernichtend aus, dass jeder irgendwie geartete Gestaltungsanspruch innerhalb bestehender Regelsysteme bereits als reaktionär getadelt wird. Jede republikanisch-demokratische Ordnung, die, durch den revolutionären Gründungsakt selbst politisch normiert, den gesellschaftlichen Akteuren dauerhafte Formen für die politische Interaktion zur Verfügung stellt und somit zu einer Ermöglichungsbedingung für demokratische Politik wird, wird von vornherein als Gefährdung des Episodisch-Politischen betrachtet.

Michael Hirsch hat unlängst argumentiert, dass gerade die mangelnde Akzeptanz der pragmatischen Seite von Politik, dass gerade die Aufwertung außerinstitutionellen Protests durch radikaldemokratisch-libertäre Theoretiker wie Rancière und Lefort neben der »entpolitisierte[n] Steuerung der Gesellschaft durch Verwaltungs- und Gerechtigkeitsexperten« paradigmatisch sei für eine bestimmte Form der Entpolitisierung: Mit der »Erset-

---

66 Vgl. Hirsch, »Libertäre Demokratie im neoliberalen Staat«, S. 216.

zung staatlichen Rechts durch zivilgesellschaftliche Moral als Leitmedium der Politik« werde, so Hirsch, das positive Konzept der Volkssouveränität zu einem negativen, »vormodernen Widerstandsrecht gegen den Staat« uminterpretiert, sodass letztlich »der politische Kampf [...] zum Selbstzweck« gerate.[67] Indem sie selbst nur die »punktuelle Politisierung« zum Telos der Demokratie erheben, das nicht auf die Legitimation staatlich-politischen Handelns durch demokratische Willensbildung, sondern auf die Aussetzung dieses Handelns und seine Ersetzung durch symbolische Gegenprojektionen gerichtet ist, unterstützen sie »die herrschende Arbeitsteilung zwischen einer entpolitisierten Sachdimension und einer politisierten Sozialdimension der Gesellschaft«. Die Folge sei eine augenblicklich grassierende linkslibertäre »Resignation bezüglich der realen Verwendungen politischer Macht durch den Staat«. Die Reduktion der Demokratie auf eine Ideologie, auf eine inhaltsleere Ritualisierung von selbstbestätigenden Gewohnheiten würde sich auf diese Weise fortsetzen. Es stellt sich daher in der Tat die Frage, ob das wachsende Desinteresse an der *polity*-Dimension von Politik, ob die gegenwärtige »(politische wie rechtliche) Vernachlässigung und Leugnung der Kategorie des Staates« aufseiten der Linken,[68] wie sie sich in den Schriften von Abensour, Rancière, Lefort und anderen spiegelt, den technokratischen Tendenzen innerhalb der institutionalisierten Politik und der damit kompatiblen »Halbierung der Demokratie« durch Surrogat-Angebote (wider ihre ursprüngliche Intention) letztlich nicht entgegenkommt.

Radikale Demokratie in der Praxis

Der Reflex gegen die die souveräne Macht des Volkes angeblich verfälschenden Institutionen »formaler Demokratie« ist aufseiten der radikalen Linken natürlich seit je weitverbreitet. Schon der junge Marx hatte in seiner Schrift *Zur Kritik der Hegelschen*

---

67 Hirsch, Michael 2007, *Die zwei Seiten der Entpolitisierung. Zur politischen Theorie der Gegenwart*, Stuttgart: Steiner, S. 9 f.
68 Hirsch, »Libertäre Demokratie im neoliberalen Staat«, S. 195.

Rechtsphilosophie mit einer gewissen Vorfreude den baldigen Untergang des Staates in der »wahren Demokratie« verkündet.[69] In der Weimarer Republik marschierten große Teile der Jungsozialisten unter dem Slogan »Republik, das ist nicht viel – Sozialismus bleibt das Ziel«. Und in der Kommunebewegung der 68er stellte das Bestreben, die als autoritär wahrgenommenen Institutionen des Staates von innen und außen zu zerstören, um auf ihren Trümmern totalpolitisierte und intimisierte Vergesellschaftungsformen zu errichten, einen der vielen antipolitischen Impulse dar.[70]

Auch in den Protestbewegungen, die sich 2011 innerhalb der westlichen Welt formierten, haben antiinstitutionalistische Demokratievorstellungen absolut dominiert. Man könnte geneigt sein, die aufkeimende Protestkultur, ihren Ruf nach einer Demokratisierung der Demokratie und die endlich in den allgemeinen publizistischen Diskurs hineinwirkende Debatte über einen gangbaren Weg dorthin als Gegenreaktion auf die (Selbst-)Entmachtung der nationalen Parlamente zu begreifen. Aber während die Demonstranten auf dem Kairoer Tahrir-Platz und anderswo in der arabischen Welt für freie Wahlen, republikanische Verfassungen und stabile demokratische Institutionen auf die Straße gingen, teilten die meisten in den kapitalismuskritischen Bewegungen wirkenden Aktivisten im Grunde die in der OECD-Welt grassierende Parlamentarismusmüdigkeit. Der Anthropologe David Graeber, der an dem Planungsprozess zu Occupy Wall Street (OWS) von Beginn an beteiligt war und in den Medien als Vordenker der Bewegung gehandelt wurde, berichtet, dass das Projekt ausschließlich von »Anarchisten und revolutionären Sozialisten« initiiert worden sei und »radikale Lösungen«, das Ziel des Systemwechsels, innerhalb dieser Anfangsformation eine Zeit

---

69 Vgl. Marx, Karl, 1978, *Zur Kritik der Hegelschen Rechtsphilosophie. Kritik des Hegelschen Staatsrechts (§§ 261-313)*, in: Marx, Karl/Friedrich Engels, *Werke* (= MEW), hrsg. vom Institut für Marxismus-Leninismus bei ZK der SED, Bd. 1, Berlin: Dietz, S. 232.
70 Vgl. dazu Kießling, Simon 2006, *Die antiautoritäre Revolte der 68er. Postindustrielle Konsumgesellschaft und säkulare Religionsgeschichte der Moderne*, Köln: Böhlau, S. 107 ff.

lang durchaus Konsens gewesen seien.[71] Man kann sagen: Die fundamentale Kritik an den bestehenden Formen politischer Repräsentation bildete neben der programmatisch noch poröseren Kapitalismuskritik den Hauptfokus der Occupy-Bewegung.[72]

Die Wut auf die parlamentarische Regierungsform entzündete sich nicht nur an deren abnehmender Funktionsfähigkeit. Von den OWS-Aktivisten wurden die Parlamente als abgehoben und korrupt, weil zu stark mit dem herrschenden neoliberalen Virus infiziert angesehen; sie bevorzugten deshalb *direct action* und extraparlamentarische Formen der Selbstrepräsentation, suchten nach direktdemokratischen Mechanismen, um dem Volk seine Stimme zurückzugeben. Mit dem Slogan »Wir sind die 99 Prozent« wurde explizit ein repräsentativer Anspruch erhoben: Die Aktivisten sprachen im Namen eines übergroßen, zugleich aber marginalisierten Teils der Gesellschaft, einer bislang in ohnmächtiger Duldung ausharrenden schweigenden Mehrheit. Aufgrund ihrer ideologisch sehr heterogenen Zusammensetzung fiel es der Bewegung schwer, sich auf kohärente politische Ziele zu verständigen, doch neben ihrer Antipathie gegen das parlamentarische System einte sie vor allem eines: ihr Bestreben, innerhalb des besetzten Raumes partizipative Verfahren zu ergründen, die als Alternative zum liberaldemokratischen Modell herhalten können.

Sicher distanzierten sich nicht alle Occupy-Aktivisten so weit vom liberaldemokratischen Regierungssystem wie etwa Graeber, der als bekennender Anarchist für die rechtsstaatliche, repräsentative Demokratie westlicher Prägung nur wenig übrig hat und stattdessen die Vision einer das staatliche Zwangsmonopol überwindenden, kleinräumig und spontaneistisch organisierten Gesellschaft zeichnet, in der Entscheidungen konsensual im Rah-

---

71 Vgl. Graeber, David 2012, *Inside Occupy*, Frankfurt am Main/New York: Campus, S. 84 ff.

72 Vgl. Negri, Antonio/Michael Hardt 2011, »The fight for ›real democracy‹ at the heart of Occupy Wall Street«, in: *Foreign Affairs* (11. Oktober 2011), online verfügbar unter: {http://www.foreignaffairs.com/articles/136399/michael-ha rdt-and-antonio-negri/the-fight-for-real-democracy-at-the-heart-of-occupy-wall-street} (Stand: April 2013).

men kommunaler Einheiten getroffen und in der Konflikte schon dadurch vermieden werden, dass niemand gezwungen ist, sich in den beschlossenen Konsens zu fügen, da es keine Exekutive gibt, die diesen Beschluss durchsetzen wird.[73] Doch konnte man viele Elemente von Graebers eigener Demokratievision in den Camps der Bewegung praktisch erleben. Die Occupier meinten es ernst mit der radikalen Demokratie, praktizierten mitunter extrem offene Deliberationsformen,[74] die ihren Vorstellungen von enthierachisierten Freiräumen, von einer dezentral organisierten, führungslosen Open-Source-Bewegung entsprachen. Dieses Bedürfnis wurde mithilfe diverser partizipativer Praktiken und des Konsensprinzips als dominierendes Instrument bei der Entscheidungsfindung erfüllt, das die größtmögliche Inklusion der Beteiligten in die kollektive Meinungsbildung ermöglichen sollte. Einige zu diesem Zweck erprobte Instrumente, wie etwa das *people's microphone* oder die für die Kommunikation auf öffentlichen Versammlungen entwickelten Handsignale zur Demonstration von Gefühlen und Einstellungen wie Ablehnung und Zustimmung, haben auch in den Medien große Aufmerksamkeit erfahren. Man kann OWS und die von den New Yorker Ereignissen inspirierten Nachfolger (Blockupy usw.) als die Suche nach offenen Räumen begreifen, in denen abseits des herrschenden Systems mit neuen Formen der basisdemokratischen Aushandlung experimentiert und auf das Repräsentationsprinzip verzichtet werden kann, gemäß der vom Weltsozialforum geprägten Parole »Eine andere Welt ist möglich«.

Die Suche nach einem verbindenden Diskursrahmen, aber auch nach gemeinsam geteilten Grundwerten in einer soziodemografisch relativ heterogen zusammengesetzten Gemeinschaft von Citoyens, die die totalresponsiven Aushandlungsprozesse in den Versammlungen (*asambleas*) kennzeichnete und den konstruktiven Meinungsstreit erst ermöglichte, überhaupt die Geduld, mit der die Beteiligten sich trotz des immensen organisato-

73 Vgl. Graeber, David 2004, *Fragments of an Anarchist Anthropology*, Chicago: Prickly Paradigm Press, S. 82 ff.
74 Vogel, Steffen 2012, »Occupy am Scheideweg«, in: *Blätter für deutsche und internationale Politik* 57/H. 1, S. 9-12.

rischen Aufwandes, den die Aufrechterhaltung der Camp-Autonomie erforderte (in New York hatten die Aktivisten für die Einrichtung einer eigenen Krankenstation, Kantine und Bibliothek Sorge getragen), dem Streit und damit dem Kern ihrer Sache selbst widmeten, macht deutlich, warum viele in OWS eine Inspiration für eine Wiederbelebung des Politischen im 21. Jahrhundert sahen. Die Autonomie des Politischen – so die unangenehme Einsicht der Occupy-Aktivisten – lässt sich heute nur noch dort vollständig verwirklichen, wo die (eigentlich urliberale) »Kunst der Trennung«[75] zwischen Politik und Wirtschaft, Politik und Religion usw. noch nicht aus den Fugen geraten ist.

Die Lösung der Okkupisten ist assoziativ-kommunalistisch und basisdemokratisch, eine Form der Gegenpolitik, die aber nicht als pure Antipolitik in Erscheinung tritt. Occupy transzendiert zwar die Macht der bestehenden politischen Institutionen; aber statt Politik und Macht zu verbannen, die Meinungsschlacht und kollektiv bindende Entscheidungen von vornherein gering zu schätzen, hält die Bewegung Ausschau nach Optionen, um Freiheit im Kontext organisierter Macht, ohne die ein koordiniertes politisches Handeln nicht denkbar ist, neu zu interpretieren. Dies macht, dem australischen Politologen Saul Newman zufolge, eine postanarchistische Position aus, der es nicht (wie etwa der maßgeblich von Michael Bakunin geprägten klassischen anarchistischen Theorie) um eine Absage an organisierte Politik, sondern um eine »Re-Situierung der Politik außerhalb des repräsentativen Rahmens des Staates« geht, die als Projekt ständiger Infragestellung der offiziellen Macht und als Versuch begriffen werden soll, »Alternativen in der Gegenwart, vor Ort, zu kreieren, statt auf die Revolution zu warten«.[76] Ein moderner Anarchismus, wie ihn Newman vorschlägt, muss Antipolitik mit Momenten der Politik verbinden: die Ablehnung des Systems und ihre politische Artikulation, die Störung der Ordnung mit einem Nachdenken dar-

---

75 Vgl. dazu Walzer, Michael 1992, »Liberalismus und die Kunst der Trennung«, in: ders.: *Zivile Gesellschaft und amerikanische Demokratie*, Hamburg: Rotbuch, S. 38-63.
76 Newman, Saul 2011, »Postanarchism: a politics of anti-politics«, in: *Journal of Political Ideologies* 16/H. 3, S. 313-327, hier S. 324.

über, was an ihre Stelle treten soll. Denn eine Ordnung ist unverzichtbar, selbst wenn es sich um eine radikal-libertäre handelt. Dieses Projekt steht auch im Zentrum der Occupy-Bewegung, die über eine reine Negation staatlicher Dispositive hinausgeht. Die Aktivisten haben sich zwar bei der Formulierung substanzieller Projektalternativen zurückgehalten. Es existierten nur wenige autorisierte Manifeste und die enthielten kaum Lösungswege, wurden vielmehr bewusst offengehalten, um das integrative Potenzial der Bewegung nicht zu verschenken. Was alle Beteiligten einte, war die Überzeugung, dass diejenigen, die die vorgeblich im Namen des Volkes agierenden repräsentativen Verfassungsorgane besetzen, nicht (mehr) das Volk repräsentieren, dass die wahren Mächtigen ganz woanders sitzen, dass man es mit einer sich selbst reproduzierenden Oligarchie zu tun habe. Die linkspopulistischen Züge von OWS sind hier offensichtlich und wurden von verschiedenen Aktivisten positiv hervorgehoben. Problematisch indes ist dabei der von OWS-Rednern vermittelte identitäre Begriff demokratischer Repräsentation, der für populistische Bewegungen so typisch ist. Es handelt sich jedoch insgesamt um einen nichtessentialistischen Populismus, der dem Begriff »Volk« keine streng klassen- oder sonst wie basierte Definition zugrunde legt und der zwar der Politik, aber nicht dem Politischen mit Verachtung begegnet, insofern sich also dem neoliberalen Rechtspopulismus der Tea-Party-Bewegung als der lautesten und politisch einflussreichsten US-amerikanischen sozialen Bewegung in den letzten Jahren mit ihren Lobliedern auf das »gute« christliche Amerika, ihrer Diskurs- und Intellektuellenfeindlichkeit widersetzt.

Dennoch: Kommunalistische Gegenstrategien wie die von OWS, die sich explizit am Polis-Ideal orientieren, übersehen häufig den sektiererischen Konformitätsdruck, den solche konsensualen Aushandlungsprozesse in kleinen, von der verachteten Mehrheitsgesellschaft abgekoppelten Räumen erzeugen. Die liberale Wettbewerbsdemokratie entgeht diesem Problem, indem sie unabhängige Institutionen einrichtet, die dem ständigen politischen Wettbewerb entzogen sind und ihn begrenzen. Für diese Institutionen hatten die Aktivisten wenig übrig. Auch der okkupierte Raum der OWS-Aktivisten kann nur bestehen und funktionieren, weil er ein klar konturiertes Gegenüber entwirft – »Licht braucht Finsternis, um zu sein«[77] –, sich nicht nur von der manipulativen Politik und den passiven Hedonisten der Konsumgesellschaft, sondern ebenfalls vom »progressiven« Rest der Aktivbürger (linke Etatisten, sozialdemokratische Republikaner usw.) abgrenzt, die die pluralistischen Garantien des modernen Republikanismus zu schätzen wissen.

Offenkundig kennzeichneten viele Elemente des gegenwärtigen radikaldemokratischen links-libertären Denkens das Selbstverständnis der Occupier: das eruptive Einbrechen des »unverrechenbaren« Rests in und seine kompromisslose Frontstellung gegen eine als vermachtet, elitär und manipulativ wahrgenommene staatliche Politik, die Formierung kollektiver Identitäten durch die Besetzung hegemonial gedeuteter Begrifflichkeiten und symbolischer Orte, wie eben die Zentren der globalen Finanzwirtschaft, die eigentlichen Orte politischer Macht. Es kann also kaum überraschen, dass die Bewegung, deren Protagonisten sich in postmarxistischer Manier als »die kritische Masse« bezeichneten, offen gegen die Organisationsformen des westlichen Parlamentarismus Stellung bezogen, stand doch gerade hier die offenbar ernst gemeinte Hoffnung im Zentrum der Agitation, dass die »99 Prozent« in direkter Konfrontation mit dem Finanzkapital und seinem politischen Überbau, ungehemmt von den als lähmend empfundenen Verfassungsorganen, von der Straße aus obsiegen und den großen sozialen Wandel bewirken. Aber ist so eine strikt antietatistische Taktik sinnvoll? Sicher: Wenn man Occupy als Versuch interpretiert, Möglichkeiten präfigurativer Politik auszutesten, das heißt die angestrebten Gesellschafts- und Demokratieideale zunächst in begrenzten und von der von herrschenden Systemimperativen vereinnahmten Umwelt isolierten Räumen zu realisieren,[78] ist sie sogar ohne Alternative. Allerdings

77 Plessner, Helmuth 1981, *Macht und menschliche Natur. Gesammelte Schriften V*, Frankfurt am Main: Suhrkamp, S. 56.
78 Vgl. Schaffzin, Gabi 2011, »Preoccupied with occupation«, online verfügbar unter: {http://www.gaboosh.com/blog/wp-content/uploads/2012/01/PreoccupiedWithOccupation_Schaffzin_122311.pdf} (Stand: April 2013).

mussten sich die Aktivisten in dem Moment, da sie sich für die irresponsive Konfrontation mit der als feindlich wahrgenommenen politischen Mainstream-Umwelt entschieden (sie weigerten sich, Vertreter der großen politischen Parteien in den eigenen Reihen zu akzeptieren usw.), mit einem rein experimentellen, in weiten Teilen sektenhaften Charakter ihrer Bewegung begnügen. Ähnlich wie die erfolglose Antikriegsbewegung in den sechziger und siebziger Jahren, so der US-amerikanische Soziologe Claude S. Fischer, entbehre Occupy einer elektoralen Strategie, wie sie etwa die erfolgreiche schwarze Bürgerrechtsbewegung aufgewiesen hatte: klare Ziele, einen starken Apparat, den unbedingten Willen, in soziale Relais einzudringen und einen Gang durch die Institutionen zu wagen, an dessen Ende die Aufstellung eigener Kongress- und Präsidentschaftskandidaten stehen würde.[79] Wenn man, wie Fischer, den Erfolg einer Bewegung allein an ihren direkten, vorzeigbaren Resultaten bemisst, mag dieser Vorwurf berechtigt sein. Aber OWS hatte bewusst etwas anderes im Sinn. Während die Demokratiebewegungen im vergangenen Jahrhundert auf die Integration ausgegrenzter Minderheiten in die Mehrheitsgesellschaft zielten, war das Ziel der Occupier die radikale Desintegration. Immerhin verweigerte Occupy den etablierten Institutionen, die nicht als Möglichkeit zur Herbeiführung gesellschaftlichen Wandels, sondern selbst als Symptome und systemische Mitverursacher der Krise verunglimpft wurden, ganz bewusst die Aussprache. Dieses »Sich nicht drauf einlassen«, dieses Schweigen, diese Verweigerung des Dialogs wurde von Graeber und Žižek als die gefährlichste Waffe gegenüber den Etablierten begrüßt,[80] und sie entsprach ganz dem Selbstverständnis der Bewegung. Insofern hat der Politikwissenschaftler und Bürgerrechtler Roland Roth ganz recht, wenn er als ein einschneidendes,

---

79 Vgl. Fischer, Claude 2011, »Occupy! Now what?«, online verfügbar unter: {http://madeinamericathebook.wordpress.com/2011/11/08/occupy-now-what/} (Stand: April 2013).

80 Žižek, Slavoj 2011, »Lasst euch nicht umarmen!«, in: *süddeutsche.de* (27. Oktober 2011), online verfügbar unter: {http://www.sueddeutsche.de/kultur/occupy-wall-street-streit-lasst-euch-nicht-umarmen-1.1174532} (Stand: April 2013).

von den Protestformationen der letzten Jahre sich abhebendes Charakteristikum der Occupy-Bewegung deren Absage an einen »selbstbegrenzten Radikalismus« und eine neue »Remoralisierung des Protests« konstatiert,[81] der sich nicht so sehr um Lösungen, sondern um Visionen bemüht.

Zwar hatten auch die rudimentären Keime transnationaler Bewegungen in den vergangenen Jahren immer von einer »anderen Welt« geträumt, waren bei Parallelveranstaltungen zu G8-Gipfeln und UN-Konferenzen aber stets mit konkreten, wenn auch recht weitgehenden Forderungen an die Regierungen der Industrieländer herangetreten (Schuldenschnitt für afrikanische Entwicklungsländer usw.). Im Zuccotti Park dagegen wurde explizit die Kapitalismusfrage gestellt, weshalb die Formulierung von systemkompatiblen Lösungsvorschlägen in eine Sackgasse geführt hätte. Im öffentlichen Diskurs der USA kaum wahrnehmbare Umverteilungsvorschläge wie etwa die Begrenzung von Banker-Gehältern oder die Einführung einer Finanztransaktionssteuer wurden im Camp zwar rege diskutiert; hätte man sich hingegen darauf geeinigt, wäre die Systemfrage vielleicht in den Hintergrund gerückt. Das Schweigen von OWS zu konkreten *policies* und Transformationsstrategien war aber nicht nur Ausdruck einer antireformerischen Strategie. Die thematische Offenheit war auch in praktischer Hinsicht und aus radikaldemokratischer Perspektive die einzig vertretbare Reaktion auf die Pluralisierung der Gesellschaft und die Repräsentationskrise der aggregativen Demokratie: »Es wird nicht mobilisiert, um bestimmte Ziele zu erreichen, sondern um sie erst gemeinsam zu entwickeln.«[82] Dabei, so der einschlägige Tenor der OWS-Sympathisanten, sollte es zunächst einmal um etwas gehen, was von der Linken seit dem Erscheinen von *Empire* und *Multitude* von Hardt und Negri verstärkt strategisch erörtert worden war: um die Möglichkeiten einer »Organisierung der bisher im Sinne bestehender Herrschaftsverhältnisse regierbaren Singularitäten, die ihre lähmende Angst verlieren, ihre Individualisierung aufbrechen« und ge-

---

81 Roth, Roland 2012, »Vom Gelingen und Scheitern sozialer Bewegungen«, in: *Forschungsjournal Soziale Bewegungen* 25/H. 1, S. 21-31, hier S. 25.
82 Ebd., S. 27.

meinsam nach »Alternativen der Selbstregierung« suchen.[83] Die Konsequenz der von den Occupy-Aktivisten praktizierten radikalen Demokratie war jedoch, dass es schließlich an Mitteln und zielführenden Prozeduren fehlte, selbst das anvisierte Demokratieideal mit konkreten institutionellen Konzeptionen zu unterfüttern: Auf die Frage, wie eine regional geerdete Demokratie den global entfesselten Kapitalismus in Schach halten soll, wissen selbstverständlich auch die Okkupisten keine überzeugende Antwort zu geben. Somit offenbart sich in diesem Punkt dieselbe radikaldemokratische Ratlosigkeit wie in den theoretischen Reflexionen der letzten Jahre.

Angesichts der gestiegenen Bedürfnisse nach unmittelbarer, vor allem aber assoziativer, »entstaatlichter« Demokratie aufseiten der Aktivbürgerschaft, die sich in vielerlei Hinsicht mit den Anforderungen einer »im Kommen« begriffenen transnationalen Demokratie decken, stellt sich natürlich die Frage, ob, und wenn ja, wie das Prinzip parlamentarischer Repräsentation gegen ihre Gegner verteidigt und für die Herausforderungen des 21. Jahrhunderts so tauglich gemacht werden kann, dass sie ihre im Folgenden näher zu beleuchtenden genuin politischen und demokratischen Züge auch noch in Zeiten von Globalisierung, gehobener Partizipationsansprüche jenseits traditioneller politischer Räume und gleichzeitig sinkender Wahlbeteiligung entfaltet.

83 Lorey, Isabell 2012a, »Demokratie statt Repräsentation. Zur konstituierenden Macht der Besetzungsbewegungen«, in: dies. et al. (Hg.), *Occupy! Die aktuellen Kämpfe um die Besetzung des Politischen*, Wien/Berlin: Turia + Kant, S. 34.

6. It's representation, stupid!

In modernen Demokratien ist Repräsentation der legitime Antriebsstoff für jene interinstitutionellen Dynamiken, die den politischen Prozess täglich bestimmen. Aber Demokratie lässt sich, selbst wenn man sie dem Mainstream gemäß als Regierungsform und nicht wie die Radikaldemokraten und postmodernen Antifundamentalisten als unabschließbares Projekt begreift, nicht auf Wahlen und Repräsentation verengen. Das zeigt schon ein Blick in die Ideengeschichte: Über zwei Jahrtausende galt das Wählen als zutiefst undemokratisch. Noch bei Montesquieu und Rousseau entspricht die Auswahl von Bürgern für öffentliche Ämter durch Wahl dem Wesen der Aristokratie, die Auswahl durch Los dagegen den Prinzipien der Demokratie – eine These, für die sich auch heute noch genügend Argumente vorbringen lassen: Durch Wahlen werden für gewöhnlich solche Kandidaten ins Amt gebracht, die sich durch bestimmte Merkmale positiv von der Masse der Mitbewerber absetzen, vielleicht nicht immer (wie zum Beispiel die Autoren der *Federalist Papers* gehofft hatten) die Klügsten und »Tugendhaftesten«, aber doch meist die rhetorisch Qualifiziertesten, Charismatischsten, die vielleicht noch dazu auf mindestens einem thematischen Feld eine hohe Kompetenz ausstrahlen und begütert genug sind, um sich effektvolle Wahlkämpfe leisten zu können. Die Folge ist eine oft beklagte soziale Exklusivität und daher mangelnde Repräsentativität in der Zusammensetzung der Parlamente: In England, dem Mutterland des modernen Parlamentarismus, sind beispielsweise fast 30 Prozent der Abgeordneten im House of Commons Absolventen der Universitäten in Oxford und in Cambridge; 35 Prozent von ihnen haben Privatschulen besucht, während dies auf nicht einmal 7 Prozent der Bevölkerung zutrifft.[1] Das Losen scheint dagegen eher den antiken Prinzipien der *isegoria* (dem Recht jedes freien Bürgers, in der *ekklesia* seine Meinung zu sagen) und der *isotimia*

---

[1] The Sutton Trust, *The Educational Background of Members of Parliament in 2010*, online verfügbar unter: {http://www.suttontrust.com/research/the-educational-backgrounds-of-mps/} (Stand: April 2013).

(dem gleichen Zugang zu allen politischen Ämtern) verpflichtet, die den Griechen als Bedingungen demokratischer Praxis galten. Jeder freie Bürger hatte (theoretisch) denselben Anteil an der Macht, denn die Wahrscheinlichkeit, für ein Amt ausgewählt zu werden, war für alle, die dies wünschten, gleich groß.[2] Man wird den zutiefst egalitären Charakter des Losens kaum leugnen können. Platon galt diese Methode als symptomatisch für eine Staatsform, die dem von ihm postulierten Vorrang der Philosophie vor der Demokratie, der weisen Expertokratie vor der Volksherrschaft, rigoros widersprach und stattdessen der Willkür Tür und Tor öffnete. Demokratie ist also – das scheint die Idee einer Demarchie oder »aleatorischer« Ergänzungen parlamentarischer Systeme zu bestätigen – zumindest in überschaubaren Räumen, ohne Repräsentation und die für sie elementaren Methoden der Wahl denkbar – ohne dass daraus gleich die ständige Partizipationspflicht folgen müsste. Das wachsende Interesse an Modellen, die auf die Zufallsauswahl zur Ergänzung parlamentarischer Systeme durch Bürgerkammern setzen, um das soziale Profil der Bevölkerung möglichst genau widerzuspiegeln und damit ein Gegengewicht zum Berufspolitikertum zu bilden, wird vor diesem Hintergrund nur allzu verständlich. Auch Vertreter der liberalen Pluralismustheorie wie Dahl haben solche Laiengremien mit beratender Funktion schon Anfang der siebziger Jahre propagiert und ihnen im Kern dieselbe Funktion zugesprochen: sie sollen repräsentieren, »was die Öffentlichkeit präferieren würde, wenn die Öffentlichkeit so gut informiert wäre wie ihre Mitbürger im *mini-populus*«.[3]

Hubertus Buchstein, einer der avanciertesten Verfechter der Losdemokratie, sieht das normative Ziel »aleatorischer« Modelle darin, »die Rationalitätspotentiale des Zufallsprinzips für moderne Demokratien nutzbar zu machen«,[4] nennt weitere Vorteile

2 Vgl. Manin, Bernard 1997, *The Principles of Representative Government*, Cambridge: Cambridge University Press, S. 62.
3 Dahl, Robert A. 1987, »Sketches for a democratic Utopia«, in: *Scandinavian Political Studies* 10/H. 3, S. 195-206, hier S. 205; vgl. auch ders. 1970, *After the Revolution. Authority in a Good Society*, New Haven: Yale University Press.
4 Buchstein, Hubertus 2009c, »Bausteine für eine aleatorische Demokratietheorie«, in: *Leviathan* 37/H. 3, S. 327-352, S. 343.

– zum Beispiel die Wirkung des Losens als »Antikorruptivum« bei der Ämtervergabe – und regt sogar konkrete Reformen an, etwa die Einrichtung eines »House of Lots« auf europäischer Ebene.[5] Der kaum zu überbietende Vorteil solcher Vorschläge liegt auf der Hand: Sie stellen einem Demokratiemodell, das elektorale Responsivität durch die Aggregation vielfältiger, nicht-öffentlich gespiegelter Einzelinteressen erzeugt, ein Ideal der deskriptiven Repräsentation (oder auch: »Spiegel-Repräsentation«) gegenüber, wonach allein schon die spiegelbildliche Darstellung einer Gesellschaft nach ihren soziodemografischen Merkmalen einem Gremium Repräsentativität verleiht. Die Dominanz von nicht gemeinwohlorientierten Machtinteressen, für deren vermeintlich allzu starke Gewichtung die Bürger ihre Politiker so gerne kritisieren, würde so minimiert. Der immer wiederkehrende Wunsch nach einem Parlament, in dem die Geschlechter, Einkommensgruppen und Bildungsschichten ihrer gesamtgesellschaftlichen Verteilung gemäß repräsentiert sind, klingt durchaus sympathisch, würde doch ein solches Repräsentationskonzept benachteiligten Minderheiten eine Stimme im politischen Raum garantieren und so der sozialen Selektivität der Wahldemokratien entgegenwirken. Gleichwohl trägt die Vorstellung von einer Losdemokratie unpolitische Züge, da hier Zufallsauswahlen auf der Basis von Algorithmen und vorpolitischen Kategorien (Religion, Hautfarbe, sozialer Status) getroffen werden müssen. Die Dimension des eigenständigen Handelns, die Möglichkeit von »Führung, Initiative oder kreativem Handeln« tritt hinter die Darstellungsdimension von Repräsentation zurück.[6] Das Konzept der Repräsentation aber befindet sich »im Herzen der Politik – weil alle Politik die Selbsterkenntnis der politischen Kollektivität

5 Ausführlich zu den Reformperspektiven für die EU: Buchstein, Hubertus 2009b, *Demokratie und Lotterie. Das Los als politisches Entscheidungsinstrument von der Antike bis zur EU*, Frankfurt am Main/New York: Campus, S. 427 ff.
6 Das sah schon Hanna Pitkin, die sich als eine der ersten Autorinnen ausführlich mit dem Konzept der deskriptiven Repräsentation beschäftigte und diese verwarf, weil sie die Handlungsdimension und die Rechenschaftskomponente politischer Repräsentation vernachlässige. Vgl. Pitkin, Hanna F. 1967, *The Concept of Representation*, Berkeley: University of California Press, S. 90.

voraussetzt, die paradigmatisch durch (politische) Repräsentation veranschaulicht wird«.[7] Eine »mimetische Theorie der Repräsentation«[8] geht zumindest implizit von der riskanten Prämisse aus, dass politische durch soziale Identitäten ganz einfach determiniert sind. »Funktionieren« könnte Repräsentation dann aber überhaupt nur, wenn man eine »natürliche« politische Gliederung der Gesellschaft unterstellt: »Bestenfalls könnte politisches Handeln dieses Natürliche spiegeln, nicht aber interpretieren oder verändern.«[9]

Alle Versuche, in einer Republik die unauflösbare Spannung zwischen dem abstrakten Volk und der sozialen Realität durch eine Vision der »wahren« Repräsentation zu beseitigen, würden darauf zielen, den Staat mit der Gesellschaft zu versöhnen, die Distanz zwischen den Bürgern und der »abgehobenen« politischen Klasse zu eliminieren. Von der Sehnsucht nach einer solchen Versöhnung scheinen auch viele Anhänger deskriptiver Repräsentation erfüllt zu sein. Aber demokratische Repräsentation ereignet sich gerade an den diversen Schnittstellen zwischen den staatlichen und gesellschaftlichen Institutionen und im Umfeld jener »Transmissionsriemen«, die wie die politischen Parteien allen interessierten Bürgern eine öffentlich zugängliche Plattform bieten. Die Funktion der Parteien – die Bündelung verschiedenster Meinungen und Interessen, mithin die Bereitstellung von Austauschforen, in denen kollektive Handlungsmacht entsteht – würde mit der Etablierung statistischer Repräsentationsmechanismen eigentlich überflüssig, denn die *mini publics* erhalten (so offenbar die Kalkulation ihrer Verfechter) allein schon aufgrund ihrer statistischen Zusammensetzung einen totalresponsiven Charakter. Man kommt nicht umhin, eine solche Auffassung von Repräsentation undynamisch und im Kern antipolitisch zu nennen. Abgesehen von diesem normativen Vorbehalt ist die Frage, ob soziale Ähnlichkeit automatisch politi-

7 Ankersmit, Frank 1996, *Aesthetic Politics. Political Philosophy Beyond Fact and Value*, Stanford: Stanford University Press, S. 23 ff.
8 Ebd., S. 44.
9 Urbinati, Nadia 2006, *Representative Democracy. Principles and Genealogy*, Chicago: The University of Chicago Press, S. 49.

sche Gemeinsamkeiten begründet, aber auch empirisch hoch umstritten.[10]

Dennoch, trotz aller Kritik: Die Beschäftigung mit Theorien »aleatorischer Demokratie« zeigt immerhin, dass die Diskussion über Mittel und Wege zur (Wieder-)Belebung des öffentlichen Raums derzeit keineswegs auf jene ausgetretenen Pfade begrenzt ist, die zwischen den ehemals verfeindeten Lagern von Anhängern strikt repräsentativer und radikal-partizipativer Demokratie verlaufen. Noch in der Zeit des Kalten Krieges war die Stimmung eine ganz andere. Partizipative und minimalistische oder »realistische« Ansätze hatten sich selbst in einen harten Dualismus zueinander gestellt: So wie Benjamin Barber in seinem Buch *Starke Demokratie* die Rousseau'sche These rehabilitierte, dass die Ideen von Freiheit, Gleichheit und sozialer Gerechtigkeit mit dem Prinzip der Repräsentation inkompatibel seien, egal ob ihm das Delegierten- oder Treuhändermodell zugrunde gelegt wird,[11] hinterfragten Schumpeter'sche Elitendemokraten weiterhin skeptisch die Urteilsfähigkeit der Laienbürger, die schiere institutionelle Umsetzbarkeit großer Inklusionsschübe und thematisierten deren negative Auswirkungen auf die Effizienz und Problemlösungsfähigkeit politischer Systeme. Nach dem Fall der Berliner Mauer verschwanden diese starren Gegensätze allmählich. Denn während minimalistische Demokratiebegriffe zwar in der empirischen Forschung absolut dominieren, in der normativen Diskussion angesichts der vielen uneingelösten Versprechen moderner Demokratie mit Gegenwehr rechnen müssen, muss umgekehrt die partizipationsorientierte Demokratietheorie einsehen, dass die fortschreitende Verdrängung der Repräsentationsfunktionen

10 Dieser Kritikpunkt hat bekanntlich in der feministischen Theorie immer wieder zu heftigen Debatten zwischen gleichheits- und differenzfeministischen Ansätzen geführt: Warum eigentlich sollten etwa Frauen, nur weil sie Frauen sind, für eine »frauenfreundliche« und Männer für eine »frauenfeindliche« Politik eintreten? Zur substanziellen Repräsentation der Interessen von Frauen vgl. z.B. Celis, Karen 2008, »Studying women's substantive representation in legislatures: when representative acts, contexts and women's interests become important«, in: *Representation*, Jg. 44, H. 2, S. 111-123.

11 Vgl. Barber, Benjamin 1994, *Starke Demokratie. Über die Teilhabe am Politischen*, Hamburg: Rotbuch, S. 139.

von Parlamenten durch unmittelbare Mitbestimmung zivilgesell-schaftlicher Assoziationen wenig zielführend ist, wenn dadurch die Gefahr sozialer Spaltungen und politischer Machtungleichge-wichte in einer zu sehr sich selbst überlassenen Zivilgesellschaft in einem nicht akzeptablen Ausmaß steigt.

Heute ist die Diskussion um elektorale Repräsentation und den Einsatz partizipativer/direktdemokratischer Instrumente daher vom Glauben an die prinzipielle Kompatibilität der für bei-de Strukturprinzipien konstitutiven Funktionselemente erfüllt. Kaum ein Beitrag, der bei der Diskussion von Optionen zur demo-kratischen Erneuerung nicht darauf insistiert, dass die vom Autor favorisierten Beteiligungsinstrumente »notwendige oder wünsch-bare Ergänzungen repräsentativer Formen« darstellen,[12] dass nur eine »wirkliche Verschmelzung von repräsentativer und partizi-pativer Demokratie« das Überleben der Demokratie im 21. Jahr-hundert garantieren könne.[13] Zweifellos können solche »Ergän-zungen« repräsentativer durch partizipative, direktdemokratische oder auch aleatorische Formen der autoritativen Politikgestaltung die Demokratie bereichern. Bei einer unüberlegten Implementie-rung können sie aber nicht nur die von Systemadministratoren so sehr gefürchteten Entscheidungsblockaden hervorbringen. Im schlimmsten Fall könnten sie bewirken, dass die Meinungs- und Willensbildung einer Gesellschaft in Bahnen gelenkt wird, die we-niger öffentlich verlaufen, antiegalitäre Konstellationen bei der Politikformulierung (und entsprechende *policies*) begünstigen und die Zurechenbarkeit wie auch die Gestaltungsfreiheit politischer Entscheidungsfindungsprozesse minimieren. Um das zu verste-hen, sollten wir uns kurz drei Punkte vergegenwärtigen, die für einen Eigenwert der elektoralen Repräsentation sprechen, insofern als diese sowohl politische Freiheit als auch Gleichheit zu schüt-zen, ja in gewisser Hinsicht erst zu konstituieren hilft.

Ein *erstes* Argument ist schon mehrmals aufgetaucht: das der Äquidistanz der repräsentierten Bürger zu den Orten politischer

---

12 Roth, Roland 2011, *Bürgermacht. Eine Streitschrift für mehr Partizipation*, Hamburg: Edition Körber-Stiftung, S. 214.
13 Ginsborg, Paul 2008, *Wie Demokratie leben*, Bonn: Bundeszentrale für politi-sche Bildung, S. 65.

Entscheidungsmacht, die eine möglichst gleichwertige Interessenberücksichtigung garantiert und somit das demokratische Egalitätsgebot wahrt.[14] Ein sozialethischer Anspruch demokratischer Repräsentation besteht ja gerade darin, dass durch die ihr vorausgehende Wahl, zumindest idealtypisch gedacht, alle Stimmen quantitativ gleich stark gewichtet werden. Direkte Demokratie überträgt dagegen, um es mit den Worten von Iris Marion Young zu formulieren, »oft politische Macht an arrogante laute Münder, die niemand dazu ermächtigt hat, irgendjemanden zu repräsentieren«; eben deshalb sei es »gerechter und vermutlich vernünftiger, formale Regeln der Repräsentation zu institutieren«,[15] die verhindern, dass ressourcenstarke Eliten mit viel Freizeit ihre Interessen auf Kosten der im politischen Raum allzu oft abwesenden und daher stimmlosen ärmeren Bevölkerungsteile durchsetzen. Ein solcher Effekt ließ sich in der jüngeren deutschen Plebiszitgeschichte mehrfach beobachten. Ein gutes Beispiel hierfür ist der Volksentscheid über die Aufweichung des Nichtraucherschutzes, der im April 2010 in Bayern stattfand, wo die Hürden für Referenden, Initiativ- und Abstimmungsverfahren im bundesweiten Vergleich gering und die Beteiligungsquoten relativ hoch sind. Als die CSU bei den Wahlen 2008 die absolute Mehrheit verlor und fortan mit der FDP koalieren musste, wurde diese Niederlage unter anderem auf ein zuvor von der CSU-Regierung verabschiedetes strenges Rauchverbot in Gaststätten zurückgeführt, das auch in Festzelten und Lokalen mit nur einem Raum gelten sollte und das laute Proteste in der Bevölkerung, insbesondere vonseiten der Gastronomie hervorrief. Nachdem es unter der neuen Regierung zu einer Aufweichung des Rauchverbots gekommen war, formierte sich eine Bürgerbewegung, die ein Volksbegehren »für echten Nichtraucherschutz« initiierte, dessen Ziel die Revision dieser Aufweichung bildete. Als es schließlich zu einem Volksentscheid kam, weil die Landtagsmehrheit das

14 Dieses Argument nennt auch Linden, Markus 2010b, »Wieviel Repräsentation brauchen wir noch?«, in: *Frankfurter Allgemeine Zeitung* (2. Dezember 2010).

15 Young, Iris Marion 1997, »Deferring group representation«, in: Shapiro, Ian/Will Kymlicka (Hg.), *Ethnicity and Group Rights*, New York: New York University Press, S. 349-376, hier S. 353.

Anliegen zurückwies, sprach sich eine Mehrheit von 61 Prozent der bayerischen Bürger, die sich an der Volksabstimmung beteiligten, für eine solche Revision aus. Dass die Wahlbeteiligung bei nur 38 Prozent lag – also um einiges niedriger als die Beteiligung an der vorangegangenen Landtagswahl (58 Prozent) –, gibt schon genug Anlass zur Sorge, denn, so ließe sich fragen, bedeutet diese schwache Beteiligung nicht, dass sich das Volksvotum im Ergebnis durch ein noch geringeres Maß an Legitimität auszeichnet als das Votum der Abgeordneten? Dieser Einwand ließe sich bequem mit dem Argument abtun, dass die Abstimmung des Volkes über konkrete Sachfragen nun einmal grundsätzlich das Votum der »pauschal« eingesetzten Volks*vertreter* sticht und das Prinzip der politischen Gleichheit auch das gleiche Recht auf Enthaltung vorschreibt. Wenn man aber darüber hinaus bedenkt, dass »die Wahrscheinlichkeit zu rauchen und die Wahrscheinlichkeit zu partizipieren gegenläufig verteilt sind«, dass nämlich der Anteil der Raucher in den höheren Schichten rückläufig ist, während sich besser Gebildete mit höheren Einkommen häufiger an Volksinitiativen- und Abstimmungen beteiligen, weckt dies ernsthafte Zweifel an der demokratischen Legitimität des Ergebnisses, denn »im Extremfall könnte dies bedeuten, dass nur die Nichtraucher über die Ausgestaltung des Rauchverbots entschieden haben«.[16]

Bei der Volksabstimmung über eine Hamburger Schulreform, die im Juli 2010 stattfand, ließen sich ähnliche Beobachtungen machen wie zuvor in Bayern: Die Beteiligungsrate in den einzelnen Stadtteilen korrelierte positiv mit der durchschnittlichen Höhe der Einkommen und negativ mit der Arbeitslosenquote: Es waren vor allem die »Leistungsträger«, die sich gegen die Pläne des Senats aussprachen, Gymnasien, Real- und Hauptschulen durch Ganztagsschulen zu ersetzen, und sich damit für eine möglichst frühe Selektion leistungsstarker und -schwacher Schüler einsetzten. Und das waren nicht mehr als 21 Prozent aller Wahlberechtigten. Man wird schwerlich behaupten können, dass es »das Volk« war, das hier gesprochen hat. Für den damals an der

---

16 Schäfer, Armin 2011, »Mehr Mitsprache, aber nur für wenige? Direkte Demokratie und politische Gleichheit«, in: *MPIfG Jahrbuch 2011/12*, Köln: Max-Planck-Institut für Gesellschaftsforschung, S. 53-59, hier S. 57.

Regierung beteiligten Hamburger Landesverband der Grünen, die Grün-Alternative Liste, für die die angestrebte Bildungsreform eines der wesentlichen Antriebsmotive darstellte und die trotz vieler Differenzen mit der CDU in eine schwarz-grüne Koalition auf Landesebene eingetreten war, handelte es sich dabei insofern um eine bittere Erkenntnis, als die Bundespartei der Grünen seit je vorschlägt, »die direkte Demokratie von der kommunalen bis zur Bundesebene aus[zu]bauen«, um »gerade denjenigen Interessen und Ansprüchen ein Forum zu bieten, die sich auf keine starke gesellschaftliche Lobby stützen können«.[17] Allerdings scheint die Realisierung »progressiver« sozialpolitischer Ziele nicht immer Hand in Hand zu gehen mit der Verwirklichung demokratiepolitischer Ziele.

Übrigens zeigt sich die soziale Schere nicht nur bei der Beteiligung an Volksentscheiden. Trotz des Mehraufwandes, sich über den Inhalt einer Abstimmung zu informieren – bei der Parlamentswahl entfällt dies meist, da die Parteiprogramme für gewöhnlich selbst jenen Bürgern, die dem politischen Tagesgeschehen nicht so aufmerksam folgen, in groben Zügen bekannt sind –, handelt es sich am Ende doch bloß um einen simplen Wahlakt, während nichtelektorale Beteiligungsformen weit mehr Freizeit, soziale und kommunikative Kompetenzen erfordern. Insofern läuft gerade die moderne Partizipationsgesellschaft auf eine Art Zensusdemokratie hinaus. Es behaupten sich allein diejenigen, die über besonderes Kapital verfügen, die Interessen wirksam zu organisieren vermögen und die Bündnispartner aufgrund des eigenen gesellschaftlichen Gewichts gezielt zu mobilisieren in der Lage sind. Wer nicht über solche rhetorischen, organisatorischen, kommunikativen und selbstverständlich materiellen Quellen verfügt, steht außerhalb der gegenwärtig gern besungenen Teilhabe- und Mitwirkungsgesellschaft. Das zeigt auch eine Studie des Kölner Soziologen Armin Schäfer, der den gemeinsamen Einfluss von Einkommensniveau und Bildungsgrad auf die Wahrschein-

17 Bündnis 90/Die Grünen (Hg.) 2002, *Die Zukunft ist grün. Grundsatzprogramm von Bündnis 90/Die Grünen*, Berlin, online verfügbar unter: {http://www.gruene-partei.de/cms/files/dokbin/68/68425.grundsatzprogramm_die _zukunft_ist_gruen.pdf} (Stand: April 2013), S. 128 f.

lichkeit politischer Partizipation untersucht und dabei einen Quotienten gebildet hat, der über den Grad der Verzerrung bei den einzelnen Beteiligungsformen informiert. Danach ist der ermittelte Anteil jener Bürger, die über ein höheres Einkommen und bessere Bildung verfügen, gegenüber denen mit weniger Ressourcen beim Wählen um 9 Prozent verzerrt. Bei der Beteiligung an Demonstrationen sind es bereits 21 Prozent, bei der Unterzeichnung von Petitionen 58 und bei der Mitarbeit in Organisationen 72 Prozent. Wenngleich also Wahlbeteiligung und sozialer Status stark korrelieren, so ist doch das Wählen, verglichen mit anderen, aufwendigeren Formen von Partizipation, die Form politischen Handelns, die am besten zumindest kurzzeitig ein soziales Gleichgewicht herstellt. Umgekehrt gilt: Direkte Demokratie sorgt nicht – allen intuitiven Erwartungen zum Trotz – automatisch für mehr, sondern im Ergebnis meist sogar für weniger politische (und soziale) Gleichheit.[18]

Ein *zweiter* gewichtiger Vorteil formalisierter Repräsentation ist zweifelsohne die Manifestation, zugleich aber auch die »Entschärfung des Konflikts durch seine bildliche Darstellung«.[19] Erst durch ein Repräsentationsverhältnis werden die mehrdimensional verteilten Meinungs- und Interessenlagen in einer politischen Gesellschaft sichtbar und so »geordnet« und an einem Ort zusammengeführt, dass die verschiedenen Standpunkte im Namen der Repräsentierten diskutiert werden können (am deutlichsten wird das vielleicht in der Sitzaufteilung im Parlament). Damit dies gelingt, braucht es, im wahrsten Sinne des Wortes, umsichtige Repräsentanten, die bereit sind, die Präferenzen der Wählerschaft und der Parteibasis bei Wahlkreisveranstaltungen und Bezirksversammlungen zu erkunden, gegeneinander abzuwägen und in die Entscheidungsfindung einzubeziehen. Im Anschluss

---

18 Vgl. Schäfer, Armin 2010, »Die Folgen sozialer Ungleichheit für die Demokratie in Westeuropa«, in: *Zeitschrift für Vergleichende Politikwissenschaft* 4/H. 1, S. 131-156, hier S. 140.

19 Lefort, Claude/Marcel Gauchet 1990, »Über die Demokratie: Das Politische und die Instituierung des Gesellschaftlichen«, in: Rödel, Ulrich (Hg.), *Autonome Gesellschaft und libertäre Demokratie*, Frankfurt am Main: Suhrkamp, S. 89-122, hier S. 112.

an die Schriften von Lefort und Gauchet hat sich in den letzten zwei Jahrzehnten innerhalb der Politischen Theorie ein Paradigmenwechsel vollzogen, der nicht nur das Verständnis von Repräsentation als einem interaktiven Prozess zwischen gewählten Repräsentanten und Wahlbürgern forciert, sondern außerdem Beiträge hervorgebracht hat, die die »konstitutive Bedeutung der Repräsentationsbeziehung für die Pluralität und Optionalität des Politischen« hervorheben. Aus dieser Perspektive wird qua Repräsentation »plurales Handeln und politisches Urteilen erst ermöglicht«, denn nur durch Stellvertretung kann in einer sozial differenzierten Gesellschaft »aus einer Vielheit von Menschen, die als solche nicht handlungsfähig wäre, eine Einheit geschaffen werden, die zu handeln vermag«.[20] Nur weil durch die Einrichtung repräsentativer Gremien auch in weiträumigen, bevölkerungsreichen, bürokratisch durchregulierten Massen- und Konsumgesellschaften die Konstituierung politischer Räume möglich ist, in denen mitunter konflikthafte Aushandlungen unter relativ gleichen Ausgangsbedingungen stattfinden können, erwächst »aus potentieller Macht aktuale Macht, die ohne solche Repräsentation verborgen und ohnmächtig bleiben würde«.[21]

Aus diesem Grund sollte Repräsentation nicht nur als technischer Notbehelf, sondern auch als Befähigung zum politischen Handeln verstanden werden. Denn Repräsentation garantiert, dass gesamtgesellschaftliche Diversität bis zu einem gewissen Grad erst erkennbar wird. Insbesondere vor dem Hintergrund dieses zweiten Vorteils politischer Repräsentation, der Visualisierung gesellschaftlicher Diversität, der (mehr oder weniger gut gelingenden) Zusammenführung zuvor in der Deliberationsphase sichtbar gewordener konfliktärer Standpunkte im öffentlichen Raum, offenbart sich demgegenüber der eigentlich unpolitische Charakter der direkten Demokratie.

Das Plädoyer für direktere Wege der Artikulation geht in

20 Thaa, Winfried 2008b, »Kritik und Neubewertung politischer Repräsentation: vom Hindernis zur Möglichkeitsbedingung politischer Freiheit«, in: *Politische Vierteljahresschrift* 49/H. 4, S. 618-640.
21 Vollrath, Ernst 1992, »Identitätsrepräsentation und Differenzrepräsentation«, in: *Rechtsphilosophische Hefte* H. 1, S. 65-78, S. 67.

der Bevölkerung allzu häufig mit Stimmungen einher, die nicht nur Unmut bezüglich der defizitären Kanalisierung der gesellschaftlichen Meinungen im Rahmen des bestehenden Institutionensystems erkennen lassen, sondern die darüber hinaus entweder von einer mangelnden Bereitschaft zur Teilnahme am öffentlichen Diskurs zeugen oder die der konfliktären Pluralität des Politischen überhaupt feindlich begegnen, die also im eigentlichen Sinne das Prädikat des Unpolitischen verdienen. Einzelstudien haben gezeigt, dass sich gerade jüngere Menschen, obwohl in der Mehrzahl wenig politisch interessiert und engagiert, mehr direktdemokratische, das heißt plebiszitäre Entscheidungsformen wünschen.[22] Dieser Befund unterstreicht die Vermutung, dass direkte Demokratie gerade für Passivbürger attraktiv ist, die weniger bereit sind, ihre Interessen zuvor im öffentlichen Diskurs gegenüber anderen zu vertreten und stattdessen eine ungefilterte Einspeisung ihres Willens in das politische System bevorzugen. Zudem lässt sich empirisch feststellen, dass die Mehrheit der Bürger in Bezug auf Volksentscheide einer identitären Vorstellung vom Demos anhängt, genauer: der Unterstellung, das Volk existiere als eine Substanz mit einem einzigen Willen, der sich bei der Abstimmung in seiner reinen Form manifestiert und zuvor widerstreitende Interessen versöhnt. Dass 79 Prozent der Bürger in Baden-Württemberg den fortgesetzten Protesten der Stuttgart-21-Gegner nach dem Volksentscheid vom November 2011 mit Unverständnis begegneten, zeigt indes, wie weitverbreitet das Identitätskonzept nach wie vor ist.[23] Die Rousseau'sche Konzeption der Volksabstimmung als Kognitionsakt, die Vorstellung also, dass das Volk mit seiner Entscheidung einem Gemeinwillen folgt, der von allen Abstimmenden im Nachhinein als vernünftig, mithin als die einzig richtige Lösung und endgültiges, nichtrevi-

---

22 Vgl. z. B. Landesamt für Statistik Südtirol 2010, *Jugendstudie. Werthaltungen, Lebensformen und Lebensentwürfe der Südtiroler Jugend*, Bozen, S. 114 ff.

23 Vgl. Muschel, Roland 2012, »Studie: Demonstrationen stoßen nach Volksentscheid auf großes Unverständnis«, in: *tagblatt.de* (25. Februar 2012), online verfügbar unter: {http://www.tagblatt.de/Home/nachrichten/ueberregional/alles-zum-bahnprojekt-stuttgart-21_artikel,-Studie-Demonstrationen-stosse n-nach-Volksentscheid-auf-grosses-Unverstaendnis-_arid,164687.html} (Stand: April 2013).

dierbares Ergebnis anzuerkennen ist,[24] scheint in der Bundesrepublik noch immer verfänglich zu sein. Die steigende Popularität direkter Demokratie scheint jedenfalls in weiten Teilen der
Bevölkerung von einem illiberalen, antipluralistischen Geist genährt.

Plebiszite können – im Gegensatz zu Repräsentationsbeziehungen – die Vielfalt der Meinungen und Interessen innerhalb
einer Bürgerschaft nicht annähernd abbilden, da sie Entscheidungen auf Binaritäten reduzieren und eine Position, die sich nicht
in dem zur Abstimmung gestellten Vorschlag wiederfindet, in ein
heterogenes Nein-Lager gezwungen wird. Die direkte Demokratie wirkt daher noch weniger repräsentativ als gegenwärtige
repräsentative Verfahren der Meinungsbildung. Gegner der Par-
teienstaatlichkeit und Anhänger eines technokratischen Politik-
verständnisses werden nun argumentieren, dass Politik gerade
durch ihre Reduktion auf einen binären Modus der Problemlösung transparenter und weniger ideologisch, weil aus den manipulativen Fängen der im öffentlichen Raum wirksamen Sondergesellschaften gelöst würde. Die Folge wären, so die Hoffnung
des Vereins Mehr Demokratie e.V., »bessere Entscheidungen«
und überhaupt eine »Versachlichung von Politik«.[25] Das war bekanntlich auch eines von Rousseaus Hauptargumenten. Mit seinem Delegationsmodell, auf das sich alle Befürworter direkter
Demokratie mehr oder weniger beziehen, hat er einen Modus der
Entscheidungsfindung entworfen, bei dem die Individuen als
neutrale, isoliert agierende Souveräne bestehen, die, jeder für sich,
das allgemeine Interesse erkennen und entsprechend abstimmen.
Das Moment der gemeinsamen Beratung fällt jedoch weg, die
Verdichtung der Alternativen auf eine Pro/Kontra-Entscheidung
wird tugendhaften Eliten – den Parlamentariern oder Funktionärs-
eliten der Verbände, die eine Volksinitiative anstrengen – überlas-

---

24 Vgl. dazu Thaa, »Kritik und Neubewertung politischer Repräsentation«,
S.621.
25 Mehr Demokratie e.V. (Hg.) 2012, *kurz & bündig. Mehr Demokratie – Die
Grundlagen*, Kreßberg: Demokratiebedarf e.V., S. 21 f. Das Heft ist online ver-
fügbar unter: {http://www.mehr-demokratie.de/fileadmin/pdf/2012-07-30-
MD-Grundlagenheft.pdf} (Stand: April 2013).

sen. Ein Moment, in dem das gesamte Spektrum der im Volk zirkulierenden Meinungen eine Chance hätte, öffentlich sichtbar zu werden, ist in der direkten Demokratie nicht vorgesehen.[26]

Ein *dritter* Vorteil der Repräsentation hängt mit den beiden zuvor genannten Effekten zusammen, gilt aber nur dann, wenn die Repräsentanten ihr Handeln hinreichend öffentlich gestalten. Durch den gleichen Abstand der Bürger zum Ort der Macht wird ein zurechenbares und sanktionierbares Handeln der Repräsentanten ermöglicht, was in Zeiten der Internationalisierung von Politik, da immer mehr Macht von PPPs und allenfalls von den nationalen Regierungen kontrollierten Organisationen (Internationaler Währungsfonds, Weltbank und andere) ausgeht, einerseits besonders hervorzuheben ist, andererseits aber durch diese Entwicklung zugleich unterminiert wird, da die nicht populär autorisierte Macht der Netzwerke die der gewählten und daher in ihrem Handeln nicht annähernd so flexiblen Volksvertretungen einengt und zu überwiegen droht. Insofern kann hier nur von einem halben Vorteil die Rede sein.

So weit die Bedeutung formalisierter Repräsentation für die Konstitution, Erhaltung und tägliche Neugründung politischer Freiheit *und* Gleichheit in modernen Demokratien. Mit Blick auf die im zweiten Kapitel erörterten Dilemmata lassen sich natürlich sofort eine Menge Einwände gegen eine solch idealtypische Charakterisierung erheben. Schon das erste Argument, welches besagt, dass die Interessen der Unterprivilegierten am besten in den Händen der Repräsentanten aufgehoben sind, trägt patriarchalische und daher aus Sicht einer handlungseröffnenden Perspektive auf die Repräsentation seltsam anachronistische Züge. Der Kontrast zu vergangenen Zeiten ist jedenfalls überdeutlich: Im 19. Jahrhundert war auf nationalliberaler und konservativer Seite mit Schrecken und bei den Sozialdemokraten – gemäß der Parole von Marx, der die formale Demokratie zwar nicht für die »wundertätige Wünschelrute« hielt, aber ihr doch das Verdienst

---

26 Vgl. die Argumentation von Urbinati, Nadia 2012, »Rousseau and the risks of representing the sovereign«, in: *Politische Vierteljahresschrift* 53/H. 4, S. 646-667, hier S. 660 ff.

zusprach, »den Klassenkampf zu entfesseln«[27] – mit großen Erwartungen an den Tag gedacht worden, da die Einführung des allgemeinen Wahlrechts die revolutionären Kräfte an die Macht bringen werde. Der gemeinsame Schnittpunkt aller (radikalen und reformerischen) Theorievarianten der Sozialen Demokratie ist nach wie vor die Prognose: je mehr Demokratie, desto weniger Ungleichheit. Diese Erwartung schien sich im Laufe der zweiten Hälfte des 20. Jahrhunderts anfangs zu erfüllen – wodurch die historische Mission der Sozialdemokratie sich verflüchtigte. Die offenkundigsten sozialen Ungerechtigkeiten, Diskriminierungen gegen Frauen oder ethnische und sexuelle Minderheiten wurden entschärft; alles Weitere schien nur Kosmetik. Doch spätestens nach der jüngsten sozialdemokratischen Reformära, die Europa um die Jahrtausendwende erlebte, lässt sich überall die Klage vernehmen, dass es nunmehr die einstigen Advokaten der Unterprivilegierten selbst seien, die den Sozialstaat abbauen und die Arbeitsmärkte deregulieren. Der empirischen Erkenntnis, dass mehr direkte Beteiligung mehr Ungleichheit befördert, ist die Beobachtung hinzuzufügen, dass sozialdemokratische/sozialistische Regierungen die wachsenden Wohlstandsgräben innerhalb der letzten zwei Jahrzehnte nicht nur nicht zuschütten konnten, sondern dass sie zum Teil sogar zu ihrer Vertiefung beitrugen und dass einige von ihnen – etwa die britische und die niederländische Arbeiterpartei – sich im Zuge ihrer Modernisierungsbemühungen vom traditionellen Ziel einer Egalisierung der Einkommensstandards und von Begriffen wie »Umverteilung« oder »Sozialismus« vollständig distanzierten, um für bürgerliche Wählerschichten attraktiv zu werden[28] – mit der Folge, dass sich die Unterschichten kaum noch von ihnen repräsentiert fühlen und entweder neuen Linksbündnissen oder der extremen Rechten zuwenden. In der Konsequenz erschwert dies wiederum die Su-

27 Marx, Karl 1976, *Die Klassenkämpfe in Frankreich 1848 bis 1850*, in: Marx, Karl/Friedrich Engels, *Werke* (= MEW), hrsg. vom Institut für Marxismus-Leninismus bei ZK der SED, Bd. 7, Berlin: Dietz, S. 29.

28 Vgl. dazu Merkel, Wolfgang et al. 2006, *Die Reformfähigkeit der Sozialdemokratie. Herausforderungen und Bilanz der Regierungspolitik in Westeuropa*, Wiesbaden: VS Verlag für Sozialwissenschaften, S. 380 ff.

che nach stabilen »linken« Regierungsmehrheiten und die Umsetzung konziser Sozialreformen.

Auch die beiden anderen Vorteile scheinen ihre Leuchtkraft einzubüßen, sobald man sie an der Realität misst. Wie bereits dargelegt, fällt es den Volksparteien zusehends schwerer, die ihnen abverlangten Vermittlungsleistungen an den Schnittstellen von Staat und Gesellschaft zu erbringen.[29] Darunter leidet auch die Zurechenbarkeit von Entscheidungen, vor allem dort, wo diese ohnehin unter schlechten Vorzeichen steht, in der Politikverflechtung des deutschen Föderalismus und im Mehrebenensystem der EU. Durch die Verlängerung und zunehmende Verzweigung von Legitimationsketten lässt sich für die Bürger immer schwerer nachvollziehen, ob es überhaupt noch ihre gewählten Repräsentanten sind, die über die *res publica* befinden. Man könnte daher fast meinen, dass selbst die größten Vorteile elektoraler Repräsentation inzwischen so blass erscheinen, dass ein Experimentieren mit direktdemokratischen Instrumenten kaum mehr Schaden anrichten könnte als ein Festhalten am Status quo.

Mehr direkte Demokratie wagen?

Diese Ausführungen legen offenbar die einfache Schlussfolgerung nahe, dass die positiven Effekte demokratischer Repräsentation sich nur mittels einer Demokratisierung der Demokratie – also mit anderen Worten: einer Rücknahme der »aristokratischen« Repräsentations- zugunsten der »demokratischen« Partizipationskomponente – konservieren ließen. Die Frage nach dem Wie wirft jedoch sofort Probleme auf: Schließlich scheint, wie eben angedeutet, »mehr direkte Demokratie« auf der Input-Ebene zu Intransparenz und oligarchischen Tendenzen auf der Throughput-Ebene zu führen, sodass die Gefahr besteht, dass am Ende nicht mehr bleibt als der (zweifellos bestehende) Eigenwert

---

29 Vgl. Wiesendahl, Elmar 2011, *Volksparteien. Aufstieg, Krise, Zukunft*, Opladen: Budrich, S. 210 ff.

von Partizipation, die dann aber ins Leere läuft und nur noch symbolische Bedeutung erhält.

Während sich einerseits wertkonservative Einzelkämpfer wie der amtierende Bundestagspräsident Norbert Lammert – ein unverhohlener Kritiker von Merkels demoskopiegeleitetem Regierungsstil und ihrer Entschlossenheit, den Bundesrat selbst bei wegweisenden Entscheidungen (etwa in der Energiepolitik) zu umgehen – gegen die Zersetzung der repräsentativen Demokratie durch eine dem Niedergang nationalstaatlicher Macht verzweifelt begegnende Forcierung der Exekutivmacht zur Wehr setzen, plebiszitären Elementen aber traditionell ablehnend gegenüberstehen, fordern immer mehr Bürger im Einvernehmen mit Linkspartei, Grünen, Piraten und zum Teil Sozialdemokraten die Aufnahme direktdemokratischer Instrumente in das Grundgesetz. Die strukturkonservierenden Effekte von Plebisziten reflektieren sie dabei vermutlich kaum. Denn wie die Vergangenheit so oft bewiesen hat, ist die eigene Wählerklientel bei Volksabstimmungen auch angesichts »progressiver« Ziele meist entweder, wie im Falle der Linkspartei, kaum zu mobilisieren oder sie vertritt, wie im Falle der Grünen, in sozial- und bildungspolitischen Fragen inzwischen ganz andere, elitärere Auffassungen, die sich vor allem danach richten, hergebrachte Privilegien zu sichern, wie das Beispiel der Hamburger Volksabstimmung gezeigt hat. Dennoch wird, wie Heinrich August Winkler bemerkt, die »offenbar unausrottbare Illusion der demokratischen Linken, dass mehr direkte Demokratie mehr Fortschritt und mehr Gleichheit bewirke«, weiterhin als Motivations- und Legitimationsformel für den Ruf nach Verfassungsreformen herhalten.[30] Allerdings wäre zu fragen, ob es sich hierbei nicht eher um ein Festhalten an eingängigen Narrativen wider besseres Wissen handelt, bietet der Slogan »Mehr direkte Demokratie« doch immerhin eine griffige und angesichts der unbestimmten Positivkonnotationen des Demokratiebegriffs unbedingt zustimmungswürdige Perspektive auf die (mit der Stärkung plebiszitärer Optionen verbundene) Revi-

---

30 Winkler, Heinrich August 2011, »Die große Illusion«, in: *Der Spiegel* (21. November 2011).

talisierung des Mehrheitsprinzips und eine damit einhergehende Reaktivierung politischer Agonismen.

Jedenfalls haben sich die meisten der an die direkte Demokratie herangetragenen Erwartungen als unreife Blütenträume erwiesen. Ein Blick in die Empirie lehrt jedenfalls, dass die Hoffnung auf Innovation und Nachhaltigkeit qua Volksinitiativen, wenn man dies allein auf unmittelbare *policy*-Wirkungen bezieht, tatsächlich unbegründet ist. Strukturkonservative Tendenzen prägen das Bild der direkten Demokratie auf der Output-Ebene. Häufig setzen sich tendenziell neoliberale, wirtschaftsfreundliche Positionen durch, nicht selten unter konsequenter Ignorierung des Prinzips der Verteilungsgerechtigkeit und mit katastrophalen Folgen für die Konsolidierung des Staatshaushalts. Der Gemeinschaftsaspekt wird demgegenüber eher zurückgedrängt.[31] Der vermehrte Einsatz direktdemokratischer Verfahren mag zu geringeren Budgetdefiziten und außerdem zu höherer Regierungseffektivität führen – das haben vergleichende Studien gezeigt.[32] Gleichzeitig schadet dieser fiskalkonservative Trend den Ärmsten der Gesellschaft, die auf soziale Transfer- und öffentliche Dienstleistungen dringend angewiesen sind, die aber weitaus geringere Beteiligungsquoten aufweisen. Besonders pessimistisch hinsichtlich der Effekte einer stärkeren Inklusion der Bürger in den Prozess der Politikformulierung (sei es mittels Plebiszit oder durch die Einbindung zivilgesellschaftlicher Verbände bei der Vorbereitung von Gesetzesentwürfen etc.) auf der *policy*-Ebene fällt das Urteil des bereits zitierten Künders der »simulativen Demokratie«, Ingolfur Blühdorn, aus: Würden die demokratisch reaktivierten Bürger in einer »reaktionär gewordenen Republik« von Konsumentengesellschaften zu zusätzlichen Partizipationsansprüchen ermuntert, dann könne diese nur auf Kosten von

---

31 Vgl. Christmann, Anna 2009, *In welche Richtung wirkt die direkte Demokratie? Rechte Ängste und linke Hoffnungen in Deutschland im Vergleich zur direktdemokratischen Praxis in der Schweiz*, Baden-Baden: Nomos, S. 57 f.
32 Vgl. Blume, Lorenz/Jens Müller/Stefan Voigt 2007, »The economic effects of direct democracy – A first global assessment«, CESifo Working Paper Nr. 2149 (November 2007), online verfügbar unter: {http://www.cesifo-group.de/portal/pls/portal/docs/1/1187348.PDF} (Stand: April 2013).

ökologischer Nachhaltigkeit gehen. Die innere Dynamik von Demokratie und Partizipation laufe wohl auf Emanzipation hinaus, auf einen Zuwachs individueller (Konsumenten-)Autonomie und einer Anhebung des materiellen Lebensniveaus für organisations- und forderungsstarke Gruppen. Doch gerade in dieser Art von Emanzipation lauern die entscheidenden Gefahren. Denn dadurch steht zu befürchten, so das düstere Orakel von Blühdorn, dass »unter den Bedingungen fortgeschrittener Gesellschaften ›mehr Demokratie‹ vor allem mehr Naturzerstörung und soziale Ausgrenzung bedeuten könnte«.[33] Wo andere Interpreten in Bezug auf das politische System von einer »Postdemokratie« sprechen, führte Blühdorn komplementär dazu den Begriff der »Postökologie« ein. Die ökologisch-partizipatorischen Bewegungen der siebziger Jahre hätten mit ihrem ursprünglichen Anspruch längst gebrochen, da sie mittlerweile den Effizienzlogiken der Marktgesellschaften folgten. Auch wenn Blühdorn angesichts solcher sinisteren Aussichten klarstellt, dass eine »wohlwollende Tyrannis«, wie Hans Jonas sie einst skizzierte[34] – eine Art aufgeklärte »Ökodiktatur« –, keineswegs eine Alternative darstelle, sind seine Lösungsvorschläge wenig überzeugend. (Er bemüht sich allerdings auch kaum, irgendwelche anzubieten, was dem Gang seiner Analyse entsprechend durchaus konsequent ist.) Um nachhaltige Politik durchzusetzen und gleichzeitig die Idee partizipativer Demokratie zu wahren, so Blühdorn, bedürfe es einer »Werte- und Kulturrevolution«, die »im Demos das normative Kapital und die kulturellen Ressourcen« für umweltpolitische Reformen aufzubauen vermag.[35] Indes läuft auch dieser

33 Blühdorn, Ingolfur 2011, »Zur Zukunftsfähigkeit der Demokratie. Nachdenken über die Grenzen des demokratischen Optimismus«, in: *Wissenschaft & Umwelt interdisziplinär* H. 14, S. 19-28, hier S. 26.

34 Jonas, Hans 1979, *Das Prinzip Verantwortung. Versuch einer Ethik für die technologische Zivilisation*, Frankfurt am Main: Insel, S. 262.

35 Blühdorn, Ingolfur 2010, »Entpolitisierung und Expertenherrschaft: Zur Zukunftsfähigkeit der Demokratie in Zeiten der Klimakrise«, Paper für die von der Heinrich-Böll-Stiftung und dem Wuppertal Institut für Klima, Umwelt, Energie gemeinschaftlich veranstaltete Vortragsreihe »Vordenken«, Berlin, Heinrich-Böll-Stiftung, 17. Juni 2010, S. 15. Das Paper ist online verfügbar unter: {http://people.bath.ac.uk/mlsib/public%20access/Bluehdorn%20-%20 Entpolitisierung%20und%20Expertenherrschaft.pdf} (Stand: April 2013).

Vorschlag offensichtlich wieder auf eine von oben gesteuerte Implementierung vorgeblich »rationaler« Expertenlösungen hinaus. Denn eine Politik, deren Bewertung im Maßstab vorab definierter Outputs erfolgt, die es dem unkundigen Volk zu vermitteln gilt, kann schwerlich partizipativ, ja nicht einmal politisch genannt werden.

Zudem wäre es sicher ungerecht, würde man das Reformpotenzial direkter Demokratie allein an den unmittelbaren Effekten messen. Vielmehr liegt das »progressive« Potenzial von Plebisziten in ihren reaktiven Wirkungen auf den parlamentarischen Komplex verborgen. Nehmen wir die Schweiz als Beispiel: Im legislativen Alltag der Schweizer Konkordanzdemokratie ist es weniger das Votum des Volkes selbst als die ständige Drohung mit dem Volk, die die gewählten Repräsentanten zu konsensfähigen Entscheidungen zwingt, in denen sich alle Gruppen wiederfinden können.[36] So aber fördert vor allem das fakultative Referendum, bei dem auf Initiative einer bestimmten Anzahl Stimmberechtigter über ein vom Parlament beschlossenes Gesetz abgestimmt wird, die Tendenz hin zu einer dem Beteiligungsziel eigentlich entgegenstehenden, im Arkanum praktizierten Verhandlungsdemokratie: Die im Schweizer Nationalrat vertretenen Akteure müssen stets damit rechnen, dass organisationsstarke Verbände Gesetze durch ein solches Referendum zu Fall bringen, und sind deshalb daran interessiert, diese Gruppen frühzeitig in den Gesetzgebungsprozess einzubinden.[37] Bei der Volksinitiative liegen die Dinge natürlich etwas anders: Hier erleichtert der Nationalrat den (meist ebenfalls von mächtigen Organisationen gestützten) Initiatoren in der Regel ihr Vorgehen, zum Beispiel (was relativ häufig geschieht) indem seine Mitglieder einen parlamentarischen Gegenentwurf einbringen, der dafür sorgt, dass die Initiatoren ihren Entwurf zurückziehen. Das tun sie aber meistens nur dann, wenn der Entwurf ihre Forderungen genügend

36 Vgl. Gebhart, Thomas 2002, *Direkte Demokratie und Umweltpolitik*, Wiesbaden: Deutscher Universitäts-Verlag, S. 161 ff.

37 Dazu Neidhart, Leonhard 1970, *Plebiszit und pluralitäre Demokratie. Eine Analyse der Funktion des schweizerischen Gesetzesreferendums*, Bern: Francke.

berücksichtigt. Sonst kommt es eben zur Abstimmung des Volkes über beide Entwürfe und die Regierung läuft Gefahr, dass der radikalere Entwurf angenommen wird und entsprechend ratifiziert werden muss. Insbesondere die Gesetzes- und Referendumsinitiative forcieren die Etablierung konkordanzdemokratischer Strukturen, die in parlamentarischen Systemen wie der Bundesrepublik die letzten Residuen der Mehrheitsdemokratie verdrängen würden. Beide Systemlogiken schließen sich grundsätzlich aus.

Die Opposition und die einflussreichen Verbände verfügen mit dem Initiativrecht über ein machtvolles Instrument, das ihnen erlaubt, die Handlungsoptionen der parlamentarischen Mehrheit zu restringieren. Das Resultat – instabile Mehrheiten, mit denen nichtparlamentarische Systeme wie Präsidial- und Direktorialregime besser umgehen können – wird nicht nur jene alarmieren, die sich primär um die Effizienz des Regierens sorgen. Es hat darüber hinaus weitreichende Auswirkungen auf den Einfluss der Bürger am Wahltag. Die Wähler sind im Extremfall kaum noch in der Lage, die Ergebnisse von Gesetzgebungsprozessen den Handlungen ihrer Repräsentanten zuzurechnen, denn

> »eine taktisch kluge Nutzung des Initiativrechtes durch die Opposition kann im Ergebnis bewirken, daß die Mehrheit zugleich verantwortlich und nicht verantwortlich ist für die Politik, die gemacht wird; und daß die Minderheit zugleich Opposition und eine Art von Gegenregierung ist. Für den Wähler ist es kaum noch möglich, mit einer solchen Konstellation rational umzugehen.«[38]

Es wäre demnach illusorisch anzunehmen, Plebiszite könnten als Wunderwaffe gegen Elitenherrschaft und zur Durchsetzung egalitärer Politikziele dienen. Eher noch werden mit ihnen gegenteilige Effekte erzielt: Die ohnehin geringe Wahrscheinlichkeit alternierender Regierungsbildungen, die Möglichkeit der Bürger, mit ihrer Wahlentscheidung Einfluss auf die Reformpolitik der

---

38 Kielmansegg, Peter Graf 2006, »Über direkte Demokratie – sechs Anmerkungen zu einer unbefriedigenden Debatte«, in: Backes, Uwe/Eckhard Jesse (Hg.), *Jahrbuch Extremismus und Demokratie*, Jg. 18, Baden-Baden: Nomos, S. 57-80, hier S. 73.

nächsten vier bis fünf Jahre zu nehmen, würde weiter sinken, der Ort der großen Politik in intransparente Sphären verlagert und somit der öffentlichen Kontrolle entweichen. Alles läuft demnach auf ein Nullsummenspiel hinaus: Was die Bürger bei Volksabstimmungen an politischem Einfluss gewinnen, verlieren sie bei den Urnengängen, welche über die Zusammensetzung der Repräsentativgremien entscheiden. Dies führt natürlich zu Frustrationen, vor allem wenn für Initiativen und Abstimmungen zu hohe Quoren festgelegt sind:

> »Kämen die Bürger zu dem Ergebnis, daß man ihnen ein letztlich stumpfes Schwert in die Hand gegeben hat, welches zur Durchschlagung des gordischen Knotens der Parteienherrschaft nicht taugt und ihnen nur die Illusion von Macht hatte verschaffen sollen, so würden Parteien- und Politik(er)verdrossenheit wohl eher zu- denn abnehmen. Ob man das Mehr an Partizipationsmöglichkeiten in diesem Fall noch als echten Mehrwert verbuchen könnte, ist zumindest sehr fraglich.«[39]

Dieses Verdikt muss man in dieser Form freilich nicht teilen. Denn für viele Bürger ist tatsächlich nicht so sehr der konkrete, mit der Durchsetzung bestimmter politischer Inhalte verknüpfte »Mehrwert«, sondern der Eigenwert von Partizipation entscheidend. Das Gefühl, an öffentlichen Entscheidungen mitwirken zu können, stärkt an sich schon das Vertrauen in die parlamentarischen Institutionen, wodurch diese eine dringend benötigte »Legitimationszufuhr« erhalten. Wolfgang Merkel hat bei einer empirischen Überprüfung der von Proponenten direkter Demokratie für gewöhnlich angeführten Argumente festgestellt, dass die Implementierung plebiszitärer Instrumente in parlamentarischen Demokratien überhaupt nur diese zwei Vorteile hat.[40]

Was in der endlosen Debatte um die dunklen Seiten direkter oder beteiligungszentrierter Demokratie stets Argwohn erzeugt, ist die seltsame Beobachtung, dass die seit der Nachkriegsära rasant erweiterten Partizipationsaktivitäten und kulturellen Aus-

39 Jung, Sabine 2001, *Die Logik direkter Demokratie*, Wiesbaden: Westdeutscher Verlag, S. 288.
40 Vgl. Merkel, Wolfgang 2011, »Volksabstimmungen: Illusion und Realität«, in: *Aus Politik und Zeitgeschichte* H. 44-45, S. 47-55.

differenzierungen – aufgrund der ausgefächerten Artikulation von verschiedenartigsten Interessen und Vetopositionen – zu einer zusätzlich gestiegenen Komplexität geführt haben, mit der Folge, dass Politiker, um die Erwartungen der überwiegenden, in erster Linie an Lösungen und nicht an offenen, langwierigen Verfahren interessierten Mehrheit der Bevölkerung zu befriedigen, sich gezwungen sehen, Möglichkeiten zur Zentralisierung von Entscheidungsfindungen in eher wenig transparenten Räumen einzustudieren, um so ihre Handlungsfähigkeit zu wahren. Teilhabe und Öffentlichkeit bewirken Oligarchisierung und das Arkanum. Denn schließlich: Politik benötigt autonome Räume. Gute Politiker müssen beweglich sein, bluffen können, Optionen haben, überraschende Schachzüge riskieren; sie müssen taktieren, täuschen, rochieren – und am Ende oft genug ein raffiniertes Tauschgeschäft abschließen. Nichts davon aber kann ein Politiker, der gleichsam imperativdemokratisch an die Kette fordernder Partizipationsaktivisten gelegt worden ist. Politische Strategien lassen sich schwerlich demokratisieren und in großzügiger Transparenz erörtern; sie stehen den Ansprüchen der Basisdemokratie fremd, im Grunde inkompatibel gegenüber.

Es ist eine der Schwächen der aktuellen Debatte um neue Formen der Beteiligung, dass solche Bedenken meist nur wenig Raum einnehmen. Die Beantwortung der Frage, ob mit der Einführung plebiszitärer Instrumente neben der Verwirklichung eines unterstellten Eigenwerts der Partizipation an der *res publica* auch andere gewünschte Effekte – die mit einer Stärkung der Volkssouveränität intendierte Vergewisserung der Sinnhaftigkeit der kompetitiven Dimension von Demokratie, der Möglichkeit, gegen die Blockade mächtiger Eliten »echte Alternativen« durchzusetzen, womit die integrative Bindung an die Demokratie vermutlich zunehmen würde etc. – eintreten und nicht etwa das Gegenteil (die Flucht ins Arkanum) bewirken, hängt davon ab, inwieweit diese Instrumente sich in die bestehenden Verfahrensensembles einfügen, um zu deren Reformierung beizutragen. Die Kombination von indirekter Wahl- und direkter Abstimmungsdemokratie ist durchaus möglich; sie darf aber nicht willkürlich erfolgen. Mindestens die hier ja nur in aller Kürze reflektierten Probleme sollten einkalkuliert werden, um nicht die Gesamtarchitektur und die durch sie garantierten Vorteile für die Organisation des politischen Wettbewerbs zu gefährden.

Die Gründe für die anhaltende Popularität direktdemokratischer Instrumente sind offensichtlich, scheinen diese doch geeignet, die oligarchischen Tendenzen des modernen Parlamentarismus aufzubrechen, »den Einfluss der Lobbys zurückzudrängen« und in verfahrenen Debatten mit fundamental divergierenden Meinungsbildern eine vom Volk legitimierte Klarheit zu schaffen.[41] Dabei lohnt jedoch ein Blick auf jene Protagonisten, die hinter solchen Initiativen stehen. So können zum Beispiel Referenden – also die von Parlamenten auf den Weg gebrachten »Plebiszite von oben« – von ihren Auftraggebern allein aufgrund machtstrategischer Kalkulationen angestrengt worden sein, und auch die vermeintlich urdemokratischen Volksbegehren sind oft von Parteien und Verbänden gelenkt. In solchen Fällen wird das Volk zum Akklamationsorgan und die Verlagerung der dezisiven Willensbildung aus den Kommunen in Fraktionszirkel, Parteigremien und Verbandshäuser sogar noch unterstützt, sodass am Ende das Verdikt des Bochumer Politologen Franz Lehner zutrifft: »Die plebiszitäre Demokratie erzeugt eine elitäre Konkordanzpraxis, die ihrerseits – wenn sie erfolgreich ist – die plebiszitäre Partizipation weitgehend ausschaltet.«[42] Überhaupt sollte man nicht vergessen, dass direkte Demokratie allen gesellschaftlichen Akteuren zusätzliche Optionen bietet, sich über den Wahltag hinaus Einfluss zu verschaffen; nicht nur den einzelnen Bürgern, sondern auch mächtigen Konzernen, die mit teuren Kampagnen zum Beispiel in Kalifornien unzählige Male Initiativen durchsetzten, die ihren Interessen nutzten, und jene zu Fall brachten, die ihnen geschadet hätten.[43] Dass es mithilfe von Plebisziten

41 Mehr Demokratie e.V. (Hg.), *kurz & bündig. Mehr Demokratie*, S. 21.
42 Lehner, Franz 1985, »Das schweizerische Konkordanzmodell als Alternative zum Parlamentarismus«, in: Boettcher, Erik/Philipp Herder-Dorneich/Karl-Ernst Schenk (Hg.), *Jahrbuch für Neue Politische Ökonomie*, Bd. 4: *Die Vertragstheorie als Grundlage der Parlamentarischen Demokratie*, Tübingen: Mohr Siebeck, S. 108-136, hier S. 125.
43 Ältere Beispiele finden sich in Glaser, Ulrich 1997, *Direkte Demokratie als*

gelingen würde, die Macht der Parteien zu begrenzen, wie die Anhänger direkter Demokratie annehmen, scheint zudem ausgeschlossen. Heidrun Abromeit identifiziert hier sogar ein unauflösbares Dilemma, ein »Parteienstaats-Paradox«:

> »Je höher nicht nur der Grad an Parteienstaatlichkeit, sondern auch an ›partyness of society‹, desto notwendiger erscheinen direktdemokratische Korrektive, um die Responsivität des Systems zu erhöhen – und desto leichter fällt es den Parteien, die betreffenden Instrumente für sich zu vereinnahmen und damit zu entwerten.«[44]

Reflektiert man solche manipulativen Wirkungen einer Referendumsdemokratie, in der der Bürger nicht mehr als Ja oder Nein zu etwas sagen kann, was ihm die Regierenden und die sie beeinflussenden Lobbyverbände vorlegen, dann kann von einem im Jahr 2011 gefeierten »Ende der Zuschauerdemokratie«, das der ehemalige FDP-Minister Burkhard Hirsch mit dem Stuttgart-21-Referendum in Baden-Württemberg eingeläutet glaubte,[45] keine Rede sein.

Was tun?

Anstatt übertriebene Erwartungen an eine Plebiszitdemokratie zu richten, anstatt, der langwierigen Verhandlungen innerhalb parlamentarischer Institutionen müde, euphorisch auf einen abstrakten, irgendwo außerhalb dieser Institutionen wabernden Volkswillen zu deuten, könnte man zunächst einmal die Bemühungen darauf richten, die Öffnung politischer Räume auf kommunaler Ebene voranzutreiben – also dort, wo umfassende Partizipation jenseits der Wahlkabine und der Straße für normale Bürger noch möglich

politisches Routineverfahren. Volksabstimmungen in den USA und in Kalifornien, Erlangen: Palm & Enke, S. 365.

44 Abromeit, Heidrun 2003, »Nutzen und Risiken direktdemokratischer Instrumente«, in: Offe, Claus (Hg.), *Demokratisierung der Demokratie. Diagnosen und Reformvorschläge*, Frankfurt am Main/New York: Campus, S. 95-110, hier S. 110.

45 Hirsch, Burkhard 2010, »Das Ende der Zuschauerdemokratie«, in: *Süddeutsche Zeitung* (31. Oktober 2010).

ist. Das seit den ersten Experimenten im brasilianischen Porto Alegre 1989 intensiv erforschte und inzwischen auch in deutschen Kommunen sich auf dem Vormarsch befindliche Konzept der im Rahmen von Bürgerversammlungen zu beratenden Beteiligungs- oder Bürgerhaushalte ist zum Beispiel ein erster Ansatz,[46] der in die richtige Richtung zu gehen scheint: dort öffentliche Foren der Mitbestimmung zu errichten, wo, um es etwas pädagogisch zu formulieren, Demokratie noch erlebbar ist, weil prinzipiell die Möglichkeit besteht, allen interessierten Bürgern die Chance einzuräumen, bestimmte, für das gemeinsame Lebensumfeld relevante Belange nicht nur unmittelbar diskutieren, sondern auch fiskalpolitische Entscheidungen treffen zu können. Natürlich bedeutet dies auch, dass die soziale »Regulierungsfunktion« der Repräsentation wegfällt, dass also der mehrfach erwähnte Effekt der sozialen Selektivität zum Tragen kommt. Trotzdem führt an der Öffnung lokaler Handlungsräume kein Weg vorbei. Die Proteste um Stuttgart 21 haben schließlich gezeigt, dass die kommunalen Parlamente und Verwaltungseinrichtungen nur noch unzureichend in der Lage sind, sich zuspitzende Vorbehalte in der Bevölkerung gegen Großbauprojekte rechtzeitig wahrzunehmen und angemessen zu verarbeiten, wodurch das Vertrauen in die Institutionen weiter schwindet.

Allerdings ist mit einem Ausbau der Beteiligungchancen in der Kommune, die wie gesagt bevorzugt von den ressourcenstarken Bürgern ergriffen werden, noch nichts für die überregionale Ebene, die Stärkung der Parlamente und der bestehenden Partizipationsmöglichkeiten im Umfeld parlamentarischer Repräsentation, gewonnen. Hier käme es vor allem darauf an, das Handeln der Abgeordneten stärker an die Willensbildung vor Ort rückzukoppeln. Dabei sollte das Verhältnis zwischen Repräsentanten und Repräsentierten aber nicht so sehr als starre Stellvertretung nicht präsenter und somit vermutlich unsichtbarer Objekte, son-

---

46 Zu den bisherigen Erfahrungen mit diesem Modell in einigen europäischen Ländern vgl. Sintomer, Yves/Carsten Herzberg/Anja Röcke 2010, *Der Bürgerhaushalt in Europa – eine realistische Utopie? Zwischen partizipativer Demokratie, Verwaltungsmodernisierung und sozialer Gerechtigkeit*, Wiesbaden: VS Verlag für Sozialwissenschaften.

dern als eine dynamische Interaktionsbeziehung gedeutet werden, in der die unaufhebbare Nichtidentität beider Seiten ebenso herausgestellt wird wie die Handlungsmöglichkeiten der Repräsentierten.[47]

Als richtungsweisend für diese Perspektive hat sich dabei ein Aufsatz des US-amerikanischen Politikwissenschaftlers David Plotke von 1997 mit dem etwas überspitzten Titel »Representation is democracy« (zu Deutsch: »Repräsentation ist Demokratie«) erwiesen, in dem Plotke pointiert formuliert, dass »das Gegenteil von Repräsentation nicht Partizipation ist. Das Gegenteil von Repräsentation ist Exklusion. Und das Gegenteil von Partizipation ist Enthaltung.«[48] Aus der weithin anerkannten klassischen Definition von Repräsentation als einem Anwesendmachen von etwas, das de facto abwesend ist, muss ja nicht folgen, dass die aus praktischen Gründen nicht Anwesenden sich komplett von den öffentlichen Angelegenheiten zurückziehen. Etwas, das re-präsent gemacht wird, sollte sich nicht unbedingt ausschließlich, aber doch teilweise auf das beziehen, was an anderer Stelle, in der Gesellschaft, bereits präsent wurde; sonst verliert Repräsentation ihren begrifflichen Kern. Allerdings muss jede Repräsentationsbeziehung, die die Responsivitätskomponente ernst nimmt, dem Anspruch genügen, dass die Meinungsbildungen der Repräsentierten und der Repräsentanten tatsächlich aufeinander bezogen bleiben. Damit das geschehen kann, muss es jedoch Räume geben, in denen sich die Bürger artikulieren können. Die Instrumente, die solch einem relationalen Verständnis von Repräsentation gerecht werden, müssten aber, so Plotke, ständig neu ausgehandelt werden: Da Repräsentationsbeziehungen soziale Verbindungen schaffen, werden die Wähler einsehen müssen, dass ihre Repräsentanten in einer Entscheidungssituation immer auch die Stimmen anderer Gruppen zu berücksichtigen haben. Plotke geht also davon aus, dass die Bürger im Verlauf des Repräsentationsprozesses so etwas wie eine erweiterte Denkungsart ausbilden werden – diese Voraussetzung wird sich allerdings, so

47 Thaa, »Kritik und Neubewertung politischer Repräsentation«, S. 630.
48 Plotke, David 1997, »Representation is democracy«, in: *Constellations* 4/H. 1, S. 19-34, hier S. 19.

könnte man einwenden, erst erfüllen, wenn die Repräsentierten zwischen den Wahlen nach wie vor präsent bleiben und der Präsenz der anderen Stimmen gewahr werden.

Auf solche Handlungsoptionen für die Repräsentierten im Rahmen der Repräsentationsbeziehung fokussiert auch Nadia Urbinati, die, ausgehend von Benjamin Constants Unterscheidung zwischen *représentation de l'opinion* und *représentation de la durée*, zwei Dimensionen der Repräsentation unterscheidet: eine prozedurale, die die elektorale Autorisierung meint, und eine im engeren Sinne politische Dimension, die die »reflexive Bindung an die Gesellschaft über einen längeren Zeitraum hinweg« zwischen den Wahlen einfordert.[49] Politische Repräsentation muss demnach mit Wahlen beginnen, um eine annähernd gleiche Verteilung von Macht unter den Wahlbürgern zu garantieren; allerdings vermag dieser elektorale Rahmen die Bedeutung von Demokratie und Repräsentation nicht erschöpfend zu erfassen: »Wahlen ›machen‹ Repräsentanten, aber sie ›machen‹ keine Repräsentation; zwar generieren sie eine *verantwortliche* und *beschränkte* Regierung, aber nicht *repräsentative* Demokratie.« Mit anderen Worten: »Wahlen machen die repräsentative Regierung empfänglich für Demokratisierung, aber nie wirklich demokratisch.«[50] Die Bürger müssen die Möglichkeit haben, über informelle Wege (Sozialforen, Bürgerausschüsse, Demonstrationen usw.) außerhalb der Wahlgänge auf die Entscheidungen von Parlamentariern Einfluss zu nehmen. Repräsentation wird von Urbinati deshalb als ein agonistischer, niemals abschließbarer Diskussionsprozess zwischen Repräsentierten und Repräsentanten beschrieben, in dem die Aufgabe Letzterer darin besteht, die Präferenzen ihrer Wähler immer im Blick zu behalten.[51] Vom Konzept der Volkssouveränität, das ihres Erachtens automatisch mit

---

49 Vgl. Urbinati, Nadia 2005, »Continuity and rupture: the power of judgment in democratic representation«, in: *Constellations* 12/H. 2, S. 194-222.

50 Dies. 2011, »Representative democracy and its critics«, in: Alonso, Sonia et al. (Hg.), *The Future of Representative Democracy*, Cambridge: Cambridge University Press, S. 23-49, hier S. 25 und S. 45.

51 Vgl. dies., »Representation as advocacy. A study of democratic deliberation«, S. 775.

der Vorstellung einer notwendigen (aber unmöglichen) Willens-delegation verbunden ist, sollten wir Abstand nehmen: Solche Konzeptionen sind am Ende fast immer mit der Forderung nach imperativen Mandaten verbunden, die die Deliberation der Repräsentanten vollkommen lähmen und die Transformation des öffentlichen Raums in eine entpolitisierte Konsumhölle noch beschleunigen würden. Nicht die Einspeisung privater Willen in die staatliche Gesetzesmaschinerie macht das Politische in der repräsentativen Demokratie aus; die eigentlich demokratischen Momente ereignen sich gerade im Spannungsfeld zwischen institutioneller und extrainstitutioneller Macht, in dem die Repräsentierten Gelegenheit haben müssen, sich untereinander zu verständigen.

Zugegeben: Solch eine normative Betrachtungsweise von Repräsentation geht von Idealmodellen aus, die das Demokratische der bestehenden Verfahren hervorheben, dabei aber in Bezug auf reale Einflussmöglichkeiten der Repräsentierten vorerst reichlich unkonkret bleiben und viele Probleme, die sich mit der mehr oder weniger losen Kopplung von informellen Prozessen der Einflussnahme an ein autorisiertes Verhältnis der Repräsentation ergeben, überhaupt nicht reflektieren. Der Versuch, die eindimensionale Sichtweise der Zivilgesellschaft als autonome Sphäre durch deren Einbettung in das Repräsentationsverhältnis zu erweitern, wird einmal mehr mit einer weitgehenden Nichtbeachtung der ökonomischen Machtungleichgewichte im Umfeld der parlamentarischen Institutionen bezahlt.[52] Dies ist, glaubt man den Ansätzen von Urbinati und Plotke, der unvermeidliche Preis für die Bestandswahrung einer politischen Demokratie. Allerdings werden mit solchen Modellen auch diverse praktische Probleme ignoriert. Dass etwa der Machtzentrismus der Fraktionsführungen und die aus ihm resultierende relative Bedeutungslosigkeit einzelner Abgeordneter (und somit auch ihrer Wahlkreise) kaum problematisiert wird, liegt natürlich daran, dass diese Analysen primär auf Parlamente in den USA abheben, wo zum einen die

---

52 Dies kritisiert auch Thaa, »Kritik und Neubewertung politischer Repräsentation«, S. 636.

marginale Bedeutung von Parteibindung und Fraktionsdisziplin und zum anderen die ausschließlich angewandte Direktwahl die Bindung der Repräsentanten an ihren Wahlkreis intensivieren.

Doch abgesehen davon stellen sich noch viel tiefer liegende Probleme ein, wenn in den repräsentativen Demokratien der europäischen Länder, die ihre substanziellen Inputs traditionell von schlagkräftigen, gut organisierten Parteien her bezogen, neue, nicht durch Wahlen legitimierte Konkurrenten – Selbstmandatierte oder Bürgerrepräsentanten – im Wettbewerb um die Meinungsbildung auftauchen und Ansprüche auf eine angemessene Berücksichtigung in den Mühlen des politischen Tagesgeschäfts erheben. In der Hochphase der Parteiendemokratie, in den sechziger Jahren des letzten Jahrhunderts, war dies kaum ein Thema, da die Hoffnung bestand, dass die Parteien im Großen und Ganzen in der Lage seien, die wesentlichen Stimmungen aufsaugen, filtern und repräsentieren zu können, und dass die eigentliche öffentliche Deliberation, die im parteiendemokratischen Zeitalter in den Plenarsälen so sehr vermisst wurde, nunmehr in regionalen und überregionalen Gliederungen der großen Volksparteien stattfinden würde. Seinerzeit herrschte das Bild von Parteien als vitalen, in den gesellschaftlichen Lebenswelten tief verwurzelten Basisorganisationen vor, die als Sprachrohre sozialmoralischer Milieus erkennen, was die Bürger wollen, und dadurch demokratisch in die staatliche Sphäre der Macht hinein zu vermitteln vermögen. Das entsprach allerdings schon in der Hochphase der Parteiendemokratie nie den wirklichen Verhältnissen. Wurden die großen inhaltlichen Entscheidungen und personellen Nominierungen damals von Spitzenfunktionären getroffen, die selbst einen langen Marsch durch die Gliederungen ihrer Partei hinter sich hatten, so liegt heute mehr Macht denn je bei professionellen Beratern, die sich, nach den Vorgaben der Demoskopie, mehr um den Aufbau eines einheitlichen Image, einer *corporate identity* kümmern und denen unerwünschte programmatische Forderungen vonseiten der Basis, die diese strategischen Erwägungen konterkarieren könnten, als ein Graus erscheinen. Dabei werden die Parteien ihre Mitgliederrückgänge überhaupt nur überwinden können, wenn sie sich entschließen, dem Zeitgeist der Enthierarchisierung und Dezentralisierung zu folgen und die Parteien für Menschen attraktiver zu machen, für die eine Ochsentour nach tradiertem Muster einfach keine Perspektive mehr darstellt. Denn schließlich: Wenn man nach den Gründen dafür fragt, warum sich die Bürger für einen Parteibeitritt entscheiden, dann steht neben der ideologischen Übereinstimmung zumeist der Glaube im Vordergrund, selbst auf der Stelle etwas bewegen zu können; vor Ort, aber auch innerhalb der Bundespartei.[53]

Ein naheliegender Schritt wäre also die Öffnung parteiinterner Strukturen, in erster Linie die Unterbreitung von Beteiligungsangeboten für einfache Mitglieder: die Senkung der Hürden für Mitgliederentscheide und die Einführung von Urwahlen, etwa bei der Bestimmung der Kanzlerkandidaten – hier sind die Grünen im Herbst 2012 mit gutem Beispiel vorangegangen. Indes: Eindeutige, demokratisch verlässliche Regelungen in der Frage der (Spitzen-)Kandidatenkür besitzt derzeit keine der großen Parteien. Mal entscheidet der Klüngel, mal die Fraktion, mal der Parteivorstand, sicher formell auch der Parteitag. Ist aber die gegenseitige Lähmung groß und die Ratlosigkeit anhaltend, dann bedient man sich in der Not des Mitgliederreferendums, das aber schon in der darauffolgenden Runde stillschweigend wieder beiseitegelegt und folglich entwertet wird. Dabei könnte die Installation derartiger plebiszitärer Instrumente innerhalb der Verbände durchaus neue Mitglieder locken. Das Stimmungsbild innerhalb der Parteien weist jedenfalls in eine eindeutige Richtung: Die Einführung von Urwahlen und -abstimmungen findet selbst in den Unionsparteien und der FDP mehrheitliche Zustimmung.[54] Immerhin verfügt das typische Parteimitglied von heute über eine hohe Bildung und gehört der mittleren oder oberen Mittelschicht der Beamten und Angestellten an; man kann daher von einer zunehmend anspruchsvollen Basismitgliedschaft ausgehen.

53 Vgl. Hoffmann, Hanna 2011, »Warum werden Bürger Mitglied in einer Partei?«, in: Spier, Tim et al. (Hg.), *Parteimitglieder in Deutschland*, Wiesbaden: VS Verlag für Sozialwissenschaften, S. 79-95.
54 Vgl. Laux, Annika 2011, »Was wünschen sich die Mitglieder von ihren Parteien?«, in: Spier, Tim et al. (Hg.), *Parteimitglieder in Deutschland*, Wiesbaden: VS Verlag für Sozialwissenschaften, S. 157-176, hier S. 167.

Als eine zweite Maßnahme würde sich die Integration von Nichtmitgliedern in die Arbeitsgremien der Parteien oder auch die Öffnung von Urwahlen für die gesamte Wahlbevölkerung anbieten. Die französischen Sozialisten haben Letzteres im Zuge ihrer 2009 initiierten Organisationsreform durch die Einführung offener Vorwahlen zur Ermittlung ihres Präsidentschaftskandidaten nach dem Vorbild der US-amerikanischen *primaries* verbindlich geregelt, und auch von anderen sozialdemokratischen Parteien in Europa werden derzeit ähnliche Maßnahmen diskutiert. Sowohl in der SPD als auch in der Labour Party – um nur zwei Beispiele zu nennen – scheiterten entsprechende Reformvorschläge der Parteiführungen am Widerstand der mittleren Funktionärsebenen bzw. der affiliierten Gewerkschaften. Parteistrategen dagegen sympathisieren mit der Idee der offenen Vorwahlen, stellen diese doch ein geeignetes Mittel für die Parteieliten dar, um radikale und in der breiten Bevölkerung unbeliebte Kandidaten von Führungsgremien und Listenplätzen fernzuhalten, sich selbst als die Stimme des Volkes zu präsentieren und so die Chancen im eigentlichen Wahlgang zu steigern. Die Funktionäre auf den mittleren Parteiebenen sollen entmachtet, die Partei auf die Mitte eingeschworen werden. Der Graben zwischen der Partei und den Bürgern, dem Volk, wird dadurch geschlossen. Insofern könnten Partizipationsangebote jenseits der formalen Mitgliedschaft den von Leibholz erkannten, eigentlich plebiszitären Charakter der Parteiendemokratie zusätzlich forcieren.

Diese Reformoptionen könnten dazu beitragen, wieder mehr Bürger, die eine kurzfristige, an spezifischen Sachthemen orientierte Form des Engagements bevorzugen, für die »konventionellen« Wege der Politikformulierung zu interessieren. Damit würden die Entscheidungsabläufe innerhalb der Parteien inklusiver; einen Beitrag zur Überwindung der Repräsentationskrise werden derartige Schritte jedoch nicht leisten. Im Gegenteil: Diese Krise entzündet sich ja gerade an der Unfähigkeit der Parteien, die Meinungen ihrer Zielgruppen so zu aggregieren, dass daraus konkrete, vom Programm des Gegners abgrenzbare Positionen hervorgehen. Dieses Problem wird sich aber eher noch verschärfen, wenn das innerparteiliche Stimmungsbild durch den zusätzlichen Meinungsimport von außen noch inhomogener würde. Dies könnte sich auch deshalb als problematisch erweisen, weil, wie Studien gezeigt haben, die pragmatische, am Zeitgeist orientierte Wähleransprache unter Parteimitgliedern heute noch weniger geschätzt wird als Ende der neunziger Jahre: Der Anteil der Mitglieder, die die Meinung der Parteibasis für wichtiger hält als die der Wähler, ist zwischen 1998 und 2009 um durchschnittlich sieben Prozent gestiegen.[55] Die Leitvision der Parteien als politische Gesinnungsgemeinschaften findet bei deren Anhängern wieder wachsenden Anklang. Der Balanceakt zwischen basisorientierten Entscheidungswegen und der Integration neuer Wählerschichten dürfte den Parteien somit künftig noch schwerer fallen als bislang.

Für viele mag das Nachdenken über Parteireformen ohnehin vertane Mühe sein. Wenn es darangeht, über konkrete Gestaltungsoptionen der Willensbildung nachzudenken, scheint es stets verlockend, in eine auch unter Sozialliberalen gern rezipierte und in den neunziger Jahren vom ehemaligen Bundespräsidenten Richard von Weizsäcker endgültig kultivierte Parteien- und Fraktionenschelte zu verfallen, in längst vergangenen republikanischen Zeitaltern zu schwelgen und die Utopie einer *Jeffersonian democracy* zu zeichnen, in der intakte staatsbürgerliche Tugenden und die überall gelebte Sorge um das Gemeinwohl Parteiungen überflüssig machen. Aber wie in jeder anderen modernen Massendemokratie ist eine funktionierende politische Willensbildung in der BRD heute primär auf die Integrations- und Vermittlungsleistungen der Parteien angewiesen, auch wenn man mit dem 2012 verstorbenen Politikwissenschaftler Wilhelm Hennis aus gutem Grund von einem in besonderem Maße »überdehnten« und »abgekoppelten« deutschen Parteienstaat sprechen kann, einer im Parteiengesetz von 1967 bereits angelegten, pervertierten Monopolstellung der Parteien bei der politischen Willensbildung.[56] Hennis hat, eine Beobachtung des Staatsrechtlers Rudolf Smend

55 Vgl. ebd., S. 163.
56 Vgl. Hennis, Wilhelm 1983, »Überdehnt und abgekoppelt. An den Grenzen des Parteienstaates«, in: Krockow, Christian Graf von (Hg.), *Brauchen wir ein neues Parteiensystem?*, Frankfurt am Main: Fischer, S. 28-46.

aus der Entstehungszeit der Weimarer Republik aufgreifend, ein spezifisch deutsches Problem in der personalisierten Verhältniswahl identifiziert. Dieses führe zur Verkümmerung des politischen Lebens vor Ort, denn durch den hohen Anteil von Listenkandidaten gerät das, was auf den unteren Ebenen geschieht, auf Kosten strategischer Interessen innerhalb der Fraktionen immer weiter aus dem Blickfeld.[57] Sicher hat das Proporzsystem die im Zuge der Professionalisierung des politischen Wettbewerbs forcierte Abschottung der Parteien von den Bürgern, wie sie auch in Staaten mit Mehrheitswahlrecht vor sich geht, nur intensiviert. Doch zu einer Wahlrechtsreform, die eine Reduzierung der Listenmandate bezweckt, wird es, auch aus guten Gründen,[58] nicht ernsthaft kommen. Der Weg zu einer Abmilderung des bei vergangenen Bundestagswahlen greifenden negativen Stimmgewichts durch Ausgleichsmandate, die eine nach dem Verfassungsgerichtsurteil vom Juli 2012 erneut fällig gewordene Änderung des Wahlrechts mit sich brachte, war steinig genug gewesen und hatte den kleinen und großen Parteien schon einiges an Kompromissbereitschaft abverlangt. Gleichwohl bedürfte es noch viel tiefer greifender institutioneller Reformen, um die Kommunikationsprozesse zwischen Wählern und Abgeordneten auf der lokalen Ebene zu vertiefen und zu verstetigen.

Die Parteien ihrerseits müssten, um ihrer *linkage*-Funktion gerecht zu werden, in die Gesellschaft zurückkehren. Möglicherweise könnten sie dabei von den *community-organizing*-Modellen aus der Sozialarbeit in den Vereinigten Staaten profitieren, die auch die *organizing*-Reformen der Gewerkschaftsbewegung seit über zwei Jahrzehnten inspirieren. Hierbei geht es darum, dass die Verbandszentralen bzw. deren hauptamtliche Mitarbeiter durch den gezielten Einsatz von Ressourcen in struktur-

---

57 Vgl. ders. 1995, »Ein einig Volk von Zuschauern. Wozu ist das Wahlrecht da?«, in: *Frankfurter Allgemeine Zeitung* (24. Februar 1995); vgl. auch Smend, Rudolf 1994, »Die Verschiebung der konstitutionellen Ordnung durch die Verhältniswahl«, in: ders., *Staatsrechtliche Abhandlungen und andere Aufsätze*, Berlin: Duncker & Humblot, S. 60-67.

58 Hierzu Walter, Franz 2008, *Baustelle Deutschland. Politik ohne Lagerbindung*, Frankfurt am Main: Suhrkamp, S. 248 ff.

schwachen Regionen bestehende Potenziale so aktivieren, dass daraus selbsttragende Aktivitätsniveaus erwachsen, dabei aber die Akteursautonomie vor Ort möglichst nicht beschnitten wird, im Gegenteil die Partizipationsbereitschaft für Mobilisierungsanstrengungen positiv genutzt wird.[59]

Natürlich müssen die Parteien den zivilgesellschaftlichen Akteuren auf Augenhöhe begegnen und zunächst deren Skepsis abbauen; keinesfalls dürfen sie den Verdacht nähren, bloß instrumentalisieren und vereinnahmen zu wollen. Und fraglos erfordern solche Schritte, die Begegnung mit anderen Interessen und Lebenswelten, mitunter ein gewisses Maß an Koalitions- und Anpassungsbereitschaft, die den Parteifunktionären oft schwerfällt. Vor allem die Sozialdemokratie, die auf eine lange Tradition der flächendeckenden lokalen Vernetzung zurückschauen kann und von Anfang an Werten wie gegenseitiger Hilfe und kooperativer Praxis verpflichtet war, sollte sich, um einen Rat des Labour-Vordenkers Maurice Glasman aufzunehmen, hier an ihre aristotelische Seite erinnern: Sie sollte »Reziprozität, Assoziation und Organisation als fundamentale Aspekte zum Aufbau eines gemeinsamen Lebens zwischen antagonistischen und zuvor getrennten Kräften« wiederentdecken, denn: »nur organisierte Menschen können gegen die Dominanz des Geldes Widerstand leisten«.[60] Auf kommunaler Ebene sollten alle Parteien diesem Credo folgen, wollen sie nicht Gefahr laufen, jene antipolitischen Populismen und zynischen Ressentiments weiter zu nähren, die – wie die Debatte um das Buch *Deutschland schafft sich ab* von Thilo Sarrazin vor ein paar Jahren sehr deutlich gezeigt hat – in der überdehnten Mitte der Gesellschaft gedeihen und damit insbesondere den Volksparteien weiteren Boden entziehen. Denn schließlich: Das institutionelle Gefüge einer Republik, in der die Bürger –

59 Vgl. Butzlaff, Felix 2012, »Abkehr vom Stellvertretermodell. Die Reformversuche der Gewerkschaften als Vorbild für eine Wiederbelebung der Sozialdemokratie?«, in: *INDES. Zeitschrift für Politik und Gesellschaft* 1/H. 1, S. 97-104.

60 Glasman, Maurice 2011, »Labour as a radical tradition«, in: ders. et al. (Hg.), *The Labour Tradition and the Politics of Paradox*, London: Lawrence & Wishart, S. 14-34, hier S. 32.

politisch interessiert und informiert, aber aufgrund der zunehmenden Beliebtheit virtueller Formen von Beteiligung auch isoliert und desintegriert wie noch nie zuvor – vorwiegend Manifestationen der Verdrossenheit und Häme erzeugen und verbreiten, statt mit anderen Bürgern kollektiv an der Architektur einer »guten«, das heißt solidarischen und inklusiven Gesellschaft mitzuwirken, wird auf lange Sicht verfallen.

Um nochmals auf den eben zitierten Rudolf Smend zurückzukommen: Mit ihm, dem »Hausgott«[61] bundesdeutschen Verfassungsrechts und Schöpfer der modernen Integrationslehre im Staatsrecht,[62] fragten Politiker, Leitartikler, Akademieredner und universitäre Sozialwissenschaftler insbesondere in Zeiten beunruhigender sozialer Fragmentierung regelmäßig besorgt nach dem Kitt, mit dem die gesellschaftlichen Fugen abgedichtet, mit dem also Integration herzustellen sei. Smend hatte früh, bereits in den zwanziger Jahren, auf die Bedeutung gemeinsam akzeptierter Symbole, Manifestationen und Rituale für gelungene staatliche und gesellschaftliche Integration hingewiesen.[63] Doch in der EU fehlt all das, was nach Auffassung von Smend an Faktoren für eine gelungene Integration zusammenkommen muss: einbindende, sammelnde und orientierende Führung, das Erlebnis einer gemeinsamen politischen Öffentlichkeit, emotionalisierende und homogenitätsstiftende Symbole für die Gemeinschaft eines europäischen Volkes.[64] »Da das Integrativ-Symbolische keinen Bezug zum realen Alltag hat«, so schon der russische Soziologe Boris Dubin allerdings in Bezug auf einen anderen Kontext,

61 Hennis, Wilhelm 1999a, »Integration durch Verfassung? Rudolf Smend und die Zugänge zum Verfassungsproblem nach 50 Jahren unter dem Grundgesetz«, in: *JuristenZeitung* 54/H. 10, S. 485-495, hier S. 486.

62 Vgl. besonders Dreier, Horst 2008, »Integration durch Verfassung? Rudolf Smend und die Grundrechtsdemokratie«, in: Hufen, Friedrich (Hg.), *Verfassungen. Zwischen Recht und Politik. Festschrift zum 70. Geburtstag für Hans-Peter Schneider*, Baden-Baden: Nomos, S. 70-96, hier S. 71.

63 Smend, Rudolf 1928, *Verfassung und Verfassungsrecht*, München: Duncker & Humblot.

64 Vgl. hierzu auch Pernice, Ingolf 1995, »Carl Schmitt, Rudolf Smend und die europäische Integration«, in: *Archiv des öffentlichen Rechts*, Bd. 120, S. 100-120, hier S. 113 ff.

»könnte man sogar sagen, daß es keine ›Realität‹ besitzt. Umgekehrt wird dem realen Geschehen kein allgemeingültiger Sinn mehr verliehen, es ist, als ob es keine universelle Gültigkeit mehr gebe. Die symbolische Zugehörigkeit zum virtuellen ›Wir‹ führt zu keiner praktischen Teilnahme an einer alltäglichen Interaktion, zu keiner realen Beziehung«.[65]

Andererseits: Kann man mit der Smend'schen Methode noch das Smend'sche Ziel erreichen? Moderne Gesellschaften sind aus gutem Grund und mit gutem Recht vielfach aufgesplittert, weltanschaulich inhomogen. Smend suchte aber wie alle seine Nachfolger, die in Sorge um den gesellschaftlichen Zusammenhalt leben, nach identitären »Sinnerlebnissen« und »Sinnproduktionen«, um das Individuum in der Einheit der Gemeinschaft aufgehen zu lassen. Bei diesem Vorhaben störten und stören Parteien, Verbände, Interessenorganisationen, die partial handeln, statt den von Smend verlangten Dienst an der Integration zu verrichten. Die vielen neu aufgekommenen Bürgerbewegungen der letzten Jahre dürften deshalb bei Smend fündig werden, wenn sie ihr Misstrauen gegen den Parteien- und Verbändestaat äußern, wenn auch sie – wie schon, im Anschluss an den französischen Schriftsteller und Historiker Ernest Renan, Smend oder der sozialdemokratische Staatsrechtler Hermann Heller – Politik als *plébiscite de tous les jours* begreifen.[66] Aber die globalisierte Gesellschaft, die diese Bewegungen nährt, ist allein eine solche, die Konflikt hervorbringt und aushält, die die Uniformität von Lebensweisen und Werteorientierungen überwunden hat, kurz: die Heterogenität, Eigensinn, ja: selbst Absonderung und Verweigerung unter den Schutz des Rechts stellt – nicht zuletzt gegen gebieterische Ansprüche harmonieheischender, die *volonté générale* proklamierender Integrationslehrmeister. Soll Demokratie in den schwierigen Koexistenzen von Konflikten und Konsens, von öffentlichen Partizipationsverlangen und stillen Privatheitsbedürfnissen, von

---

65 Duban, Boris 2006, »Simulierte Macht und zeremonielle Politik«, in: *Osteuropa* 56/H. 3, S. 19-32, hier S. 24.

66 Vgl. Ooyen, Robert C. van 2003, »Demokratische Partizipation statt ›Integration‹: Normativ-staatstheoretische Begründung eines generellen Ausländerwahlrechts. Zugleich eine Kritik an der Integrationslehre von Smend«, in: *Zeitschrift für Politikwissenschaft* 13/H. 2, S. 601-627, hier S. 609 ff.

freien Märkten und staatlichen Regelungen, von trotziger Individualität und altruistischer Solidarität, von anregenden Neuerungen und Halt stiftenden Kontinuitäten, von Muslimen und Christen oder Agnostikern im 21. Jahrhundert gelingen – dann mag es besser sein zu hoffen, dass robuste rechtsstaatliche Institutionen die bestehende Vielfalt schützen, gesellschaftliche und kulturelle Majorisierungsbestrebungen von elektoralen Mehrheiten innerhalb der demokratischen Arena begrenzen. Denn eine Schwächung parlamentarischer Räume, die minoritären Gruppen über einzelne Abstimmungen hinaus eine Bühne garantieren, liefert diese Minderheiten unvermeidlich dem homogenisierenden Druck der öffentlichen Meinung aus.

Informelle Repräsentation als Chance und Herausforderung

Aber zielen alle diese Überlegungen nicht eigentlich ins Leere? Gleichen nicht sowohl die Versuche von Urbinati, Young und anderen, das Politische innerhalb eines elektoralen Rahmens wiederzubeleben, als auch die verschiedenen Appelle an die Parteien, ihre Willensbildungsprozesse demokratischer zu gestalten, und auch alle noch so gut gemeinten Plädoyers in Wirklichkeit dem Versuch, einem sterbenden Patienten und allen Beteiligten das unvermeidliche Ende so angenehm wie es nur geht zu gestalten und es so lange als möglich hinauszuzögern? Klafft die gefühlte Schere zwischen der prozeduralen und der politischen Dimension demokratischer Repräsentation inzwischen nicht viel zu weit, als dass man noch sinnvoll von einem responsiven Wechselverhältnis von Partizipation und Repräsentation ausgehen könnte? Haben die Occupy-Aktivisten in New York im Herbst 2011 nicht wesentlich mehr Amerikaner repräsentiert (wenn auch sicher nicht 99 Prozent von ihnen) als die Fraktion der Demokraten im Repräsentantenhaus oder gar der Präsident, obwohl Letztere im Gegensatz zu Ersteren, wie es an Wahlabenden so schön heißt, auf einen »klaren Wählerauftrag« verweisen können? Ist diese Legitimationsstrategie überhaupt noch fruchtbar, da doch Wahlergebnisse zunehmend »uninformativer« werden und in einer Welt, die sich täglich rapide verändert, für das Handeln der künftigen Repräsentanten kaum noch sinnvolle Vorgaben machen können? (Man erinnere sich: Im September 2009, bei der letzten Bundestagswahl, war von einem griechischen Staatsbankrott und einer EWU-Schuldenkrise noch nichts bekannt und das Thema Europa war allenfalls am Rande des Wahlkampfs präsent.) Theorien politischer Repräsentation müssen überzeugende Antworten auf diese Fragen finden, wollen sie nicht Gefahr laufen, für die Praxis irrelevant zu werden. Das heißt jedoch nicht, dass man sich deshalb von den normativen Ansprüchen, die gemeinhin für die Bewertung »guter« Repräsentation herangezogen wurden – Verantwortlichkeit, Zurechenbarkeit, Responsivität –, zugunsten eines schwachen Legitimitätsbegriffs verabschieden sollte, wie dies in der *governance*-Forschung allzu oft geschieht.

Traditionelle Mechanismen der Repräsentation sehen sich mit ernsthaften Bedrohungen konfrontiert, sie verschwinden und weichen neuen Formen der Vertretung kollektiver Interessen, die nicht auf formalisierte, gesamtgesellschaftlich anerkannte Autorisierungsmomente verweisen können. Selbst-autorisierte und Bürgerrepräsentanten gewinnen an Bedeutung,[67] sowohl auf nationaler Ebene als auch in internationalen Regimen, wie zum Beispiel innerhalb der Vereinten Nationen, wo bestimmten INGOs (*international non-governmental organizations*) ein Konsultativstatus im Wirtschafts- und Sozialrat eingeräumt wird. Es ist im Falle nichtelektoraler Repräsentationsbeziehungen meist schwierig, einen initialen Moment der informellen Autorisierung auszumachen. Die Übertragung von Handlungsmacht gestaltet sich reflexiv, findet oft nur symbolisch statt. Allerdings sind selbstautorisierte Repräsentanten unverzichtbarer Bestandteil einer demokratischen Gesellschaft, in der ständig neue Konfliktlinien entstehen, denen die bestehenden Institutionen keine oder nur geringe Beachtung schenken. Vor der Konstituierung einer formalen Repräsentationsbeziehung kommt es immer erst zu informellen Repräsentations*ansprüchen* und zu einem Disput darüber,

---

67 Vgl. Urbinati, Nadia/Mark E. Warren 2008, »The concept of representation in contemporary democratic theory«, in: *The Annual Review of Political Science* 11/H. 1, S. 387-412, hier S. 402 ff.

was überhaupt inhaltlich präsentiert werden soll. Konkurrierende Narrative müssen von potenziellen Repräsentanten in einem *framing*-Prozess identifiziert und in kohärente Slogans und Handlungsstrategien übersetzt werden. Diese meist unübersichtliche Phase der Formierung, die am Anfang jeder sozialen Bewegung steht, ist für strukturell benachteiligte Stimmen noch besonders offen, nicht durch Hierarchien begrenzt, weshalb politische Anliegen, die bislang systematisch ignoriert werden, nur in solchen Augenblicken hervortreten und dem parlamentarischen Machtmonopol nichtrepräsentativer Repräsentanten gefährlich werden können.

Natürlich sind die Stellvertretungsansprüche, die zivilgesellschaftliche Akteure dann erheben, häufig nicht ohne Weiteres »überprüfbar«. Der Grund dafür ist offensichtlich: Man kann diese Formen der Repräsentation nicht als klassisches Prinzipal-Agent-Verhältnis begreifen. Zu selten gibt es einen eindeutig erkennbaren Klienten, der sich dazu äußern könnte, ob er vertreten werden will oder nicht, insbesondere dann nicht, wenn, wie es in vielen Reden zum Thema Nachhaltigkeit so schön heißt, die Repräsentierten selbst keine Stimme haben (die Umwelt oder »die kommenden Generationen«), woraus ihre Repräsentanten üblicherweise eine umso stärkere moralische Begründung dafür ableiten, warum gerade sie als Repräsentanten infrage kommen (nach dem Motto: »Wenn wir es nicht tun, wer dann?«). Um ein Beispiel anzuführen: Der Bund der Steuerzahler schreibt sich auf die Fahnen, »gegen die Verschwendung von Steuergeldern« zu kämpfen und »den Staat, die Politik und die Verwaltung mit engagierten Wirtschaftswissenschaftlern« zu kontrollieren – und zwar im Namen aller deutschen Bürger, die Steuern zahlen.[68] Müßig zu erwähnen, dass jeder Bürger ganz andere Vorstellungen davon hat, was unter einer angemessenen Verteilung öffentlicher Mittel zu verstehen ist, dass jeder Einzelne diese Frage abhängig davon beantwortet, welche politischen Präferenzen er im öffentlichen Raum umgesetzt sehen möchte, weshalb ein derart universeller

---

68 Bund der Steuerzahler Deutschland e. V., »Vorteile für Mitglieder«, online verfügbar unter: {http://www.steuerzahler.de/Ueber-uns/1239b479/index.html} (Stand: April 2013).

Repräsentationsanspruch vonseiten des Steuerzahlerbundes als ein typisches Symptom der unpolitischen Demokratie betrachtet werden kann. Denn der Bund suggeriert hier, dass genuin politische Fragen nach objektiven, einheitlich zu bewertenden Nützlichkeitskriterien beantwortet werden können und offensichtlich keiner gesamtgesellschaftlichen Diskussion bedürfen. Wenn er sich aus Gründen der Generationengerechtigkeit für einen schlanken Staat einsetzt und dabei so tut, als ob er seinen Auftrag nicht nur »vom Steuerzahler«, sondern auch von den stimmlosen Kindern und Ungeborenen erhält, dann fällt es in der Tat schwer, diesem moralischen Appell zu widersprechen, ohne sich den Ruf eines Schurken einzuhandeln. Dass der Repräsentationsanspruch dabei wirklich so universell ausfällt, wie der Bund selbst es glauben macht, kann hingegen bezweifelt werden, wenn man bedenkt, dass zum Beispiel die Kinder von Familien, die auf staatliche Hilfen angewiesen sind und die von der Reduzierung öffentlicher Investitionen auf die eine oder andere Weise betroffen sein würden, hier wohl keine Stimme finden. Die Moralisierung öffentlicher Anliegen durch Bezugnahme auf die virtuellen Interessen zukünftiger Generationen zur Legitimierung der Ansprüche zivilgesellschaftlicher Akteure kann daher zutiefst unpolitische Züge annehmen: Der Verweis auf (vermeintlich) »stimmlose« Klienten soll die Depolitisierung öffentlicher Belange rechtfertigen.

Diese »dunkle Seite« nichtautorisierter Repräsentation sollten wir nicht ignorieren. Doch auf gar keinen Fall sollten wir ihr Potenzial für die Wiederbelebung des öffentlichen Raums vernachlässigen. Die Debatte darüber, welche Formen nichtelektoraler Repräsentation die als immer unzureichender empfundenen demokratischen Qualitäten formalisierter Repräsentation kompensieren könnten, ohne deren egalitäre Bollwerkfunktion zu unterminieren, ist deshalb voll entbrannt.[69] Eine derzeit viel diskutierte Perspektive bietet der britische Politologe Michael Sa-

69 Für neuere Überblicke und kritische Reflexionen vgl. z. B. Maia, Rousiley C. M. 2012, »Non-electoral political representation: expanding discursive domains«, in: *Representation*, Jg. 48, H. 4, S. 429-443, und Jentges, Erik 2011, *Die soziale Magie politischer Repräsentation. Charisma und Anerkennung in der Zivilgesellschaft*, Bielefeld: transcript.

ward. Er versucht, den Begriff der Repräsentation von seinen strikt institutionellen Rahmungen zu lösen, da seines Erachtens »elektorale Repräsentation das Prinzip demokratischer Repräsentation nicht ausschöpft«.[70] Die Notwendigkeit etwa, dass Kandidaten, um Wahlen zu gewinnen, möglichst viele Interessen aggregieren müssen, führt, wie beschrieben, dazu, dass die eigene Stimme im Meer der kumulierten Meinungsmixturen untergeht, wodurch das Autonomieversprechen vollkommen unterlaufen wird. Wenn das politische System in der Folge immer irresponsiver wird, könne, so Saward, gerade die »Unbefleckheit« nichtgewählter Repräsentanten von systemischen Erfordernissen (etwa einer passiven Wahlbeteiligung) die Glaubwürdigkeit derselben und – falls sie es vermögen, bestimmten, zuvor nicht gehörten Gruppen und Submilieus im öffentlichen Raum eine Stimme zu verleihen – damit letztlich auch den Glauben an die Integrationsfähigkeit des politischen Systems steigern. Anders als zum Beispiel Urbinati nimmt Saward nicht an, dass demokratische Wahlen unbedingt nötig sind, um Repräsentation zu legitimieren. Repräsentation hat keinen definitiven, eindeutig lokalisierbaren Ort in der Welt, ist auch nicht an bestimmte Prozeduren gebunden. Aber genau diese Vorstellung sei in den meisten gegenwärtig diskutierten Ansätzen vorherrschend. Saward sieht solche »festlegenden Definitionen« sehr kritisch; ihm zufolge sollten wir uns weniger um die Suche nach essenziellen Bedeutungen, als um das Wie von Repräsentation bemühen: Wir können den Mechanismus von Repräsentation nur verstehen, wenn wir auf die Darstellung, die Wirkung eines Repräsentationsanspruchs (*representative claim*) schauen. Es ist nämlich vor allem der äußere Eindruck, der hier zählt: »Wie wird der Eindruck von Präsenz konstruiert, verteidigt und angefochten? Was determiniert den Erfolg oder das Scheitern der Anstrengungen, solch einen Eindruck zu konstruieren?«[71] Repräsentation wird von Saward als eine Serie von

70 Saward, Michael 2011, »The wider canvas: representation and democracy in state and society«, in: Alonso, Sonia et al. (Hg.), *The Future of Representative Democracy*, Cambridge: Cambridge University Press, S. 74-95.
71 Ders. 2010, *The Representative Claim*, Oxford: Oxford University Press, S. 39.

Ereignissen betrachtet, als das Produkt eines performativen Prozesses, einer sich ständig wiederholenden Aushandlung der Bedeutung einer Repräsentationsbeziehung, die deren eigentlicher Formalisierung vorausgeht. Letztere ist gar nicht notwendig; worauf es allein ankommt, ist die erfolgreiche Vermittlung eines *representative claim*: Gewählte Politiker können in diesem Sinne genauso gut Repräsentanten sein wie »Interessengruppen oder NGO-Aktivisten, lokale Persönlichkeiten, Rockstars, Berühmtheiten«.[72] Diese Stellvertreter erhalten ihre Autorität nicht aus Abstimmungen, sondern aus ihrem Anspruch, eine Rolle zu spielen, von der sie gegenüber einer Gruppe potenziell Repräsentierter behaupten, dass sie dafür geeignet sind: »Repräsentation ist eher ein Prozess des *claim-making* als eine durch institutionelle Wahl oder Selektion begründete Tatsache; zumindest kann sie nur Letzteres sein, wenn sie auch Ersteres ist.«[73] Wo es Interessen gibt, da gibt es potenzielle Repräsentanten (*claim makers*), die den Anspruch erheben, diese Interessen zu vertreten und potenziell Repräsentierte innerhalb eines *would-be audience*, die diesen Anspruch bestätigen, zurückweisen oder umdeuten können. Ein Repräsentationsverhältnis wird also dadurch legitimiert, dass sich gegen einen *claim* kein expliziter Protest formiert.

Mit seinem Ansatz radikalisiert Saward den oben skizzierten Trend, politische Repräsentation und Partizipation zusammenzudenken. Repräsentation steht hier nicht nur nicht im Widerspruch zu Partizipation; sie findet überall statt, wo zum Beispiel Repräsentanten auf eine »tiefere Verwurzelung«, eine gefühlte Verbindung mit moralischen/kulturellen Werten einer Gruppe verweisen können. Die Frage ist aber, ob solche »Kategorien der aktiven symbolischen oder ästhetischen Repräsentation« tatsächlich geeignet sind,[74] Legitimität qua Responsivität zu erzeugen. Es wurde jedenfalls zu Recht darauf hingewiesen, dass mithilfe der von Saward angelegten Kriterien normativ kaum zwischen einem bloß symbolischen und einem harten politischen Inhalten

---

72 Ders. 2006, »The representative claim«, in: *Contemporary Political Theory* 5/ H. 3, S. 297-318, hier S. 303.
73 Ders., *The Representative Claim*, S. 44.
74 Ders., »The representative claim«, S. 300.

verpflichteten Repräsentationsverhältnis, »zwischen einem sich ›Repräsentiert-Fühlen‹ und der tatsächlichen Repräsentation der eigenen Interessen« unterschieden werden kann.[75] Es ist allerdings an den Repräsentierten, darüber zu urteilen, ob sie sich vertreten sehen oder nicht – und ihre Unterstützung oder Anfechtung einer bestimmten Position zum Ausdruck zu bringen, auf welche Weise auch immer.

Klar ist immerhin, dass informelle Repräsentation in der *monitory democracy* innerhalb der nächsten Jahrzehnte noch sukzessive an Bedeutung hinzugewinnen wird – nicht unbedingt zum Verdruss der durch Wahl autorisierten Repräsentanten. Zumindest in der Bundesrepublik zeigen sich derzeit die Abgeordneten zunehmend unzufrieden mit ihren Einflussmöglichkeiten und fordern deshalb, dass die Bürger selbst mehr politische Verantwortung übernehmen sollen.[76] Es muss also keineswegs auf ein Verhältnis der ständigen Feindschaft und negativen Konkurrenz zwischen den Wahlbürgern einerseits und der politischen Klasse andererseits hinauslaufen. Sonderlich harmonisch wird es zwischen ihnen aber auch nicht zugehen. Wie gesagt: Die Transformation der Demokratie und der politischen Öffentlichkeit wird sich weiter im Spannungsfeld einer zunehmend unpolitischen Politik einerseits und der ambivalenten Manifestationen gegendemokratischer (Anti-)Politik andererseits vollziehen. Aus dieser letztlich fruchtbaren Spannung vermögen moderne Gesellschaften zuweilen beträchtliche Energien zu ziehen. Ob allerdings die Autonomie des Politischen aus dieser Konfrontation gestärkt hervorgeht, ist heute noch nicht abzusehen.

75 Severs, Eline 2010, »Representation as claims-making: quid responsiveness?«, in: *Representation* 46/H. 4, S. 411-423, hier S. 416.
76 Vgl. Alemann, Ulrich von/Joachim Klewes/Christina Rauh 2011, »Die Bürger sollen es richten«, in: *Aus Politik und Zeitgeschichte* H. 44-45, S. 25-32.

7. Die unpolitische Union

Um das einst große Projekt des europäischen Einigungsprozesses ist es mittlerweile reichlich still geworden. Viel ist nicht geblieben von der »Europhorie«, die Mitte des letzten Jahrzehnts nach der Osterweiterung und in Erwartung einer europäischen Verfassung Hoffnungen auf eine fortschreitende symbolische und demokratisch legitimierte Integration widerspiegelte. Nach den gescheiterten Verfassungsreferenden und dem (zumindest gefühlten) Beinahe-Scheitern der Währungsunion mag aufseiten der nationalen politischen Eliten die Versuchung groß sein, den europapolitischen Diskurs möglichst auf Instrumente der Krisenbekämpfung und -prävention, auf Wege zur gemeinsamen Haushaltskonsolidierung, vielleicht noch, wie von den sozialdemokratischen Oppositionsparteien und ihrem neuen Vorposten im Élysée-Palast gefordert, auf nachhaltige Wachstumsstrategien zu beschränken. Eine Debatte über Wege hin zu einer »Demokratisierung« und ein von allen Beteiligten geforderter Ausbau der EU zu einer »politischen Union«[1] erscheint angesichts der Währungskrise und der sozialen Katastrophen, die die südeuropäischen Länder im Zuge der Krise erleben und die wohl eher schnelles und effizientes Handeln, *leadership* und administrative Akkuratesse statt zeitraubender konstitutioneller Debatten erfordern, bis auf Weiteres fehl am Platze, galt es doch in den vergangenen drei Jahren zunächst einmal, das Schlimmste, ein Auseinanderbrechen der Union, mit allen Mitteln abzuwenden.

Aber gerade die Krise hat den Unionsbürgern schlagartig vor Augen geführt, dass ein politisch-ideeller Überbau, dessen Sinnzusammenhang bis heute fast ausschließlich auf der ökonomischen Integration fußt, an die Grenzen seiner Überzeugungskraft gerät, sobald seine Basis erzittert. Das Projekt einer transnationalen europäischen Bürgersolidarität (und damit die zentrale Grundlage für die Evolution einer europäischen Öffentlichkeit) ist auf

---

1 Busse, Nikolas/Majid Sattar 2012, »Elf EU-Außenminister fordern die politische Union«, in: *Frankfurter Allgemeine Zeitung* (18. September 2012).

Sand gebaut: auf den instabilen und eher vorpolitischen Voraussetzungen, wie sie die Pazifizierungs- und Wohlstandsnarrative
darstellen, die im Zuge krisenhafter Entwicklungen allzu leicht
und nachhaltig erschüttert werden können – vor allem dann,
wenn eine Politik so spaltend wirkt wie die aktuelle »Rettungs-
politik« im Zuge der EWU-Krise, die die deutsch-französische
Hegemonie stärkt, indem sie die südeuropäische Peripherie in
Deflation versinken lässt und mit ihren Spardiktaten den überkommenen Mythos eines nationalen Sozialstaates, der als soziales
Korrektiv zur EU-Liberalisierungspolitik fungieren könnte, endgültig zerstört.

Denn die einseitige Tendenz zur negativen Integration – also
Maßnahmen zur Beseitigung von Beschränkungen des freien
Marktwettbewerbs im Unterschied zu »positiven«, marktkorri-
gierenden politischen Interventionen – wurde in den vergangenen Jahren immer stärker von »nichtpolitischen Politikprozessen« verstetigt, die die Entscheidungen der Regierungen zunehmend determinieren und zum Motor des Einigungsprozesses zu
werden drohen.[2] Dieser forciert zwar das Zusammenwachsen der
nationalen Volkswirtschaften, wirkt dem soziokulturellen Zusammenhalt innerhalb der Union jedoch oftmals entgegen, weil
er die ohnehin bestehende soziale Kluft zwischen Nord und Süd
noch verstärkt. Einer der Treibstoffe dieser nichtpolitischen Prozesse ist sicherlich die »Integration durch Richterrecht«, die,
wie Fritz Scharpf gezeigt hat, aus strukturellen Gründen tendenziell negativ wirkt, die Liberalisierungsmaßnahmen gegenüber
den auf der einzelstaatlichen Ebene wirksamen republikanisch-de-
mokratischen Legitimationsstrategien zusätzlich privilegiert. Der
Europäische Gerichtshof (EuGH) kann einzelstaatliche Gesetze,
die er als Vertragsverstöße ansieht, auflösen; seine Urteile haben
in der Vergangenheit bereits des Öfteren normsetzend gewirkt
und dadurch den Vorrang des Gemeinschaftsrechts vor dem mit-
gliedsstaatlichen Recht in der Auslegungspraxis fest- und fortge-
schrieben. Weil der EuGH natürlich nur reaktiv tätig werden (das

2 Vgl. Scharpf, Fritz W. 2009, »Legitimität im europäischen Mehrebenensystem«,
in: *Leviathan* 37/H. 2, S. 244-280, hier S. 255 ff.

heißt im Bereich der Wirtschaftspolitik nur nationale Regelungen, die möglicherweise »wettbewerbsverzerrend« wirken, überprüfen) kann, stärken seine Entscheidungen in der Regel die europäische Deregulierungspolitik. Gleichzeitig unterminieren aber die extrem hohen Konsensbarrieren der europäischen Gesetzgebung die Handlungskapazitäten der *politischen* Akteure. Maßnahmen positiver Integration bedürfen nicht nur der einstimmigen Verabschiedung durch den Europäischen Rat, sondern auch der ausdrücklichen Zustimmung des Ministerrats und des Europäischen Parlaments (EP): Intergouvernementale und supranationale, sektorale und territoriale Aushandlungsregime bestehen innerhalb der EU nebeneinander und schaffen ein Komplexitätsgefälle, das kaum mehr und erst recht nicht demokratisch regierbar ist. Denn die meisten Gesetze, die auf europäischer Ebene verabschiedet werden, können nur selten revidiert werden, selbst wenn in der Mehrzahl der Einzelstaaten Regierungen an die Macht kämen, die sich gegen bestimmte in der Vergangenheit getroffene Regelungen aussprechen, solange sich einige Staaten und/oder die Kommission gegen eine solche Aufhebung sperren, auch wenn die große Mehrheit der europäischen Bürger, zum Beispiel unter dem Eindruck jüngerer Entwicklungen auf den Finanzmärkten, zu der Meinung gelangt, dass bestimmte Bereiche der europäischen Liberalisierungspolitik dem Gemeinwohl im Laufe der Zeit eher geschadet als genützt haben.[3]

Die Asymmetrie zwischen den Durchsetzungschancen negativer und positiver Integration liegt nicht zuletzt darin begründet, dass sich die intergouvernementale Politik einer Vielzahl von Entscheidungshindernissen ausgesetzt sieht, während das supranationale Recht die sozialpolitischen Spielräume der Nationalstaaten restringiert.[4] Die Folge ist eine ernsthafte Beschädigung politischer Gestaltungsfreiheit, die vom Großteil der Europa- und *governance*-Forschung bislang mit bemerkenswert unkritischer Gelassenheit registriert wird. Das gilt aber erst recht für die nationalen Politikeliten, an denen es wäre, den Rückstand der politisch-inter-

3 Vgl. ebd., S. 250.
4 Scharpf, Fritz W. 1999, *Regieren in Europa. Effektiv und demokratisch?*, Frankfurt am Main/New York: Campus, S. 52 ff.

ventionistischen gegenüber den ökonomisch-neoliberalen Integrationsmechanismen aufzuholen. Stattdessen erleben wir Verweigerung und gegenseitige Schuldzuschreibungen. Die Arroganz, mit der Europapolitiker wie Wolfgang Schäuble und Daniel Cohn-Bendit die französischen und niederländischen Bürger nach den gescheiterten Verfassungsreferenden im Jahr 2005 als ignorante und undankbare Nörgler diskreditierten, die die Segnungen der Einigung nicht zu schätzen wüssten, ist noch in guter Erinnerung.[5] Und im Zuge der gegenwärtigen Euro-Krise, deren Ende noch nicht in Sicht ist, wurden ganze Gesellschaften, die wie die als »Blockierer« gescholtene britische Bevölkerung (aus ökonomischen Motiven, aber auch an der altehrwürdigen Doktrin der *parliamentary sovereignty* festhaltend) einem fortgesetzten Transfer politischer Kompetenzen nach Brüssel noch skeptisch gegenüberstehen, in einer bürgerlichen deutschen Wochenzeitung als »notorische Nein-Sager«, als unverantwortlich und »überflüssig« beschimpft.[6]

Dieser toxische Konformitätszwang – nur wer sich in den Determinismus der negativen Integration fügt, ist ein guter Europäer – lässt das Ziel einer pluralistischen politischen Arena innerhalb der Union in weite Ferne rücken. Wie schlecht es um die politische Integration im Augenblick wirklich steht, war auch anlässlich eines Ereignisses spürbar, welches Ende 2012 eigentlich an die tiefere Sinnebene des Projekts Europa erinnern sollte: die Auszeichnung der EU mit dem Friedensnobelpreis, die eine der beiden Gründungserzählungen in Erinnerung rufen sollte, auf die Regierungspolitiker und *elder statesmen* in den zwei, drei Jahren zuvor ohnehin andauernd rekurriert hatten. Mal ganz abgesehen davon, dass Europas Agrarpolitik in der Dritten Welt eher Verwüstung sät und das friedliche Innen Europas an seinen Außengrenzen mit Gewalt abgeschottet wird, könnte man die ständige Betonung des Friedens – der ja nicht allein ein Produkt der europäischen Einigung, sondern (wenn man der Theorie des demokratischen Friedens Glauben schenkt) vor allem eine Folge

5 Vgl. dazu Ross, Kristin 2012, »Demokratie zu verkaufen«, in: Agamben et al., *Demokratie? Eine Debatte*, Berlin: Suhrkamp, S. 96-115.
6 Krupa, Matthias 2011, »Schluss mit der britischen Sonderrolle«, in: *Die Zeit* (8. Dezember 2011).

der demokratischen Transformation einzelner europäischer Staaten wie Deutschland oder Italien und der Vereinten Nationen ist – auch als ein bezeichnendes Indiz für die politische Malaise der Union werten. Denn ist es nicht bezeichnend, dass in einem Staatenverbund, dessen Repräsentanten noch vor ein paar Jahren über eine gemeinsame Verfassung berieten, der zudem eine eigene Hymne und eine Grundrechte-Charta besitzt, das minimalistische Credo der Abwesenheit von Krieg und der Rettung der gemeinsamen Währungs- und Freihandelszone die einzige wirksame Legitimationsformel darzustellen scheint? Vom demokratischen Projekt Europa ist derzeit jedenfalls nur noch wenig die Rede. Andererseits: Ist nicht gerade diese neue Bescheidenheit – die Konzentration auf ein europäisches Friedens- und Wohlstandsprojekt, die Abstandnahme von dem Ziel einer demokratisch-republikanisch verfassten EU – sehr viel eher geeignet, um eine ehrliche Bestandsaufnahme anzuregen? Geht nicht ein bedeutender Teil der gegenwärtigen politischen Resignation darauf zurück, dass immer mehr Bürgern die Unmöglichkeit tief greifender demokratischer Reformen innerhalb des EU-Gebäudes bewusst wird, während Politiker weiterhin in bunten Farben ein republikanisches Europa malen, das es nicht gibt (und vielleicht niemals geben wird) und die die Schlagworte »Frieden«, »Demokratie«, »Menschenrechte« bedenkenlos aneinanderreihen, wodurch sie dem Eindruck weiter Vorschub leisten, dass Demokratie immer mehr zu einer ritualisierten Selbstbestätigung der Bürger verkommt?

Schließlich wurde in den letzten Jahren zu Recht betont, dass es sich bei dem gern genutzten Begriff des europäischen »Demokratiedefizits« um ein hartnäckiges Missverständnis handelt. Das Wort »Dilemma« trifft es viel besser: Wie Peter Graf Kielmansegg betont hat, bedürfte die EU auf ihrem gegenwärtigen Integrationsstand eines kräftigen Demokratisierungsschubes, der aber durch das bestehende Institutionengefüge und das Ausbleiben kultureller Integrationsmomente verhindert wird. Die EU sei nun einmal »nicht wirklich demokratiefähig«. Nur von einem Defizit zu sprechen, wäre deshalb eine Untertreibung, die wieder einmal falsche Hoffnungen auf eine scheinbar prinzipiell mögliche Heilung wecken würde: »Ein Defizit lässt sich beheben, wenn man nur will, ein Dilemma lässt sich nicht einfach auflösen, auch wenn man es will.«[7] Für diese These spricht natürlich einiges. Das bereits erwähnte Dahl'sche Demokratiedilemma, dem zufolge Bürger in kleineren Einheiten die Politik zwar besser beeinflussen können, diese Einheiten aber immer weniger dazu geeignet sind, globale Probleme zu lösen, ist in der EU gerade deshalb so bedeutsam, weil das Effektivitäts-Partizipations-Dilemma hier immer weniger als »eine Art Nullsummenspiel« perzipiert wird.[8] Wenn aber die Erwartung effizienter Politikgestaltung, die mit dem Inkrementalismus europäischer Politik erkauft worden ist, in einer anhaltenden Serie krisenhafter Entwicklungen selbst in Zweifel gerät, verfällt (neben dem minimalistischen Credo der Abwesenheit von Krieg) die einzige noch verbliebene Legitimationsformel der EU. Schon im Vorfeld der Finanz- und Wirtschaftskrisen der vergangenen vier Jahre, die vor allem eine Krise politischer Steuerungsfähigkeit offenbarten, hatte sich ein »Ende des ›permissiven Konsens‹« angedeutet, der über viele Jahrzehnte »den Eliten in der Europapolitik weitgehend freie Hand gelassen hatte«.[9] Nicht länger kann die politische Klasse Europas heute auf die stillschweigende Zustimmung der Bevölkerungen und ihrer nationalen Parlamente zu deren fortschreitender Einflussreduktion unter der Voraussetzung zufriedenstellender *policy*-Resultate und damit: zum Primat der Output- gegenüber der Input-Legitimität zählen. Fehlende Mitspracherechte der nationalen Parlamente, erst recht der Bevölkerungen wurden – auch in Deutschland, dessen Exportwirtschaft bekanntlich wie keine andere Nation vom europäischen Absatzmarkt profitiert – spätestens seit den Verträgen von Maastricht immer wieder kontro-

7 Kielmansegg, Peter Graf 2003, »Integration und Demokratie«, in: Kohler-Koch, Beate/Markus Jachtenfuchs (Hg.), *Europäische Integration*, Opladen: Leske + Budrich, S. 49-83, hier S. 77.
8 Greven, Michael Th. 2007, »Some considerations on participation in participatory governance«, in: Kohler-Koch, Beate/Berthold Rittberger (Hg.), *Debating the Democratic Legitimacy of the European Union*, Plymouth: Rowman & Littlefield, S. 233-248, hier S. 236 f.
9 Schäfer, Armin 2006, »Nach dem permissiven Konsens. Das Demokratiedefizit der Europäischen Union«, in: *Leviathan* 34/H. 3, S. 350-376, hier S. 373.

vers erörtert, aber – solange die von der EU versprochenen Marktöffnungen Wohlstand und Wachstum mit sich brachten – nicht als ernsthafte Bedrohung für das von den nationalen politischen Eliten trotz aller Bekenntnisse zur Förderung einer gemeinsamen europäischen Identität und ihrer pazifizierenden Wirkung primär ökonomisch verstandene Integrationsprojekt betrachtet. Dies scheint nun vorüber. Auf der Basis von Daten, die die Skepsis europäischer Bürger gegenüber einer fortschreitenden sozial- und steuerpolitischen Integration abbilden, gelangt Armin Schäfer zu der Diagnose, dass das (ebenfalls von den Bürgern konstatierte) »Demokratiedefizit der EU […] aus Sicht der Bevölkerung nicht, so lässt sich bilanzieren, über die Output-Seite, also über eine verbesserte Problemlösung aufgehoben« werden kann.[10] Man ahnt, dass sich diese Tendenz mit den sozialpolitischen Folgen der Krise noch verstärken wird.

In einer Konstellation, in der nationale Parteien den viel beschworenen Wählerauftrag von der Zustimmung der Bürger zu wirtschafts-, innen- oder außenpolitischen Positionierungen einer bestimmten Partei ableiten, obwohl das diese Politikbereiche regulierende nationale Recht von Bestimmungen des europäischen Rechts längst überlagert wird, versiegen die staatszentrierten Legitimationsquellen, während sie gleichzeitig von nationalen Akteuren, die den Bürgern das ungeliebte, weil unvertraute und daher suspekte Europa vom Hals schaffen und stattdessen den Mythos vom ungebrochenen Machtmonopol des Staates wiederbeleben, simulativ bewässert werden. Dieser Suggestion liegt das Bild einer Arbeitsteilung zugrunde, wonach die ökonomische Union die Rahmenbedingungen für Marktöffnung und Exportsteigerung setzt und der nationale Sozialstaat die Risiken dieser Wettbewerbspolitik reduziert und unerwünschte Nebenfolgen kompensiert. Dazu aber sind die Staaten längst nicht mehr in der Lage und so wie ihre eigene nimmt auch die intergouvernementale Handlungsfähigkeit im Staatenverbund aufgrund der (mit der Aufnahme neuer Mitgliedsstaaten und der Erweiterung der Kompetenzen einzelner Organe, wie etwa des Europäischen Par-

10 Ebd., S. 371.

laments, potenzierten) Komplexität der Aushandlungsprozesse weiter ab.[11]

Das ist umso besorgniserregender, als das politische System der EU von Beginn an nur auf Output-Legitimität gepolt war und nur diese beanspruchen konnte. Denn in einer »dezentrierten *polity*«, in der weder ein »singuläres Machtzentrum« noch ein »singuläres Organisationsprinzip« die Verhandlungsprozesse koordiniert,[12] in der ein von einem komplexen System multipler Repräsentation (die Direktwahl des EP, die Vertretung durch die Regierungen im Europäischen und im Ministerrat, die in den von den EP-Ausschüssen und der Kommission initiierten Konsultationsverfahren erfolgende indirekte Repräsentation durch Verbände) geprägtes Nebeneinander von supranationalen und intergouvernementalen Entscheidungsmodi herrscht, ist es kaum mehr möglich, politische Verantwortlichkeiten auszumachen – zumal immer mehr Gestaltungsmacht an unabhängige Institutionen wie die Europäische Zentralbank übergeht, deren Entscheidung, unbeschränkt griechische Staatsanleihen zu erwerben, zu einem der wichtigsten politischen Marksteine bei der Bearbeitung der Euro-Krise wurde. Die institutionellen Arrangements der EU bedingen nichtöffentliche Verfahrensabläufe, die am Ende meist unbefriedigende Kompromisse produzieren, für die niemand die Verantwortung übernehmen will.

Vor allem aber »fehlt die subsidiäre Interventionskompetenz einer vom Wähler majoritär legitimierten Legislative«,[13] in der sich ein von den europäischen Bürgern erzwungener Richtungswechsel Bahn brechen könnte. »Repräsentation ohne Demokratie«[14] ist ein Slogan, der diesen strukturellen Mangel treffend umreißt. Von einem kooperativen Gesetzgebungsverfahren, an dem unzählige

11 Kielmansegg, »Integration und Demokratie«, S. 51.
12 Lord, Christopher 2007, »Parliamentary representation in a decentered polity«, in: Kohler-Koch, Beate/Berthold Rittberger (Hg.), *Debating the Democratic Legitimacy of the European Union*, Plymouth: Rowman & Littlefield, S. 139-156.
13 Scharpf, *Regieren in Europa*, S. 29.
14 Pollak, Johannes 2007, *Repräsentation ohne Demokratie. Kollidierende Systeme der Repräsentation in der Europäischen Union*, Wien: Springer.

Vetospieler teilnehmen, sind lediglich graduelle Veränderungen zu erwarten.[15] Die proportionale Repräsentation im EP, das breite und unkonventionelle Allianzen erfordert, trägt dem konsoziativen Charakter der EU Rechnung, der auch nach dem Vertrag von Lissabon noch stark hervortritt: Zwar ist im Ministerrat die qualifizierte Mehrheit als Abstimmungsregel zum Normalfall geworden,[16] aber selbst diese erfordert immerhin fast drei Viertel der Stimmen. Zudem werden wichtige Ämter in der EU nach dem Proporzprinzip verteilt. Da das EP, verglichen mit nationalen Parlamenten, noch immer über viel weniger Kompetenzen verfügt und insbesondere in konstitutionellen Angelegenheiten der Europäische Rat die Entscheidungen trifft, die personelle Führung der europäischen Exekutivorgane zudem weder aus dem Parlament hervorgeht (seit Lissabon wird der Kommissionspräsident zwar vom EP gewählt, das Vorschlagsrecht liegt aber beim Rat) noch vom Volk gewählt wird, ist eine effektive Einflussnahme auf die europäische Politik qua Abstimmung weiterhin allenfalls nur über die nationale Ebene möglich. Demokratie in Europa ist insofern fragmentiert, als die Nationalstaaten durch einen Ausbau der Partizipationskomponente oft nur noch eine »Regierung des Volkes und durch das Volk«, nicht aber effektives Regieren im Sinne einer »Regierung für das Volk« garantieren können. Diese Aufgabe wird zunehmend auf die EU-Ebene abgewälzt. Nach der Europaexpertin Vivien A. Schmidt hat diese Art der »Machtdiffusion« eine prekäre Aufgabenteilung zur Folge, die der EU im Wesentlichen eine in politikfreien Räumen auszufüllende Gestaltungsfunktion (*policy without politics*) zuweist, während die von majoritär legitimierten Legislativen auf nationa-

---

15 Kreppel, Amie 2000, »Rules, ideology and coalition formation in the European Parliament: past, present and future«, in: *European Union Politics* 1/H. 3, S. 340-362, hier S. 346.

16 Mit der Ausweitung der Anwendung der Mehrheitsregel wird die national, also intergouvernemental vermittelte demokratische Willensbildung weiter aufgeweicht: Dominieren zum Beispiel im Ministerrat, wie derzeit, die Mitte-Rechts-Regierungen, können diese die europapolitischen Präferenzen einer nationalen Wählerschaft, die einer Mitte-Links-Regierung ins Amt verholfen haben, ganz leicht überstimmen.

ler Ebene getroffenen Regelungen zunehmend wirkungslos werden (*politics without policy*).[17]

Wie aber lässt sich den bislang konstatierten Legitimitätsdefiziten so begegnen, dass die destruktiven, entpolitisierenden Effekte des Demokratiedilemmas zumindest abgemildert werden können? Können sie überhaupt abgemildert werden? Jede Antwort auf diese Fragen muss von einer unbestreitbaren Prämisse ausgehen: der Notwendigkeit fortschreitender Integration im Sinne einer Transnationalisierung des Regierungshandelns, das auf globale Probleme reagieren kann und somit eine stabile Machtstellung der europäischen Gemeinschaft im 21. Jahrhundert garantiert. Doch damit muss auch eine Transnationalisierung der dieses kooperative Handeln legitimierenden demokratischen Willensbildung einhergehen. Denn im Bereich der positiven Integration agieren die europäischen Einzelstaaten weiterhin als ein *policy patchwork*.[18] Neuere prozedurale Instrumente der Politikgestaltung wie die im Zuge der Lissabon-Strategie zur Verständigung auf eine europäische Beschäftigungspolitik erarbeitete »offene Methode der Koordinierung«, die bei fundamentalen nationalen Interessendivergenzen die Formulierung gemeinsamer Leitlinien ohne vertragsrechtliche Bindung ermöglichen und den Mitgliedsstaaten die freie, gemäß der für ihren nationalen Kontext günstigsten Umsetzung überlassen, haben bislang kaum zu einer Verstärkung des transnationalen Austauschs von Ideen und Argumenten und erst recht nicht zu konkreten Ergebnissen in der Sozialgesetzgebung beigetragen.[19] Vielmehr haben sie die Komplexität des europäischen Mehrebenensystems und damit: die »Diffusion von Verantwortung« noch zusätzlich forciert.[20]

Angesichts dieser Probleme klingen Postulate überaus attraktiv, nach denen Integrationsschritte hin zu einer wie auch immer

17 Schmidt, Vivien A. 2006, *Democracy in Europe. The EU and National Polities*, Oxford: Oxford University Press, S. 5.

18 Lord, »Parliamentary representation in a decentered polity«, S. 140.

19 Schrader, Niklas 2010, »Offene Koordinierung in der EU-Rentenpolitik«, in: *Aus Politik und Zeitgeschichte* H. 18, S. 35-41.

20 Wessels, Wolfgang 2008, *Das politische System der Europäischen Union*, Wiesbaden: VS Verlag für Sozialwissenschaften, S. 386.

gearteten Fiskalunion durch die Einsetzung eines europäischen Verfassungskonvents »nachholend legitimiert« und auf diese Weise in das Institutionengebäude einer »supranationalen Demokratie« gerahmt werden sollen.[21] In der Tat gibt es inzwischen eine kaum mehr zu überblickende Fülle von Reformansätzen, die konkrete Schritte zur Errichtung eines derartigen Verfassungsgebäudes vorschlagen. Eine solch umfassende Demokratisierung der EU ist jedoch, wie gesagt, kaum mehr realistisch. Aus jedem denkbaren Reformansatz erwachsen nämlich Schwächen, die im Gravitationsfeld des beschriebenen Effizienz-Partizipations-Dilemmas den einen gegenüber dem anderen Pol erheblich höher gewichten und so entweder das Integrationsprojekt als Ganzes oder dessen halbgaren, aber immerhin (mit der fortlaufenden Stärkung des EP im legislativen Prozess) in Ansätzen erkennbaren demokratischen Legitimationsstatus gefährden würden.[22]

Ein Reformansatz, der die Rückbindung von der Kommission ausgehender Gesetzesinitiativen an die nationale Willensbildung zum Ziel hat, verlangt eine stärkere Beteiligung einzelstaatlicher Parlamente im legislativen Prozess. Darauf zielt der im Lissaboner Reformvertrag verankerte Frühwarnmechanismus, der aus konstruktivistischer Perspektive eine Art »virtuelle dritte Kammer« – bestehend aus den nicht miteinander deliberierenden, aber doch über gemeinsame Entscheidungskompetenz verfügenden nationalen Parlamenten – etabliert hat.[23] Die Kommission muss nach dieser Regelung die Parlamente innerhalb von acht Wochen über künftige Initiativen informieren, und wenn ein Drittel von ihnen »begründeten Einspruch« geltend macht, muss sie ihren Entwurf überarbeiten. Allerdings ist diese Art von Mitbestimmungsrecht nur negativer Art; außerdem besteht keine Gelegenheit gemeinsa-

---

21 Vgl. Bofinger, Peter/Jürgen Habermas/Julian Nida-Rümelin 2012, »Einspruch gegen die Fassadendemokratie«, in: *Frankfurter Allgemeine Zeitung* (3. August 2012).

22 Höreth, Marcus 2002, »Das Demokratiedefizit lässt sich nicht wegreformieren. Über Sinn und Unsinn der europäischen Verfassungsdebatte«, in: *Internationale Politik und Gesellschaft* H. 4, S. 11-38.

23 Cooper, Ian 2012, »A ›virtual third chamber‹ for the European Union? National parliaments after the Treaty of Lisbon«, in: *West European Politics* 35/H. 3, S. 441-465.

mer öffentlicher Deliberation. Da in der übergroßen Mehrheit der EU-Länder eine Gewaltenverschränkung zwischen Exekutive und den parlamentarischen Mehrheitsfraktionen besteht, werden sich die Abstimmungen in dieser »dritten Kammer« kaum von den im Ministerrat repräsentierten Meinungen unterscheiden.

Geht man daran, über supranationale Perspektiven einer demokratischeren EU nachzudenken, scheint es ratsam, zunächst am Europäischen Parlament anzusetzen, schon allein deswegen, weil fast alle Mitgliedsländer der EU parlamentarische Demokratien sind. Hoffnungen auf eine Parlamentarisierung der EU wurden mit dem Vertrag von Lissabon zu einem guten Teil erfüllt. Das EP hat eine erhebliche Ausweitung seiner Budgetrechte und Kontrollbefugnisse erfahren; die Dominanz des ordentlichen Gesetzgebungsverfahrens hat neue Mitentscheidungsbefugnisse des Parlaments begründet. Zu einem dem Ministerrat in der Gesetzgebung prinzipiell fast gleichwertigen Mitspieler avanciert, hat das EP bei Vertragsänderungen, aber auch in wichtigen tagespolitischen Bereichen wie in Angelegenheiten der Gemeinsamen Außen- und Sicherheitspolitik und der Arbeitsmarktpolitik zwar nach wie vor kaum Mitwirkungsrechte. Hier werden viele Entscheidungen weiterhin nach dem Prinzip der Einstimmigkeit ohne Mitwirkung des EP und der nationalen Parlamente getroffen. Doch insgesamt wurde mit der Stärkung des EP der suprastaatliche Verhandlungssektor – und damit auch die Anzahl der Möglichkeiten der Bürger, per Votum direkt auf die europäische Politik Einfluss zu nehmen – erneut ausgeweitet. Die europäische Bürgerschaft hat auf die Kompetenzerweiterungen des EP in der Vergangenheit allerdings mit wenig Enthusiasmus für Europa reagiert; stattdessen wenden sich immer mehr Bürger von der einzigen EU-Institution, auf deren Zusammensetzung sie direkten Einfluss ausüben können, desinteressiert ab. Trotz des größeren Gewichts des Parlaments ist die Wahlbeteiligung bei der Europawahl 2009 noch einmal gesunken, womit sich ein seit Langem bestehender Trend fortsetzt: »Je wichtiger das Europaparlament wurde, desto niedriger war die Wahlbeteiligung.«[24]

24 Schäfer, »Nach dem permissiven Konsens«, S. 364.

Nach dem Lissabon-Vertrag traten die Konturen der EU als Zwei-Kammer-System sehr deutlich hervor. Aber eine Aufwertung des EP als der ersten (und des Ministerrates als der zweiten) Kammer wird das Demokratiedilemma nicht auflösen. Denn das EP ist noch immer viel zu wenig in intermediäre Strukturen eingebettet, als dass es eine enge Beziehung zu den Repräsentierten entwickeln könnte. Ein europäisches Parteiensystem ist nur in rudimentären Zügen erkennbar; die *europarties* als Dachverbände der nationalen Parteien sind schwach organisiert, ihre Beschlüsse für die unteren Ebenen nicht bindend. Immerhin wurde mit der nach dem Vertrag von Lissabon vorgeschriebenen Direktwahl des Kommissionspräsidenten durch das EP (nachdem der Europäische Rat einen Kandidaten vorgeschlagen hat) eine (wenn auch nur lose) Gewaltenverschränkung zwischen Legislative (EP) und verwaltender Exekutive (Kommission) konstituiert, ein Gegenüber von Opposition und einer die Regierung unterstützenden Mehrheitskoalition, die in parlamentarischen Demokratien die aus den gesellschaftlichen Differenzen erwachsenden alternativen Optionen der politischen Agenda abbilden. Insbesondere von neofunktionalistischer Seite war diese Reformperspektive als ein vielversprechendes Mittel der Politisierung betrachtet worden, welches konsensuale Mehrebenenverhandlungen zugunsten parlamentarisch vermittelter Mehrheitsentscheidungen ablösen und den politischen Prozess von den intergouvernementalen Gremien (Ministerrat und Europäischer Rat) stärker in die suprastaatlichen Organe verlagern sollte, in denen die Integration bereits weiter vorangeschritten ist. Ein *Europe des patries* sollte so einem *Europe des partis* weichen.[25]

Indes bleibt eine Koalitionsbildung schon allein aufgrund des hohen Fragmentierungsgrades des europäischen Parteiensystems schwierig. Darüber hinaus ist die Verbindung zwischen Parlament und Kommission, die ja nach wie vor nicht aus dem Parlament hervorgeht, nicht in nennenswertem Maße enger geworden.

25 Oppelland, Torsten 2004, »Das Parteiensystem der Europäischen Union«, in: Niedermayer, Oskar/Richard Stöss/Melanie Haas (Hg.), *Die Parteiensysteme Westeuropas*, Wiesbaden: VS Verlag für Sozialwissenschaften, S. 455-475, hier S.470.

Die Bedeutung des Parlamentes bleibt daher eher symbolischer Art.[26] Immerhin kann man – auf der Basis empirischer Studien, die eine steigende intrafraktionelle Kohäsion im EP feststellen – mittlerweile konstatieren, dass die Fraktionen und ihre Abgeordneten sich primär gemäß ihrer programmatischen Verbundenheit und damit eher als Repräsentanten der Unionsbürger und weniger als Interessenvertreter ihrer Regionen (dies ist die Rolle der nationalen Regierungen in den beiden Räten) verstehen. Die Verhältniswahl ist insofern konsequent, als im Gegensatz zu ihr die Mehrheitswahl in Einerwahlkreisen territoriale Repräsentation für einen (auch im Vergleich zu anderen multikulturellen Demokratien) durch extreme sprachliche, kulturelle und ökonomische Heterogenität gekennzeichneten Verbund wie die EU entweder unproduktive Spaltung oder aber, viel wahrscheinlicher, eine Vertiefung des konsensualen *bargaining* zur Folge hätte. Die Forcierung mehrheitsdemokratischer Elemente in einem Verbund, in dem die regionale Zugehörigkeit noch immer die Identitätswahrnehmung der Bürger bestimmt und die Verfestigung struktureller Minderheiten vorerst explosive Wirkungen entfalten würde, könnte das Projekt einer »belastbaren europäischen Identität« gefährden. Die EP-Wahlen, die die Bürger ohnehin als *second order elections* wahrnehmen, würden noch stärker als bislang von nationalen bzw. regionalen Themen dominiert, die im parlamentarischen Diskurs hernach keine Rolle mehr spielen können, soll das EP seiner Aufgabe gerecht werden. Mit der Listenwahl und damit intendierten inhaltlichen Repräsentationen können die Bürger direkt über die von ihnen präferierte europapolitische Richtung abstimmen: Ein grünes »Raus aus EURATOM!« (der Europäischen Atomgemeinschaft) ist bei dem in allen Ländern reichhaltigen Parteienangebot genauso möglich wie ein rechtspopulistisches »Nein zu Europa!«, das nun auch dort eine Chance hat sich zu artikulieren, wo es sonst, aufgrund der Mehrheitswahl, verborgen bleibt, sich stattdessen auf außerparlamentari-

---

26 Abromeit, Heidrun 1997, »Überlegungen zur Demokratisierung der Europäischen Union«, in: Wolf, Klaus Dieter (Hg.), *Projekt Europa im Übergang? Probleme, Modelle und Strategien des Regierens in der Europäischen Union*, Baden-Baden: Nomos, S. 109-123.

schem Wege in der Gesellschaft ausbreitet, in ihr aufstaut und erst in Krisenzeiten unvermutet heftig hervorbricht.

Solange aber eine europäische Öffentlichkeit als Bezugsrahmen zum Handeln der Parteien fehlt, wird sich das demokratische Moment tatsächlich nur auf den Moment der Abstimmung beschränken. Die öffentliche Deliberation der Bürger in Bezug auf das Handeln der Parlamentarier – die ja, abgesehen von polarisierenden Themen wie jüngst die ACTA-Vorlage (dem Handelsabkommen gegen Produktpiraterie), kaum stattfindet – kann bislang, schon aufgrund der Vielsprachigkeit der Union, nur im regionalen Kontext erfolgen. Marcus Höreth hat argumentiert, dass sich mit der fehlenden europäischen »Wir-Identität« das in der EU ohnehin besonders virulente demokratische Input-Output-Dilemma zu einem »Legitimationstrilemma« auszuweiten droht, da neben der Beteiligungs- und Leistungsdimension noch eine dritte, eine Identitätsdimension für die Generierung demokratischer Legitimität von Bedeutung sei: Eine »kollektiv belastbare Identität« sei nötig, damit das Mehrheitsprinzip in einer Demokratie akzeptiert werden kann und Output-Entscheidungen »›soziale‹ Anerkennung« genießen.[27]

In diesem Kontext ist es wieder die seit dem Maastricht-Urteil des Bundesverfassungsgerichts von 1992 – das die Vereinbarkeit der Verträge von Maastricht mit dem Grundgesetz bestätigte – im deutschen Staatsrecht besonders prominent vertretene »No-Demos-These«, die nicht an Relevanz verloren, ja sogar im Zuge der Krise und dem Ausbruch nationaler Ressentiments an Überzeugungskraft gewonnen hat. Demnach ist ein sprachräumlich-kulturell klar definierbarer Demos insofern konstitutiv für die Demos-kratie, als die Bürger einer Union nur dann Mehrheitsentscheidungen, die, wie wir meinen, die Essenz des demokratischen Wettbewerbs um politische (Gegen-)Macht ausmachen, akzeptieren werden, wenn sich ein von allen geteiltes Zugehörigkeitsgefühl entwickelt. Nur kann und sollte diese Identität nicht, wie im Maastricht-Urteil und in den Schriften des damaligen Ver-

27 Höreth, Marcus 1999, *Die Europäische Union im Legitimationstrilemma. Zur Rechtfertigung des Regierens jenseits der Staatlichkeit*, Baden-Baden: Nomos, S. 97.

fassungsrichters Paul Kirchhof, als untrennbar an nationale Kategorien gebunden,[28] sondern ethnokulturelle Differenzen transzendierend gedacht werden. Solange aber diese Identifikation ausbleibt oder nur in Zeremonien und Sonntagsreden beschworen wird, wird das EP in der Tat ein »Parlament ohne Demos« bleiben. Der EU fehlt nun einmal ein allen Bürgern präsentes Gründungserlebnis, das in (kulturell auch noch so gespaltenen) nationalstaatlichen Demokratien integrierend wirkt. Das EP könnte nur dann zum »Katalysator einer europäischen Öffentlichkeit« werden,[29] wenn die nationalen Parteien und Verbände sich organisatorisch horizontal in ihre europäischen Organisationen eingliedern, damit eine Rückkopplung an die nationale/regionale Meinungsbildung gelingt. Sonst bleibt die EU in der Tat das Projekt einer gut vernetzten, mehrsprachigen, kosmopolitischen Elite.

Historische Bezugspunkte, die die Basis einer solchen Identitätsbildung sind, werden immer wieder betont: die zivilisatorischen Errungenschaften der Aufklärung und, als Komplement, die im 20. Jahrhundert gemeinsam durchlebten totalitären Versuchungen, die Kriege, Genozide und Vertreibungen. Diese Vergangenheit taugt jedoch kaum für die Konstituierung einer »Erinnerungs- und Erfahrungsgemeinschaft«,[30] eher noch für Vorurteile, die durch die ökonomische Integration der Europäischen Währungsgemeinschaft immerhin erfolgreich abgebaut werden konnten. Das ist sehr viel mehr als nichts. Aber die meisten Bürger sind, wie gesagt, nicht mehr bereit, auf der Basis dieses Hauptnarrativs, das dem Projekt der europäischen Integration seit den Römischen Verträgen zugrunde liegt, nationale Souveränität, die zumindest im Ansatz ein responsives Regierungshandeln erlaubte, zugunsten eines suprastaatlichen Inkrementalismus aufzugeben.

28 Dazu Weiler, Joseph H. H. 1996, »Der Staat ›über alles‹«, in: *Jahrbuch des öffentlichen Rechts der Gegenwart*, Bd. 44, S. 91-136.

29 Kohler-Koch, Beate/Thomas Conzelmann/Michèle Knodt 2004, *Europäische Integration – europäisches Regieren*, Wiesbaden: VS Verlag für Sozialwissenschaften, S. 217.

30 Kielmansegg, »Integration und Demokratie«, S. 58.

Momentan scheint jedenfalls das Leitbild der postparlamentarischen Demokratie, die den zivilgesellschaftlichen Akteuren gewissermaßen als Ausgleich für die schwachen elektoralen Repräsentationsbeziehungen innerhalb der EU eine besondere Rolle zugesteht, im europäischen Kontext ohne Alternative zu sein. Wie wir sahen, stellt es für die meisten Autoren noch am ehesten eine attraktive Legitimationsquelle dar; von vielen wird es sogar als dem aggregativen Wettbewerbsmodell überlegen, zumindest aber als gleichwertiger Ersatz präsentiert. Und in der Tat: In einem intergouvernementalen Staatenverbund, in dem die nationalen Parlamente ihre Bedeutung verlieren, in dem das Parteiensystem nur schwach ausgeprägt ist und das Fehlen einer europäischen Öffentlichkeit die Entwicklung einer auch für eine supranationale parlamentarische Demokratie lebensnotwendigen gemeinsamen politischen Kultur behindert, könnte ein deliberatives Entscheidungssystem, das seine Inputs aus einer advokatorisch-verbandlichen und expertenbasierten Interessenvermittlung bezieht, die fehlende elektorale Legitimierung wenigstens insofern kompensieren, als auf diese Weise die Aggregation kollektiver Interessen und problemlösungsorientierte Beratung Hand in Hand gehen und die Transparenz komitologischer Verfahrensabläufe gesteigert werden könnte, ohne dass indes ein öffentlicher, allgemein zugänglicher, an die breite Bevölkerung rückgekoppelter Meinungsaustausch stattfindet. Die Partizipation, oder besser: Konsultation einer so verstandenen »Zivilgesellschaft« bringt die Privilegierung einiger weniger, gut organisierter Netzwerker zulasten der Exklusion nicht nur (aber vor allem) der (Bildungs-)Armen, sondern aller einzelnen, nicht organisierten Bürger mit sich. Wer nicht in der Lage ist, zweisprachig zu kommunizieren, wird sich in einer europäischen Zivilgesellschaft schwerlich zurechtfinden. Und neben der Sprachbarriere ist noch die räumliche Distanz zu den EU-Behörden zu beachten.

Die Erwartungen an eine solche (idealiter »kosmopolitische«) europäische Zivilgesellschaft sind groß. Hier liegt für einige Kommentatoren der Schlüssel für eine »nachholende« politische Integration. Dabei kommen die bereits oben kritisierten *empowerment*-Imperative zum Tragen: »Die Europapolitik muß wieder vergesellschaftet, die europäischen Bürger müssen wieder vom Objekt zum Subjekt einer kosmopolitischen Europäisierung gemacht werden.« Dafür, so Ulrich Beck und Edgar Grande, könne sich eine »Kosmopolitisierung von oben« und »von außen« als hilfreich erweisen. Ersteres sehen sie in »neue[n] Koalitionen supranationaler Akteure mit der Zivilgesellschaft«, also im Rahmen der genannten informellen Repräsentationsformen gegeben; für Letzteres wird eine »Neudefinition Europas gegenüber den USA« und eine Orientierung der europäischen Zivilgesellschaft an den Praktiken globalisierungskritischer Bewegungen vorgeschlagen.[31] Auch Habermas hofft auf eine »Transnationalisierung der bestehenden nationalen Öffentlichkeiten«, die sich aber »europaweit nur im Rahmen einer vage geteilten politischen Kultur« vollziehen könne, deren Entwicklung maßgeblich von der Frage abhänge, ob politische Eliten und Medien ihr »hinhaltendes Taktieren« aufgeben und sich endlich darum bemühen werden, »die Bevölkerung für eine gemeinsame europäische Zukunft zu gewinnen«.[32] In der Tat scheinen Versuche, eine lebendige politische Kultur, die doch die Grundlage jeder stabilen Demokratie ist, »von oben« zu implementieren, im Falle der EU noch die aussichtsreichste Strategie zu sein. In Zeiten absterbender Souveränität der Nationalstaaten liegt das transnationale Demokratieprojekt wieder in den Händen jener, die vor zwei Jahrhunderten die demokratische Frage stellten: nicht die breite Masse, sondern eine kleine Zahl Intellektueller und progressiver Liberaler, die dem unwissenden Plebs den Weg in eine bessere Zukunft weisen. Mit Nadia Urbinati gesprochen: »Wie Platon oder die Jakobiner hoffen kosmopolitische Theoretiker auf eine *bottom-up*-Bewegung, während sie einer *top-down*-Strategie das Wort reden. Falls die *cosmopolis* obsiegen sollte, wird dies schwerlich durch demokratische Mittel geschehen.«[33]

31 Beck, Ulrich/Edgar Grande 2004, *Das kosmopolitische Europa. Gesellschaft und Politik in der Zweiten Moderne*, Frankfurt am Main: Suhrkamp, S. 240 ff.
32 Habermas, Jürgen 2011, *Zur Verfassung Europas. Ein Essay*, Berlin: Suhrkamp, S. 77 ff.
33 Urbinati, Nadia 2003, »Can cosmopolitical democracy be democratic?«, in: Archibugi, Daniele (Hg.), *Debating Cosmopolitics*, London: Verso, S. 67-85.

Es spricht vieles für die etwas altbackene, aber deshalb keineswegs überholte These, dass die Transnationalisierung von Volkssouveränität sich immer auf Kosten der Input-Legitimität vollziehen wird. Diese naheliegende Erkenntnis ist wohl so alt wie das politische Denken selbst, wurde aber erst nach der Herausbildung der modernen Nationalstaaten konkretisiert. Zwar ist Montesquieus Hypothese, dass große Territorien nur despotischen Regierungen eignen, bereits seit der nordamerikanischen Westexpansion widerlegt. Dass mit der Ausdehnung des Staatsgebietes der Grad an Responsivität immer weiter abfällt, ist aber unvermeidbar. Dies und die Tatsache, dass die Bereitschaft zu partizipieren umso niedriger ist, je größer das Territorium und der Kreis der Beteiligten sind, wurden in der Empirie immer wieder bestätigt.[34] Mit der Expansion der repräsentierten Fläche und Unionsbürgerschaft verschärfen sich die im ersten Kapitel diskutierten Dialektiken, die die strukturellen Krisenerscheinungen der repräsentativen Demokratie hervorrufen: Zunehmende Diversität von Interessen und Meinungen, die aus der Zugehörigkeit zu verschiedenen kulturellen Lebenswelten und Sprachräumen und nicht zuletzt aus der verinnerlichten Praxis unterschiedlicher politischer Systeme erwächst, bei der gleichzeitig notwendigen Ausdünnung des Verhältnisses zwischen Wählern und Abgeordneten (im Moment kommt im EU-Durchschnitt ein EP-Mandat auf 665 000 Bürger). Ein politisch-institutioneller Ansatz kosmopolitischer Demokratie, der primär auf die Konstituierung überstaatlicher Prozeduren der Beratung und Entscheidungsfindung zur Herstellung kollektiv bindender Entscheidungen fokussiert, ist mit dem Problem konfrontiert, dass, selbst wenn eine breite Mehrheit der Bürger ihre Präferenz für eine nachhaltige Wende in einem bestimmten Politikfeld und entsprechende Forderungen in den Windungen der im *top-down*-Verfahren errichteten Kanäle artikulierte, diese Forderungen in hierarchisierten, konsensgeölten Mehrebenensystemen für gewöhnlich versanden. Ein eher deliberativ-diskursiver Ansatz, der die unübersehbaren Keime

34 Vgl. z. B. Dahl, Robert A./Edward R. Tufte 1973, *Size and Democracy*, Stanford: Stanford University Press.

einer globalen Zivilgesellschaft, die regelmäßig am Rande von G8-Gipfeltreffen ihr facettenreiches Gesicht zeigt, als den primären Ort des Demokratischen ausmacht und (supra-)staatlichen Institutionen skeptisch bis ablehnend gegenübersteht, bringt wiederum eine gewisse Blindheit für nicht repräsentative Interessengewichtungen und die potenzielle Exklusivität informeller Assoziationen mit sich.

Deshalb sollte man keinesfalls so tun, als ob mit der postparlamentarischen Entwicklung ein demokratischer Mehrwert erreicht werden könnte, was kosmopolitische Demokraten meist mehr oder weniger explizit unterstellen. Einen solchen Mehrwert gibt es nicht. Das traditionelle, am Kernideal der politischen Gleichheit orientierte demokratische Projekt, soweit es überhaupt noch überzeugt, lässt sich mit seiner territorialen Entgrenzung nur noch defensiv realisieren, gegen die täglichen Zumutungen verteidigen. Eine teleologische Entwicklung im Sinne einer stetigen Ausweitung positiver Freiheit ist nicht zu erwarten. Der Politikwissenschaft bleibt vorerst nichts anderes übrig, als in nüchternen Mehrebenenanalysen den im Spannungsfeld zwischen integrationsfördernden und autonomieschonenden Postulaten angesiedelten Reformoptionen den Weg zu weisen. Ein »großer Wurf«, mit dem sich die legitimationsarme EU hin zu einer transnationalen Demokratie reformieren ließe, ist nicht in Sicht.

Wie geht man nun mit solch sinistren Aussichten auf die Zukunft der politischen Demokratie in der internationalen Arena um? Einen bedenkenswerten Vorschlag machen die Politikwissenschaftler Dirk Jörke und Ingo Take, die der Auffassung sind, globales Regieren könne prinzipiell »legitim, aber nicht demokratisch« sein. Sie sehen in allen bisherigen und künftigen theoretischen Versuchen, die internationalen Steuerungsmechanismen zu demokratisieren, eine »vergebliche Quadratur des Kreises« und plädieren dafür, den »semantischen Ballast« des Demokratiebegriffs im Kontext supranationaler Politik abzuwerfen, da das Versprechen politischer Gleichheit schon kaum auf der nationalen, aber erst recht nicht auf der globalen Ebene verwirklicht werden könne. Stattdessen sollten sich *governance*-Forschung und

Demokratietheorie darum bemühen, »zwischen einer umfassenden demokratischen Legitimität und einer aus demokratietheoretischer Sicht zwar defizitären, aber immer noch normativ gehaltvollen Form der Legitimität zu unterscheiden«.[35] Eine solche Perspektive wäre zweifellos gewinnbringend, bietet sie doch einen möglichen Ausweg aus der gerade für (zwischen Demokratiepädagogik und kritischer Analyse schwebende) Politikwissenschaftler so peinlichen Lage, weiterhin »die fortschreitende Entdemokratisierung Europas demokratisch bemänteln« zu müssen.[36]

Auch Michael Greven hat dafür plädiert, von der »permanenten Anpassung [der Demokratie; Anm. d. Verf.] an eine Realität, die sich ihr nicht mehr fügen will«, Abstand zu nehmen und sich von der Vorstellung zu verabschieden, die im Rahmen aufwendiger Forschungsprojekte hergeleiteten Begründungskataloge für die Legitimität der bestehenden Mehrebenensysteme, welche aus Sicht der Bürger wohl noch undurchsichtiger erscheinen als die beschriebenen Strukturen, könnten als vollwertige normative Surrogate für das traditionelle, das ursprüngliche Demokratieideal herhalten. Greven tritt für einen »gedankliche[n] Abschied von der normativen Idee der Demokratie« ein und schlägt vor, den »von Respekt und Tradition unbefangene[n] neue[n] Blick des Kindes« anzunehmen, das in dem berühmten Märchen »Des Kaisers neue Kleider« von Hans Christian Andersen als einziges den Mut hatte, auf etwas aufmerksam zu machen, was jeder sehen konnte, aber entweder (aus Respekt vor der sakralen Autorität des Souveräns) nicht wahrhaben wollte oder nicht auszusprechen wagte.[37]

Und ist sie nicht auch empörend, zumindest schmerzlich, diese Feststellung: dass eine Reihe sich intensivierender sozialer

35 Jörke, Dirk/Ingo Take 2011, »Vom demokratischen zum legitimen Regieren?«, in: *Politische Vierteljahresschrift* 52/H. 2, S. 286-305, hier S. 294 f.
36 Brunkhorst, Hauke 2003, »Der lange Schatten des Staatswillenspositivismus. Parlamentarismus zwischen Untertanenrepräsentation und Volkssouveränität«, in: *Leviathan* 31/H. 3, S. 362-381, hier S. 377.
37 Greven, Michael Th. 2009c, »War die Demokratie jemals ›modern‹? Oder: des Kaisers neue Kleider«, in: *Berliner Debatte Initial* 20/H. 3, S. 67-73, hier S. 73.

Prozesse – fortschreitende Interdependenzverflechtung, die hinter der Dynamik der wirtschaftlichen Integration zurückbleibenden Modi politischer Konfliktlösung, die daraus resultierende schleichende Übertragung von Handlungsmacht an private Akteure und damit forcierte Schwächung parlamentarischer Verfahren zugunsten einer »auf ungleichheitsbasierter Ressourcenausstattung beruhende[n] Partizipation« – dafür sorgen, dass, wie Greven schreibt, die »restmetaphysischen Aprioris« des modernen Demokratienarrativs unaufhaltsam erodieren?[38] Doch vielleicht würde mit einer schonungslosen Offenlegung dieser überall vermuteten, aber gern verleugneten Einsicht wenigstens ein Bewusstsein dafür geschaffen, dass die Anwendung von üblicherweise unter dem Paradigma der »Demokratisierung« diskutierten Maßnahmen den unter dem Slogan der »Entdemokratisierung« subsumierten Tendenzen auf der nationalen und auf der supranationalen Ebene (wenn überhaupt) nur noch in marginaler Hinsicht begegnen kann – und dass sich die Bekundungen europäischer Politiker, »das Primat der Politik« *verteidigen* zu wollen, innerhalb der bestehenden europäischen Institutionenordnung als eine trügerische Illusion erweisen muss. An diesem Bewusstsein, so unser Eindruck, mangelt es in der Tat heute noch.

38 Ebd., S. 68 und S. 72 f.

8. Narrative Leere

Ein unbefangener Blick auf die Möglichkeiten und Systemzwänge, die Handlungsoptionen und selbstzerstörerischen Mechanismen der bestehenden Repräsentativsysteme würde womöglich auch der viel konstatierten Projektlosigkeit unserer Zeit entgegenwirken, die im absichtlichen und dennoch erzwungenen Schweigen der Occupy-Bewegung ihren bezeichnenden Ausdruck gefunden hat. Diese narrative Leere, die beredte Sprachlosigkeit der Aktivisten wie auch der sie namhaft repräsentierenden Intellektuellen, ist vor allem deshalb problematisch, weil die in ihr sich manifestierende »Banalität des Profanen« nicht nur die Ereignishaftigkeit des Politischen, sondern darüber hinaus die Hoffnung auf positive Veränderung zunichtemacht, von der die Demokratie zehrt:

> »Als verheißungsvolle Staatsform, die freie und gleiche Bedingungen bei der Organisation von Herrschaft anstrebt, ist die Demokratie auf die Hoffnung angewiesen, dass bestehende Zwänge und Ungleichheiten überwunden werden können. Die gegenwärtig zu beobachtenden Erosionserscheinungen der Demokratien westlichen Typs sind Ausprägungen der Hoffnungslosigkeit.«[1]

Dass die Attraktivität der Suche nach dem fiktiven und erst zu schaffenden Nichtort (griechisch *ou-topos*) zurückgegangen ist, ist ohne Zweifel zu begrüßen, war sie doch immer auch ein Ausdruck von Weltlosigkeit, von unpolitischer Distanz gegenüber den realgesellschaftlichen Dynamiken. Allerdings ist es um Zukunftsvisionen, die in ihrem *agenda-setting* die tatsächlichen Ursachen für die Erschütterung normativer Vorräte mitreflektieren, derzeit auch nicht besser bestellt.

Denn wie gesagt: Das Politische kommt heute vermehrt in Gestalt der unparteiischen Gegendemokratie daher, die meist keine konstruktiven Entwürfe vorbringt, sondern den Widerspruch ge-

---

1 Kajewski, Marie-Christine 2012, »Demokratie, Wahrheit, Gott. Eine politisch-theologische Skizze«, in: *INDES. Zeitschrift für Politik und Gesellschaft* 1/H. 2, S. 73-79, hier S. 74.

gen die Regierenden ritualisiert, die darauf wiederum mit Nicht-handeln und simulierten Dialogen reagieren. Unter den Bedingungen der daraus resultierenden »Passivitätskrise« (Richard Sennett) wird es für politisch Handelnde in der Tat immer schwieriger, alternative Agenden zu formulieren, die der in Anbetracht der zahlreichen »Post«-Diagnosen um sich greifenden Endzeitstimmung mit optimistischen Leitsätzen begegnen, deren eine vitale Demokratie regelmäßig bedarf, um integrative Antriebsmomente zu entwickeln. Im 20. Jahrhundert, das eben nicht nur ein »Zeitalter der Extreme«, sondern auch eines der historischen Kompromisse war, brachte eine Vielzahl solcher Momente (die Erfindung der keynesianischen Ökonomie, die Demokratisierungswellen, die partizipatorischen Revolutionen und Bürgerrechtsbewegungen) hervor, die allesamt in groß angelegte Inklusionsprojekte mündeten. Mittlerweile ist der Zauber der Inklusion verflogen, die formal inkludierten und dennoch ausgegrenzten Subjekte sind zu zahlreich, zu verschieden und zu apathisch, als dass hier mit ernsthaftem und dauerhaftem Widerstand (gegen die neoliberale Aushöhlung der Autonomie des Politischen, den Ausverkauf des Sozialstaates usw.) zu rechnen wäre. Die verbleibenden Hoffnungsschimmer tragen dagegen merkwürdig unpolitische Züge. Etwas boshaft formuliert: Wenn sich heute neue Parteien formieren und in die Mehrheitsgesellschaft vorstoßen, dann nicht mehr, weil Aufrüstung und Umweltzerstörung die Existenz des Planeten gefährden oder weil eine wachsende Armutsschere zwischen der sogenannten Ersten und der sogenannten Dritten Welt, aber auch innerhalb der westlichen Gesellschaften soziale Spannungen erzeugt, sondern weil die »Netzfreiheit« bedroht ist – und damit für viele *digital natives* die einzige Quelle, aus der sich die Demokratie erneuern ließe, was natürlich, wie aus dem vierten Kapitel ersichtlich wurde, auf eine technizistische Illusion hinausläuft.

Dieser visionäre Illusionismus, der doch wieder falsche Utopien heraufbeschwört und im Angesicht der »Vielfachkrisen« unserer Tage geradezu narkotisierend wirkt, stimmt umso bedenklicher, als sich gleichzeitig die Destruktionswucht des Kapitalismus in den vergangenen Jahrzehnten unaufhörlich potenziert und in selbstzerstörerischem Trieb mehr und mehr gegen die eigenen Voraussetzungen gewandt hat. Gegenbewegungen sind gewiss seit einigen Jahren erkennbar, auf Konferenzen, Kundgebungen, in Zeltdörfern. Doch dort simuliert man derzeit lediglich Gegenmacht, spielt ein bisschen »wahre Demokratie«. Um es zweifellos sehr pessimistisch zu formulieren: Intellektuell, organisatorisch, personell sind all diese Bewegungen auf den Ausgangspunkt dezidiert antikapitalistischer Strömungen irgendwo in den vierziger Jahren des 19. Jahrhunderts zurückgeworfen. Was Alternativen zur entfesselten Marktgesellschaft sein können, in welchem Verhältnis funktional entlastende Repräsentation und Delegation zu Formen direkter Willensäußerung und Entscheidungsvorgängen stehen, wie die individuellen Bedürfnisse nach Besitz, Privatheit und Distinktion mit genossenschaftlichen Prinzipien, Gleichheitspostulaten und kommunitärer Transparenz vereinbart oder zumindest erträglich verknüpft werden können, wie freiheitlicher Drang und gesellschaftliche Einbindung, wie Heterogenität und Integration zu balancieren sind, wie die Rationalitätsanmaßungen einer ökologischen Wirtschaftsführung mit den unsteuerbaren und eigenwilligen Erweiterungstrieben der Bürger dieses Planeten zu vermitteln sind etc., etc. – all das ist konzeptionell so unklar und diffus wie die Gesellschaftsmodelle in den Schriften des Frühsozialismus zu Beginn der bürgerlichen Gesellschaft.

Ernst zu nehmende, schlagkräftige und überzeugende Gegner des Kapitalismus sind kaum noch auszumachen – gerade heute, da die Macht des mobilen Kapitals gegenüber der von Natur aus statischen Politik demokratischer Genese zum ersten Mal wirklich total zu werden droht. Der nahezu ungedrosselte kapitalistische Expansionismus des letzten Vierteljahrhunderts hat zwar etliche Opfer gefordert, aber der Opferstatus gebar offenkundig keine selbstbewusste Akteursklasse. Die benachteiligten Gruppen sind zahlreich, zugleich indessen hoch fragmentiert.[2] Allein schon ihre Erwerbsverhältnisse sind individualisiert und rhapsodisch statt assoziierend und beständig. Allenthalben stößt man

---

2 Vgl. Dubet, Françòis 2009, *Le travail des sociétés*, Paris: Éditions du Seuil, S. 49 ff.

auf Torso-Identitäten. Überhaupt sind in den letzten drei Jahrzehnten nicht viele Sektoren übrig geblieben, die einer kapitalistischen Landnahme widerstanden hätten. Noch im 19. und 20. Jahrhundert hielten sich gerade in solchen Enklaven der Nichtmodernität resistente Orientierungen gegen den puren Ökonomismus. Das galt für die frühe Arbeiterbewegung, in die Traditionen, Rituale und Organisationsbestände des alten Zunftwesens einflossen; und es galt für die frühe grüne Bewegung, die sich in beachtlichen Teilen aus den Überlieferungen der zivilisationskritischen Lebensreformbewegung speiste. Doch sind solche Rückzugsräume und Verteidigungslinien des nichtkapitalistischen Eigensinns denkbar rar geworden. Und eine zielstrebig handelnde »Klasse für sich«, die über gemeinsame Erfahrungen, übergreifende Interessen und Identitäten verfügt, steht offensichtlich nicht bereit. Daher war und ist die Krise des Finanzkapitals und die Erosion seiner Legitimität eben nicht Folge einer scharfen Attacke und zielgerichteten Alternativstrategie sozialer Bewegungen der politischen Linken, sondern lediglich Resultat einer Implosion aufgrund innerkapitalistisch erzeugter Widersprüche. Auch deshalb ist der Vorrat an »Post«-Konzepten, für die Zeit »danach«, im linken Lager nahezu leer.

Nun pflegen harte Realpolitiker gern genervt die Augen zu verdrehen, wenn in einer innerparteilichen Debatte das Postulat ertönt, man brauche doch wieder eine »neue politische Erzählung«. »Große Erzählungen« – das klingt nach dem fatalen ideologischen Zeitalter zwischen den siebziger Jahren im 19. und vierziger Jahren im 20. Jahrhundert, nach unzeitgemäßem Holismus und utopischer Pläneschmiederei. In der Hyperkomplexität des 21. Jahrhunderts aber wird man, so der professionelle Einwand, schwerlich das Alltagsmanagement der Politik an prätentiösen Langzeitvisionen ausrichten können.

Daher ist die Formel von der »großen Erzählung« nicht mehr ganz so flott im Umlauf wie noch vor einigen Jahren. Allerdings lässt sich mit Fug die Frage stellen, ob »große Erzählungen« einzig als kühne Zukunftsversprechen für kollektive Bewegungen oder Formationen zu begreifen sind. Erinnern wir uns kurz an die Überlegungen der beiden Linguisten George Lakoff und Elisabeth Wehling, die vor vier, fünf Jahren die Politstrategen hierzulande geradezu elektrisiert hatten: beim Lernen und Heranwachsen bilden junge Menschen neuronale Verschaltungen aus, in denen sich Erfahrungen unterschiedlicher Art verästeln und so etwas wie einen Deutungsfilter konstituieren, mit dessen Hilfe fortan alle weiteren Eindrücke geordnet und bewertet werden.[3] Die Deutungsrahmen verfestigen sich auf diese Weise. Die Menschen verfügen so über haltbare Narrative und Überzeugungen, die Bildern, Metaphern, Effekten innerhalb von Sekundenbruchteilen und durchaus auf der Ebene des Unterbewusstseins Bedeutungen verschaffen.

Um noch eine ganz andere Perspektive zu bemühen: Menschen neigen dazu, die eigene (oder auch fremde) Lebensgeschichte in einen kohärenten Sinnzusammenhang zu bringen, ihr so einen Sinn, einen roten Faden zu geben. Das Leben als Entwicklungsroman: Entstehung, Werden, Kampf, schließlich Erfüllung als innere Einheit eines fortschreitenden Ganges durch die autobiografische Zeit. Auch die großen politischen Bewegungen kreierten sich durchweg solche Narrative. Das Vorbild waren die Geschichten der Missions- und Erlösungsreligionen und die Tradition des dramatischen Theaters. Aufgrund der Sündhaftigkeit einiger aus dem Paradies Vertriebener, sammelten sich die Berufenen, aber zugleich Geächteten, zogen unter Entbehrungen durch das dürre Land der Verfemung, kämpften sich, da ihnen Sterne und Offenbarungsbotschaft die Richtung wiesen, zum gelobten Land hindurch.

Sozialdemokraten verfügten etliche Jahrzehnte lang über ein derartiges Narrativ. Aber sie schrieben das Epos nicht fort, gerieten als rein säkulare Agenturen purer Gegenwärtigkeiten in Begründungs- und Sinnkrisen, landeten politisch in flüchtig wechselnden Episoden. Der italienische Kulturphilosoph Raffaele Simone hat eben deshalb vor einiger Zeit die Baisse der demokratisch-sozialistischen Linken in Europa auf den Verlust ihrer in-

---

3 Vgl. etwa Lakoff, George/Elisabeth Wehling 2008, *Auf leisen Sohlen ins Gehirn. Politische Sprache und ihre heimliche Macht*, Heidelberg: Carl-Auer-Systeme Verlag.

tellektuellen Kapazität zurückgeführt.[4] Tatsächlich war zuvor, in den optimistischen und erfolgreichen Jahren der sozialistischen Bewegung, die Symbiose zwischen zumeist fachlich hoch qualifizierten Arbeitnehmern hier und Intellektuellen aus bürgerlichen Randbereichen dort nachgerade konstitutiv. Diese lieferten die Erfahrungsdeutung für jene und deren Abwehrkämpfe gegen das Kapital.[5] Denn soziale Ungerechtigkeiten schufen nicht aus sich heraus die Transformation von Leid in Empörung und bewusste Veränderungsanstrengungen. Die hoffnungsvolle, aber plausible Interpretation von Zukunftsperspektiven musste hinzukommen. Auch Moses hatte den versklavten Hebräern in Ägypten erst Aussicht und Hoffnung auf das gelobte Land zu vermitteln, eher er die in sich zerstrittene Menge sammeln und durch die Wüste führen konnte.[6]

Das war seit je das Geschäft, pathetisch formuliert: die historische Mission von Ideologiestiftern und Propheten, welche sich den Emanzipationskämpfen verschrieben hatten. Für die Ausgebeuteten und Verfolgten der unteren Schichten verfassten die Intellektuellen ihre flammenden Pamphlete, überzeugt davon, die großen geschichtswendenden Drehbücher für die Erlösung des Menschengeschlechts zu schreiben. Die schlimmste Zeit kam für die Intellektuellen immer dann, wenn die soziale Bewegung, in welche sie sich eingegliedert hatten, allmählich Erfolge zeitigte, wenn sich Löhne erhöhten, Wohnverhältnisse verbesserten, die Zahl der Urlaubstage vermehrte, gar Aufstiegsmöglichkeiten ergaben. Das dämpfte bei den einst Entrechteten ihre Wut, die Entschlossenheit zur radikalen Forderung. Fortan pflegten die Wege zwischen der Klasse und ihren Deutungslieferanten auseinanderzugehen. Schließlich nährte der Intellektuelle sich und sein theoretisches System aus der sozialen Spannung, dem tiefen gesellschaftlichen Gegensatz. Und insofern entzogen die Arbeit der

---

4 Simone, Raffaele, 2009, »Die Linke hat keine Kraft mehr«, in: *die tageszeitung* (6. Mai 2009).
5 Vgl. Meusel, Alfred 1923/24, »Die Abtrünnigen«, in: *Kölner Vierteljahresheft für Soziologie* 3/H. 2-3, S. 152-169, hier S. 152.
6 Hoffer, Eric 1999, *Der Fanatiker und andere Schriften*, Frankfurt am Main: Eichborn, S. 88.

Gewerkschaften, der kommunale Reformismus, das genossenschaftliche Versorgungsnetz, die sozialdemokratische Sozialstaatsreform den radikalen Intellektuellen das Substrat ihres Anspruchs.

Die Intellektuellen jenseits der sozialdemokratischen und sozialistischen Parteien sind indes nicht minder ratlos. Auch sie haben bislang einen Erzählstrang für die nachindustrielle, eine postkapitalistische und nachsozialdemokratische Gesellschaft nicht zu entwickeln vermocht. Wohl in keiner neuzeitlichen Krise herrschte eine solche Begriffslosigkeit bei der Betrachtung der Zukunft, eben bei den Erörterungen über das »Danach« wie im gegenwärtigen Umbruchsmoment.

Das große wirtschaftspolitische Narrativ nach dem Debakel der weltwirtschaftlichen Depression in den späten zwanziger, frühen dreißiger Jahren war der Keynesianismus. Krisen hatten im Zukunftsversprechen dieser ökonomischen Lehre keinen Platz mehr. Man schickte sich an, sie systematisch wie einst die berüchtigten Volkskrankheiten durch die moderne Medizin aus der Welt zu schaffen. Und die moderne Medikation war eben die prophylaktische Konjunkturpolitik. 1973 markierte den großen Einschnitt. In diesem Jahr stiegen explosiv die Erdölpreise, die Produktions- und Wirtschaftsraten sanken rasant. Und in den modernen Gesellschaften des Westens überschnitten sich plötzlich wirtschaftliche und soziale Probleme, die nach der keynesianisch-sozialdemokratischen Überzeugung gar nicht zur selben Zeit hätten auftreten dürfen: Rezession und Inflation. Darauf verflüchtigte sich die Magie der keynesianischen Verheißung.[7]

Ein Automatismus war das nicht. Es war ein interessengeleiteter Kampf der Ideen. Und diesen Kampf der Ideen verlor die keynesianische Theorie zwischen 1973-75 und den frühen neunziger Jahren. Als Gewinner aus der Rivalität wirtschaftspolitischer Weltanschauungen gingen die sogenannten Monetaristen hervor, darunter als Elitetruppe der ideologischen Attacke die Angebotstheoretiker der Neoklassik. Der Monetarismus war als akademi-

---

7 Vgl. hierzu vor allem Nachtwey, Oliver 2009, *Marktsozialdemokratie. Die Transformation von SPD und Labour Party*, Wiesbaden: VS Verlag für Sozialwissenschaften, S. 154ff., und Walter, Franz 2010, *Vorwärts oder abwärts? Zur Transformation der Sozialdemokratie*, Frankfurt am Main: Suhrkamp.

sche Schule längst präsent gewesen, hatte aber insbesondere während der fünfziger Jahre eher ein Nischendasein geführt. Doch im Jahrzehnt darauf verbuchten seine Anhänger im universitären Bereich Terraingewinn. In England und den USA gingen seither gut organisierte Thinktanks zielstrebig vor, um die Deutungswelt der Wirtschaftspolitik neu zu kartografieren. So drang die monetaristische Theorie mittels plastischer Losungen in Parteien, Expertenkommissionen, Regierungsadministrationen und Wirtschaftsredaktionen ein.

Ungeschick wird man den seinerzeit noch neuliberalen Gegnern des Keynesianismus bei der Verbreitung ihres Gegennarrativs kaum vorwerfen können. Sie verzichteten bewusst auf sonst üblichen sperrigen akademischen Jargon. Die Antikeyenesianer statteten ihre Lehrmeinung stets mit den Accessoires von Freiheit, Subjektivität, Privatheit, Unabhängigkeit aus.[8] Dem keynesianischen Kontrahenten übertrugen sie in ihrer Erzählung die Rolle des Mephisto der Funktionärsdespotie. Die Akteure des Marktes dagegen durften im monetaristischen Narrativ den Part der individuellen Heldengestalt einnehmen, die aus eigener Kraft dem Licht der Freiheit entgegenschritt. Und hatten die Tüchtigen auf diese Weise erst einmal »freie Bahn«, dann musste die Wirtschaftsdynamik zwangsläufig wieder Schwung entfalten, der in den Zeiten der staatsbürokratischen Gängelung erlahmt war. Die fortwährenden Spitzen gegen die Staatsfixierung linker Politik forcierte überdies die Distanz jüngerer, akademischer und eher postmaterieller Bürger gegenüber autoritären Lösungen von staatlicher Seite. Der Marktnarrativ hier, eine Art Ökolibertät dort – das wurden die bevorzugten Einstellungen in den leitkulturell fungierenden avancierten Mittelschichten.

Seit den siebziger Jahren bis in das erste Jahrzehnt des 21. Jahrhundert hatten die Protagonisten dieser Richtung die Ausdeutung von »Fortschritt« und »Reformen« stringent verfolgt – und ihre anfänglichen Gegenspieler aus der Sozialdemokratie sind ihnen fortlaufend bei immer geringerem Widerstand gefolgt. Schließlich

8 Vgl. auch Kaufmann, Franz-Xaver 2005, *Sozialpolitik und Sozialstaat. Soziologische Analysen*, Wiesbaden: VS Verlag für Sozialwissenschaften, S. 304.

waren sie ideell enteignet. Zuletzt existierten nicht einmal Ansätze eines alternativen Narrativs zur im Grunde kompromittierten Ideologie des »bürgerlichen Lagers«.[9] Größer hätten die Differenzen zu den frühen dreißiger und siebziger Jahren nicht sein können. In diesen beiden Konstellationen diskreditierte sich zwar eine der beiden Basiserzählungen des Wirtschaftens; aber die andere stand jeweils frisch und attraktiv aufgemacht schon bereit.

Das ist gegenwärtig anders. Im Grunde scheinen nun die beiden Großentwürfe für die Wirtschafts- und Gesellschaftspolitik der letzten Jahrzehnte gleichermaßen an ihr Ende gekommen zu sein, die marktzentrierte Angebotspolitik wie der versorgungsetatistische Keynesianismus. Denn auch diese Erfahrung hat die politische Linke konzeptionell teilenteignet: Ihr staatlicher Planungsanspruch barg etliche Aporien und Fragwürdigkeiten.[10] Fast alle bisherigen Planer zogen die Linien der ihnen bekannten Empirie ungebrochen in die Zukunft fort, aber die Zukunft ist nie einfach verlängerte Gegenwart. Allein die Problemlösungen der politischen Planer produzieren stets neue Konstellationen und dadurch neue Probleme, die in der Planungsgegenwart noch nicht absehbar sind. Bedürfnisse, Werte, Lebensziele der Individuen ändern sich – nicht zuletzt durch die Resultate von Reformen und Modernisierung – und stehen dann quer zu den gut

9 Zur Bedeutung solcher Narrative vgl. White, Hayden 1990, *Die Bedeutung der Form. Erzählstrukturen in der Geschichtsschreibung*, Frankfurt am Main: Fischer, S. 38; Fine, Gary A. 2004, »Public narration and group culture: discerning discourse in social movements«, in: Johnston, Hank/Bert Klandermans (Hg.), *Social Movements and Culture*, Minneapolis: University of Minnesota Press, S. 127-144 und Czarniawska, Barbara 2009, *Narratives in Social Science Research*, London: Sage.

10 Vgl. besonders Metzler, Gabriele 2004, »Demokratisierung durch Experten? Aspekte politischer Planung in der Bundesrepublik«, in: Haupt, Heinz Gerhard/Jörg Requate (Hg.), *Aufbruch in die Zukunft. Die 1960er Jahre zwischen Planungseuphorie und kulturellem Wandel. DDR, CSSR und Bundesrepublik Deutschland im Vergleich*, Weilerswist: Velbrück Wissenschaft, S. 264-288 und dies. 2003, »Geborgenheit im gesicherten Fortschritt. Das Jahrzehnt von Planbarkeit und Machbarkeit«, in: Frese, Matthias/Julia Paulus/Karl Teppe (Hg.), *Demokratisierung und gesellschaftlicher Aufbruch. Die sechziger Jahre als Wendezeit der Bundesrepublik*, Paderborn: Schöningh, S. 777-797.

gemeinten Zukunftsprojekten. Und je pluralistischer sich eine Gesellschaft entwickelt, desto weniger passt die Konsistenz eines Plans auf die Vielfältigkeit der Einzelnen. Planungsbegehren werfen daher nicht nur der politischen Exekutive, sondern auch den partizipationsbegehrenden Bürgerzusammenschlüssen Legitimationsprobleme in der Demokratie auf. Denn recht besehen geht es Planern und auch den verrenteten Ingenieuren im Bürgerbeteiligungsverfahren von Infrastrukturprojekten um expertokratisch legitimierte Entscheidungsverfahren im Verfassungsstaat. Expertentum und demokratische Willensbildung gehen indes nicht unbedingt zusammen. Die rationale Expertise soll in der »wissenschaftlichen Demokratie« der Planer gewiss den Primat vor den als irrational angenommenen Willensäußerungen des Volkes haben. Der Pedanterie der Planer gemäß hat der Zufall, das Unvorhergesehene, das Überraschende gebannt zu sein; da darf im Grunde unvorhergesehen subjektive Dissidenz nicht zugelassen werden.

Experten und Planer haben den klassischen Intellektuellen gleichsam von der Bühne verdrängt. Salopp formuliert: Hält eine Hitzewelle zehn Tage an, dann muss der Fachmann für Klimakatastrophen in der ARD-Sendung »Brennpunkt« den besorgten TV-Zuschauern erklären, ob neue Bedrohlichkeiten aus dem Ozonloch zu erwarten stehen. Niemand jedoch wird in solchen Fällen nach dem Rat von Jürgen Habermas rufen. Und so ist das mittlerweile auch in der Politik. Willy Brandt führte noch bei schwerem Rotwein nachdenkliche Gespräche mit Dichtern und Literaten.[11] Angela Merkel hingegen wendet sich an die Experten mit handfester Berufserfahrung in der Wirtschaft, der Wissenschaft, der Verwaltung und Rechtsprechung. Politikberatung dieser Art wird so zu einem einträglichen Geschäft der Expertenklasse. Ihre Notwendigkeit steht kaum zur Debatte. Die Politik allein könne, heißt es weithin, das akkumulierte Wissen nicht mehr überschauen. Für höhere Rationalität und größere Entscheidungssicherheit benötigen die politischen Entscheider daher

---

11 Vgl. auch Harpprecht, Klaus 2000, *Im Kanzleramt: Tagebuch der Jahre mit Willy Brandt*, Reinbek bei Hamburg: Rowohlt, und Schöllgen, Gregor 2001, *Willy Brandt. Die Biographie*, Berlin: Propyläen, S. 196.

zwingend den Rat ausgewählter Experten. So lautet die übliche Begründung für das Gewerbe der Expertenberatung.

Nur: Die Heilserwartung, dass man durch die Produktion und didaktische Vermittlung von Mehrwissen eine höhere Rationalität verbindlicher Entscheidungen herzustellen vermag, könnte paradoxerweise mehr Schaden als Nutzen bringen.[12] Politik ist infolge der Wissensvervielfältigung sich ihrer keineswegs sicherer und im Handeln durchaus nicht erfolgreicher geworden, sondern entweder ängstlicher oder aktionistischer. Denn jedes Wissen multipliziert Nichtwissen, produziert erfahrungsgemäß auch unbeabsichtigte Resultate von Wissensanwendungen. Und auch das erleben Politiker Tag für Tag: Auf den einen Experten repliziert stets fundamental different dazu der Gegenexperte. Der Expertise folgt im raschen Takt der scharf kontrastierende Alternativvorschlag – alles im Gewande strengen Expertentums.

Kurz: Es gibt im politischen Raum die unzweifelhafte, pure Objektivität nicht, infolgedessen erst recht nicht die jahrelang gerne proklamierte Alternativlosigkeit. Was den einen klugen Köpfen rundum einsichtig erscheint, werden die anderen trotz gleichermaßen hoher Intelligenz und mit bestechenden Belegen für ihre Haltung gänzlich abwegig finden. Das, was angeblich unleugbar ist, wird subjektiv konstruiert und durch verschiedenartige normative Perspektiven, gesellschaftliche Orte, kulturelle Werte und handfeste Interessen der Betrachter und Interpreten ausgedeutet. Natürlich weiß die Politik all dies. Aber sie braucht Experten und Expertise, um Politik als rein sachlichen Vollzug von Notwendigkeiten zu legitimieren, insbesondere ihre fiskalischen Austeritätsprogramme, Entbürokratisierungsprojekte und Sozialstaatsreduktionen der letzten Jahre.

Daher: In dem Maße, wie die Finanzkrisen an Tempo und Tiefe zunehmen, multiplizieren sich die materiellen Defizite des Staates. Mit dem – erzwungenen – Kraftakt, den kostspieligen Bankenrettungspaketen der letzten Zeit, hat dieser sich vermutlich endgültig verausgabt. Die zuvor schon alarmierende und syste-

---

12 Vgl. Cassel, Susanne 2005, »Politik und Politikberatung – welche Fortschritte bringt die Wissenschaft?«, in: Jens, Uwe/Hajo Romahn (Hg.), *Glanz und Elend der Politikberatung*, Marburg: Metropolis, S. 175-196.

matische Staatsverschuldung ist noch einmal drastisch angestiegen. Die – krisenbedingt verringerten – Steuereinnahmen werden zu einem großen Teil für die Tilgung der Schulden benötigt. Für politische und gesellschaftliche Gestaltung, gar für gezielte Umverteilungsstrategien ist kaum noch Finanzmasse da. So also wäre nicht auszuschließen, dass gleich beide Basissysteme der letzten Jahrhunderte als Folge davon implodieren: die Märkte und der Staat. Für den Raum dazwischen sind genossenschaftliche Überlegungen und auf Selbsthilfe basierende Konzeptionen des Wirtschaftens während der letzten Jahrzehnte rigide verdrängt worden,[13] da alle Heilserwartungen allein auf Staat oder Märkte gerichtet waren.

Eine veritable Krise also. Aber ist es hier überhaupt noch sinnvoll, von Krise zu sprechen? Schließlich ist der Begriff »Krise« durch Dauerverwendung schummrig geworden, dient als Türschild für allerlei schmerzliche Anpassungsleistungen, die zumindest im Rückblick des Aufhebens nicht nötig gewesen wären.[14] Nur: Was wir derzeit europaweit erleben, dürfte mit leichthändigen Begriffen nicht hinreichend charakterisiert sein. Viel spricht in der Tat dafür, dass wir es mit einer gravierenden Krise der Art zu tun haben, wie sie uns bereits während der Depressionsjahre 1873-95, der Hyperinflation 1923 und den Deflationsjahren 1929-33 begegnet ist. Ökonomische Faktoren gaben zunächst den Ausschlag. Aber ihre Wirkungen griffen weiter aus, durchdrangen das Alltagsleben, die Politik und Kultur. Überlieferte Normen trugen nicht mehr zur plausiblen Deutung von Umwelt und Ereignissen bei. Zukunftserwartungen zerbrachen. Die Wertemuster, die bis dahin den Handlungen zugrunde lagen, verloren im Zuge dieser Krisen an Überzeugungskraft und Rationalität, was Unsicherheit und Lähmung erzeugte, dann die Erschütterungen von bisherigen Legitimationen zur Folge hatte.

Krisen in diesem Sinne kann man als große Umbrüche charak-

13 Vgl. Novy, Klaus et al. (Hg.) 1985, *Anders leben. Geschichte und Zukunft der Genossenschaftskultur*, Berlin/Bonn: Dietz.
14 Hierzu auch Scholten, Helga 2007, »Wahrnehmung und Krise«, in: dies. (Hg.), *Die Wahrnehmung von Krisenphänomenen. Fallbeispiele von der Antike bis in die Neuzeit*, Köln u. a.: Böhlau, S. 5-12, hier S. 5.

terisieren. Sie können Ausgangsorte für erfreuliche Neuformierungen sein, gewissermaßen Kairoi bilden. Aber sie können auch gesellschaftliche Paranoia fördern. Hans Rosenberg, Historiker und Autor des Buches *Große Depression und Bismarckzeit*, hat seine bestechenden Analysen daher nicht allein auf den *wirtschaftlichen* Zyklus konzentriert, sondern ebenso auf das »psychische Phänomen« dieser Jahre erstreckt, auf die »Wahnvorstellungen«, den »ideologische Klimaumschlag im öffentlichen Leben«, was schließlich zum über Jahrzehnte andauernden Bedeutungsverlust des Liberalismus geführt, wirtschaftsprotektionistischen Nationalismus und einen neuen rassisch-populistisch begründeten Antisemitismus kräftig begünstigt hat.[15] Dergleichen Umwertungen bis dahin gültiger Werte lassen sich ebenfalls während und im Gefolge der Hyperinflation 1923,[16] dann im Zuge der vielfach traumatisch erlebten Deflation in den frühen dreißiger Jahren beobachten, mit den bekannt schwergewichtigen Folgen für politische Mentalitäten und das politische System.[17] Inspiriert von Rosenberg haben die Historiker Hans-Ulrich Wehler und Jürgen Kocka überdies häufig darauf hingewiesen, dass solche Transformationsprozesse nur schwer konstruktiv zu steuern sind,[18] wenn sich die großen gesellschaftlich-politischen Herausforderungen in einem engen Zeitraum überschneiden oder »verschürzen«.[19] Gemünzt war dieser Befund bei ihnen auf die zeitliche Koinzidenz von Ver-

15 Rosenberg, Hans 1967, *Große Depression und Bismarckzeit. Wirtschaftsablauf, Gesellschaft und Politik in Mitteleuropa*, Berlin: de Gruyter, S. 62 ff.

16 Etwa Feldman, Gerald D. 1996, »Die Inflation und die politische Kultur der Weimarer Republik«, in: Hettling, Manfred/Paul Nolte (Hg.), *Nation und Gesellschaft in Deutschland. Historische Essays*, München: C. H. Beck, S. 269-281.

17 Sehr interessant hierzu Föllmer, Moritz/Rüdiger Graf (Hg.) 2005, *Die »Krise« der Weimarer Republik. Kritik eines Deutungsmusters*, Frankfurt am Main/New York: Campus.

18 Wehler, Hans-Ulrich 1995, *Deutsche Gesellschaftsgeschichte 1849-1914*, München: C. H. Beck, S. 1294 und Kocka, Jürgen 2001, *Das lange 19. Jahrhundert. Arbeit, Nation und bürgerliche Gesellschaft*, Stuttgart: Klett-Cotta, S. 153.

19 Koselleck, Reinhart 1982, »Krise«, in: ders./Otto Brunner/Werner Conze (Hg.), *Geschichtliche Grundbegriffe. Historisches Lexikon zur politisch-sozialen Sprache in Deutschland*, Bd. 3, Stuttgart: Klett-Cotta, S. 617-650, hier S. 640.

fassungs- und Nationalstaatsbildung sowie die Herausbildung der Sozialen Frage (Industrialisierung und Arbeiterbewegung) im dritten Viertel des 19. Jahrhunderts in Deutschland (im Unterschied etwa zu Frankreich oder England).

Ohne vorschnell Parallelen konstruieren zu wollen, wird man dennoch im heutigen Europa ein Problemknäuel erkennen, in dem sich grundsätzliche Herausforderungen, die je für sich schon der Politik gewaltige Anstrengungen und kluge Koordination abverlangen, sich zeitlich zudem überlappen und dadurch gegenseitig erschweren: die explosiven Turbulenzen auf den Finanzmärkten, die gigantischen Lasten staatlicher Verschuldung, der Druck hin zu einem (aber wie?) legitimierten, transnationalen Institutionengefüge in Europa, eine denkbar komplexe und schwierige Verfassungsdiskussion hierüber, dazu die extremen demografischen Disproportionalitäten in den nächsten drei bis vier Jahrzehnten sowie die Konfrontation heterogener Kulturen und Religionen (etwa durch Migration) etc. Nicht selten wird eine solche Konstellation zur Stunde des »Ausnahmezustandes«, an dessen ungewöhnliche Interventionsmöglichkeiten die Träger der politischen Macht sich nicht ungern gewöhnen und den sie durch dramatisierende Rhetorik und schwer zu kontrollierende Spezialadministrationen zu verstetigen, zumindest zu verlängern versuchen.

Aber was stattdessen? Es ist gewiss kein Zufall, dass viele kluge Zeitgenossen nunmehr resigniert über die »Ideenverlassenheit«, das »intellektuelle Vakuum« klagen. Da die Repräsentanten der Politik eine »natürliche Angst vor der Leere« empfinden, lassen sie ihre Mitarbeiter von Zeit zu Zeit eine Art Ideologiesurrogat zusammenkompilieren. Dafür bedienen sie sich nach Art von Steinbrucharbeitern ganz heterogener Versatzstücke aus der Philosophie, der Geschichtswissenschaft, der Ökonomie, der Soziologie, auch wenn es auf Kosten der je in sich konsistenten Logiken der einzelnen wissenschaftlichen Paradigmen geht. So würden diese, empört sich der Philosoph und Sorbonne-Professor Yves-Charles Zarka »derart verbogen und verfälscht, instrumentalisiert«, dass sie ihre ursprüngliche Struktur und Schlüssigkeit verlieren und zu »bloßen Beschwörungsformeln und Propaganda-

Slogans« verkommen. Ihre Halbwertszeit entspreche der Dauer einer Wahlkampagne, einer politischen Debatte, manchmal nur einer simplen Polemik. Direktes Resultat sei die Diskreditierung der Konzepte, was sie »in ihrer Ursprungsdomäne unbrauchbar« mache.[20]

Am Ende könnte gar die »negative Mobilisierung« stehen, wie sie Lev Gudkov, der Direktor des Moskauer Levada-Zentrums, für die postkommunistischen Demokratien beschrieben hat und wovon die alten Demokratien gewiss (noch) ein gutes Stück entfernt sind.[21] Die Entstehungsbedingungen für diese »negative Mobilisierung« wurzeln im Statusverlust und Werteverfall ganzer sozialer Gruppen. Mutlosigkeit und Orientierungsschwäche greifen um sich; die Gesellschaft scheint mehr und mehr gelähmt, da ihr alle Vorstellungen über Sinn und Zukunft ihrer selbst abhandengekommen sind. Als Kompensat stehen einzig Zerstreuungsangebote der Konsumindustrie, stehen Spektakel und Show zur Verfügung. Positive Utopien und Glaubensüberzeugungen hingegen sind aus der Masse der atomisierten Einzelnen verschwunden, in wirtschaftlichen Krisenzeiten stellt sich ein »Wir«-Gefühl der Individuen nur durch Formen der »negativen Solidaritäten« ein, gegen das »Fremde« und »Andere«, durch militante Abgrenzung von denen, die im stammesgesellschaftlichen Verständnis nicht dazugehören. Die negative Stimmung kumuliert in einer zunächst ziellosen Aggression. »Der fehlende Glaube an ein besseres Leben und die Erosion der Werte wirken auf die Moral wie ein HIV-Virus [*sic*]. Sie zerstören das Immunsystem, das vor Gewalt und Demagogie schützt«.[22] Allein die so hergestellte aggressive Distinktion erzeugt eine integrative Wirkung, indes eben gegen Gruppen anderer Kulturen oder Ethnien, gegen Einzelne, die aus dem Integrationsrahmen fallen. Zum großen Sinn-

20 Zarka, Yves-Charles 2011, »Politiques en panne d'idées«, in: *Le Monde* (31. Januar 2011).
21 Vgl. Gudkov, Lev 2007, »Russlands Systemkrise. Negative Mobilisierung und kollektiver Zynismus«, in: *Osteuropa* 57/H. 1, S. 3-13; neuerdings auch ders. 2011, »Russland in der Sackgasse«, in: *Osteuropa* 61/H. 10, S. 21-45.
22 Ders. 2008, »Staat ohne Gesellschaft. Zur autoritären Herrschaftstechnologie in Russland«, in: *Eurozine*, online verfügbar unter: {http://www.eurozine.com/articles/2008-02-27-gudkov-de.html} (Stand: April 2013).

stifter und politischen Sammler wird dann derjenige, der den Feind mobilisierungsträchtig identifiziert und dadurch eine solche (in sachorientierten politischen Debatten eben meist obsolete, in diesem Fall aber zutiefst vor- und antipolitische) Leidenschaft entfacht, dass die Massen in Kampagnen zur Vernichtung des propagandistisch dingfest gemachten Dämonen ziehen. Die »negative Mobilisierung« durch den autoritären Populismus ist nicht zuletzt eine pathologische Reaktion auf eine unpolitische Politik, die keinen diskursiven Rahmen bietet für die Artikulation *politischer* Leidenschaften und der es nicht gelingt, diese in attraktive politische Ziele zu übersetzen, von denen sich eine veritable Mehrheit der depravierten, de facto exkludierten sozialen Schichten repräsentiert fühlt.

Selbst in skandinavischen Staaten, deren Bürger im europäischen Vergleich Tugenden wie Solidarität, politische Beteiligung überdurchschnittlich stark verinnerlichen, dem repräsentativen Regierungsmodell in besonderem Maße zugeneigt und weithin für ihre Weltoffenheit bekannt sind,[23] haben rechtspopulistische Parteien wie die finnischen Perussuomalaiset (zu Deutsch: Basisfinnen oder Wahre Finnen), die schwedischen Sverigedemokraterna (zu Deutsch: Die Schwedendemokraten) oder die norwegische Fremskrittspartiet (zu Deutsch: Die Fortschrittspartei) in den vergangenen Jahren beachtlichen Zulauf erfahren. In Deutschland, so steht es zu befürchten, konnten die zweifellos nicht minder vorhandenen toxischen Mixturen aus Islamophobie und subtilem Antiparlamentarismus bislang nur deshalb nicht verfangen, weil in diesem Lager charismatische Demagogen fehlen und die öffentliche Ächtung rassistisch begründeter Ausgrenzung sich auf einen breiten, im Gedenken an die Verbrechen der NS-Zeit gründenden gesellschaftlichen Konsens stützt.

Doch sollten wir die Zukunft nicht allzu finster malen. Die nichtautoritären Mentalitäten sind in den gefestigten parlamentarischen Demokratien weiterhin beachtlich, haben sich im akade-

23 Vgl. Roßteutscher, Sigrid 2004, »Die Rückkehr der Tugend?«, in: Deth, Jan W. van (Hg.), *Deutschland in Europa. Ergebnisse des European Social Survey 2002-2003*, Wiesbaden: VS Verlag für Sozialwissenschaften, S. 175-200, hier S. 183 ff.

mischen Mittelschichtsbereich gefestigt. Und noch sind die parlamentarischen Institutionen intakt. Noch werden ihre Entscheidungen respektiert, im Grunde überwiegend auch goutiert. Und so könnte einiges sinnvoll miteinander verwachsen, was vom Ausgangsort gesehen nicht kompatibel zu sein scheint. Der Würzburger Rechtsphilosoph Horst Dreier etwa hat kürzlich die Bedeutung der direkten Demokratie als »zweiten Akteur« des legislativen Raums herausgestellt, welcher die Monopolstellung des Parlaments legitimerweise relativiert, was in der Tat »nichts Schlechtes sein« muss.[24] Mit nachvollziehbaren Argumenten hat Dreier ebenfalls den Vorwurf direktdemokratischer Unterkomplexität durch Ja-Nein-Dualismen zurückgewiesen. In den großen und oft segensreichen Regierungsentscheiden nach 1945 habe es bereits in der Arena des Parlaments dergleichen Dichotomien gegeben, in der Frage der Wiederbewaffnung etwa, bei der Einführung des Euro, der Abschaffung der Wehrpflicht. Dabei setzt Dreier nicht auf ein direktdemokratisches Substitut für parlamentarische Repräsentation, sondern auf »punktuelle Korrekturen und Ergänzungen« der Volksvertretungseinrichtungen. In dieser Option stimmt Dreier mit dem Dresdner Politikwissenschaftler Hans Vorländer überein, der für eine »zugleich responsive und partizipatorische Demokratie« plädiert, um – »ohne Illusionen«, wie er dämpfend hinzufügt – eine größere Formenvielfalt zivilgesellschaftlicher Konfliktregulierungsmechanismen anstelle des überkommenen Parlamentsmonopols zu ermöglichen.[25] Andere Politikwissenschaftler sehen es gleichermaßen als zeitgemäße Aufgabe, einen Mix aus direkter und repräsentativer Entscheidungsproduktion herzustellen, das den Input-Charakter einer gelungenen Demokratiebeteiligung erhöht, ohne damit die Effizienzerwartungen der Bürger am Output demokratischer Staatlichkeit zu enttäuschen.[26]

24 Vgl. Dreier, Horst 2012, »Das Volk als Gesetzgeber«, in: *Frankfurter Allgemeine Zeitung* (25. Februar 2012).

25 Vorländer, Hans 2011, »Spiel ohne Bürger«, in: *Frankfurter Allgemeine Zeitung* (11. Juli 2011).

26 Siehe Eith, Ulrich/Gerd Mielke/Dieter Oberndörfer 2012, »Volksentscheide in der Parteiendemokratie – Das Lehrstück Stuttgart 21«, in: *Berliner Repu-*

Gewiss: Wie wir im sechsten Kapitel gesehen haben, wird es alles andere als leicht sein, diese Bausteine miteinander zu verkoppeln. Erschwert wird dieser Prozess durch das ständige Misstrauen zwischen der staatlichen Politik und den »negativen Souveränen«, das aus der strukturell bedingten Unfähigkeit des repräsentativen Systems resultiert, die wachsenden Ansprüche Letzterer wirksam zu integrieren. Dieses Misstrauen scheint, wie gesagt, momentan wenig fruchtbar zu sein, eher politikfeindliche Distanz statt spannungsreiche Debatten zu erzeugen. Groß angelegte Verfassungsreformen sind in dieser Konstellation nicht zu erwarten. Und dass wir demnächst noch einmal so etwas wie einen »machiavellischen Augenblick« erleben – mit diesem Ausdruck hat der amerikanische Ideenhistoriker John G. A. Pocock die Wiederentdeckung der politischen Gestaltungsfreiheit, der (im düsteren Mittelalter einst versunkenen) Ehre der *vita activa* im Zeitalter der Renaissance bezeichnet[27] – scheint jedenfalls eher unwahrscheinlich, denn das politische Leben wird heute nicht mehr von der Religion oder totalitären Ersatzreligionen verzehrt, sondern vor allem von der Verkürzung politischer Freiheit auf negative Abwehrrechte, der Distanz gegendemokratischer Rebellionen zur politischen Politik, der daraus resultierenden stillen und einverständigen Übertragung von Handlungsmacht an Experten, der Einspannung des Politischen unter die kategorischen Imperative verselbstständigter Finanzmärkte und so weiter. Allesamt sind dies Dinge, die (den Theorien von der »neoliberalen Verschwörung« zum Trotz) kollektiv gewollt sind und, solange allein die negative (auf Kosten der positiven) Freiheit und der Wohlstand blühen, von der hoffnungsvoll besungenen *multitude* auch gerne goutiert werden.

Jahrzehntelang hieß das Credo: »kritische Bürger« müssten nur auf hinreichend offene Institutionen treffen, dann werde es

blik H. 1, online verfügbar unter: {http://www.b-republik.de/aktuelle-ausgabe/volksentscheide-in-der-parteiendemokratie-%e2%80%93-das-lehrstueck-stuttgart-21} (Stand: April 2013).

27 Vgl. Pocock, John G. A. 2003, *The Machiavellian Moment. Florentine Political Thought and the Atlantic Republican Tradition*, Princeton: Princeton University Press.

schon aufwärtsgehen mit dem Gemeinwesen und der Demokratie. Inzwischen hat diese Parole, die längst Common Sense ist, ihren Zauber verloren, nicht nur, weil sich der Eindruck erhärtet, dass die verbliebenen Protestereignisse – wie eine überraschend offen vorgetragene und nicht unberechtigte Vermutung des SPD-Vorsitzenden Sigmar Gabriel lautet – zunehmend von »soziale[m] Statusfanatismus und gesellschaftliche[m] Gruppenegoismus« angetrieben werden,[28] also den sozialen Versprechen der Demokratie diametral entgegenwirken, sondern auch weil – noch einmal – ein Gewinn an Transparenz und Partizipationschancen sehr wahrscheinlich mit einem weiteren Verlust an politischer Legitimation und Steuerungsfähigkeit einhergehen wird. Die Kanalknappheit der bestehenden parlamentarischen Systeme lässt gesellschaftlichem Widerspruch kaum noch Raum, da sich die grundsätzliche, außerhalb der proklamierten Alternativlosigkeit bewegende Opposition nur selten als systemkompatibel erweist. Also wird der Widerspruch in toto nach draußen verlagert, wo er allerdings unwirksam verklingt, nicht zuletzt weil hier wiederum die mediale Kanalvielfalt und fehlende übersektionale Bindungen die »geschwätzige Sprachlosigkeit« der Kritiker postdemokratischer Tendenzen ungerichtet, wirr und ratlos erscheinen lassen.[29] Protest droht mithin unter diesen Bedingungen mehr und mehr zu einer »Politik des als ob« zu verkommen, zu einer Möglichkeit für die Bürger, »sich als demokratischer Souverän zu inszenieren und demokratische Werte zu kommunizieren, ohne dass diese wirklich praxiswirksam werden«.[30]

Vergessen wir aber nicht: Auch wenn das emanzipative Telos der Demokratie augenblicklich erschöpft, der Glaube daran sich

28 Gabriel, Sigmar 2011, »Den Fortschritt neu entdecken«, in: *Frankfurter Allgemeine Zeitung* (10. Januar 2011).

29 Blühdorn, Ingolfur 2012, »Die Postdemokratische Konstellation. Was meint ein soziologisch starker Begriff der Postdemokratie?«, in: Nordmann, Jürgen (Hg.), *Demokratie! Welche Demokratie? Postdemokratie kritisch hinterfragt*, Marburg: Metropolis, S. 69-91, hier 69.

30 Ders. 2011a, »Das postdemokratische Doppeldilemma. Politische Repräsentation in der simulativen Demokratie«, in: Linden, Markus/Winfried Thaa (Hg.), *Krise und Reform politischer Repräsentation*, Baden-Baden: Nomos, S. 45-74, hier S. 68.

ausschließlich durch symbolische Inszenierung aufrechtzuerhalten und der Verfall des Politischen in der Politik unaufhaltsam scheint, so ist doch die Demokratie ein prinzipiell offenes Projekt, so wie überhaupt die politische Handlungssphäre ein Raum der Kontingenz ist, für den sich kaum zeitlose Gesetze prägen lassen. Welche konkreten institutionellen Züge die »nachklassische« Demokratie schließlich annehmen wird, ist deshalb ungewiss, wenngleich man ziemlich sicher davon ausgehen kann, dass die Bedeutung außerkonstitutioneller, informeller Deliberations- und Entscheidungsprozeduren zunehmen und diese immer stärker außerpolitischen Funktionsimperativen unterliegen werden, sodass sich das Verständnis dessen, was als politisch und demokratisch zu gelten hat, nicht nur sukzessive verändern, sondern die öffentliche Relevanz dieser Kategorisierung weiter schwinden wird.

Wenn wir allerdings den oben skizzierten Ratschlag selber ernst nehmen und aus einer »deskriptiv-analytischen« Sicht das realistische Bild einer »den Bedürfnissen der Spätmoderne genügende[n] Form der Demokratie« zeichnen bzw. darangehen, sie von den »anspruchsvollen und einschränkenden Dimensionen des von den Sozialen Bewegungen vertretenen [partizipativen] Demokratieverständnisses [zu] bereinig[en]«, indem wir die praktischen Grenzen dieser Konzeptionen kenntlich machen, heißt das nicht, dass wir die beschriebenen Symptome nicht als Zeichen einer Fehlentwicklung deuten dürfen, statt sie gleichgültig als »den Lauf der Dinge« abzutun oder sogar normativ als probate Surrogate für die ursprünglich angelegten Maßstäbe demokratischer Legitimität zu überhöhen. Ein Plädoyer für mehr Bescheidenheit in der Erwartung dessen, was möglich ist, sollte nicht als »resignative Ermächtigung zur Indifferenz gelesen werden – so als wären in der Grundstimmung der Krise, die die Moderne von Hause aus ist, am Ende alle Katzen grau«.[31] Ebenso wenig heißt es, dass wir uns das Kernideal der politischen Egalität nicht in Erinnerung rufen und geltend machen sollten, wenngleich die

31 Meyer, Thomas 1994, *Die Transformation des Politischen*, Frankfurt am Main: Suhrkamp, S. 266.

Klage über unabgegoltene Ansprüche der Demokratie – die sich, wie wir sahen, allesamt vom Ideal der »gleichen Freiheit« ableiten lassen – derzeit gerne pauschal als nostalgische Sentimentalität verspottet wird.[32] Wenn wir uns nämlich ganz einfach mit der Politik als simulativer Praxis zufriedengeben, dann könnte am Ende auch in freien Gesellschaften eintreten, was Tocqueville für die europäischen Gesellschaften des 19. Jahrhunderts diagnostizierte: »Man findet noch Untertanen, man sieht aber keine Bürger mehr.«[33]

32 So etwa Blühdorn, Ingolfur 2006, »billig will Ich. Post-demokratische Wende und simulative Demokratie«, in: *Forschungsjournal Neue Soziale Bewegungen* 19/H. 4, S. 72-83, hier S. 73 f.
33 Tocqueville, Alexis de 1985, *Über die Demokratie in Amerika*, Stuttgart: Reclam, S. 72.

Nachbemerkung

Das Buch ist umfangreicher geworden, als wir uns das ursprünglich vorgestellt hatten. In der Schlussphase der Arbeit am Manuskript half dabei sehr die gründliche und kritische Korrektur von Teresa Nentwig und David Bebnowski aus dem Göttinger Institut für Demokratieforschung. Ihnen sind wir dafür sehr dankbar.

Denn schließlich: Ganz leicht dürfte ihnen die Lektüre nicht gefallen sein. Der ältere der beiden Autoren des hier vorliegenden Buchs weiß, dass die Form der Darstellung in einem scharfen Kontrast steht zu allem, was er über Jahrzehnte zum Stil sozialwissenschaftlicher Veröffentlichungen geäußert hat. Doch sollte man zumindest einmal im Leben selbst durchmachen, was sonst nur aus der Distanz kritisch beschrieben wird. Der Autor, mitunter als Feuilleton-Politologe charakterisiert, hat die Virtuosität, mit der sein jüngerer Kollege den Stil des akademischen Theoriediskurses leichthändig beherrscht, zu bewundern gelernt. Aber sein Unbehagen daran ist nicht rundum gewichen. Seine Leser jedenfalls müssen mit vergleichbaren Pfadabtrünnigkeiten bei künftigen Publikationen nicht mehr rechnen. Und doch: Irgendwie war es richtig, auch mal auf diese Weise politologisiert zu haben.

Berlin/Göttingen im Mai 2013

Literatur

Abensour, Miguel 2012, *Demokratie gegen den Staat*, Berlin: Suhrkamp.

Abromeit, Heidrun 1995, »Volkssouveränität, Parlamentssouveränität, Verfassungssouveränität: Drei Realmodelle der Legitimation staatlichen Handelns«, in: *Politische Vierteljahresschrift* 36/H. 1, S. 49-66.

–, 1997, »Überlegungen zur Demokratisierung der Europäischen Union«, in: Wolf, Klaus Dieter (Hg.), *Projekt Europa im Übergang? Probleme, Modelle und Strategien des Regierens in der Europäischen Union*, Baden-Baden: Nomos, S. 109-123.

–, 2002, *Wozu braucht man Demokratie? Die postnationale Herausforderung der Demokratietheorie*, Opladen: Leske + Budrich.

–, 2003, »Nutzen und Risiken direktdemokratischer Instrumente«, in: Offe, Claus (Hg.), *Demokratisierung der Demokratie. Diagnosen und Reformvorschläge*, Frankfurt am Main/New York: Campus, S. 95-110.

Adolf, Marian/Nico Stehr 2010, »Die Macht der neuen Öffentlichkeit. Die Konstitution neuer Öffentlichkeiten zwischen Internet und Straße«, in: *Vorgänge. Zeitschrift für Bürgerrechte und Gesellschaftspolitik*, H. 4, S. 15-26.

Afzal, Kamran A./Mark Considine 2011, »Legitimacy«, in: Bevir, Mark (Hg.), *The SAGE Handbook of Governance*, Los Angeles/London: SAGE, S. 369-386.

Agnoli, Johannes 1968, *Die Transformation der Demokratie*, Frankfurt am Main: Europäische Verlagsanstalt.

Albert, Mathias 2000, »Das Politische an der Politik. Oder: Wider das Verschwinden des Politischen«, in: Hinrichs, Karl/Herbert Kitschelt/Helmut Wiesenthal (Hg.), *Kontingenz und Krise. Institutionenpolitik in kapitalistischen und postsozialistischen Gesellschaften. Claus Offe zu seinem 60. Geburtstag*, Frankfurt am Main/New York: Campus, S. 103-115.

–, 2010, *Jugend 2010. Eine pragmatische Generation behauptet sich*, Bonn: Bundeszentrale für politische Bildung.

Alemann, Ulrich von/Joachim Klewes/Christina Rauh 2011, »Die Bürger sollen es richten«, in: *Aus Politik und Zeitgeschichte*, H. 44-45, S. 25-32.

Alemann, Ulrich von 2000, »Das Politische an der Politik. Oder: Wider das Verschwinden des Politischen«, in: Hinrichs, Karl/Herbert Kitschelt/Helmut Wiesenthal (Hg.), *Kontingenz und Krise. Institutionenpolitik in kapitalistischen und postsozialistischen Gesellschaften – Claus Offe zu seinem 60. Geburtstag*, Frankfurt am Main/New York: Campus, S. 103-115.

Altvater, Elmar 2010, *Der große Krach – oder die Jahrhundertkrise von*

Wirtschaft und Finanzen, von Politik und Natur, Münster: Westfälisches Dampfboot.

Andersen, Svein S./Tom Burns 1996, »The European Union and the erosion of parliamentary democracy: a study of post-parliamentary governance«, in: Andersen, Svein S./Kjell A. Eliassen (Hg.), *The European Union: How Democratic Is It?*, London: Sage, S. 227-251.

Ankersmit, Frank 1996, *Aesthetic Politics. Political Philosophy Beyond Fact and Value*, Stanford: Stanford University Press.

Arendt, Hannah 1963, *Über die Revolution*, München: Piper.

–, 1981, *Vita activa oder Vom tätigen Leben*, 6. Aufl., München: Piper.

–, 1994a, »Freiheit und Politik«, in: dies., *Zwischen Vergangenheit und Zukunft. Übungen im politischen Denken I*, München: Piper, S. 201-226.

–, 1994b, »Wahrheit und Politik«, in: dies., *Zwischen Vergangenheit und Zukunft. Übungen im politischen Denken I*, München: Piper, S. 327-370.

–, 2008a, *Macht und Gewalt*, 18. Aufl., München: Piper.

–, 2008b, *Vom Leben des Geistes*, 4. Aufl., München: Piper.

–, 2010, *Was ist Politik? Fragmente aus dem Nachlaß*, 4. Aufl., München: Piper.

–, 2012, *Das Urteilen. Texte zu Kants politischer Philosophie*, 3. Aufl., München: Piper.

Aristoteles 1994, *Politik*, hrsg. von Ursula Wolf, Reinbek bei Hamburg: Rowohlt.

Auer, Dirk 2004, *Politisierte Demokratie. Richard Rortys politischer Antiessentialismus*, Wiesbaden: VS Verlag für Sozialwissenschaften.

Badiou, Alain 2012, »Das demokratische Wahrzeichen«, in: Agamben, Giorgio et al., *Demokratie? Eine Debatte*, Berlin: Suhrkamp, S. 13-22.

Barber, Benjamin 1994, *Starke Demokratie. Über die Teilhabe am Politischen*, Hamburg: Rotbuch.

–, 2007, *Consumed! Wie der Markt Kinder verführt, Erwachsene infantilisiert und die Demokratie untergräbt*, München: C. H. Beck.

Bartels, Henning 2009, *Die Piratenpartei. Entstehung, Forderungen und Perspektiven der Bewegung*, Berlin: Contumax.

Bauman, Zygmunt 2000, *Die Krise der Politik. Fluch und Chance einer neuen Öffentlichkeit*, Hamburg: Hamburger Edition.

–, 2003, »The great separation mark two or politics in the globalising and individualising society«, in: Nassehi, Armin/Markus Schroer (Hg.), *Der Begriff des Politischen*, Baden-Baden: Nomos.

Bebnowski, David et al. 2010, *Neue Dimensionen des Protests? Ergebnisse einer explorativen Studie zu den Protesten gegen Stuttgart 21*, Göttingen: Göttinger Institut für Demokratieforschung, online verfügbar unter:

{http://www.demokratie-goettingen.de/content/uploads/2010/11/Neue-Dimensionen-des-Protests.pdf} (Stand: April 2013).

Beck, Ulrich 1986, *Risikogesellschaft*, Frankfurt am Main: Suhrkamp.

–, 1993, *Die Erfindung des Politischen. Zu einer Theorie reflexiver Modernisierung*, Frankfurt am Main: Suhrkamp.

–, 2007, *Weltrisikogesellschaft. Auf der Suche nach der verlorenen Sicherheit*, Frankfurt am Main: Suhrkamp.

–, 2011, »Ohnmächtig, aber legitim«, in: *die tageszeitung* (28. Oktober 2011).

Beck, Ulrich/Edgar Grande 2004, *Das kosmopolitische Europa. Gesellschaft und Politik in der Zweiten Moderne*, Frankfurt am Main: Suhrkamp.

Becker, Sven et al. 2012, »Politik aus Notwehr«, in: *Der Spiegel* (26. März 2012).

Beckman, Karel/Frank Karsten 2012, *Wenn die Demokratie zusammenbricht. Warum uns das demokratische Prinzip in eine Sackgasse führt*, München: FinanzBuch Verlag.

Bedorf, Thomas 2010, »Das Politische und die Politik: Konturen einer Differenz«, in: ders./Kurt Röttgers (Hg.), *Das Politische und die Politik*, Berlin: Suhrkamp, S. 13-37.

Beitzer, Hannah 2011, »»Grundeinkommen ist nicht links, sondern notwendig‹«, in: *süddeutsche.de* (4. Dezember 2011), online verfügbar unter: {http://www.sueddeutsche.de/politik/parteitag-der-piraten-in-offenbach-mehrheit-fuer-das-grundeinkommen-1.1225654} (Stand: April 2013).

Benn, Tony 2009, »Liberty is crucial to democracy«, in: *guardian.co.uk* (27. Januar 2009), online verfügbar unter: {http://www.guardian.co.uk/commentisfree/2009/jan/27/surveillance-idcards} (Stand: April 2013).

Bensaïd, Daniel 2012, »Der permanente Skandal«, in: Agamben et al., *Demokratie? Eine Debatte*, Berlin: Suhrkamp, S. 23-54.

Benz, Arthur 1998, »Postparlamentarische Demokratie? Demokratische Legitimation im kooperativen Staat«, in: Greven, Michael Th. (Hg.), *Demokratie – eine Kultur des Westens?*, Opladen: Leske + Budrich, S. 202-222.

–, 2001, »Postparlamentarische Demokratie und Kooperativer Staat«, in: Leggewie, Claus/Richard Münch (Hg.), *Politik im 21. Jahrhundert*, Frankfurt am Main: Suhrkamp, S. 263-280.

Beyme, Klaus von 1999, *Die parlamentarische Demokratie. Entstehung und Funktionsweise 1789-1999*, 3. Aufl., Opladen: Westdeutscher Verlag.

Bieber, Christoph 2012, »Die Unwahrscheinlichkeit der Piratenpartei. Eine (ermunternde) Einleitung«, in: ders./Claus Leggewie (Hg.), *Unter Piraten. Erkundungen in einer neuen politischen Arena*, Bielefeld: transcript, S. 9-22.

Bimber, Bruce 2001, »Information and political engagement in America: the search for effects of information technology on the individual level«, in: *Political Research Quarterly* 54/H. 1, S. 53-67.

Blatter, Joachim 2007, »Demokratie und Legitimation«, in: Benz, Arthur et al. (Hg.), *Handbuch Governance. Theoretische Grundlagen und empirische Anwendungsfelder*, Wiesbaden: VS Verlag für Sozialwissenschaften, S. 71-84.

Blühdorn, Ingolfur 2002, »Unsustainability as a frame of mind – and how we disguise it: the silent counter-revolution and the politics of simulation«, in: *The Trumpeter* 18/H. 1, S. 1-11.

–, 2006, »billig will Ich. Post-demokratische Wende und simulative Demokratie«, in: *Forschungsjournal Neue Soziale Bewegungen* 19/H. 4, S. 72-83.

–, 2007a, »Sustaining the unsustainable: symbolic politics and the politics of simulation«, in: *Environmental Politics* 16/H. 2, S. 251-275.

–, 2007b, »The third transformation of democracy: on the efficient management of late-modern complexity«, in: ders./Uwe Jun (Hg.), *Economic Efficiency – Democratic Empowerment. Contested Modernization in Britain and Germany*, Lanham: Lexington Books, S. 299-331.

–, 2009a, »Democracy beyond the modernist subject: complexity and the late-modern reconfiguration of legitimacy«, in: ders. (Hg.), *In Search of Legitimacy. Policy Making in Europe and the Challenge of Complexity*, Opladen: Budrich, S. 17-50.

–, 2009b, »The participatory revolution: new social movements and civil society«, in: Larres, Klaus (Hg.), *A Companion to Europe Since 1945*, London: Wiley-Blackwell, S. 407-431.

–, 2010, »Entpolitisierung und Expertenherrschaft: Zur Zukunftsfähigkeit der Demokratie in Zeiten der Klimakrise«, Paper für die von der Heinrich-Böll-Stiftung und dem Wuppertal Institut für Klima, Umwelt, Energie gemeinschaftlich veranstaltete Vortragsreihe »Vordenken«, Berlin, Heinrich-Böll-Stiftung, 17. Juni 2010, online verfügbar unter: {http://people.bath.ac.uk/mlsib/public%20access/Bluehdorn%20-%20Entpolitisierung%20und%20Expertenherrschaft.pdf} (Stand: April 2013).

–, 2011a, »Das postdemokratische Doppeldilemma. Politische Repräsentation in der simulativen Demokratie«, in: Linden, Markus/Winfried Thaa (Hg.), *Krise und Reform politischer Repräsentation*, Baden-Baden: Nomos, S. 45-74.

–, 2011b, »Demokratie als Selbstillusion«, in: *Die Gazette* 30/Sommer 2011, S. 26-30.

–, 2011c, »Zur Zukunftsfähigkeit der Demokratie. Nachdenken über die Grenzen des demokratischen Optimismus«, in: *Wissenschaft & Umwelt interdisziplinär*, H. 14, S. 19-28.

–, 2012, »Die Postdemokratische Konstellation. Was meint ein soziologisch starker Begriff der Postdemokratie?«, in: Nordmann, Jürgen (Hg.), *Demokratie! Welche Demokratie? Postdemokratie kritisch hinterfragt*, Marburg: Metropolis, S. 69-91.

–, 2013, *Simulative Demokratie. Neue Politik nach der postdemokratischen Wende*, Berlin: Suhrkamp.

Blume, Lorenz/Jens Müller/Stefan Voigt 2007, »The economic effects of direct democracy – A first global assessment«, CESifo Working Paper Nr. 2149 (November 2007), online verfügbar unter: {http://www.cesifo-group.de/portal/pls/portal/docs/1/1187348.PDF} (Stand: April 2013).

Blumenthal, Julia von 2003, »Auswanderung aus den Verfassungsinstitutionen. Kommissionen und Konsensrunden«, in: *Aus Politik und Zeitgeschichte*, H. 43, S. 9-15.

Bobbio, Norberto 1988, *Die Zukunft der Demokratie*, Berlin: Rotbuch.

Bofinger, Peter/Jürgen Habermas/Julian Nida-Rümelin, »Einspruch gegen die Fassadendemokratie«, in: *Frankfurter Allgemeine Zeitung* (3. August 2012).

Boggs, Carl 2000, *The End of Politics. Corporate Power and the Decline of the Public Sphere*, New York: Guilford Press.

Bonacker, Thorsten/André Brodocz 2001, »Im Namen der Menschenrechte. Zur symbolischen Integration der internationalen Gemeinschaft durch Normen«, in: *Zeitschrift für Internationale Beziehungen* 8/H. 2, S. 179-208.

Brand, Ulrich 2011, *Post-Neoliberalismus? Aktuelle Konflikte, gegen-hegemoniale Strategien*, Hamburg: VSA.

Breuer, Stefan 1992, *Die Gesellschaft des Verschwindens. Von der Selbstzerstörung der technischen Zivilisation*, Hamburg: Junius.

Brodde, Kirsten 2010, *Protest! Wie ich die Welt verändern und dabei auch noch Spaß haben kann*, München: Ludwig Verlag.

Bronner, Luc 2010, »Certaines cités se sont exclues du système électoral«, in: *Le Monde* (19. März 2010).

Brown, Gwen 1997, »Deliberation and its discontents: H. Ross Perot's antipolitical populism«, in: Schedler, Andreas (Hg.), *The End of Politics? Explorations Into Modern Antipolitics*, Houndmills/London: Macmillan, S. 115-148.

Brown, Wendy 2006, »American nightmare. Neoliberalism, neoconservatism, and de-democratization«, in: *Political Theory* 34/H. 6, S. 690-714.

–, 2012, »Wir sind jetzt alle Demokraten …«, in: Agamben et al., *Demokratie? Eine Debatte*, Berlin: Suhrkamp, S. 55-71.

Brunkhorst, Hauke 2002, *Solidarität. Von der Bürgerfreundschaft zur globalen Rechtsgenossenschaft*, Frankfurt am Main: Suhrkamp.

–, 2003, »Der lange Schatten des Staatswillenspositivismus. Parlamentarismus zwischen Untertanenrepräsentation und Volkssouveränität«, in: *Leviathan* 31/H. 3, S. 362-381.

–, 2011, »Solidarität in der Krise: Ist Europa am Ende?«, in: *Leviathan* 39/H. 4, S. 459-477.

Buchstein, Hubertus 2009a, *Demokratietheorie in der Kontroverse*, Baden-Baden: Nomos.

–, 2009b, *Demokratie und Lotterie. Das Los als politisches Entscheidungsinstrument von der Antike bis zur EU*, Frankfurt am Main/New York: Campus, S. 427ff.

–, 2009c, »Bausteine für eine aleatorische Demokratietheorie«, in: *Leviathan* 37/H. 3, S. 327-352.

–, 2011, »Repräsentative, partizipatorische und aleatorische Demokratie«, Vortrag vor der Grünen Akademie der Heinrich-Böll-Stiftung am 2. November 2011, online verfügbar unter: {http://www.boell.de/stiftung/aka demie/akademie-repraesentative-partizipatorische-und-aleatorische-de mokratie-13243.html} (Stand: April 2013).

Buchstein, Hubertus/Dirk Jörke 2003, »Das Unbehagen an der Demokratietheorie«, in: *Leviathan* 31/H. 4, S. 470-495.

Buchstein, Hubertus/Gerhard Göhler 2005, »Ernst Fraenkel«, in: Bleek, Wilhelm/Hans J. Lietzmann (Hg.), *Klassiker der Politikwissenschaft. Von Aristoteles bis David Easton*, München: C. H. Beck, S. 151-164.

Buchstein, Hubertus/Frank Nullmeier 2006, »Einleitung. Die Postdemokratie-Debatte«, in: *Forschungsjournal Neue Soziale Bewegungen* 19/H. 4, S. 16-22.

Buck, Sebastian 2012, »Liquid Democracy – eine Realisierung deliberativer Hoffnungen? Zum Selbstverständnis der Piratenpartei«, in: *Zeitschrift für Parlamentsfragen* 43/H. 3, S. 626-635.

Bund der Steuerzahler Deutschland e.V., »Vorteile für Mitglieder«, online verfügbar unter: {http://www.steuerzahler.de/Ueber-uns/1239b479/in dex.html} (Stand: April 2013).

Bundesregierung 2011, »Reaktorsicherheit und Ethik: Zwei Kommissionen begleiten ins Zeitalter der erneuerbaren Energien«, online verfügbar unter: {http://www.bundesregierung.de/Content/DE/Artikel/2011/03/ 2011-03-29-ethikkommission.html} (Stand: April 2013).

Burnham, Peter 2001, »New Labour and the politics of depoliticisation«, in: *British Journal of Politics and International Relations* 3/H. 2, S. 127-149.

Bush, George W., »Vorwort«, in: Olasky, Marvin 2000, *Compassionate Conservatism. What It Is, What It Does, and How It Can Transform America*, New York: Free Press, S. XI-XIII.

Busse, Nikolas/Majid Sattar 2012, »Elf EU-Außenminister fordern die politische Union«, in: *Frankfurter Allgemeine Zeitung* (18. September 2012).

Bussemer, Thymian 2012, »Stuttgart ist weder Tunis noch Kairo. Warum mehr Bürgereinfluss nicht zu mehr Demokratie führen muss«, in: *INDES. Zeitschrift für Politik und Gesellschaft* 1/H. 1, S. 32-38.

Butzlaff, Felix 2012, »Abkehr vom Stellvertretermodell. Die Reformversuche der Gewerkschaften als Vorbild für eine Wiederbelebung der Sozialdemokratie?«, in: *INDES. Zeitschrift für Politik und Gesellschaft* 1/H. 1, S. 97-104.

Butzlaff, Felix/Matthias Micus/Franz Walter, 2011, »Im Spätsommer der Sozialdemokratie?«, in: dies. (Hg.), *Genossen in der Krise? Europas Sozialdemokratie auf dem Prüfstand*, Göttingen: Vandenhoeck & Ruprecht, S. 271-299.

Butzlaff, Felix et al. 2013, »›Wir lassen nicht mehr alles mit uns machen!‹ Bürgerproteste an und um den öffentlichen Raum, Infrastruktur und Machtentwicklung«, in: Walter, Franz et al. (Hg.), *Die neue Macht der Bürger. Was motiviert die Protestbewegungen?*, Hamburg: Rowohlt, S. 48-93

Canovan, Margaret 1981, *Populism*, New York, London: Harcourt Brace Jovanovich.

–, 1999, »Trust the people! Populism and the two faces of democracy«, in: *Political Studies* 47/H. 1, S. 2-16.

–, 2002, »Taking politics to the people: populism as the ideology of democracy«, in: Mény, Yves/Ives Surel (Hg.), *Democracies and the Populist Challenge*, Basingstoke u. a.: Palgrave, S. 25-44.

Cassel, Susanne 2005, »Politik und Politikberatung – welche Fortschritte bringt die Wissenschaft?«, in: Jens, Uwe/Hajo Romahn (Hg.), *Glanz und Elend der Politikberatung*, Marburg: Metropolis, S. 175-196.

Castells, Manuel 2005, *Die Internet-Galaxie. Internet, Wirtschaft und Gesellschaft*, Wiesbaden: VS Verlag für Sozialwissenschaften.

Celikates, Robin/Bertram Keller 2006, »›Politik gibt es nur als Ausnahme‹. Interview mit Jacques Rancière«, in: *polar. Halbjahresmagazin für politische Philosophie und Kultur* 1/H. 1, S. 73-78.

Christiano, Thomas 1996, *The Rule of the Many. Fundamental Issues in Democratic Theory*, Boulder: Westview Press.

–, 2010, *The Constitution of Equality. Democratic Authority and Its Limits*, Oxford: Oxford University Press.

Christmann, Anna 2009, *In welche Richtung wirkt die direkte Demokratie? Rechte Ängste und linke Hoffnungen in Deutschland im Vergleich zur direktdemokratischen Praxis in der Schweiz*, Baden-Baden: Nomos.

CITREP (Citizens and Representatives in France and Germany), »CITREP – First Results«, online verfügbar unter: {http://www.citrep.eu/home/citrep.first.results.pdf} (Stand: April 2013).

Clarini, Julie 2012, »Un avenir opaque«, in: *Le Monde* (25. November 2012).

Comtesse, Dagmar/Katrin Meyer 2011, »Plurale Perspektiven auf die Postdemokratie«, in: *Zeitschrift für Politische Theorie* 2/H. 1, S. 63-75.

Conover, Pamela J./Donald Searing 2005, »Studying everyday talk in the deliberative system«, in: *Acta Politica* 40/H. 3, S. 269-283.

Cooper, Ian 2012, »A ›virtual third chamber‹ for the European Union? National parliaments after the Treaty of Lisbon«, in: *West European Politics* 35/H. 3, S. 441-465.

Courtois, Gérard/Françoise Fressoz 2012, »Marcel Gauchet: ›Sarkozy avait la direction mais pas la méthode, Hollande sait faire mais n'a pas de cap‹«, in: *Le Monde* (9. September 2012).

Crouch, Colin 2008, *Postdemokratie*, Frankfurt am Main: Suhrkamp.

Czarniawska, Barbara 2009, *Narratives in Social Science Research*, London: Sage.

Dahl, Robert A. 1987, »Sketches for a democratic utopia«, in: *Scandinavian Political Studies* 10/H. 3, S. 195-206.

–, 1989, *Democracy and Its Critics*, New Haven: Yale University Press.

–, 1994, »A democratic dilemma: system effectiveness versus citizen participation«, in: *Political Science Quarterly* 109/H. 1, S. 23-34.

Dahl, Robert A./Edward R. Tufte 1973, *Size and Democracy*, Stanford: Stanford University Press.

Dalton, Russell J. 2004, *Democratic Challenges – Democratic Choices. The Erosion of Political Support in Advanced Industrial Democracies*, Oxford: Oxford University Press.

Darnstädt, Thomas 2012, »Das überforderte Gericht«, auf: *Spiegel Online* (12. September 2012), online verfügbar unter: {http://www.spiegel.de/politik/deutschland/kommentar-zum-esm-urteil-das-ueberforderte-gericht-a-855377.html} (Stand: April 2013).

Davis, Richard 2005, *Politics Online. Blogs, Chatrooms, and Discussion Groups in American Democracy*, New York/London: Routledge.

Dean, Jodi 2011, »Politics without politics«, in: Bowman, Paul/Richard Stamp (Hg.), *Reading Rancière*, London: Continuum, S. 73-94.

Decker, Frank 2011, *Regieren im »Parteienbundesstaat«. Zur Architektur der deutschen Politik*, Wiesbaden: VS Verlag für Sozialwissenschaften.

–, 2012, »Populismus und der Gestaltwandel des demokratischen Parteienwettbewerbs«, in: *Aus Politik und Zeitgeschichte*, H. 5-6, S. 10-15.

Demirovic, Alex et al. 2011 (Hg.), *Vielfachkrise im finanzmarktdominierten Kapitalismus*, Hamburg: VSA.

Derrida, Jacques 2000, *Politik der Freundschaft*, Frankfurt am Main: Suhrkamp.

–, 2003, *Schurken. Zwei Essays über die Vernunft*, Frankfurt am Main: Suhrkamp.

Dewey, John 1996, *Die Öffentlichkeit und ihre Probleme*, Bodenheim: Philo.

–, 2000, *Demokratie und Erziehung. Eine Einleitung in die philosophische Pädagogik*, 3. Aufl., Weinheim: Beltz.

Diamond, Larry 2008, »The democratic rollback. The resurgence of the predatory state«, in: *Foreign Affairs* 87/H. 2, S. 36-48.

Diamond, Larry/Leonardo Morlino 2005, »Introduction«, in: dies. (Hg.), *Assessing the Quality of Democracy*, Baltimore u. a.: Johns Hopkins University Press, S. ix-xliii.

Diehl, Paula 2010, »Zwischen dem Privaten und dem Politischen – Die neue Körperinszenierung der Politiker«, in: Seubert, Sandra/Peter Niesen (Hg.), *Die Grenzen des Privaten*, Baden-Baden: Nomos, S. 251-265

–, 2011, »Populismus, Antipolitik, Politainment. Eine Auseinandersetzung mit neuen Tendenzen der politischen Kommunikation«, in: *Berliner Debatte Initial* 22/H. 1, S. 27-39.

Dörner, Andreas 2001, *Politainment. Politik in der medialen Erlebnisgesellschaft*, Frankfurt am Main: Suhrkamp.

Dörner, Andreas/Ludger Vogt 2002, »Der Wahlkampf als Ritual. Zur Inszenierung der Demokratie in der Multioptionsgesellschaft«, in: *Aus Politik und Zeitgeschichte*, H. 15-16, S. 15-22.

Dreier, Horst 2008, »Integration durch Verfassung? Rudolf Smend und die Grundrechtsdemokratie«, in: Hufen, Friedrich (Hg.), *Verfassungen. Zwischen Recht und Politik. Festschrift zum 70. Geburtstag für Hans-Peter Schneider*, Baden-Baden: Nomos.

–, 2012, »Das Volk als Gesetzgeber«, in: *Frankfurter Allgemeine Zeitung* (25. Februar 2012).

Duban, Boris 2006, »Simulierte Macht und zeremonielle Politik«, in: *Osteuropa* 56/H. 3, S. 19-32.

Dubet, François 2009, *Le travail des sociétés*, Paris: Éditions du Seuil.

Dubiel, Helmut 1992, »Konsens oder Konflikt. Die normative Integration des demokratischen Staates«, in: Kohler-Koch, Beate (Hg.), *Staat und Demokratie in Europa*, Opladen: Leske + Budrich, S. 130-137.

Eith, Ulrich/Gerd Mielke/Dieter Oberndörfer 2012, »Volksentscheide in der Parteiendemokratie – Das Lehrstück Stuttgart 21«, in: *Berliner Republik*, H. 1, online verfügbar unter: {http://www.b-republik.de/aktuelle-ausgabe/volksentscheide-in-der-parteiendemokratie-%e2%80%93-das-lehrstueck-stuttgart-21} (Stand: April 2013).

Engi, Lorenz 2012, *Politik und das Nichtpolitische. Die Demokratie im Globalisierungszeitalter*, Zürich u. a.: Schulthess.

Fach, Wolfgang 2008, *Das Verschwinden der Politik*, Berlin: Suhrkamp.

Feldman, Gerald D. 1996, »Die Inflation und die politische Kultur der Weimarer Republik«, in: Hettling, Manfred/Paul Nolte (Hg.), *Nation und Gesellschaft in Deutschland. Historische Essays*, München: C. H. Beck, S. 269-281.

Fietz, Martina 2012, »Keine bequemen Wege: Joachim Gauck stellt sich vor«, in: *Focus Online* (22. Juni 2010), online verfügbar unter: {http://www.focus.de/politik/deutschland/bundespraesident/tid-18745/joachim-gauck-keine-bequemen-wege_aid_522261.html} (Stand: April 2013).

Fine, Gary A. 2004, »Public narration and group culture: discerning discourse in social movements«, in: Johnston, Hank/Bert Klandermans (Hg.), *Social Movements and Culture*, Minneapolis: University of Minnesota Press, S. 127-144.

Finley, Moses 1987, *Antike und moderne Demokratie*, Stuttgart: Reclam.

Fischer, Claude 2011, »Occupy! Now what?«, online verfügbar unter: {http://madeinamericathebook.wordpress.com/2011/11/08/occupy-now-what/} (Stand: April 2013).

Fish, Stanley 1999, »Mutual respect as a device of exclusion«, in: Macedo, Stephen (Hg.), *Deliberative Politics. Essays on Democracy and Disagreement*, New York u. a.: Oxford University Press, S. 88-102.

Fishkin, James 1991, *Democracy and Deliberation. New Directions for Democratic Reform*, New Haven: Yale University Press.

Flügel, Oliver/Reinhard Heil/Andreas Hetzel 2004, »Die Rückkehr des Politischen«, in: dies. (Hg.), *Die Rückkehr des Politischen. Demokratietheorien heute*, Darmstadt: Wissenschaftliche Buchgesellschaft, S. 7-16.

Föllmer, Moritz/Rüdiger Graf (Hg.) 2005, *Die »Krise« der Weimarer Republik. Kritik eines Deutungsmusters*, Frankfurt am Main/New York: Campus.

Fraenkel, Ernst 1991, »Strukturdefekte der Demokratie und deren Überwindung«, in: ders., *Deutschland und die westlichen Demokratien*, Frankfurt am Main: Suhrkamp, S. 68-94.

Freedland, Jonathan 2011, »The year we realised our democratically elected leaders can no longer protect us«, in: *The Guardian* (10. August 2011).

Freedom House 2011, *Freedom in the World 2011: The Authoritarian Challenge to Democracy*, online verfügbar unter: {http://www.freedomhouse.org/report/freedom-world/freedom-world-2011} (Stand: April 2013).

Fuchs, Dieter 1997, *Kriterien demokratischer Performanz in liberalen Demokratien*, Berlin: WZB.

Fukuyama, Francis 1992, *Das Ende der Geschichte. Wo stehen wir?*, 4. Aufl., München: Kindler.

Gabriel, Oscar W. 1987, »Demokratiezufriedenheit und demokratische Einstellungen in der Bundesrepublik Deutschland«, in: *Aus Politik und Zeitgeschichte*, H. 22, S. 32-45.

–, 1999, »Integration durch Institutionenvertrauen?«, in: Friedrichs, Jürgen/Wolfgang Jagodzinski (Hg.), *Soziale Integration*, Opladen: Leske + Budrich, S. 199-235.

Gabriel, Sigmar 2011, »Den Fortschritt neu entdecken«, in: *Frankfurter Allgemeine Zeitung* (10. Januar 2011).

Gauchet, Marcel 1990, »Tocqueville, Amerika und wir. Über die Entstehung der demokratischen Gesellschaften«, in: Rödel, Ulrich (Hg.), *Autonome Gesellschaft und libertäre Demokratie*, Frankfurt am Main: Suhrkamp, S. 123-206.

Gauck, Joachim 2012, *Freiheit. Ein Plädoyer*, München: Kösel-Verlag.

Gebhart, Thomas 2002, *Direkte Demokratie und Umweltpolitik*, Wiesbaden: Deutscher Universitäts-Verlag.

Giddens, Anthony 1999, *Jenseits von Links und Rechts. Die Zukunft radikaler Demokratie*, 3. Aufl., Frankfurt am Main: Suhrkamp.

Ginsborg, Paul 2008, *Wie Demokratie leben*, Bonn: Bundeszentrale für politische Bildung.

Glaser, Ulrich 1997, *Direkte Demokratie als politisches Routineverfahren. Volksabstimmungen in den USA und in Kalifornien*, Erlangen: Palm & Enke.

Glasman, Maurice 2011, »Labour as a radical tradition«, in: ders. et al. (Hg.), *The Labour Tradition and the Politics of Paradox*, London: Lawrence & Wishart, S. 14-34.

Göhler, Gerhard 1992, »Konflikt und Integration. Koreferat zu Helmut Dubiel«, in: Kohler-Koch, Beate (Hg.), *Staat und Demokratie in Europa*, Opladen: Leske + Budrich, S. 138-146.

–, 1994, »Politische Institutionen und ihr Kontext. Begriffliche und konzeptionelle Überlegungen zur Theorie politischer Institutionen«, in: ders. (Hg.), *Die Eigenart der Institutionen. Zum Profil politischer Institutionentheorie*, Baden-Baden: Nomos, S. 19-46.

Goldman, Lawrence (Hg.) 2008, *The Federalist Papers*, Oxford: Oxford University Press.

Goodin, Robert 2008, *Innovating Democracy. Democratic Theory and Practice After the Deliberative Turn*, Oxford: Oxford University Press.

Graeber, David 2004, *Fragments of an Anarchist Anthropology*, Chicago: Prickly Paradigm Press.

–, 2012, *Inside Occupy*, Frankfurt am Main/New York: Campus.

Grande, Edgar 1996, »Demokratische Legitimation und europäische Integration«, in: *Leviathan* 24/H. 3, S. 339-360.

–, 2000, »Charisma und Komplexität«, in: *Leviathan* 28/H. 1, S. 122-141.

Greven, Michael Th. 1992, »Über demokratischen Dezisionismus«, in: Emig, Dieter/Christoph Hüttig/Lutz Raphael (Hg.), *Sprache und politische Kultur*, Frankfurt am Main: Peter Lang, S. 193-206.

–, 2000, *Kontingenz und Dezision. Beiträge zur Analyse der politischen Gesellschaft*, Opladen: Leske + Budrich.

–, 2005, »The informalization of transnational governance: a threat to democratic government«, in: Grande, Edgar/Louis W. Pauly (Hg.), *Complex Sovereignty. Reconstituting Political Authority in the Twenty-first Century*, Toronto: University of Toronto Press, S. 261-284.

–, 2007, »Some considerations on participation in participatory governance«, in: Kohler-Koch, Beate/Berthold Rittberger (Hg.), *Debating the Democratic Legitimacy of the European Union*, Plymouth: Rowman & Littlefield, S. 233-248.

–, 2009a, *Die politische Gesellschaft. Kontingenz und Dezision als Probleme des Regierens und der Demokratie*, 2. Aufl., Wiesbaden: VS Verlag für Sozialwissenschaften.

–, 2009b, »Zukunft oder Erosion der Demokratie?«, in: *Politik – Wissenschaft – Medien. Festschrift für Jürgen W. Falter*, Wiesbaden: VS für Sozialwissenschaften, S. 411-428.

–, 2009c, »War die Demokratie jemals ›modern‹? Oder: des Kaisers neue Kleider«, in: *Berliner Debatte Initial* 20/H. 3, S. 67-73.

–, 2010, »Verschwindet das Politische in der politischen Gesellschaft? Über Strategien der Kontingenzverleugnung«, in: Bedorf, Thomas/Kurt Röttgers (Hg.), *Das Politische und die Politik*, Berlin: Suhrkamp, S. 68-88.

Gudkov, Lev 2007, »Russlands Systemkrise. Negative Mobilisierung und kollektiver Zynismus«, in: *Osteuropa* 57/H. 1, S. 3-13.

–, 2008, »Staat ohne Gesellschaft. Zur autoritären Herrschaftstechnologie in Russland«, in: *Eurozine*, online verfügbar unter: {http://www.eurozine.com/articles/2008-02-27-gudkov-de.html} (Stand: April 2013).

–, 2011, »Russland in der Sackgasse«, in: *Osteuropa* 61/H. 10, S. 21-45.

Guéhenno, Jean-Marie 1994, *Das Ende der Demokratie*, München u. a.: Artemis & Winkler.

Gutmann, Amy/Dennis Thompson 2004, *Why Deliberative Democracy?*, Princeton: Princeton University Press.

Habermas, Jürgen 1969, »Reflexionen über den Begriff der politischen Beteiligung«, in: ders. et al., *Student und Politik. Eine soziologische Untersuchung zum politischen Bewußtsein Frankfurter Studenten*, Neuwied/Berlin: Luchterhand, S. 13-55.

–, 1981, *Theorie des kommunikativen Handelns*, Bd. II: *Zur Kritik der funktionalistischen Vernunft*, Frankfurt am Main: Suhrkamp.

–, 1998a, »Hannah Arendts Begriff der Macht«, in: ders., *Philosophisch-politische Profile*, Frankfurt am Main: Suhrkamp, S. 228-248.

–, 1998b, »Die postnationale Konstellation und die Zukunft der Demokratie«, in: ders., *Die postnationale Konstellation. Politische Essays*, Frankfurt am Main: Suhrkamp, S. 91-170.

–, 1998c, *Faktizität und Geltung. Beiträge zur Diskurstheorie des Rechts und des demokratischen Rechtsstaats*, Frankfurt am Main: Suhrkamp.

–, 2008, »Hat die Demokratie noch eine epistemische Funktion? Empirische Forschung und normative Theorie«, in: ders., *Ach, Europa. Kleine politische Schriften XI*, Frankfurt am Main: Suhrkamp, S. 138-191.

–, 2011, *Zur Verfassung Europas. Ein Essay*, Berlin: Suhrkamp.

Haffner, Sebastian 1967, *Winston Churchill*, Reinbek bei Hamburg: Rowohlt.

Han, Byung-Chul 2012, *Transparenzgesellschaft*, Berlin: Matthes & Seitz.

Harpprecht, Klaus 2000, *Im Kanzleramt: Tagebuch der Jahre mit Willy Brandt*, Reinbek bei Hamburg: Rowohlt.

Hartleb, Florian 2004, *Rechts- und Linkspopulismus. Eine Fallstudie anhand von Schill-Partei und PDS*, Wiesbaden: VS Verlag für Sozialwissenschaften.

Havel, Václav 1988, »Anti-political politics«, in: Keane, John (Hg.), *Civil Society and the State. New European Perspectives*, London: Verso, S. 381-398.

Hayek, Friedrich August von 1981, *Die Verfassung einer Gesellschaft freier Menschen*, Bd. 3: *Recht, Gesetzgebung und Freiheit*, Landsberg/Lech: Verlag Moderne Industrie.

Heil, Reinhard 2004, »Die Kunst des Unmöglichen. Slavoj Žižeks Begriff des Politischen«, in: Flügel, Oliver/Reinhard Heil/Andreas Hetzel (Hg.), *Die Rückkehr des Politischen. Demokratietheorien heute*, Darmstadt: Wissenschaftliche Buchgesellschaft, S. 230-253.

Heimerl, Kathrin 2012, »Was Gauck wirklich gesagt hat«, in: *süddeutsche.de* (20. Februar 2012), online verfügbar unter: {http://www.sued deutsche.de/politik/umstrittene-aeusserungen-ueber-occupy-und-sarra zin-was-gauck-wirklich-gesagt-hat-1.1288683} (Stand: April 2013).

Heitmeyer, Wilhelm 2010, »Disparate Entwicklungen in Krisenzeiten, Entsolidarisierung und *Gruppenbezogene Menschenfeindlichkeit*«, in: ders. (Hg.), *Deutsche Zustände*, Folge 9, Berlin: Suhrkamp.

Hennis, Wilhelm 1983, »Überdehnt und abgekoppelt. An den Grenzen des Parteienstaates«, in: Krockow, Christian Graf von (Hg.), *Brauchen wir ein neues Parteiensystem?*, Frankfurt am Main: Fischer, S. 28-46.

–, 1995, »Ein einig Volk von Zuschauern. Wozu ist das Wahlrecht da?«, in: *Frankfurter Allgemeine Zeitung* (24. Februar 1995).

–, 1999a, »Integration durch Verfassung? Rudolf Smend und die Zugänge zum Verfassungsproblem nach 50 Jahren unter dem Grundgesetz«, in: *JuristenZeitung* 54/H. 10, S. 485-495.

–, 1999b, *Regieren im modernen Staat*, Tübingen: Mohr Siebeck.

Hensel, Alexander 2012, »Das Milieu der Piraten: Die Erben der Internetkultur«, in: ders./Stephan Klecha/Franz Walter 2012, *Meuterei auf der Deutschland. Ziele und Chancen der Piratenpartei*, Berlin: Suhrkamp, S. 41-51.

Hensel, Alexander/Stephan Klecha/Franz Walter 2012, *Meuterei auf der Deutschland. Ziele und Chancen der Piratenpartei*, Berlin: Suhrkamp.

Hermet, Guy 2008, »Willkommen im nachdemokratischen Zeitalter«, in: *Internationale Politik* 63/H. 4, S. 108-113.

Hetzel, Andreas 2009, »Der Staat im Diskurs der radikalen Demokratie«, in: Hirsch, Michael/Rüdiger Voigt (Hg.), *Der Staat in der Postdemokratie. Staat, Politik, Demokratie und Recht im neueren französischen Denken*, Stuttgart: Steiner, S. 171-189.

Hirsch, Burkhard 2010, »Das Ende der Zuschauerdemokratie«, in: *Süddeutsche Zeitung* (31. Oktober 2010).

Hirsch, Michael 2007, *Die zwei Seiten der Entpolitisierung. Zur politischen Theorie der Gegenwart*, Stuttgart: Steiner.

–, 2009, »Libertäre Demokratie im neoliberalen Staat. Die Begriffe Staat, Politik, Demokratie und Recht im Poststrukturalismus und Postmarxismus der Gegenwart«, in: ders./Rüdiger Voigt (Hg.), *Der Staat in der Postdemokratie. Staat, Politik, Demokratie und Recht im neueren französischen Denken*, Stuttgart: Steiner, S. 191-226.

Hoffer, Eric 1999, *Der Fanatiker und andere Schriften*, Frankfurt am Main: Eichborn.

Hoffmann, Hanna 2011, »Warum werden Bürger Mitglied in einer Partei?«, in: Spier, Tim et al. (Hg.), *Parteimitglieder in Deutschland*, Wiesbaden: VS Verlag für Sozialwissenschaften, S. 79-95.

Holzinger, Markus 2006, *Der Raum des Politischen. Politische Theorie im Zeichen der Kontingenz*, München: Fink.

Höreth, Marcus 1999, *Die Europäische Union im Legitimationstrilemma. Zur Rechtfertigung des Regierens jenseits der Staatlichkeit*, Baden-Baden: Nomos.

–, 2002, »Das Demokratiedefizit lässt sich nicht wegreformieren. Über Sinn und Unsinn der europäischen Verfassungsdebatte«, in: *Internationale Politik und Gesellschaft*, H. 4, S. 11-38.

–, 2009, »Überangepasst und realitätsentrückt? Zur Paradoxie der Theorie der deliberativen Demokratie in der EU«, in: *Zeitschrift für Politikwissenschaft* 19/H. 3, S. 307-330.

Jaspers, Karl 1949, *Vom Ursprung und Ziel der Geschichte*, München: Piper.

Jentges, Erik 2011, *Die soziale Magie politischer Repräsentation. Charisma und Anerkennung in der Zivilgesellschaft*, Bielefeld: transcript.

Jessen, Jens 2011, »Unterwegs zur Plutokratie«, in: *Die Zeit* (1. September 2011).

Joerges, Christian/Jürgen Neyer 1998, »Vom intergouvernementalen Verhandeln zur deliberativen Politik. Gründe und Chancen für eine Konstitutionalisierung der europäischen Komitologie«, in: Kohler-Koch, Beate/Jakob Edler (Hg.), *Regieren in entgrenzten Räumen*, PVS-Sonderheft 27, Opladen: Leske + Budrich, S. 207-233.

Jonas, Hans 1979, *Das Prinzip Verantwortung. Versuch einer Ethik für die technologische Zivilisation*, Frankfurt am Main: Insel.

Jörke, Dirk 2003, *Demokratie als Erfahrung. John Dewey und die politische Philosophie der Gegenwart*, Wiesbaden: Westdeutscher Verlag.

–, 2004, »Die Agonalität des Demokratischen: Chantal Mouffe«, in: Flügel, Oliver/Reinhard Heil/Andreas Hetzel, *Die Rückkehr des Politischen. Demokratietheorien heute*, Darmstadt: Wissenschaftliche Buchgesellschaft, S. 164-184

–, 2005, »Auf dem Weg zur Postdemokratie«, in: *Leviathan* 33/H. 4, S. 482-491.

–, 2006, »Wie demokratisch sind radikale Demokratietheorien?«, in: Heil, Reinhard/Andreas Hetzel (Hg.), *Die unendliche Aufgabe. Kritik und Perspektiven der Demokratietheorie*, Bielefeld: transcript, S. 253-266.

–, 2010, »Die Versprechen der Demokratie und die Grenzen der Deliberation«, in: *Zeitschrift für Politikwissenschaft* 20/H. 3-4, S. 269-290.

–, 2011, »Demokratie als Ideologie«, in: Otten, Henrique Ricardo/Manfred Sicking (Hg.), *Kritik und Leidenschaft. Vom Umgang mit politischen Ideen*, Bielefeld: transcript, S. 169-181.

–, 2012, »Colin Crouch«, in: Massing, Peter/Hubertus Buchstein (Hg.), *Demokratietheorien. Von der Antike bis zur Gegenwart*, 8. Aufl., Schwalbach am Taunus: Wochenschau-Verlag, S. 323-327.

Jörke, Dirk/Ingo Take 2011, »Vom demokratischen zum legitimen Regieren?«, in: *Politische Vierteljahresschrift* 52/H. 2, S. 286-305.

Jun, Uwe 2006, »Populismus als Regierungsstil in westeuropäischen Parteiendemokratien: Deutschland, Frankreich und Großbritannien«, in: Decker, Frank (Hg.), *Populismus. Gefahr für die Demokratie oder nützliches Korrektiv?*, Wiesbaden: VS Verlag für Sozialwissenschaften, S. 233-254.

–, 2011, »Die Repräsentationslücke der Volksparteien: Erklärungsmaßnahmen für den Bedeutungsverlust und Gegenmaßnahmen«, in: Linden, Markus/Winfried Thaa (Hg.), *Krise und Reform politischer Repräsentation*, Baden-Baden: Nomos, S. 95-123.

Jung, Sabine 2001, *Die Logik direkter Demokratie*, Wiesbaden: Westdeutscher Verlag.

Kajewski, Marie-Christine 2012, »Demokratie, Wahrheit, Gott. Eine politisch-theologische Skizze«, in: *INDES. Zeitschrift für Politik und Gesellschaft* 1/H. 2, S. 73-79.

Kaletka, Christoph 2003, *Die Zukunft politischer Internetforen: Eine Delphi-Studie*, Münster: LIT Verlag.

Kant, Immanuel 1977, »Zum ewigen Frieden. Ein philosophischer Entwurf«, in: ders., *Werkausgabe*, hrsg. von Wilhelm Weischedel, Bd. XI: *Schriften zur Anthropologie, Geschichtsphilosophie, Politik und Pädagogik 1*, Frankfurt am Main: Suhrkamp.

Katz, Richard/Peter Mair 1995, »Changing models of party organization and party democracy: the emergence of the cartel party«, in: *Party Politics* 1/H. 5, S. 5-28.

Kaufmann, Franz-Xaver 2005, *Sozialpolitik und Sozialstaat. Soziologische Analysen*, Wiesbaden: VS Verlag für Sozialwissenschaften.

Keane, John 2009, *The Life and Death of Democracy*, London: W. W. Norton & Company.

Kielmansegg, Peter Graf 1977a, *Volkssouveränität. Eine Untersuchung der Bedingungen demokratischer Legitimität*, Stuttgart: Klett.

–, 1977b, »Demokratieprinzip und Regierbarkeit«, in: ders./Wilhelm Hennis/Ulrich Matz (Hg.), *Regierbarkeit. Studien zu ihrer Problematisierung*, Stuttgart: Klett, S. 118-133.

–, 2003, »Integration und Demokratie«, in: Kohler-Koch, Beate/Markus Jachtenfuchs (Hg.), *Europäische Integration*, Opladen: Leske + Budrich, S. 49-83.

–, 2006, »Über direkte Demokratie – sechs Anmerkungen zu einer unbefriedigenden Debatte«, in: Backes, Uwe/Eckhard Jesse (Hg.), *Jahrbuch Extremismus und Demokratie*, Jg. 18, Baden-Baden: Nomos, S. 57-80.

Kießling, Simon 2006, *Die antiautoritäre Revolte der 68er. Postindustrielle Konsumgesellschaft und säkulare Religionsgeschichte der Moderne*, Köln: Böhlau.

Kirchheimer, Otto 1965, »Der Wandel des westeuropäischen Parteiensystems«, in: *Politische Vierteljahresschrift* 6/H. 1, S. 20-41.

Klatt, Johanna/Franz Walter 2011, *Entbehrliche der Bürgergesellschaft? Sozial Benachteiligte und Engagement*, Bielefeld: transcript.

Klingemann, Hans-Dieter 1998, *Mapping Political Support in the 1990's. A Global Analysis*, Berlin: WZB.

–, 1999, »Mapping political support in the 1990's«, in: Norris, Pippa (Hg.), *Critical Citizens*, Oxford: Oxford University Press, S. 31-56.

Klofstad, Casey A. 2011, *Civic Talk. Peers, Politics, and the Future of Democracy*, Philadelphia: Temple University Press.

Kocka, Jürgen 2001, *Das lange 19. Jahrhundert. Arbeit, Nation und bürgerliche Gesellschaft*, Stuttgart: Klett-Cotta.

Kohler-Koch, Beate/Thomas Conzelmann/Michèle Knodt 2004, *Europäische Integration – europäisches Regieren*, Wiesbaden: VS Verlag für Sozialwissenschaften.

Kohler-Koch, Beate/Christine Quittkat 2011, *Die Entzauberung partizipativer Demokratie. Zur Rolle der Zivilgesellschaft bei der Demokratisierung von EU-Governance*, Frankfurt am Main/New York: Campus.

Kommission der Europäischen Gemeinschaften 2001 (Hg.), *Europäisches Regieren. Ein Weißbuch*, Brüssel.

Konrád, György 1985, *Antipolitik. Mitteleuropäische Meditationen*, Frankfurt am Main: Suhrkamp.

Kornelius, Bernhard/Dieter Roth 2004, *Politische Partizipation in Deutschland. Ergebnisse einer repräsentativen Umfrage*, Gütersloh: Verlag Bertelsmann-Stiftung.

Körösényi, András 2005, »Political representation in leader democracy«, in: *Government and Opposition*, Jg. 40, H. 3, S. 358-378.

Koselleck, Reinhart 1982, »Krise«, in: ders./Otto Brunner/Werner Conze (Hg.), *Geschichtliche Grundbegriffe. Historisches Lexikon zur politisch-sozialen Sprache in Deutschland*, Bd. 3, Stuttgart: Klett-Cotta, S.617-650.

Kreppel, Amie 2000, »Rules, ideology and coalition formation in the European Parliament: past, present and future«, in: *European Union Politics* 1/H. 3, S. 340-362.

Krupa, Matthias 2011, »Schluss mit der britischen Sonderrolle«, in: *Die Zeit* (8. Dezember 2011).

Kurbjuweit, Dirk 2011, »Ritt auf dem Reh«, in: *Der Spiegel* (11. April 2011).

Laclau, Ernesto 2002, »Was haben leere Signifikanten mit Politik zu tun?«, in: ders., *Emanzipation und Differenz*, Wien: Turia + Kant, S.65-78.

Laclau, Ernesto/Chantal Mouffe 1991, *Hegemonie und radikale Demokratie. Zur Dekonstruktion des Marxismus*, Wien: Passagen-Verlag.

Lafont, Cristina 2006, »Is the ideal of deliberative democracy coherent?«, in: Besson, Samantha/José Luis Martí (Hg.), *Deliberative Democracy and Its Discontents*, Aldershot u. a.: Ashgate, S. 3-26.

Laine, Mathieu 2009, *Post-politique*, Paris: Éditions Jean-Claude Lattès.

Lakoff, George/Elisabeth Wehling 2008, *Auf leisen Sohlen ins Gehirn. Politische Sprache und ihre heimliche Macht*, Heidelberg: Carl-Auer-Systeme Verlag.

Lamla, Jörn/Hartmut Rosa 2012, »Beschleunigungsphänomen und demokratisches Experiment. Auf welche Problemlage reagieren die Piraten?«, in: Bieber, Christoph/Claus Leggewie (Hg.), *Unter Piraten. Erkundungen in einer neuen politischen Arena*, Bielefeld: transcript, S. 175-185.

Landesamt für Statistik Südtirol 2010, *Jugendstudie. Werthaltungen, Lebensformen und Lebensentwürfe der Südtiroler Jugend*, Bozen.

Laux, Annika 2011, »Was wünschen sich die Mitglieder von ihren Parteien?«, in: Spier, Tim et al. (Hg.), *Parteimitglieder in Deutschland*, Wiesbaden: VS Verlag für Sozialwissenschaften, S. 157-176.

Laux, Henning/Hartmut Rosa 2009, »Die beschleunigte Demokratie – Überlegungen zur Weltwirtschaftskrise«, in: *WSI-Mitteilungen*, H. 10, S. 547-553.

Lefort, Claude 1990, »Die Frage der Demokratie«, in: Rödel, Ulrich (Hg.), *Autonome Gesellschaft und libertäre Demokratie*, Frankfurt am Main: Suhrkamp, S. 281-297.

Lefort, Claude/Marcel Gauchet 1990, »Über die Demokratie: Das Politische und die Instituierung des Gesellschaftlichen«, in: Rödel, Ulrich (Hg.), *Autonome Gesellschaft und libertäre Demokratie*, Frankfurt am Main: Suhrkamp, S. 89-122.

Leggewie, Claus 2011, *Mut statt Wut. Aufbruch in eine neue Demokratie*, Hamburg: Körber-Stiftung.

Lehner, Franz 1985, »Das schweizerische Konkordanzmodell als Alternative zum Parlamentarismus«, in: Boettcher, Erik/Philipp Herder-Dorneich/Karl-Ernst Schenk (Hg.), *Jahrbuch für Neue Politische Ökonomie*, Bd. 4: *Die Vertragstheorie als Grundlage der Parlamentarischen Demokratie*, Tübingen: Mohr, S. 108-136.

Leibholz, Gerhard 1966, *Das Wesen der Repräsentation und der Gestaltwandel der Demokratie im 20. Jahrhundert*, 3. Aufl., Berlin: de Gruyter.

Lethen, Helmut 1994, *Verhaltenslehren der Kälte. Lebensversuche zwischen den Kriegen*, Frankfurt am Main: Suhrkamp.

–, 1995, »Der Weg der Gletscher«, in: *die tageszeitung* (29. Juni 1995).

Lewandowsky, Marcel 2010, *Populismus der Mitte: Das Beispiel New Labour*, Marburg: tectum.

Linden, Markus 2010a, »Kein Ende der Demokratie. Eine Einordnung und Kritik der Erosionsthese Michael Th. Grevens«, in: *Berliner Debatte Initial* 21/H. 2, S. 105-115.

–, 2010b, »Wieviel Repräsentation brauchen wir noch?«, in: *Frankfurter Allgemeine Zeitung* (2. Dezember 2010).

Lönegard, Claes, »Vi har inget att erbjuda medlemmarna«, in: *Fokus* (23. März 2011), online verfügbar unter: {www.fokus.se/2011/05/%C2%BBvi-har-inget-att-erbjuda-medlemmarna%C2%AB/} (Stand: April 2013).

Longerich, Melanie 2012, »Das Experiment des ›offenen Politikers‹. Piratin Marina Weisband und die Politik in digitalen Zeiten«, in: *dradio.de*

(9. Februar 2012), online verfügbar unter: {http://www.dradio.de/dlf/sendungen/dlfmagazin/1673777/} (Stand: April 2013).

Lord, Christopher 2007, »Parliamentary representation in a decentered polity«, in: Kohler-Koch, Beate/Berthold Rittberger (Hg.), *Debating the Democratic Legitimacy of the European Union*, Plymouth: Rowman & Littlefield, S. 139-156.

Lorey, Isabell 2012a, »Demokratie statt Repräsentation. Zur konstituierenden Macht der Besetzungsbewegungen«, in: dies. et al. (Hg.), *Occupy! Die aktuellen Kämpfe um die Besetzung des Politischen*, Wien/Berlin: Turia + Kant.

–, 2012b, »Occupy – Exodus der Beliebigen aus der juridischen Demokratie«, in: *igbildendekunst.at*, online verfügbar unter: {http://www.igbildendekunst.at/bildpunkt/bildpunkt-2012/dass-etwas-geschieht/lorey.htm} (Stand: April 2013).

Lösch, Bettina 2008, »Die neoliberale Hegemonie als Gefahr für die Demokratie«, in: dies./Christoph Butterwegge/Ralf Ptak (Hg.), *Kritik des Neoliberalismus*, Wiesbaden: VS Verlag für Sozialwissenschaften, S. 221-283.

Lösche, Peter 2010, »Sozialmoralische Milieus und politische Lager«, in: *Forschungsjournal Neue Soziale Bewegungen* 23/H. 1, S. 21-23.

Losurdo, Domenico 2008, *Demokratie oder Bonapartismus. Triumph und Niedergang des allgemeinen Wahlrechts*, Köln: Papyrossa.

Lühmann, Michael 2011, »Die Grünen 2.0? Nachfragen zu einem Politikmodell und seiner Übertragbarkeit«, in: *Kommune* 30/H. 1, S. 14-17.

Luhmann, Niklas 1969, *Legitimation durch Verfahren*, Neuwied/Berlin: Luchterhand.

–, 1989, »Politische Steuerung. Ein Diskussionsbeitrag«, in: *Politische Vierteljahresschrift* 30/H. 1, S. 4-9.

Lüthje, Boy/Christoph Scherrer 2001, »Race, multiculturalism, and labor organizing in the United States: lessons for Europe«, in: *Capital & Class* 73, S. 141-171.

Machiavelli, Niccolò 2000, *Discorsi. Staat und Politik*, Frankfurt am Main/Leipzig: Insel.

Macpherson, Crawford B. 1977, *The Life and Times of Democracy*. Oxford: Oxford University Press.

Mahony, Nick 2010, »Making democracy spectacular«, in: *Representation* 46/H. 3, S. 339-352.

Manin, Bernard 1997, *The Principles of Representative Government*, Cambridge: Cambridge University Press.

Mair, Peter 2000, »Partyless democracy. Solving the paradox of New Labour?«, in: *New Left Review* 41/H. 2, S. 21-35.

Mandt, Hella 1998, »Antipolitik«, in: dies., *Politik in der Demokratie. Aufsätze zu ihrer Theorie und Ideengeschichte*, Baden-Baden: Nomos.

Mansbridge, Jane 1996, »Using power/Fighting power: The polity«, in: Benhabib, Seyla (Hg.), *Democracy and Difference. Contesting the Boundaries of the Political*, Princeton: Princeton University Press, S.46-66.

Marchart, Oliver 2006, »Ein revolutionärer Republikanismus. Hannah Arendt aus radikaldemokratischer Perspektive«, in: Heil, Reinhard/ Andreas Hetzel (Hg.), *Die unendliche Aufgabe. Kritik und Perspektiven der Demokratietheorie*, Bielefeld: transcript, S. 151-168.

–, 2010, *Die politische Differenz. Zum Denken des Politischen bei Nancy, Lefort, Badiou, Laclau und Agamben*, Berlin: Suhrkamp.

Marg, Stine et al. 2013, »›Wenn man was für die Natur machen will, stellt man da keine Masten hin.‹ Bürgerproteste gegen Bauprojekte im Zuge der Energiewende«, in: Walter et al. (Hg.), *Die neue Macht der Bürger. Was motiviert die Protestbewegungen?*, Reinbek bei Hamburg: Rowohlt, S.94-138.

Marx, Karl 1976, *Die Klassenkämpfe in Frankreich 1848 bis 1850*, in: Marx, Karl/Friedrich Engels, *Werke* (= MEW), hg. vom Institut für Marxismus-Leninismus beim ZK der SED, Bd. 7, Berlin: Dietz.

–, 1978, *Zur Kritik der Hegelschen Rechtsphilosophie. Kritik des Hegelschen Staatsrechts (§§ 261-313)*, in: MEW, Bd. 1, Berlin: Dietz

Marx, Karl/Friedrich Engels, *Die deutsche Ideologie*, in: MEW, Bd. 3, Berlin: Dietz.

Maurin, Éric 2010, Interview, in: *Le Monde* (25. März 2010).

Maus, Ingeborg 1994, *Zur Aufklärung der Demokratietheorie*, Frankfurt am Main: Suhrkamp.

–, 2011, *Volkssouveränität. Elemente einer Demokratietheorie*, Berlin: Suhrkamp.

Mayntz, Renate 1996, »Politische Steuerung: Aufstieg, Niedergang und Transformation einer Theorie«, in: Beyme, Klaus von/Claus Offe (Hg.), *Politische Theorien in der Ära der Transformation*, Opladen: Westdeutscher Verlag, S.148-168.

Mehr Demokratie e.V. (Hg.) 2012, *kurz & bündig. Mehr Demokratie – Die Grundlagen*, Kreßberg: Demokratiebedarf e.V., online verfügbar unter: {http://www.mehr-demokratie.de/fileadmin/pdf/2012-07-30-MD-Gru ndlagenheft.pdf} (Stand: April 2013).

Meier, Christian 1980, *Die Entstehung des Politischen bei den Griechen*, Frankfurt am Main: Suhrkamp.

–, 1993, *Athen. Ein Neubeginn der Weltgeschichte*, Berlin: Siedler.

Merkel, Wolfgang 2009, »Der Parteienverächter. Wider den publizistischen Stammtisch – Ein Zwischenruf«, in: *WZB-Mitteilungen*, Ausgabe 124.

–, 2010a, »Das Ende der Euphorie. Die Zahl der Autokratien bleibt konstant«, in: *Internationale Politik* 65/H. 3, S. 18-25.

–, 2010b, »Volksentscheide – wer ist das Volk?«, in: *Neue Gesellschaft/ Frankfurter Hefte*, H. 12, S. 11-15.

–, 2011, »Volksabstimmungen: Illusion und Realität«, in: *Aus Politik und Zeitgeschichte*, H. 44-45, S. 47-55.

Merkel, Wolfgang et al. 2006, *Die Reformfähigkeit der Sozialdemokratie. Herausforderungen und Bilanz der Regierungspolitik in Westeuropa*, Wiesbaden: VS Verlag für Sozialwissenschaften.

Metzler, Gabriele 2003, »Geborgenheit im gesicherten Fortschritt. Das Jahrzehnt von Planbarkeit und Machbarkeit«, in: Frese, Matthias/Julia Paulus/Karl Teppe (Hg.), *Demokratisierung und gesellschaftlicher Aufbruch. Die sechziger Jahre als Wendezeit der Bundesrepublik*, Paderborn: Schöningh, S. 777-797.

–, 2004, »Demokratisierung durch Experten? Aspekte politischer Planung in der Bundesrepublik«, in: Haupt, Heinz Gerhard/Jörg Requate (Hg.), *Aufbruch in die Zukunft. Die 1960er Jahre zwischen Planungseuphorie und kulturellem Wandel. DDR, CSSR und Bundesrepublik Deutschland im Vergleich*, Weilerswist: Velbrück Wissenschaft, S. 264-288.

Meusel, Alfred 1923/24, »Die Abtrünnigen«, in: *Kölner Vierteljahresheft für Soziologie* 3/H. 2-3, S. 152-169.

Meyer, Katrin 2011, »Kritik der Postdemokratie. Rancière und Arendt über die Paradoxien von Macht und Gleichheit«, in: *Leviathan* 39/H. 1, S. 21-38.

Meyer, Thomas 1994, *Die Transformation des Politischen*, Frankfurt am Main: Suhrkamp.

–, 2006, »Populismus und Medien«, in: Decker, Frank (Hg.), *Populismus. Gefahr für die Demokratie oder nützliches Korrektiv?*, Wiesbaden: VS Verlag für Sozialwissenschaften, S. 81-96.

–, 2009, *Was ist Demokratie? Eine diskursive Einführung*, Wiesbaden: VS Verlag für Sozialwissenschaften, S. 195-199.

Meyer, Thomas/Alexander Petring 2011, »Partizipation und Inklusion«, in: Friedrich-Ebert-Stiftung (Hg.), *Demokratie in Deutschland 2011*, online verfügbar unter: {http://www.demokratie-deutschland-2011.de/com mon/pdf/Partizipation_und_Inklusion.pdf} (Stand: April 2013).

Micheletti, Michele 2003, *Political Virtue and Shopping. Individuals, Consumerism, and Collective Action*, New York u.a.: Palgrave Macmillan.

Milbrath, Lester W./Madan L. Goel 1977, *Political Participation. How and Why Do People Get Involved in Politics?*, 2. Aufl., Chicago: Rand McNally College Publishing Company.

Mill, John Stuart 1991, *Considerations on Representative Government*, in:

ders., *On Liberty and Other Essays*, hrsg. von John Gray, Oxford: Oxford University Press, S. 203-467.

Miquet-Marty, François 2011, *Les oubliés de la démocratie*, Paris: Éditions Michalon.

Misik, Robert 2012, *Halbe Freiheit. Warum Freiheit und Gleichheit zusammengehören*, Berlin: Suhrkamp.

Möllers, Christoph 2009, *Demokratie. Zumutungen und Versprechen*, Berlin: Wagenbach.

Moore, Charles 2011, »I'm starting to think that the left might actually be right«, in: *The Daily Telegraph* (22. Juli 2011).

Moravcsik, Andrew 2002, »In defence of the ›democratic deficit‹: reassessing legitimacy in the European Union«, in: *Journal of Common Market Studies* 40/H. 4, S. 603-624.

Morlok, Martin 2003, »Informalisierung und Entparlamentarisierung politischer Entscheidungen als Gefährdungen der Verfassung?«, in: Herdegen, Matthias et al., *Leistungsgrenzen des Verfassungsrechts. Berichte und Diskussionen auf der Tagung der Vereinigung der Deutschen Staatsrechtslehrer in St. Gallen vom 1. bis 5. Oktober 2002*, Reihe »Veröffentlichungen der Vereinigung der Deutschen Staatsrechtslehrer (VVDStRL)«, Bd. 62, Berlin: de Gruyter, S. 37-84.

Mouffe, Chantal 1999, »Deliberative democracy or agonistic pluralism?«, in: *Social Research* 66/H. 3, S. 745-758.

–, 2007, *Über das Politische. Wider die kosmopolitische Illusion*, Frankfurt am Main: Suhrkamp.

–, 2011, »›Postdemokratie‹ und die zunehmende Entpolitisierung«, in: *Aus Politik und Zeitgeschichte*, H. 1-2, S. 3-5.

Mudde, Cas 2004, »The populist *Zeitgeist*«, in: *Government and Opposition* 39/H. 3, S. 541-563.

Müller, Reinhard 2012, »Wer hat versagt?«, in: *Frankfurter Allgemeine Zeitung* (20. November 2012).

Münkler, Herfried 2007, *Machiavelli. Die Begründung des politischen Denkens der Neuzeit aus der Krise der Republik Florenz*, 2. Aufl., Frankfurt am Main: Fischer.

–, 2010a, »Lahme Dame Demokratie: Wer siegt im Systemwettbewerb?«, in: *Internationale Politik* 65/H. 3, S. 10-17.

–, 2010b, »Regierungsversagen, Staatsversagen und die Krise der Demokratie«, in: *Berliner Republik*, H. 5, S. 49-55.

–, 2012a, »Die rasenden Politiker«, in: *Der Spiegel* (16. Juli 2012).

–, 2012b, »Marx gegen Marx« in: *Die Zeit* (23. August 2012).

Muschel, Roland 2012, »Studie: Demonstrationen stoßen nach Volksentscheid auf großes Unverständnis«, in: *tagblatt.de* (25. Februar 2012), online verfügbar unter: {http://www.tagblatt.de/Home/nachrichten/

ueberregional/alles-zum-bahnprojekt-stuttgart-21_artikel,-Studie-De
monstrationen-stossen-nach-Volksentscheid-auf-grosses-Unverstaend
nis-_arid,164687.html} (Stand: April 2013).

Nachtwey, Oliver 2009, *Marktsozialdemokratie. Die Transformation von
SPD und Labour Party*, Wiesbaden: VS Verlag für Sozialwissenschaften.
–, 2012, »Postsouveränität und Postdemokratie«, in: Braun, Stephan/Alex-
ander Geisler (Hg.), *Die verstimmte Demokratie. Moderne Volksherrschaft zwischen Aufbruch und Frustration*, Wiesbaden: VS Verlag für
Sozialwissenschaften, S. 43-49.
Narr, Wolf-Dieter (Hg.) 1977, *Auf dem Weg in den Einparteienstaat*, Opladen: Westdeutscher Verlag.
Nassehi, Armin 2003, »Der Begriff des Politischen und die doppelte Normativität der ›soziologischen‹ Moderne«, in: ders. (Hg.), *Der Begriff des
Politischen*, Baden-Baden: Nomos, S. 133-170.
Negri, Antonio/Michael Hardt 2011, »The fight for ›real democracy‹ at the
heart of Occupy Wall Street«, in: *Foreign Affairs* (11. Oktober 2011),
online verfügbar unter: {http://www.foreignaffairs.com/articles/13639
9/michael-hardt-and-antonio-negri/the-fight-for-real-democracy-at-th
e-heart-of-occupy-wall-street} (Stand: April 2013).
Neidhart, Leonhard 1970, *Plebiszit und pluralitäre Demokratie. Eine Analyse der Funktion des schweizerischen Gesetzesreferendums*, Bern: Francke.
Newman, Saul 2011, »Postanarchism: a politics of anti-politics«, in: *Journal
of Political Ideologies* 16/H. 3, S. 313-327.
Neyer, Jürgen 2005, »Die Krise der EU und die Stärke einer deliberativen
Integrationstheorie«, in: *Zeitschrift für Internationale Beziehungen* 12/
H. 2, S. 377-382.
–, 2009, »Die Stärke deliberativer politischer Theorien und das Elend der
orthodoxen Demokratietheorie«, in: *Zeitschrift für Politikwissenschaft*
19/H. 3, S. 331-358.
Nie, Norman H. 2001, »Sociability, interpersonal relations, and the inter-
net. Reconciling conflicting findings«, in: *American Behavioral Scientist*
45/H. 3, S. 420-435.
Niedermayer, Oskar 2010, »Erfolgsbedingungen neuer Parteien im Parteiensystem am Beispiel der Piratenpartei Deutschland«, in: *Zeitschrift für
Parlamentsfragen* 41/H. 4, S. 838-854.
Niedermayer, Oskar/Richard Stöss 2008, *Einstellungen zur Demokratie in
Berlin und Brandenburg 2002-2008 sowie in Gesamtdeutschland 2008*,
Berlin: Freie Universität Berlin, online verfügbar unter: {http://www.
polsoz.fu-berlin.de/polwiss/forschung/systeme/empsoz/forschung/me
dia/Demokratie_08.pdf} (Stand: April 2013).
Niesen, Peter 2008, »Deliberation ohne Demokratie? Zur Konstruktion

von Legitimität jenseits des Nationalstaats«, in: Kreide, Regina/Andreas Niederberger (Hg.), *Transnationale Verrechtlichung. Nationale Demokratien im Kontext globaler Politik*, Frankfurt am Main/New York: Campus, S. 240-259.

Nietzsche, Friedrich 1980, *Kritische Studienausgabe*, hrsg. von Giorgio Colli und Mazzino Montinari, Bd. 13: *Nachgelassene Fragmente 1887-1889*, München: dtv.

Nolte, Paul 2012, *Was ist Demokratie?*, München: C. H. Beck.

Norris, Pippa 2002, *Democratic Phoenix. Reinventing Political Activism*, Cambridge: Cambridge University Press.

–, 2011, *Democratic Deficit. Critical Citizens Revisited*, Cambridge: Cambridge University Press.

Novy, Klaus et al. (Hg.) 1985, *Anders leben. Geschichte und Zukunft der Genossenschaftskultur*, Berlin/Bonn: Dietz.

Oakeshott, Michael Joseph 1962, *Rationalism in Politics and Other Essays*, London: Methuen.

Offe, Claus 1972, *Strukturprobleme des kapitalistischen Staates. Aufsätze zur politischen Soziologie*, Frankfurt am Main: Suhrkamp.

Onken, Holger/Sebastian H. Schneider 2012, »Entern, kentern oder auflaufen? Zu den Aussichten der Piratenpartei im deutschen Parteiensystem«, in: *Zeitschrift für Parlamentsfragen* 43/H. 3, S. 609-625.

Ooyen, Robert C. van 2003, »Demokratische Partizipation statt ›Integration‹: Normativ-staatstheoretische Begründung eines generellen Ausländerwahlrechts. Zugleich eine Kritik an der Integrationslehre von Smend«, in: *Zeitschrift für Politikwissenschaft* 13/H. 2, S. 601-627.

Oppelland, Torsten 2004, »Das Parteiensystem der Europäischen Union«, in: Niedermayer, Oskar/Richard Stöss/Melanie Haas (Hg.), *Die Parteiensysteme Westeuropas*, Wiesbaden: VS Verlag für Sozialwissenschaften, S. 455-475.

Papacharissi, Zizi 2010, *A Private Sphere. Democracy in a Digital Age*, Cambridge: Polity.

Pateman, Carol 1970, *Participation and Democratic Theory*, Cambridge: Cambridge University Press.

Patzelt, Werner J. 1993, *Abgeordnete und Repräsentation. Amtsverständnis und Wahlkreisarbeit*, Passau: Wissenschaftsverlag Rothe.

–, 2005, »Warum verachten die Deutschen ihr Parlament und lieben ihr Verfassungsgericht? Ergebnisse einer vergleichenden demoskopischen Studie«, in: *Zeitschrift für Parlamentsfragen* 36/H. 3, S. 517-538.

Pernice, Ingolf 1995, »Carl Schmitt, Rudolf Smend und die europäische Integration«, in: *Archiv des öffentlichen Rechts*, Bd. 120, S. 100-120.

Pettit, Philip 2004, »Depoliticising democracy«, in: *Ratio Juris* 17/H. 1, S. 52-65.

Pfister, René/Markus Feldenkirchen 2012, »Schlammcatchen mit Schwein«, in: *Der Spiegel* (23. Juli 2012).

Pham, Khue 2011, »›Wir können bei der Wahl 2013 fünf Prozent schaffen‹«, in: *Zeit Online* (15. Mai 2011), online verfügbar unter: {http://www.zeit.de/politik/deutschland/2011-05/piratenpartei-nerz-2/seite-3} (Stand: April 2013).

Pitkin, Hanna F. 1967, *The Concept of Representation*, Berkeley: University of California Press.

–, 2004, »Representation and democracy: uneasy alliance«, in: *Scandinavian Political Studies* 27/H. 3, S. 335-343.

Platon, *Der Staat*, hrsg. von Karlheinz Hülser, Frankfurt am Main: Insel.

Plessner, Helmuth 1981, *Macht und menschliche Natur. Gesammelte Schriften V*, Frankfurt am Main: Suhrkamp.

Plotke, David 1997, »Representation is democracy«, in: *Constellations* 4/H. 1, S. 19-34.

Pocock, John G. A. 2003, *The Machiavellian Moment. Florentine Political Thought and the Atlantic Republican Tradition*, Princeton: Princeton University Press.

Pollak, Johannes 2007, *Repräsentation ohne Demokratie. Kollidierende Systeme der Repräsentation in der Europäischen Union*, Wien: Springer.

Priester, Karin 2012, *Linker und rechter Populismus. Annäherungen an ein Chamäleon*, Frankfurt am Main/New York: Campus, S. 23.

Puhle, Hans-Jürgen 2003, »Zwischen Protest und Politikstil: Populismus, Neo-Populismus und Demokratie«, in: Werz, Nikolaus (Hg.), *Populismus. Populisten in Übersee und Europa*, Opladen: Leske + Budrich, S. 15-43.

Purdy, Jedediah 2002, »Was war der Neoliberalismus?«, in: *Berliner Republik*, H. 6, online verfügbar unter: {http://www.b-republik.de/archiv/was-war-neoliberalismus} (Stand: April 2013).

Putnam, Robert D. 2000, *Bowling Alone. The Collapse and Revival of American Community*, New York: Simon & Schuster.

–, 2002, »Conclusion«, in: ders. (Hg.), *Democracies in Flux. The Evolution of Social Capital in Contemporary Society*, Oxford: Oxford University Press, S. 393-416.

R.-D., P. 2012, »Jacques Attali: ›Penser à l'avenir plutôt qu'à l'instant‹«, in: *Le Monde* (29. November 2012).

Ramid, Nina/Wolfgang Stuppert/Simon Teune 2012, *Protest und Demokratie. Kritik am repräsentativen Regieren und die Entdeckung der Straße durch die GegnerInnen von Stuttgart 21*, online verfügbar unter:

{https://www.dvpw.de/fileadmin/docs/Kongress2012/Paperroom/2012 SozBew-Ramid_Stuppert_Teune.pdf} (Stand: April 2013).

Rancière, Jacques 2002, *Das Unvernehmen. Politik und Philosophie*, Frankfurt am Main: Suhrkamp.

–, 2006, *Die Aufteilung des Sinnlichen. Die Politik der Kunst und ihre Paradoxien*, Berlin: b_books.

–, 2008, *Zehn Thesen zur Politik*, Zürich: Diaphanes.

Raschke, Joachim/Ralf Tils 2007, *Politische Strategie. Eine Grundlegung*, Frankfurt am Main: VS Verlag für Sozialwissenschaften.

Reiss, Jeremy 2005, »Social movement unionism and progressive public policy in New York City«, in: *Just Labour* 5/Winter 2005, S. 36-48.

Risse, Thomas 2004, »Global governance and communicative action«, in: *Government and Opposition* 39/H. 2, S. 288-313.

Rohrbach, Lena 2012, »Die flüssige Demokratie«, in: *die tageszeitung* (24. April 2012).

Rödel, Ulrich/Günter Frankenberg/Helmut Dubiel 1989, *Die demokratische Frage*, Frankfurt am Main: Suhrkamp.

Rosa, Hartmut 2012, *Weltbeziehungen im Zeitalter der Beschleunigung*, Berlin: Suhrkamp.

Rosanvallon, Pierre 2002, *Le peuple introuvable. Histoire de la représentation démocratique en France*, Paris: Gallimard.

–, 2008, *Counter-Democracy. Politics in an Age of Distrust*, Cambridge: Cambridge University Press.

–, 2010, *Demokratische Legitimität. Unparteilichkeit, Reflexivität, Nähe*, Hamburg: Hamburger Edition.

Rosenberg, Hans 1967, *Große Depression und Bismarckzeit. Wirtschaftsablauf, Gesellschaft und Politik in Mitteleuropa*, Berlin: de Gruyter.

Ross, Kristin 2012, »Demokratie zu verkaufen«, in: Agamben et al., *Demokratie? Eine Debatte*, Berlin: Suhrkamp, S. 96-115.

Roßteutscher, Sigrid 2004, »Die Rückkehr der Tugend?«, in: Deth, Jan W. van (Hg.), *Deutschland in Europa. Ergebnisse des European Social Survey 2002-2003*, Wiesbaden: VS Verlag für Sozialwissenschaften, S. 175-200.

Roth, Klaus 2011, *Genealogie des Staates. Prämissen des neuzeitlichen Politikdenkens*, 2. Aufl., Berlin: Duncker & Humblot.

Roth, Roland 2011, *Bürgermacht. Eine Streitschrift für mehr Partizipation*, Hamburg: Edition Körber-Stiftung.

–, 2012, »Vom Gelingen und Scheitern sozialer Bewegungen«, in: *Forschungsjournal Soziale Bewegungen* 25/H. 1, S. 21-31.

Ruck, Michael 2004, »Die Republik der Runden Tische: Konzertierte Aktionen, Bündnisse und Konsensrunden«, in: Kaiser, André/Thomas Zittel (Hg.), *Demokratietheorie und Demokratieentwicklung. Festschrift für Peter Graf Kielmansegg*, Wiesbaden: VS Verlag für Sozialwissenschaften, S. 333-356.

Salzborn, Samuel 2012, *Demokratie. Theorien, Formen, Entwicklungen*, Baden-Baden: Nomos.

Sarcinelli, Ulrich 2011, »Repräsentation und Präsentation. Zur Legitimation von Macht in der Vormoderne und im zivildemokratischen Republikanismus«, in: Linden, Markus/Winfried Thaa (Hg.), *Krise und Reform politischer Repräsentation*, Baden-Baden: Nomos, S. 75-94.

Sartori, Giovanni 1992, *Demokratietheorie*, Darmstadt: Wissenschaftliche Buchgesellschaft.

Saward, Michael 2010, *The Representative Claim*, Oxford: Oxford University Press.

–, 2011, »The wider canvas: representation and democracy in state and society«, in: Alonso, Sonia et al. (Hg.), *The Future of Representative Democracy*, Cambridge: Cambridge University Press, S. 74-95.

Schaal, Gary S. 2009, »Responsivität – Selbstzerstörerisches Ideal liberaler Demokratie?«, in: Brodocz, André (Hg.), *Bedrohungen der Demokratie*, Wiesbaden: VS Verlag für Sozialwissenschaften, S. 353-369.

Schäfer, Armin 2006, »Nach dem permissiven Konsens. Das Demokratiedefizit der Europäischen Union«, in: *Leviathan* 34/H. 3, S. 350-376.

–, 2010, »Die Folgen sozialer Ungleichheit für die Demokratie in Westeuropa«, in: *Zeitschrift für Vergleichende Politikwissenschaft* 4/H. 1, S. 131-156.

–, 2011, »Mehr Mitsprache, aber nur für wenige? Direkte Demokratie und politische Gleichheit«, in: *MPIfG Jahrbuch 2011/12*, Köln: Max-Planck-Institut für Gesellschaftsforschung, S. 53-59.

Schaffzin, Gabi 2011, »Preoccupied with occupation«, online verfügbar unter: {http://www.gaboosh.com/blog/wp-content/uploads/2012/01/PreoccupiedWithOccupation_Schaffzin_122311.pdf} (Stand: April 2013).

Scharpf, Fritz W. 1975, *Demokratietheorie zwischen Utopie und Anpassung*, Kronberg/Taunus: Scriptor.

–, 1999, *Regieren in Europa. Effektiv und demokratisch?*, Frankfurt am Main/New York: Campus.

–, 2009, »Legitimität im europäischen Mehrebenensystem«, in: *Leviathan* 37/H. 2, S. 244-280.

Schedler, Andreas 1997, »Introduction: Antipolitics – closing and colonizing the public sphere«, in: ders. (Hg.), *The End of Politics? Explorations Into Modern Antipolitics*, Houndmills/London: Macmillan, S. 1-20.

Schirrmacher, Frank 2009, »Aufstieg der Nerds. Die Revolution der Piraten«, in: *Frankfurter Allgemeine Sonntagszeitung* (21. September 2009).

–, 2011, »Demokratie ist Ramsch«, in: *Frankfurter Allgemeine Zeitung* (1. November 2011).

Schlieben, Michael 2012, »›Ich nehme das auf‹«, in: *Zeit Online* (1. März 2012), online verfügbar unter: {http://www.zeit.de/politik/deutschland/2012-03/merkel-buergerdialog-erfurt} (Stand: April 2013).

Schluchter, Wolfgang 2009, »Was heißt politische Führung? Max Weber über Politik und Beruf«, in: *Zeitschrift für Politikberatung*, H. 2, S. 230-250.

Schmalz-Bruns, Rainer 1999, »Deliberativer Supranationalismus. Demokratisches Regieren jenseits des Nationalstaats«, in: *Zeitschrift für Internationale Beziehungen* 6/H. 2, S. 185-244.

Schmidt, Manfred G. 2004, *Wörterbuch zur Politik*, Stuttgart: Kröner.

–, 2008, *Demokratietheorien. Eine Einführung*, Wiesbaden: VS Verlag für Sozialwissenschaften.

Schmidt, Vivien A. 2006, *Democracy in Europe. The EU and National Polities*, Oxford: Oxford University Press.

Schmitt, Carl 1926, *Die geistesgeschichtliche Lage des heutigen Parlamentarismus*, München/Leipzig: Duncker & Humblot.

–, 1932, *Der Begriff des Politischen*, München/Leipzig: Duncker & Humblot.

Schöllgen, Gregor 2001, *Willy Brandt. Die Biographie*, Berlin: Propyläen.

Scholten, Helga 2007, »Wahrnehmung und Krise«, in: dies. (Hg.), *Die Wahrnehmung von Krisenphänomenen. Fallbeispiele von der Antike bis in die Neuzeit*, Köln u. a.: Böhlau, S. 5-12.

Schrader, Niklas 2010, »Offene Koordinierung in der EU-Rentenpolitik«, in: *Aus Politik und Zeitgeschichte*, H. 18, S. 35-41.

Schulmeister, Stephan 2010, *Mitten in der großen Krise. Ein »New Deal« für Europa*, Wien: Picus Verlag.

Schulze, Gerhard 1999, *Kulissen des Glücks. Streifzüge durch die Eventkultur*, Frankfurt am Main/New York: Campus.

Selk, Veith 2011, »Die Politik der Entpolitisierung als Problem der Politikwissenschaft und der Demokratie«, in: *Zeitschrift für Politische Theorie* 2/H. 2, S. 185-200.

Severs, Eline 2010, »Representation as claims-making: quid responsiveness?«, in: *Representation* 46/H. 4, S. 411-423.

Shah, Dhavan V. et al. 2005, »Information and expression in a digital age. Modeling internet effects on civic participation«, in: *Communication Research* 32/H. 5, S. 531-565.

Shaw, Eric 2007, *Losing Labour's Soul? New Labour and the Blair Government 1997-2007*, London: Routledge.

Simone, Raffaele 2009, »Die Linke hat keine Kraft mehr«, in: *die tageszeitung* (6. Mai 2009).

Sintomer, Yves/Carsten Herzberg/Anja Röcke 2010, *Der Bürgerhaushalt in Europa – eine realistische Utopie? Zwischen partizipativer Demokratie, Verwaltungsmodernisierung und sozialer Gerechtigkeit*, Wiesbaden: VS Verlag für Sozialwissenschaften.

Skocpol, Theda 2004, *Diminished Democracy. From Membership to Management in American Civic Life*, Norman: University of Oklahoma Press.

Smend, Rudolf 1928, *Verfassung und Verfassungsrecht*, München: Duncker & Humblot.

–, 1994, »Die Verschiebung der konstitutionellen Ordnung durch die Verhältniswahl«, in: ders., *Staatsrechtliche Abhandlungen und andere Aufsätze*, 3. Aufl., Berlin: Duncker & Humblot, S. 60-67.

Smith, Anna M. 1998, »Das Unbehagen der Hegemonie. Die politischen Theorien von Judith Butler, Ernesto Laclau und Chantal Mouffe«, in: Marchart, Oliver (Hg.), *Das Undarstellbare der Politik. Zur Hegemonietheorie Ernesto Laclaus*, Wien: Turia + Kant, S. 225-237.

Somek, Alexander 2009, »Demokratie als Verwaltung. Wider die deliberativ halbierte Demokratie«, in: Brunkhorst, Hauke (Hg.), *Demokratie in der Weltgesellschaft*, Baden-Baden: Nomos, S. 323-348.

Sternberger, Dolf 1984, »Die neue Politie. Vorschläge zu einer Revision der Lehre vom Verfassungsstaat«, in: *Jahrbuch des öffentlichen Rechts der Gegenwart* 33, S. 1-40.

Stoker, Gerry 2006, *Why Politics Matters. Making Democracy Work*, Basingstoke: Palgrave Macmillan.

Stöss, Richard 2001, »Parteienstaat oder Parteiendemokratie«, in: ders./ Oscar W. Gabriel/Oskar Niedermayer (Hg.), *Parteiendemokratie in Deutschland*, Bonn: Bundeszentrale für politische Bildung, S. 13-36.

Streeck, Wolfgang 2009a, »Eine Last für Generationen«, in: *Handelsblatt* (20. März 2009).

–, 2009b, »Von der gesteuerten Demokratie zum selbststeuernden Kapitalismus. Die Sozialwissenschaften in der Liberalisierung«, in: *WestEnd. Neue Zeitschrift für Sozialforschung* 6/H. 1, S. 13-33.

Sunstein, Cass R. 2001, *Republic.com*, Princeton: Princeton University Press.

Sylvester, Dari E./Adam J. McGlynn 2010, »The digital divide, political participation, and place«, in: *Social Science Computer Review* 28/H. 1, S. 64-74.

Taguieff, Pierre-André 2007, *L'illusion populiste. Essai sur les démagogies de l'âge démocratique*, Paris: Éditions Flammarion.

Teßmer, Harald G. 2012, *Governancistische Demokratie. Zur Balance von Vollmacht und Misstrauen im heutigen Europa*, Berlin u. a.: LIT Verlag.

Thaa, Winfried 2007, »Informalisierung und Kognitivierung politischer Repräsentation in deliberativen Demokratietheorien«, in: ders. (Hg.), *Inklusion durch Repräsentation*, Baden-Baden: Nomos, S. 85-108.

–, 2008a, »Repräsentation oder politisches Handeln? Ein möglicherweise falscher Gegensatz im Denken Hannah Arendts«, in: Fritze, Lothar (Hg.): *Hannah Arendt weitergedacht. Ein Symposium*, Göttingen: Vandenhoeck & Ruprecht, S. 71-87.

–, 2008b, »Kritik und Neubewertung politischer Repräsentation: vom Hindernis zur Möglichkeitsbedingung politischer Freiheit«, in: *Politische Vierteljahresschrift* 49/H. 4, S. 618-640.

–, 2011, *Politisches Handeln. Demokratietheoretische Überlegungen im Anschluss an Hannah Arendt*, Baden-Baden: Nomos.

Thaysen, Uwe/Jürgen W. Falter 2007, »Fraenkel versus Agnoli? Oder: Was ist aus der ›Parlamentsverdrossenheit‹ der 60er Jahre für die heutige ›Postparlamentarismus‹-Diskussion zu lernen?«, in: *Zeitschrift für Parlamentsfragen* 38/H. 2, S. 401-413.

Thieme, Matthias 2011, »Hier spricht das Betriebssystem«, in: *Frankfurter Rundschau*, (6. Oktober 2011).

Tocqueville, Alexis de 1978, *Der alte Staat und die Revolution*, München: dtv.

–, 1985, *Über die Demokratie in Amerika*, Stuttgart: Reclam.

Trankovits, Laszlo 2011, *Weniger Demokratie wagen. Wie Wirtschaft und Politik wieder handlungsfähig werden*, Frankfurt am Main: Frankfurter Allgemeine Buch.

–, 2012, »Die Verteidigung der Demokratie gegen den maßlosen Bürger«, in: *Aus Politik und Zeitgeschichte*, H. 38-39, S. 3-6.

Trojanow, Ilija/Juli Zeh 2010, *Angriff auf die Freiheit. Sicherheitswahn, Überwachungsstaat und der Abbau bürgerlicher Rechte*, München: dtv.

Tsakatika, Myrto 2005, »Claims to legitimacy: the European Commission between continuity and change«, in: *Journal of Common Market Studies* 43/H. 1, S. 193-220.

Tuchhändler, Klaus 1977, *De Gaulle und das Charisma. Elemente charismatischer Führung im Gaullismus der V. Republik*, München: Tuduv-Verlags-Gesellschaft.

Urbinati, Nadia 2000, »Representation as advocacy. A study of democratic deliberation«, in: *Political Theory* 28/H. 6, S. 758-786.

–, 2003, »Can cosmopolitical democracy be democratic?«, in: Archibugi, Daniele (Hg.), *Debating Cosmopolitics*, London: Verso, S. 67-85.

–, 2005, »Continuity and rupture: the power of judgment in democratic representation«, in: *Constellations* 12/H. 2, S. 194-222.

–, 2006, *Representative Democracy. Principles and Genealogy*, Chicago: The University of Chicago Press.

–, 2010, »Unpolitical democracy«, in: *Political Theory* 38/H. 1, S. 65-92.

–, 2011, »Representative democracy and its critics«, in: Alonso, Sonja et al. (Hg.), *The Future of Representative Democracy*, Cambridge: Cambridge University Press, S. 23-49.

–, 2012, »Rousseau and the risks of representing the sovereign«, in: *Politische Vierteljahresschrift* 53/H. 4, S. 646-667.

Urbinati, Nadia/Mark E. Warren 2008, »The concept of representation in contemporary democratic theory«, in: *The Annual Review of Political Science* 11/H. 1, S. 387-412.

Vatter, Adrian 1997, »Die Wechselbeziehung von Konkordanz- und Direktdemokratie«, in: *Politische Vierteljahresschrift* 38/H. 4, S. 743-770.

Vogel, Steffen 2012, »Occupy am Scheideweg«, in: *Blätter für deutsche und internationale Politik* 57/H. 1, S. 9-12.

Vogelmann, Frieder 2012, »Der Traum der Transparenz. Neue alte Betriebssysteme«, in: Bieber, Christoph/Claus Leggewie (Hg.), *Unter Piraten. Erkundungen in einer neuen politischen Arena*, Bielefeld: transcript, S. 101-111.

Vollrath, Ernst 1992, »Identitätsrepräsentation und Differenzrepräsentation«, in: *Rechtsphilosophische Hefte*, H. 1, S. 65-78.

Vorländer, Hans 2011, »Spiel ohne Bürger«, in: *Frankfurter Allgemeine Zeitung* (11. Juli 2011).

Vorländer, Hans/André Brodocz 2006, »Das Vertrauen in das Bundesverfassungsgericht. Ergebnisse einer repräsentativen Bevölkerungsumfrage«, in: Vorländer, Hans (Hg.), *Die Deutungsmacht der Verfassungsgerichtsbarkeit*, Wiesbaden: VS Verlag für Sozialwissenschaften, S. 259-295.

Waas, Lothar R. 2007, »Gemeinwohl – a posteriori oder a priori? Ein Blick in die politische Ideengeschichte in pluralistischer Absicht«, in: Bandelow, Nils C./Wilhelm Bleek (Hg.), *Einzelinteressen und kollektives Handeln in modernen Demokratien*, Wiesbaden: VS Verlag für Sozialwissenschaften, S. 239-258.

Wahlke, John C./Heinz Eulau/LeRoy C. Ferguson 1962, *The Legislative System. Explorations in Legislative Behavior*, New York/London: Wiley.

Walter, Franz 2008, *Baustelle Deutschland. Politik ohne Lagerbindung*, Frankfurt am Main: Suhrkamp.

–, 2009, *Im Herbst der Volksparteien? Eine kleine Geschichte von Aufstieg und Rückgang politischer Massenintegration*, Bielefeld: transcript.

–, 2010, *Vorwärts oder abwärts? Zur Transformation der Sozialdemokratie*, Frankfurt am Main: Suhrkamp.

–, 2012, »Zerrissene Ketten. CDU/CSU verlieren das katholische Milieu«, in: *zeitzeichen.net*, online verfügbar unter: {http://www.zeitzeichen. net/geschichte-politik-gesellschaft/die-union-und-die-kirchen/} (Stand: April 2013).

Walzer, Michael 1970, »A day in the life of a socialist citizen«, in: ders., *Obligations. Essays on Disobedience, War, and Citizenship*, Cambridge (Mass.): Harvard University Press, S. 229-238.

–, 1992, »Liberalismus und die Kunst der Trennung«, in: ders., *Zivile Gesellschaft und amerikanische Demokratie*, Hamburg: Rotbuch, S. 38-63.

–, 1999, *Vernunft, Politik und Leidenschaft. Defizite liberaler Theorie*, Frankfurt am Main: Fischer.

Weber, Max 1980, *Wirtschaft und Gesellschaft. Grundriß der verstehenden Soziologie*, 5., rev. Aufl., Tübingen: Mohr Siebeck.

Wehler, Hans-Ulrich 1995, *Deutsche Gesellschaftsgeschichte 1849-1914*, München: C. H. Beck.

–, 2011, »Die Deutschen und der Kapitalismus«, in: Budde, Gunilla (Hg.), *Kapitalismus. Historische Annäherungen*, Göttingen: Vandenhoeck & Ruprecht, S. 34-49.

Weiler, Joseph H. H. 1996, »Der Staat ›über alles‹«, in: *Jahrbuch des öffentlichen Rechts der Gegenwart*, Bd. 44, S. 91-136.

Wessels, Wolfgang 2008, *Das politische System der Europäischen Union*, Wiesbaden: VS Verlag für Sozialwissenschaften.

White, Hayden 1990, *Die Bedeutung der Form. Erzählstrukturen in der Geschichtsschreibung*, Frankfurt am Main: Fischer.

Wiesendahl, Elmar 2011, *Volksparteien. Aufstieg, Krise, Zukunft*, Opladen: Budrich.

Winkler, Heinrich August 2011, »Die große Illusion«, in: *Der Spiegel* (21. November 2011).

Wolin, Sheldon S. 1960, *Politics and Vision. Continuity and Innovation in Western Political Thought*, Boston u. a.: Little, Brown and Company.

–, 1994, »Fugitive democracy«, in: *Constellations* 1/H. 1, S. 11-25.

–, 2001, *Tocqueville Between Two Worlds. The Making of a Political and Theoretical Life*, Princeton: Princeton University Press.

Young, Iris Marion 1997, »Deferring group representation«, in: Shapiro, Ian/Will Kymlicka (Hg.), *Ethnicity and Group Rights*, New York: New York University Press, S. 349-376.

–, 2001, »Activist challenges to deliberative democracy«, in: *Political Theory* 29/H. 5, S. 670-690.

Zakaria, Fareed 2007, *Das Ende der Freiheit*, München: dtv.

Zarka, Yves-Charles 2011, »Politiques en panne d'idées«, in: *Le Monde* (31. Januar 2011).

Zeh, Juli 2011, »Augen zu und durch«, in: *Süddeutsche Zeitung Magazin*, H. 47.

–, 2012, »The Pirate Party fits the political gap«, in: *The Guardian* (19. Mai 2012).

Žižek, Slavoj 2001, *Die Tücke des Subjekts*, Frankfurt am Main: Suhrkamp.

–, 2002, *Die Revolution steht bevor. Dreizehn Versuche über Lenin*, Frankfurt am Main: Suhrkamp.

–, 2011a, »Shoplifters of the world unite«, in: *London Review of Books Online* (19. November 2011), online verfügbar unter: {http://www.lrb.co.uk/2011/08/19/slavoj-zizek/shoplifters-of-the-world-unite} (Stand: April 2013).

–, 2011b, »The delusion of green capitalism«, Vortrag vor dem Committee on Globalization and Social Change (CGSC). The Graduate Center, CUNY – Prohansky Auditorium, New York, am 4. April 2011.

–, 2011c, »Das gewaltsame Schweigen eines Neubeginns«, in: Carla Blumenkranz et al. (Hg.), *Occupy! Die ersten Wochen in New York. Eine Dokumentation*, Berlin: Suhrkamp, S. 68-77.

–, 2011d, *Did Somebody Say Totalitarianism?*, London: Verso.

–, 2011e, »Lasst euch nicht umarmen!«, in: *süddeutsche.de* (27. Oktober 2011), online verfügbar unter: {http://www.sueddeutsche.de/kultur/occupy-wall-street-streit-lasst-euch-nicht-umarmen-1.1174532} (Stand: April 2013).

–, 2012, »Das ›unendliche Urteil‹ der Demokratie«, in: Giorgio Agamben et al., *Demokratie? Eine Debatte*, Berlin: Suhrkamp, S. 116-135.

Zmerli, Sonja 2004, »Politisches Vertrauen und Unterstützung«, in: Deth, Jan W. van (Hg.), *Deutschland in Europa. Ergebnisse des European Social Survey 2002-2003*, Wiesbaden: VS Verlag für Sozialwissenschaften, S. 229-255.

Zolleis, Udo/Simon Prokopf/Fabian Strauch 2010, *Die Piratenpartei. Hype oder Herausforderung für die deutsche Parteienlandschaft?*, München: Hanns-Seidel-Stiftung.

Zolo, Danilo 1998, *Die demokratische Fürstenherrschaft. Für eine realistische Theorie der Politik*, Göttingen: Vandenhoeck & Ruprecht.

Zürn, Michael 1998, *Regieren jenseits des Nationalstaates. Globalisierung und Denationalisierung als Chance*, Frankfurt am Main: Suhrkamp.

–, 2001, »Die Rückkehr der Demokratiefrage. Perspektiven demokratischen Regierens und die Rolle der Politikwissenschaft«, in: *Blätter für deutsche und internationale Politik* 56/H. 6, S. 63-74.